法律風險管理

亞洲大學財經法學叢書(1)

唐淑美　主編

院長序

　　2008 年國際金融海嘯發生前後，全球國際金融市場的交易合約、交易制度及管理規則發生突變，並且面臨極嚴重的挑戰和威脅，市場資產價格泡沫化，隨即市場崩盤，且急速冷凍，欠缺流動性。同時，金融經濟危機爆發，致交易違規、詐欺和道德危險，案件層出不窮，一方面凸顯市場管理法律規章不適時宜，另一方面市場交易者無所適從，意圖者屢屢試探法律底限，亟欲混淆，藉機圖利，侵占詐欺，倫理道德淪喪，可謂國際金融歷史上最黑暗的一刻。基於此一時景，本校財經法律學系教授群合力撰述《法律風險管理》一書，旨在呼籲國家、社會、行政當局與金融主管單位即刻重視並加強推廣財經法律之法治教育，宣揚財經法律倫理規範，安定我國社會金融秩序，保障全民財產交易公平與安全，並為創造全民社會福祉而努力，其立意精神值得讚揚，特書此序

林炯垚　謹序
中華民國一百年六月九日

法律風險管理

系主任序

　　亞洲大學財經法律學系設立於 2002 年。秉承亞洲大學之創校辦學目標：關懷、健康、創新、卓越，本系持續規劃出符合社會發展趨勢之專業學程，以培育合於社會需求之財經法律人才，包括「財經法律學系核心課程」、「財稅金融法學程」、「智慧財產及資訊法學程」、「企業經營法學程」等，為全國首創。

　　因之在卓越教學上，除了培養學生具備傳統法學之基本知識外，並具面對複雜變遷國際經貿環境所需之財稅、經貿、科技專業法學知能。培養學生具備科際整合與財經法學之能力、以通過就業證照為優先具備實用法律人才之要件、具國際觀之視野與參與國際之能力、並具企業倫理、人文素養與關懷社會的健全人格。

　　而在創新研究上，國內近幾年來，上市上櫃公司掏空資產、證券市場之內線交易、國際租稅規避等重大經濟犯罪，已使傳統大學法律教育難以應付。解決之道在於設立財經法律研究所，以整合財經及法律專業人才，使我國租稅法、公司法、破產法……等與財經有關之法律得因應時代需要予以修正，以健全經濟秩序及投資環境。

　　對於企業經營管理過程中面臨的諸多風險，例如：自然風險、市場風險、社會風險、政治風險、法律風險……等各項風險中，法律風險之掌控與控制更關係著企業之成長與成敗。由於一般企業對

法律風險管理

法律風險之管理,並未充分重視,以致有法律問題而不知、違法違規而不覺,涉及侵害他人權益而不察,對法律保護規範而不用,遭致許多衝擊,甚而引發企業優質弱化,終致倒閉結束營業。因之如何建立法律風險預測、識別、反應、控制、復原等策略,以降低法律風險之發生,實有深度研究之迫切與必要。

對此,本系近年來曾舉辦過多場國際及國內學術研討會,諸多老師更在各期刊發表研究專文。為了鼓勵本系老師持續不斷之研究,同時亦將其等之努力與心血留下記錄,並可供學術界之參考與研究,本系特經系務會議後,決定今後將不定期將本系老師研究成果,或邀集對相關主題有研究成果之其他學者論文,集結成冊,並以專書出版發行,讓「凡走過的,必留下痕跡」,以資紀念。當然亦請各界先進,不吝指教。

亞洲大學財經法律學系教授兼系主任
邱太三
2011 年 6 月

《法律風險管理》

目次

序　院長…………………………………	林烱垚	i
序　系主任………………………………	邱太三	iii
緒論　法律風險管理之理念與建構…………	唐淑美	1
第一章　〈從風險預測談犯罪相關理論應用驗證——以預防被害與自我保護為題〉…………	施茂林	19
第二章　〈刑事妥速審判法草案之立法風險控管〉………………………………………	蔡佩芬	57
第三章　〈從臺灣高等法院高雄分院刑事九五年度上更（二）字第一六九號判決談校園法律責任〉………………………………	蘇滿麗	95

第四章	〈不動產交易與風險管理之探討〉	吳容明	119
第五章	〈企業法律責任及法律控管之研究〉 方國輝		161
第六章	〈跨國投資與法律風險管理——以臺商在大陸投資盈餘匯出的租稅規劃為例〉	謝如蘭	203
第七章	〈美國 2008 年金融危機之成因與影響——以金融市場中之風險為重心〉	楊君毅	233
第八章	〈政府作為與法律風險管理——以國家賠償為中心〉	張智聖	295
第九章	〈風力發電的法律風險管理〉	陳匡正	393
第十章	〈論新興生物科技之法律風險——從「臺灣生物資料庫」建置之窘境談起〉	唐淑美	443
作者簡介			494
《法律風險管理》審稿規則			496

緒論

法律風險管理之理念與建構

唐淑美[*]

在全球激烈的商業與科技競爭下，人們的生活型態更為多元，但隨著多元社會之發展，人們也必須面對更多無從防範之風險（risk）[1]，從近日（2011 年）爆發的塑化劑事件即可看出端倪。事實上我國有關販賣黑心商〈食〉品、毒牛奶、病死豬、化妝品含鉛〈汞〉、走私、中藥摻西藥等等行為常時有所聞，但此次之塑化劑風暴卻是史上之最，所掀起之蝴蝶效應幾乎是無人能躲。讓人感到諷刺的是，毒食品已禍延到許多不知情的下游廠商，許多受影響之廠商所製作之含毒食品，甚至還獲得政府 GMP 認證標章。連政府官員也認為這些不肖商人的行為令人匪夷所思，由於塑化劑之檢驗並不在國家食品檢驗單位之例行檢測項目中，因此行政院副院長陳冲比喻道：「『沒想到說』，沒有人會去奶粉裡檢查有沒有石灰粉，有些事情可能是當

---

[*] 亞洲大學財經法律學系專任副教授、英國愛丁堡大學訪問學者
[1] 于樹偉，〈全球風險管理發展趨勢〉，《永續產業發展雙月刊》，53 期 2010 年 12 月，頁 40-47。

時沒想到。」[2]

　　事實上，有鑑於自然環境異常之風險、科技風險、社會風險與全球化之衍生風險的日益增加，行政院曾於 94 年 8 月 8 日特函頒「行政院機關風險管理推動方案」，以培養風險管理（risk management）意識，形塑風險管理文化，有效降低風險發生之可能性或避免風險之衝擊。為進一步強化各機關危機處理之能量，行政院於 97 年 12 月 8 日更函頒「行政院所屬各機關風險管理及危機處理作業基準」[3]，要求政府各部會應整合各階段施政計畫之風險管理機制，以期有效達成降低風險之發生及可能損害之衝擊。

　　所謂風險，指潛在影響組織目標之事件，及其發生之可能性與嚴重程度；風險管理指為有效管理可能發生事件並降低其不利影響，所執行之步驟與過程[4]，風險管理在國際間之發展趨勢可以區分成三個階段，第一階段為 1950 年代前之損害控制管理（Loss Control Management）與保險的整合，該階段強調工業安全與工程控制階段之範疇；第二階段為財務風險（Financial Risk）與危害風險（Hazard Risk）的整合階段，強調風險管理為組織管理之重要一環；第三階段為整合性風險管理（Integrated Risk Management），則指以組織整體之觀點，系統地持續進行風險評估、風險處理、風險監控及風

---

[2] 請參見謝曜州，2011 年 5 月 27 日 TVBS 新聞網〈塑化劑風暴／含起雲劑食品！無檢驗　政院令下架〉，
http://www.tvbs.com.tw/news/news_list.asp?no=yuhan0811201110527225536，最後瀏覽日 2011 年 6 月 9 日。

[3] 行政院所屬各機關風險管理及危機處理作業基準部分規定，院授研管字第 0972360811 號函修正。

[4] 行政院研考會，《風險管理及危機處理作業手冊》，行政院研究發展考核委員會，2009 年 6 月，頁 83。

險溝通之過程。[5]其中,納入法律責任之認知,以「法律」為風險認知及預測因子,以管理的角度,多面向且橫向跨領域整合的「整合性風險管理」,無論在公司治理、企業經營、不動產、政府作為、金融、環保、醫療、新興科技等不同領域中,均屬重要。

一般而言,法律問題(legal problems)基本上構築於三種解決的方式或模式。第一種模式乃是藉由第三者權威機關的裁判以解決雙方之法律衝突,例如法院的裁判,而法院的裁判常植基於「過去的經驗」而為判斷。第二種模式乃是通過協商或調解協定以解決法律衝突,一般而言此種調解或協定乃為解決「現時的」法律糾紛之有效解決模式。目前有越來越多的情形,雙方發生法律衝突,為了避免繁複及耗財的冗長訴訟,雙方尋求以和解、調解或仲裁方式處理民事法律問題,例如擁有卡通人物凱蒂貓(Hello Kitty)的日本三麗鷗公司(Sanrio Co)和卡通角色米飛兔(Miffy)的荷蘭創作者版權訴訟,官司纏訟多時,雙方終於達成和解,把訴訟費用轉捐給311 東日本大地震和海嘯的災民。[6]第三種模式乃「預防法學(Preventive Law)」模式,所謂「預防法學」模式,乃是植基於預防管控理念,透過契約設計、法規遵從制度、法學教育訓練和培訓計畫的有效設計,有效控管可能產生之危害風險,此種解決模式乃是趨向對「未來」可能產生之損害或法律責任之「法律風險控管」

---

[5] 同前註4,頁83。
[6] 詳見2011年6月9日「自由時報電子報」,〈凱西兔被控抄襲米菲兔 雙方和解收場〉,
http://iservice.libertytimes.com.tw/liveNews/news.php?no=505666&type=%E5%8D%B3%E6%99%82%E6%96%B0%E8%81%9E,最後瀏覽日2011年6月9日。

模式。[7]預防法學乃是由 Louis M. Brown 律師首次提出[8]，預防法學側重法律專業知識的提出與規劃，透過與客戶的定期接觸與例行會議，將可能產生之風險降至最低；執業律師的工作應為客戶生活環境提供法律專業諮詢或法律責任預防管控之規劃師，而不是僅是一名法律訴訟辯護者。[9]傳統司法偏重「治療法學」或「救濟法學」；但「預防法學」強調藉由制定完善之法律條文及訂立明確的契約，以減少未來可能須負擔之法律責任、身體或精神損害或財物損失賠償等等情事。

事實上大部分的法律問題藉由第二種及第三種模式解決遠較第一種訴諸法院裁判之方式為多，但以我國法學教育而言，目前法學教學主要強調法律原則之適用以及加強學生對法律個案之邏輯分析能力[10]，基於風險損害控制原理，法學教育應採取更開放的方式，培養學生們具備解決法律問題之第二種及第三種模式，亦即透過協商、調解協定或預防管控模式，更能有效解決法律問題。於此，我要特別強調第三種解決法律問題之「預防法學」模式，亦或可稱為「法律風險管理」（Legal Risk Management）理念建構下之「預防法學」模式。

---

[7] Thomas D. Barton, *The Modes and Tenses of Legal Problem Solving, and What To Do About Them in Legal Education*, 43 CAL. W. L. REV. 389, 389-392 (2007).

[8] LOUIS M. BROWN, HOW TO NEGOTIATE A SUCCESSFUL CONTRACT (1955).

[9] Louis M. Brown, *Another Dictionary Definition of Preventive Law*, 42 J. ST. B. CAL. 867, (1967); Louis M. Brown, *Legal Audit*, 38 S. CAL. L. REV. 431, (1965).

[10] 為培養專業的法律人，法學教育常要求學生藉由模擬案例學習法律條文之適用、分析、歸納，使學生們能迅速藉由經驗的累積解決法律問題。但學生若無法掌握基礎知識及技能，無法學習客觀地綜合法學知識以解決法律問題，仍不是所謂理想的法學教育。何美歡，〈理想的專業法學教育〉，《清華法學》，第九輯，清華大學出版社，2005 年 12 月，頁 110-140。

所謂的「法律風險管理」理念,乃是重視法律責任,多面向且跨領域橫向科際整合的風險管理理念。舉例而言,政府推行完善的法治教育宣導,使得人們得以瞭解及遵從法規;企業簽訂契約時,雙方能花更多的時間對可能發生的情形進行實質溝通與協調;玩具廠商避免設計過小而可能遭小孩吞嚥的玩具,以上情形都是很容易藉由事先的妥善規畫及相關的配套措施制定,預防可能產生之法律責任。對於非常不確定的未知風險,該如何評估及防範呢?例如新興生物科技及其衍生之產品所可能造成環境或人體健康危害,目前仍缺乏科學證據證實,但不應因缺乏證據則怠於採取適當的管理方式。2000 年「卡塔赫那生物安全議定書(Cartagena Protocol On Biosafety To The Convention On Biological Diversity)」出爐,將預防原則理念[11]正式納入生物科技潛在風險的風險管理概念。預防原則

---

[11] 「預防原則」首先於一九八二年由聯合國世界自然憲章(World Charter for Nature)所提出,聯合國一九九二年地球高峰會議里約環境及發展國際宣言(Rio Declaration on Environment and Development)重新呼籲重視預防原則理念。歐盟執行委員會認為有關生物科技之科學證據並非黑白分明的,有關生物科技之政策應當力圖小心謹慎,以尋求對消費者零風險的保護。請參閱 U.N. World Charter for Nature, G.A. Res. 37/7 (Oct. 28, 1982);Rio Declaration on Environment and Development, June 13 1992, U.N. Doc./CONF.151/5/Rev.1;European Commission, *Opinion of the Scientific Committee on Veterinary Measures Relating to public Health: Assessment of Potential Risks to Human Health from Hormone Residues in Bovine Meat and Meat Products*, XXIV/B3/SC4 (April 30, 1999);Commission of the European Communities, *Communication from the Commission on the Precautionary Principle*, COM(2000) 1 final (Feb. 2, 2000)。有關風險掌控與預防原則之運用,請參閱牛惠之,〈論規範基因改良食品風險性之貿易措施在世界貿易組織之下同類產品議題〉,《東吳法律學報》,14 卷 1 期,2002 年 8 月,頁 19-66 頁。

大致可分為兩大類:「強預防原則」及「弱預防原則」[12]。所謂「強預防原則」為「除非確定不會造成任何損害,否則不得為之」[13];而「弱預防原則」即是「欠缺完全地確定,並非防止可能造成損害之行為的正當化事由。」[14]。經由預防原則理念,對於風險評量後不可容忍之風險,提出風險規避或相對應策略,以降低事件發生之可能性或其影響之嚴重程度。也就是說,對於未來可能產生的法律責任及損害賠償得以透過事先多方面的「設計」,以達到預防之目的。「法律風險管理」,乃屬「風險管理」的一種為「發展中概念」,亦即在尚未產生災害前事先防堵,避免日後可能發生的冗長訴訟,亦即面對生活環境中可能產生的風險,能夠「居安思危」地進行縝密的設計及規劃,此乃是本書所擬探討之「法律風險管理」的主要理念。

「法律」是與人權保障有關的強制性社會生活規範,法律責任的「風險」無所不在,並有鉅大的社會成本,以塑化劑事件而言,究竟是哪一個環節出問題了?是否事先無法透過有效的管控以預防類似災害之發生?事實上,此事件涉及我國「毒性化學物質管理法」及「食品衛生管理法」二種法規,並非是無法可管。依據環保署「毒性化學物質管理法」,塑化劑(DEHP)被列為第四類毒性化學物質,製造及販賣無須接受環保署管控,但是第四類毒性化學物質僅需申報即可,而未申報者依法僅處以10萬至50萬元罰鍰。另外,衛生

---

[12] J. MORRIS, RETHINKING RISK AND THE PRECAUTIONARY PRINCIPLE 1 (2000).
[13] 原文為「take no action unless you are certain that it will do no harm」
[14] 原文為「lack of full certainty is not a justification for preventing an action that might be harmful」

署於 2000 年修改「食品衛生管理法」第十四條，放鬆食品添加物的管制，由業者自律，免除了食用香料及複方食品添加物的查驗登記，在法條的鬆綁下，造成讓商人有機可乘。由於塑化劑風波越演越烈，政府為求亡羊補牢，環保署在面對各界對塑化劑毒性列管層級太低之疑慮時表示，經過環保署塑化劑列管的專家諮詢會議後，DBP、DEHP、DINP 等 8 項塑化劑，全面提升毒性列管等級到第 1 類或第 2 類，另外，其他尚未發現的塑化劑，也將全面列管到第 4 類毒化物。此外，針對業者之罰則部分，立法院於 2011 年 6 月迅速通過加重「食品衛生管理法」的罰則，把最重罰金從 30 萬提高到 1000 萬，刑責從最重 3 年加重到 7 年，希望行政、立法及司法一起配合以平息此次之風暴。

塑化劑事件顯示我國在制定法規時，欠缺縝密的設計及規劃，導致政府捉襟見肘之窘境，如何「管理」各類型的法律風險？吾人以為，未來法學理論與實務的發展，應嘗試從傳統重視司法判決的「治療法學」、「救濟法學」，轉向重視風險責任之「預防法學」模式。誠如 Raymond Wacks 所言，今日法學之重點是法律問題的解決，而未來法學之重心將轉移為法律風險管理[15]。政府之施政作為如果不能從「法律風險管理」之觀點先做好政策預防，一旦成為社會關注之焦點，若仍只能以「沒想到」來搪塞或頻頻地道歉，此時無辜之社會大眾已付出慘痛代價，這並非是後續的損害賠償得以彌補的。以塑化劑事件而言，若從維護企業永續經營，保護最無力分散風險之社會大眾等觀點來看，政府、企業及非營利組織均有建立

---

[15] RAYMOND WACKS, LAW: A VERY SHORT INTRODUCTION 148 (2008).

「法律風險管理」系統或機制之需要。

　　本專書主要收錄亞洲大學財經法律學系方國輝教授於 2009 年 11 月 25 日所主持之「法律風險管理專題研究發表會」論文;「法律風險管理」之概念乃為本系施茂林講座教授所提出,施教授目前亦擔任中華法律風險管理學會理事長。施教授指出「法律風險管理」為目前科技、企業、機關團體所大力暢談之顯學,其理念精神即是「預防勝於治療」,藉由法律風險因子之評估,有效成功達到防非止爭之境界[16],於此,誠摯感謝兩位教授之貢獻。另外,要特別感謝系主任邱太三教授對本系財經法學叢書出版之全力支持及鼓勵,以及陳匡正教授之共同協助校對及編輯,使得本書得以順利付梓。這些收錄論文除了蔡佩芬教授論文〈刑事妥速審判法草案之立法風險控管〉已刊登於 2010 年 5 月出刊之月旦法學雜誌,其餘文章都經過亞洲大學「財經法學叢書:法律風險管理」編輯委員會送交外審審查程序而獲得同意刊登。

　　施茂林教授論文〈從風險預測談犯罪相關理論應用驗證——以預防被害與自我保護為題〉嘗試藉犯罪相關理論,探討被害防免之可行性。近年來,風險管理已成為顯學,無論工商企業界或政府機關均已大力推動,使風險管理觀念在一般人逐步有所體會,運用到日常生活亦有其著力點,可使個人日常事務免陷於風險情境,避免使風險實現,而風險管理可分成預防管理,危機處理與復原管理三

---

[16] 請參見施茂林部長於中華法律風險管理學會發表的論文,〈跨過法律,開闊專業視界—兼談法律風險管理〉,
http://www.lrm.org.tw/index.php?option=com_content&view=article&id=388:2011-01-27-02-16-33&catid=58:review-activities&Itemid=91,最後瀏覽日 2011 年 6 月 9 日。

階段,其中預防管理最為重要,對個人而言能有風險預測與風險控管以及預防風險之作法,必可使自身免陷危險漩渦。犯罪被害之預防,其實在於避免置於犯罪危險情境,而何者為危險情境或危險邊緣,與當時空背景、周遭環境、個人衣著、攜帶物品、表現言行、與旁人互動、行進動態……等有關,繫於個人之敏感度與反應,對一般人而言,平日宜有所體認,並能內化為行為之成分,自自然然能有所防備。要培養或引導一般人有此信念與認識,其方法多端,若從犯罪理論反推其預防之道與保護要領,恰亦可供社會參鏡之處。

蔡佩芬教授論文〈刑事妥速審判法草案之立法風險控管〉針對刑事妥速審判法之立法風險進行評析。文章針對刑事妥速審判法草案之立法目標、草案文字之法律風險控管、速審法定位與立法風險、速審法適用對象之法律風險控管、違反速審效果與法律風險、違反速審法之法律風險、裁定駁回或判決駁回之立法風險、行政規則與立法風險等議題提出精闢之創見。

蘇滿麗教授論文〈從臺灣高等法院高雄分院刑事 95 年度上更（二）字第 169 號判決談校園法律責任〉乃從風險預測研究校園犯罪相關理論與應用對策。本論文透過臺灣高等法院高雄分院刑事 95 年度上更（二）字第 169 號判決,討論校園教育人員之法律責任。本案為一 13 歲之國中男生倒臥在男廁所地板,送醫 6 小時候死亡,本案歷經 6 年的訴訟程序,檢察官與被告的爭執在於地板是否有積水,最後法院認定因地板積水造成被害人因學校之公有公共設施疏於維護管理,造成地板濕滑,因此在被害人滑倒之後,造成死亡,被告有刑法過失責任,本案也影響國家對於性別平等教育的立法與

政策之規劃與執行，蘇教授藉此論文提醒並呼籲校園教育工作者對於校園法律風險管理的認識與控管。

吳容明教授論文〈不動產交易與風險管理之探討〉，分析不動產交易制度與風險管理之現況，繼而探討不動產交易風險管理問題與管理機制，最後提出不動產交易風險管理之對策建議。吳教授指出，近幾年來由於國內不動產景氣發展，平均每年取得使用執照之新成屋達 2 萬 6 千餘件，15 萬棟左右，總樓地板面積約 3 千 2 百萬平方公尺，而政府每年核發之建築物建造執照，亦達 2 萬 3 千餘件，總樓地板面積 2 千 7 百餘萬平方公尺；另辦竣建物買賣所有權移轉登記案件，超過 39 萬餘棟，總面積 4 千 3 百餘萬平方公尺，顯示房屋的供給及交易量活絡，但不動產交易糾紛卻時有所聞，交易市場的風險與不確定性，消費者及其他交易關係人，均甚為關注。吳教授認為相關法制與實際執行間，仍存有相當落差，在此種情形及當前不動交易市場仍屬活絡的環境下，通盤檢討整合既有不動產交易法制及行政規範，透明化市場交易制度，落實納入風險管理機制，確屬必要。

方國輝教授論文〈企業法律責任及法律控管之研究〉分析企業經營之風險以及企業者應有法律責任及法律控管之認識。所謂企業風險，包括可預測、可識別之不確定風險，除須因應資金融通、投資失利、財務虧損、業務萎縮、工安事故、員工忠誠、勞資關係、各種法規對企業造成之額外負擔（如為安撫員工情緒之額外薪資支出）等之內在風險，以及外部突如其來之風險，例如股市重挫、美國次級房貸、金融海嘯、連動債、原料短缺、價格暴漲、能源危機、

匯率風險等衝擊。企業若疏忽或無法掌控此等直接或間接，顯性或隱性之風險，勢必險象環生，若未能妥善因應，最終將轉化為法律責任，嚴重者不僅能讓企業經營者身陷囹圄，也可能成為拖垮企業的最後一根稻草，造成企業不可收拾之大敗局。方教授認為各行各業之規模與風險頻率之不同，其法律風險控管機制之建構亦應同中有異，值得在學術面與實務面進行系統性研究與評量、診斷與試驗，且其涉及跨領域之整合研究，參與研究者愈多，試點、癥結與環節越深入，法律控管機制即越具可行性。

　　謝如蘭教授論文〈跨國投資與法律風險管理——以臺商在大陸投資盈餘匯出的租稅規劃為例〉認為跨國投資已是現今臺灣企業降低生產成本及維持競爭力不可避免的方式，惟企業在為跨國投資前，即應先做好法律風險管理，以避免因欠缺周延的考量而導致額外的損失。以臺商在大陸投資的盈餘匯出為例，臺商要在第三地區設立控股公司前，應先考量是否該盈餘將來要繼續作為投資大陸公司之用。謝教授提出三點建議，(一)倘若將來該資金要用在大陸被投資公司的轉投資上，則該資金可不匯出中國大陸，以減少盈餘匯出階段的稅負。(二)倘若該盈餘將來不用在投資大陸上，而是要投資在其他國家，且該盈餘亦非立即須匯回臺灣。則在此情況下，即可考慮將控股公司設在與大陸有租稅優惠的地區。(三)若臺商欲將大陸子公司的盈餘直接匯回臺灣，則可以考慮直接在大陸設立分公司，因為依我國現行所得稅法第三條外國分公司在國外繳納的營利事業所得稅額得以在我國扣抵其母公司在我國應納稅額。

　　楊君毅教授論文〈美國 2008 年金融危機之成因與影響——以金

融市場中之風險作觀察〉針對 2008 年美國爆發之金融危機事件進行成因與影響探討，楊教授分析美國 2008 年爆發之金融危機，其根源在於房價泡沫。而促成房價泡沫之原因可從資金、信用、心理和政策面來看。此外，過度證券化導致原始放貸金融機構因能將放貸風險轉給投資人承擔，而忽視風險管理也是成因之一。最後，經過失靈之信用評等機構推波助瀾，終於引發金融危機。此金融風暴不但對美國本身造成嚴重之信用危機和經濟衰退，也在全球引發金融海嘯。從愛爾蘭、冰島、英國，到歐洲其他國家；甚至連亞洲國家都能感受其風暴。楊教授探討金融危機在美國之成因，有助於了解我們國家在全球化之過程中未來經濟發展之動向和政府有必要預先採取之措施。

張智聖教授論文〈政府作為與法律風險管理——以國家賠償為中心〉以國家賠償議題為中心，嘗試從傳統重視司法判決的「治療法學」、「救濟法學」，轉向重視風險管理、多面向且跨領域橫向科際整合的「預防法學」。張教授認為任何法律問題本質上都是人權保障的問題，國家賠償是法律問題，也是人權問題，然事關人民自由、生命、身體、財產等權益及龐大社會成本，更是民生議題。本篇論文研究方法除文獻分析法、比較研究法等外，於 2009 年以民意調查方式進行問卷調查，並於 2010 年進行後續追蹤，探討一般民眾對國家賠償之認知及態度。

陳匡正教授論文〈風力發電的法律風險管理〉針對風力發電之議題，來探討行政法及環境保護法兩大風力發電之法律風險。就行政法律風險而言，新修正之「再生能源發電設備設置管理辦法」規

定已簽訂售電契約之業者或個人,須適用新的躉購費率,已違反法律不溯及既往原則。由於「再生能源發電設備設置管理辦法」之修正,可能導致已設置發電設備之業者或個人在財產上之損失,甚至修法前後不同申請文件之認定,這都與信賴保護原則相違背。至於外國人或法人在投資臺灣風力市場,所遭遇到「民營公用事業監督條例」之限制,則有違反平等原則之可能。然而「再生能源發展條例」規範的是發電設備「完成設置前」之查核、認定,而非「再生能源發電設備設置管理辦法」規範的「完成設置後」之查核、認定,這已違背授權明確性原則。就環境保護法律風險而論,風力發電所產生環境與其他的衝擊,若能納入「其他相關項目」在環境影響評估項目中,可讓業者或個人預防相關法律風險之發生。陳教授針對上述風力發電之法律風險認為應儘速整合現行風力發電相關法律與其他相關法律、擴大再生能源(風力)躉購費率審定委員會之參與、多元化再生能源之發展、注意風力發電所帶來之環境法律風險及採取彈性、簡化之設備申請程序,來進行風力發電法律風險之管理,並從政府應制定明確法律及規範、投資金錢、整合社會上組織的角度,來對未來臺灣風力發電之發展提出展望。

唐淑美教授論文〈論新興生物科技之法律風險——從「臺灣生物資料庫」建置之窘境談起〉針對我國「臺灣生物資料庫」建置,探討其已存在或未來可能存在的法律風險隱憂及新契機。「臺灣生物資料庫」建置計畫,由於參與研究之專業領域之擴張及長期科技與人文之對話隔閡,無法獲得全面之共識與配合,造成「臺灣生物資料庫」建置計畫時常必須停擺之困窘。事實上,政府仿造英國建置

生物資料庫時,僅評估科技本身建置、導入的風險,低估此重大生物發展政策之倫理、社會衝擊,錯估我國面臨建置此一龐大基因資料庫之應有法律環境與法律風險之承受。唐教授認為唯有制定良好的法制政策管理規範後,才足以消弭各方對我國「臺灣生物資料庫」計畫之施行的歧異,唯有在充分進行倫理、法律及社會的衝擊之探討論辯後,方可讓科學家在進行「臺灣生物資料庫」計畫時較為安心。針對基因資料庫引發之重要法律爭議,尤其是告知同意、基因隱私權及氏族歧視爭議,如何突破「臺灣生物資料庫」法律困境;論文最後唐教授提出建議,除了持續關注目前已通過之「人體生物資料庫管理條例」施行以及「倫理治理委員會」之運作情形外,還需要導入社群評審委員會制度以及建置獨立隱私權委員會。

在高度全球化的時代,世界每一個角落都有可能有「意外」發生,這種不確定性的影響即是所謂的風險,在傳統的風險評估時,往往僅評估政策或計畫之可行性,例如重大工業發展政策,政府僅評估科技本身的風險或科技的建置、導入、商業風險等,卻錯估、低估或忽略倫理、社會或法律的風險,導致政策執行的成本大幅上升,甚至於無法控制與彌補。本專書論文則分別從預防被害、立法風險、校園法律責任、不動產交易、企業法律責任、跨國投資、金融危機、政府作為、風力發電、新興生物科技等不同議題,來探討法律風險管理的重要性。本專書論文無論做為我國政府之政策規劃與立法參考,或是對於企業經營或跨國投資之法律風險責任,皆具有相當之參考價值。

參考文獻

（一）中文文獻

于樹偉（2010）。〈全球風險管理發展趨勢〉。《永續產業發展雙月刊》，**53**，40-47。

牛惠之（2002）。〈論規範基因改良食品風險性之貿易措施在世界貿易組織之下同類產品議題〉。《東吳法律學報》，**14**(1)，19-66。

行政院研考會（2009）。《風險管理及危機處理作業手冊》。臺北：行政院研究發展考核委員會。

何美歡（2005）。〈理想的專業法學教育〉。《清華法學》，**9**，110-140。

（二）外文文獻

Barton, T. D. (2007). The Modes and Tenses of Legal Problem Solving, and What To Do About Them in Legal Education, *Cal. W. L. Rev.*, **43**, 389.

Brown, L. M. (1955). *How To Negotiate a Successful Contract*. NJ: Prentice-Hall.

Brown, L. M. (1967). Another Dictionary Definition of Preventive Law. *J. St. B. Cal.*, **42**, 867; Brown, L. M. (1965) Legal Audit, *S. Cal. L. Rev.*, **38**, 431.

Commission of the European Communities (2000). *Communication from the Commission on the Precautionary Principle*, COM(2000) 1 final.

European Commission (1999). *Opinion of the Scientific Committee on Veterinary Measures Relating to public Health: Assessment of Potential Risks to Human Health from Hormone Residues in Bovine Meat and Meat Products*, XXIV/B3/SC4.

Morris, J. (2000). *Rethinking Risk and the Precautionary Principle*. Oxford: Butterworth-Heinemann.

United Nations (1982). *U.N. World Charter for Nature*, G.A. Res. 37/7.

United Nations (1992). *Rio Declaration on Environment and Development*, U.N. Doc./CONF.151/5/Rev.1.

Wacks, R. (2008). *Law: A very Short Introduction*. New York: Oxford Univ. Press.

（三）網路資源

《自由時報電子報》（2011 年 6 月 9 日）。〈凱西兔被控抄襲米菲兔雙方和解收場〉。上網日期：2011 年 6 月 9 日，檢自：http://iservice.libertytimes.com.tw/liveNews/news.php?no=505666&type=%E5%8D%B3%E6%99%82%E6%96%B0%E8%81%9E

施茂林。〈跨過法律,開闊專業視界──兼談法律風險管理〉。上網日期:2011 年 06 月 09 日,檢自:http://www.lrm.org.tw/index.php?option=com_content&view=article&id=388:2011-01-27-02-16-33&catid=58:review-activities&Itemid=91

謝曜州(2011 年 5 月 27 日)。〈塑化劑風暴/含起雲劑食品!無檢驗 政院令下架〉,《TVBS 新聞網》。上網日期:2011 年 6 月 9 日,檢自:

http://www.tvbs.com.tw/news/news_list.asp?no=yuhan08112011052 7225536

法律風險管理

第一章

從風險預測談犯罪相關理論應用驗證
——以預防被害與自我保護為題

施茂林[*]

---

[*] 亞洲大學財經法律學系講座教授；中華法律風險管理學會理事長

目　次

壹、前言
貳、犯罪被害人保護法制與檢討
參、犯罪相關理論
肆、犯罪相關理論應用策略與驗證
　　一、社會控制理論與預防機制
　　二、日常生活理論風險評估與控制
　　三、個人生活方式暴露理論危害風險辨識
　　四、個人被害因素理論防範作法
　　五、倫敦症候群防範意識
　　六、破窗理論之體察與實踐
　　七、運用犯罪成本論策略
伍、結語

從風險預測談犯罪相關理論應用驗證——以預防被害與自我保護為題

摘要

　　臺灣地區每天發生大大小小刑事案件，幾乎件件都有被害人，深入探析其被害原因多端，但與犯罪被害人欠缺風險觀念有關，假若一般人能有風險預測認識，具有防範被害意識，至少可趨吉避凶，不致自陷險境，甚而如同飛蛾撲火，自找麻煩，是以強化一般人被害預防觀念，誠為一重要課題。

　　犯罪理論分別從生物學、精神醫學、心理學、法律學、社會學等不同領域探討犯罪現象，其重點主要在研究犯罪成因與控制、防治犯罪方法及對策之科學理論，因論點與研究方法之差異，衍生諸多犯罪學派，各國在釐定刑事政策時，依據國情、政經發展、社會需要等，參採相關理論，據以推動社會安全防衛機制之建立。不過，犯罪理論對於犯罪被害人如何遇害以及與犯罪間之關連性較少著墨，為深耕密植犯罪預防與被害防止工作，本文嘗試藉犯罪相關理論，探討被害防免之可行性。

　　近年來風險管理已成為顯學，有關風險預測觀念，從政府機關、工商界以迄個人生活事務，均有其適用之空間，以避免風險實現，本此旨趣，乃擇社會控制理論、日常生活理論、個人生活方式暴露理論、個人被害因素理論、破窗理論、犯罪成本理論、倫敦症候群等要義，以及具體驗證策略，闡發風險預測之法門，以培養被害防制意識及建立自我保護之模式。

　　司法圖騰為天平，天平兩端務必等量併重，在貫徹被告與受刑人人權之今日，對犯罪被害人人權之保障，亦需等價齊趨，檢視犯

罪發生後,再極力積極保護輔導被害人,不如教育一般人具有危害風險預測與被害預防意識,強化其應變控管能力,斯為柔性司法重要目標。

關鍵詞:風險預測、預防管理、犯罪理論、被害人保護法制、社會安全防衛體系

從風險預測談犯罪相關理論應用驗證──以預防被害與自我保護為題

壹、前言

　　翻開報紙社會版，經常看到怵目驚心之刑事案件，從殺人、縱火、強盜、竊盜、詐欺乃至偽造文書、妨害名譽等千奇百怪案件，其中值得同情者乃幾乎案案均有被害人[1]。從法務部統計資料觀察，94 年各地檢察署受理案件總計 1,505,472 件，95 年 1,654,091 一件，96 年 1,930,026 件，97 年 1,922,737 件，98 年 1 至 8 月 1,264,008

---

[1] 余瑞仁，〈放血綁柱，神棍整死腦瘤婦〉；何瑞玲、林慶川，〈假球案，上詐海外簽賭站，下坑賭客〉，《自由時報》，2009 年 11 月 5 日，B1 版。鮑建信，〈校車司機摧花，判賠 2440 萬〉；湯世名，〈槍擊要犯上山囤糧，警轟 12 槍逮二人〉；劉志原，〈喔～喔～抓車震來『音』的，通姦告贏〉；〈十三歲翹家女，詐大人最行〉，《自由時報》，2009 年 11 月 5 日，B2 版。熊迺群，〈她 13 歲，詐騙集團業績王〉；陳金松，〈詐徒落網退款，受害人又上當〉，《聯合報》。蘇位榮，〈與人夫車震後，留美返國遭判刑〉；曾佳俊、陳啟明，〈課輔老師手伸衣服裡〉，《蘋果日報》，A4 版。姜炫煥，〈疑他偷吃，議員妻偕子毆夫〉，《聯合報》，2009 年 11 月 5 日，A8 社會版。謝銀仲、丁偉杰，〈驚見火車，小兄弟嚇傻被撞〉；黃其豪、吳仁捷、王述宏、林美芬，〈老婦擁房數棟拾荒度日，慘遭兒打死〉，《自由時報》，2009 年 11 月 9 日，B1 版。蔡彰盛，〈當街擄女囚禁逼賣淫逾 2 月〉；黃良傑，〈偷抱趴睡同事、性騷擾送辦〉；黃良傑，〈偷車沒事，揮刀偷雨衣被訴〉；楊培華，〈前妻大吵不走，瞬間變火球〉；黃敦硯、邱俊福、林俊宏，〈畫家妻燒炭，當晚討債還來電〉，《自由時報》，2009 年 11 月 9 日，B2 版（幾乎為被害人）。林郁平，〈金錢豹老董遭綁，兩岸遇七嫌〉；張企群、蕭博文，〈大直殺警案，不借電話動殺機，冷血戴嫌收押〉；楊宗灝，〈雙煞撕票勒贖，家屬記車號破案〉；廖嘯龍、林郁平，〈山口組撐腰，2 臺女開錢莊詐同鄉〉；林金池，〈假球案，李濠任吐回 84 萬黑錢〉，《中國時報》，2009 年 11 月 11 日，A10 版。法務部，〈法務部統計摘要〉，2009 年 8 月，頁 17。

件[2]件數之多令人咋舌,其中犯罪被害人固無精確統計,惟件數確屬可觀。又上述受理件數包括各種案件,若以受理之偵查案件為準,94年共341,985件、430,190人,95年376,796件、478,449人,96年404,283件、512,629人,97年408,082件、519,065人,幾乎年年增多,刑事案件除部分無犯罪被害人,如酒駕、吸毒等外,大部分均有被害人,是以社會大眾有如此多人成為犯罪受害人,饒有探究之餘地。在就2009年各類刑案年齡層別被害人數統計數據觀之,在11歲兒童之犯罪被害人為1,287人,12至17歲少年之犯罪被害人7,753人,18歲至20歲青年犯罪被害人達7,753人,合計在33歲以下之青少年兒童之被害人共42,787人,若再以職業別計算被害人,則學生共有24,149人(小學為886人,國中2,946人,高中職4,472人,大專以上15,845人)[3],眾所皆知,以青少年大都在學中,為何有如此眾多被害人?是否缺乏被害風險預測?應如何傳輸正確觀念?誠為當前教育之重大課題。

在諸多人權保障中,被害人之人權為重要之一環。由於被害者所居地位,並未如犯罪者直接對社會作積極性之侵害,致被害人之人權問題鮮為人注意及研究,直到第二次世界大戰後,犯罪被害人方成為犯罪學之研究對象,1973年第一屆被害人國際會議在耶路撒冷舉行,被害人學之觀念乃逐漸被確認,其後多次被害人學國際會

---

[2] 同前註1摘要,頁17。
[3] 資料來源:內政部警政署,〈內政部警政署警政統計2009年年報〉,2009年,頁150-153。再就2003年以來,12歲以上,未滿20歲,青少年被害狀況觀察,2003年被害人數38,010人,被害人口率萬分之90.98,2004年被害人數39,844人,被害人口率萬分之97.30,2005年被害人數47,839人,被害人口率萬分之29.13,2006年,被害人數41,257人,被害人口率萬分之104.60,2007年被害人數36,901人,被害人口率萬分之94.74。

議，開始討論被害人在刑法上之地位、於犯罪過程扮演之角色與治療處遇，進而再探討被害人損害賠償或補償之問題。

　　分析被害人被害之事實包括直接原始之損害與間接附屬之損害兩者。前者係因犯罪者之行為直接侵害造成之損害，如生命被剝奪、身體被傷害、財物受損害；後者則係被害人在被害後，將因家庭、鄰居、學校、社區、同事、警察、司法機關及社會大眾對於被害及事實不當錯誤之侵害，如懷疑、不信任、甚而被扭曲或不正確報導，造成精神上之傷害與心靈上之創痛。前者侵害可能是一時性，而後者如遭受不當之遭遇或對待，必造成長久、甚至一生之創傷，部分缺乏自信之被害人甚至走上自我毀滅之途徑[4]。

---

[4] 司法保護泛指以預防犯罪、防範再犯為目標，所從事宣導、輔導、矯正、保護等司法保護作用。
（一）傳統司法保護
為 Rehabilitation 概念，意指更生復健，重新適應，相對於監獄監禁之機構式處遇，係對犯罪者於正常社會中採取各種治療、教育、訓練等手段，使其改悔更生，重新適應社會，以預防再犯，為現代犯罪矯治上一種重要的社區處遇制度，主要範圍包括觀護工作及更生保護，目的在「防範」再犯罪。
（二）廣義司法保護
解釋為 Judicial Protection，指經由司法體系，對於人民一般權益提供周密之保護措施，於「偵查」階段之前增列為「預防」階段，以諸多預防性制度進行各種犯罪預防工作。
換言之，司法保護體系係位於整體刑事案件處理流程之起程及最終階段，對於刑事政策之達成具有關鍵性之地位。依其內涵分為一般性保護，個別性保護，前者旨在預防犯罪，著重事前之預防，包括：
1. 以一般人為對象：包括犯罪研討、犯罪防制、法律服務、法治教育及消費者保護等。
2. 以隱性被害人為對象：預防被害之推廣與宣導。個別性保護：重在防範再犯，著重在事後之治療與輔導，包括：成年犯與少年犯觀護工作、更生保護、被害人輔導、訴訟輔導等，參見施茂林，《社會安全防衛機制之建立與推廣──談司法保護業務之廣化及深化》演講稿，法務部，2005 年 10 月，頁 1-3。

近十年來,我國對於被害人照護輔導與扶助已因犯罪被害人保護法公布施行及設置專責機構,即財團法人犯罪被害人保護協會的推動,已有相當成效;但社會仍有諸多犯罪被害人,除應大力宣導犯罪預防、防治犯罪發生外,對於加強一般人被害預防意識,提醒社會大眾避免成為犯罪被害人,實為未來推動之重點,更是司法保護業務之主軸要務之一[5]。

近年來,風險管理已成為顯學[6],無論工商企業界或政府機關均已大力推動[7],使風險管理觀念在一般人逐步有所體會,運用到日常生活亦有其著力點,可使個人日常事務免陷於風險情境,避免使風險實現,而風險管理可分成預防管理,危機處理與復原管理三階段,其中預防管理最為重要,對個人而言能有風險預測與風險控管以及預防風險之作法,必可使自身免陷危險漩渦。

犯罪被害之預防,其實在於避免置於犯罪危險情境,而何者為危險情境或危險邊緣,與當時空背景、周遭環境、個人衣著、攜帶

---

[5] 施茂林,〈法務行政與犯罪被害人之保護〉,收錄於法務部編,《犯罪被害人保護研討會實錄》,法務部,1995年5月,頁229-231;陳慈幸,〈被害者學與犯罪被害人保護之現狀與未來趨向〉,收錄於法務部保護司編,《刑事政策與犯罪研究論文集(11)》,法務部,2008年12月,頁51-65。

[6] 風險管理比較強調經營策略、成本、會計、稅捐等因素,對於法律因素容易忽略,一般俟認有問題或衝突糾紛後再行處理(此即危機處理),往往費神費事費力,又無法得到預期之結果,因之,有識之士,紛紛提出法律風險管理之重要,強調法律風險預測與控制型風險預防能對政府機關推動公務與工商企業推展業務之幫助與實益必大。

[7] 行政院於2005年頒布行政機關風險管理方案,要求各部會了解施政之主要風險,形塑風險管理文化,降低風險發生之可能性,各機關需積極教育公務人員具備風險管理觀念,並在公共事務上推動此信念,減少風險之衝擊,達到組織目標,有效實施風險預測與控制,以組織整體觀點,持續有系統透過風險辨識確認、風險評估、風險監控以及風險溝通循環過程,發揮施政最大效能,確保公務品質及人民生命財產安全。

物品、表現言行、與旁人互動、行進動態……等有關，繫於個人之敏感度與反應，對一般人而言，平日宜有所體認，並能內化為行為之成分，自自然然能有所防備。要培養或引導一般人有此信念與認識，其方法多端，若從犯罪理論反推其預防之道與保護要領，恰亦可供社會參鏡之處。

貳、犯罪被害人保護法制與檢討

我國現行法制繼受甚多歐美大陸法律制度與觀念，其中民主法治理念與人民權利意識已日漸深入民心，成為普通多數人之共識，如何落實人權保障，加強被害人保護，成為各方重視之議題。

多年來經朝野之努力，有關犯罪被害人保護之法規逐漸增加，法制大體備具，保護輔導逐步擴大[8]，就法制而言，部分係以犯罪被害人保護為法主軸，部分則由相關法律之規範延伸運用致被害人及

---

[8] 本人於 1994 年在法務部服務時，撰寫加強犯罪被害人保護計畫，建議應對犯罪被害人實施多元方案之服務措施，其後擔任法務部保護司長時，研定犯罪被害人保護措施，透過各地檢察署結合社會團體從事訴訟扶助、經濟救援等工作，將犯罪被害人保護事務納入司法保護範圍，規劃成立全國性被害人保護團體，在各地成立辦事處，並積極推動犯罪被害人保護法案，順利完成一讀會，迨擔任法務部長後，將犯罪被害人保護事務納為重點工作，指示財團法人犯罪被害保護協會執行多元多樣保護輔導方案，先後撰寫犯罪被害人保護手冊救援篇，救濟與訴訟篇，第二生命何價─名譽權的保護與救濟，犯罪被害事件分類保護護照、父母法律手冊、原住民法律頻道、少年法律秘笈、泰文版外勞法律手冊、法務行政與犯罪被害人保護等，強化宣導預防被害之觀念，減少被害，達自我保護目標。

家屬,依其保護之類別分別列述如下[9]:

1、訪問與關懷:犯罪被害人保護法第三十條、性侵害犯罪防治法第六條等。
2、安全保護之協助:犯罪被害人保護法第三十條、家庭暴力防治法等。
3、調查證據:犯罪被害人保護法第三十條。
4、心理治療與輔導:被害人保護法第三十條、性侵害犯罪防治法第六條、兒童及少年性交易防制條例、兒童與少年福利法、家庭暴力防治法等。
5、生活重建與扶助:犯罪被害人保護法、社會扶助法、少年與兒童福利法、身心障礙者保護法、特殊境遇婦女家庭扶助條例、精神衛生法、家庭暴力防治法等。
6、限制接觸與騷擾:家庭暴力防治法、證人保護法等。
7、安置收容:性侵害犯罪防治法第六條、兒童及少年性交易防制條例第十五條至第十八條、兒童及少年福利法第三十三條至第三十六條、人口販運防制法第十二條、第十三條、第十五條、第十九條、家庭暴力防治法等。
8、殘障保護:身心障礙者保護法。
9、補償與救濟:犯罪被害人保護法、藥害救濟法、預防接種受害救濟作業要點、職業災害勞工保護法。
10、賠償:民事法規、交通法規、智慧財產法規等。

---

[9] 施茂林著,《犯罪被害人保護法制》報告,臺北地檢署,2005年9月,頁1、2、5。

11、法律扶助與訴訟補助：犯罪被害人保護法、性侵害防制法、特別境遇婦女家庭扶助條例、人口販運防制法、法律扶助法等。

12、其他保護措施：如陪同出庭、不得詰問、雙向系統訊問、審判不公開與被告隔離訊問、臨時停留許可、安排返回原籍國等。

由上述內容觀之，被害人保護、輔導與扶助等似甚完備周全，惟社會上仍感法制不備、保護不周、扶助不足，實值各相關主事單位深思之。

個人長期從事司法工作，在民事審判期間，對於民事侵權行為損害賠償訴訟法中，當事人常執著於醫療費用、喪葬費用、扶養費用、生活上增加支出、減少勞動能力等，並斤斤計算，對於「非財產上損害」請求，則大多數不會強烈請求，甚而放棄，其有請求者，金額亦甚微少，頗值推敲。以實務經驗來看，真正之原因在於多數人未能體會其應用之奧妙，其次是未能深刻之宣導[10]。

為推動犯罪被害人之保護，法務部於 2000 年 1 月 29 日成立「財團法人被害人保護協會」負責推動，迄今已有 10 年時間，主要業務有十五項：分為法律、心理及社工三大區塊，從 1999 年 1 月至 2007

---

[10] 本人經常從事法律公開演講，若以生命被剝奪為題，徵詢在場聽眾下列四項何者比較容易請求：(1)醫藥費用、(2)喪葬費用、(3)扶養費用、(4)精神慰撫金，大多數以醫藥費用為多，很少有主張精神慰撫金，經詳細說明其關鍵與功效後，與會者恍然大悟，是從犯罪被害觀念宣導，可從索賠精神慰撫金著手，使一般人了解不要成為犯罪加害人，造成其龐大損害賠償之負擔。

年 12 月間,其具體成效如下[11]:

	項目	人次	占率	排行	人次合計	占率合計
法律	法律協助	19,839	10.5	6	33,697	18
	出具保證書	320	2.4	13		
	調查協助	4,514	4.7	9		
	申請補償	8,903	0.01	7		
	安全保護	121	0.001	14		
心理	心理輔導	23,401	13.1	5	23,401	13
社工	訪視慰問	33,847	18.3	1	126,796	69
	安置收容	50	0.002	15		
	醫療服務	350	0.18	12		
	社會救助	2,897	1.5	10		
	查詢諮商	25,758	13.7	4		
	生活重建	28,075	15.7	3		
	信託管理	1,618	0.9	11		
	緊急資助	5,033	2.6	8		
	其他服務	29,168	13.1	2		

　　從上表可看出,犯罪被害人保護協會所重視者,為已成為被害人或其家屬之保護等,社會部分之協助占百分 68.9(法律、心理部

---

[11] 林仁德,〈犯罪被害人保護措施之檢討與策進——十年溫馨生命放晴:一線工作人員的回顧與展望〉,收錄於法務部著,《中華民國犯罪被害人保護制度之檢討與策進實錄:犯罪被害人保護法 10 年》,法務部,2009 年 4 月,頁 66-67。

分各占 18%、13%）；重點工作在訪視慰問、查詢諮商（13.7%）、生活重建（15.7%）等，至於上表末項之其他服務，則指協助申請強制險、勞農保給付、領取犯罪被害補償金、活動通知、及協助解決各種生活中所遇到之疑難雜症等[12]。至於事前預防司法部分較少涉獵，又各項保護輔導如何深化？如何達到實質有效果且能解決當被害人困難，以及建立犯罪被害人為中心之保護機制，相信為該會未來工作之努力方向。

再觀察社會發生之案例，以及當前教育系統之做法，對於如何遠離侵害？如何避免成為被害人？遇侵害時如何對應等領域著力不深，若社會一般人有被害防範意識，懂得自我保護要領，以及對抗人身自由之侵害，不僅可減低犯罪事件之發生，更是司法保護工作之重點。

參、犯罪相關理論

刑事司法體系（criminal justice system）之運作除了受刑事法律的約制外，實質上亦受到犯罪學理論之影響，尤其是在司法實務上對於犯罪理論之採擇，將會使刑事案件之調查與審理之決定更為貼近犯罪者之心理特質、犯罪傾向與事實之原貌，其處理之判定更能對犯罪人之矯治與復原更生大有助益，可惜的是在當前實務運作上

---

[12] 同前註，頁 68。

較少涉獵犯罪理論之內涵與實益性,且犯罪被害人之真正保護亦較未能貼近個案之需要,其在被害防範觀念之建立,隨之亦有未足。

犯罪理論主要在探討犯罪成因與控制、防制(治)犯罪方法之學科理論,應了解犯罪之確切原因,進而要歸整或釐定刑事政策才能合理有效果[13]。具體而言,如何參採必有助於認識犯罪規律、有利於採取對症下藥之治理與預防犯罪對策,準確地協助犯罪學作本質研究、有效做好社會安全防衛措施,例如性侵害之犯罪原因是否僅因性慾(性需求、性衝動)抑或有其他原因,例如基於對女性之報復、男性沙文主義作祟、女性應得到報應、強姦被害人是咎由自取、女人想要性關係只是表面佯裝拒絕等等,此在性侵害犯之矯正上,即有不同之刑事政策,觀察現行刑法第九十一條之一與性侵害犯罪防治法第二十條等規定,明顯不認為其犯因僅係性變態或性需要之單一因素[14]。

從十八世紀中葉以來,犯罪理論逐漸受到重視,興起古典學派,提出人基於自由意志,會理性選擇犯罪行為,自應予以評價非難,簡而言之,犯罪行為是個體自由意志作用的結果(惟未討論其何以形成自由意志),此派以啟蒙哲學家為基礎,從個人主義、自由主義深入開始,學者先從有貝卡瑞安、邊沁(J. Bentham)、布雷克史東(W. Blackstone)、費爾巴哈(L. Feuerbach)、及皮爾(R. Peel)等

---

[13] 康樹華,《犯罪學──歷史、現狀、未來》,五洲,1999 年 6 月,頁 5、8。
[14] 法務部曾對性侵害(強姦)犯從事訪談及犯罪成因研究,提出性侵害犯存有強姦迷思,認為被害人是假惺惺、不檢點、愛暴露、三八性,她自己言行不檢點,要替天行道等,對自己行為合理化,認為女性無大傷害,也享有快感,女性自己有錯不必內疚等,道出性侵害犯有極複雜之心理傾向,請參見 84 年強姦犯罪之訪談研究、86 年強姦犯罪成因及相關問題之研究。

人[15]。

　　十九世紀末期，科學日新月異，加以民主與人權思想受到重視，興起實證學派，認為對於犯罪行為非僅討論事實，應追溯發生之原因，強調犯罪人所以會犯罪，是因為其自行抉擇之結果；換言之，犯罪之產生，是犯罪者遂行犯罪之結果，為防衛社會、建立安全機制，揚棄應報作法，主張刑事政策應從懲罰（punishment）變成處遇（treatment），亦即從整人，演變為救人。援用之犯罪處遇，以醫療模式（medical model）為要，包括心理諮商輔導與治療、行為矯治與教模式等。此派大師有朗布羅梭（C. Lombroso）、費利（E. Ferri）、蓋洛法羅（R. Garofalo）等[16]。

　　迨二十世紀中期以後，發現實證學派有其窮，加以犯罪越來越多元與複雜，古典學派之見解有復甦趨勢。原因係實證學派所訂之刑事政策，其效果不甚彰顯，引發刑事司法學者之質疑，如 1974 年馬丁森報告提出以復健為主軸之矯治政策之效果不如預期，在犯罪日益高升，因而重新思考公平應報原則（just deserts），加重應得懲罰之份量，不過新登場之古典刑事思潮，係以科學的實證精神為基礎，考量犯罪者生理、心理等背景條件，可謂其介於古典與實證之

---

[15] Berger R. J.等著，劉仁文、顏九紅、張曉艷譯，《犯罪學導論——犯罪、司法與社會》（Crime, Justice and Society: An Introduction to Criminology），北京清華大學出版社，2009 年 8 月，頁 100-106；甘添貴，〈古典學派與近代學派於現代刑法理論之影響〉，收錄於甘氏著，《刑法之重要理念》，瑞興圖書，1996 年 6 月，頁 2-7。

[16] 許春金，《犯罪學》，三民，2000 年 8 月（3 版），頁 232-242；黃仲夫，《刑法精義》，李松萍，2008 年 1 月（修訂 2 版），頁 7-10。

間，為實證的古典學派[17]，亦有稱為「現代新古典學派」。

由於各犯罪學者從生物學、心理學、精神醫學、法律學、社會學等不同領域探討犯罪現象，各類學說如雨後春筍，百家爭鳴，產生犯罪生物學、犯罪心理學理論、控制理論、思想犯罪理論、批判犯罪理論、犯罪次文化理論等學派，再由其主要理論，再發展出犯罪環境論、不同接觸理論（differential association theory）、標籤理論（labeling theory）、不同機會理論（differential opportunity theory）、不同增強理論（differential reinforcement theory）等。各理論在論述過程均認真在解釋單一犯罪現象之原因等，均有其時空背景與根據，惟多數犯罪學家亦認同一元性層面之理論難以解釋複雜之犯罪現象，需將整合金融與調動之方式宏觀解釋，方能體會其全貌[18]，再從實際面來說，各重要理論能否促進實務工作，引導司法作用更進步、更有效能，以及對犯罪預防與被害防止有助益，誠為理論價值之關鍵[19]。

犯罪理論幾乎集中火力在探討犯罪者之犯罪原因，其範圍甚廣，包括犯罪者之心性、人格特質、心理傾向、教育程度、家庭背景、經濟狀況與社會因素等，比較少著重於犯罪事件之另一相對人即犯罪被害人之研究，但從預防犯罪及防範再犯之態度來看，對於犯罪被害相關因素探討，實有助益整體犯罪之研究，對問題之深度

---

[17] 王玉民，《社會的犯罪與司法問題分析》，洪葉文化，1997 年 9 月，191-192；林東茂，《刑法綜覽》，一品，2007 年 9 月（修訂 5 版），頁 58-59；林鈺雄，《新刑法總則》，自版，2006 年 9 月，頁 113-115。

[18] 許福生，《刑事政策學》，自版，2005 年 3 月，頁 234-235。

[19] 徐錦鋒主編，《少年觀護制度理論與實務》，洪葉文化，2008 年 1 月，頁 47。

也必然較強,且對釐定刑事政策當有其實效性[20]。

　　被害者學初期對於被害人,限於犯罪之第一次直接被害人,其後逐步體認被害人或其家屬容易有第二度、第三度傷害,甚至多度傷害,對此種多次被害化亦多加研究[21],因此自1980年代被害者理論強化此方面研究,先後有「第二次被害人化」、「第三次被害人化」理論、「個人生活方式(型態)暴露理論」(a life style/exposure [model of personal victimization])、「日常生活活動理論」(routine activity theory)、「等價團體理論」(equivalent group theory)、暴力循環理論(the cycle of violence)、被害傾向理論(victim proneness)等[22]。

　　本文主要在從風險預測討論被害意識之培養宣導及自我保護模式,使一般人得以了解犯罪相關理論不只能應用到犯罪成因之探討及防制對策之參用,實際上與風險預測與預防被害大有關連,自應併予考量,而因相關理論甚多,本文無法一一舉例採用,乃擇採社會控制理論、中立進化技術理論、日常生活理論、個人生活方式暴露理論、個人被害因素理論、破窗理論、犯罪成本理論等七項理論加以說明應用,而且為利於學校經營校園,有效處理與預防少年犯罪及避免學生淪為被害人,在應用驗證上提出諸多具體防制與預防

---

[20] 法務部負責司法保護業務,對於被害相關問題因無人力充分研究,所呈現之研究成果,有1974年至2007年《犯罪狀況及其分析》,暴力犯罪被害人國家賠償制度之研究、犯罪被害人保護研討會實錄、犯罪被害人保護之研究等。
[21] 許福生,同前註18,頁554。
[22] 張平吾,《被害者學》,中央警察大學,1996年9月,頁121-137;許福生,同前註18,頁554-562。

作法供參[23]。再者,本文係在驗證各該理論,因之,亦不對相關理論作實質之探究評駁。

肆、犯罪相關理論應用策略與驗證

一、社會控制理論與預防機制

赫胥(Travis Hirschi)提出社會控制理論,亦稱社會鍵理論,認為人性為非道德之動物,均有犯罪之自然傾向,之所以不犯罪,係因外在環境之教養、陶冶和控制之結果。於社會化之過程,人和社會建立起強度大小不同之社會鍵,其要素為附著、奉獻、參與、信仰,於傳統之家庭、學校、朋友及其他社會機構或活動。青少年若與社會建立強有力之鍵,其於犯罪前便會考慮他人之感受、自己之前途……等,而其生活亦較穩定、有目標、有所寄託,故除非有很強之犯罪動機將其鍵打斷,否則不會輕易犯罪。相反一人若與社

---

[23] 法務部與內政部曾於 2000 年委託學者許春金等人進行臺灣地區犯罪被害經驗調查研究,2005 年內政部警政署再度委託許春金等人作犯罪被害調查,2008 年法務部委託學者陳麗欣等進行青少年被害調查問卷研究,基本上均以被害經歷為研究主題,由各該被害人之受害狀況與反應,亦可看出一般人欠缺犯罪被害預防之觀念。請參見許春金、莫季雍、陳玉書、孟維德、蔡田木,〈臺灣地區犯罪被害經驗調查研究〉,法務部、內政部警政署共同委託研究,2000 年,頁 1、2、24;許春金、陳玉書、孟維德、蔡田木、黃蘭媖,〈94 年臺灣地區犯罪被害調查報告〉,內政部警政署委託研究報告,2005 年,頁 1-3;陳麗欣、陳玫伶、魏希聖、李自強,〈青少年被害調查問卷研究成果報告書〉,法務部委託研究報告,2008 年,頁 1-3。

會只有很薄弱之連結鍵，則縱僅有很弱之犯罪動機，亦可能犯罪。

社會控制理論強調個體與社會形成諸多連結關係，由此衍生社會控制力，斯乃促係個人不會犯罪之主因。基本上，此在解釋犯罪傾向之強弱而非在討論犯罪事件之理論。此說認為連結關係，包括(1)依附性（attachment）；(2)效力性（commitment）；(3)參與性（involvement）；(4)信念（belief）[24]，因之運用社會鍵有其重要性，應增加其效果，必可減少犯罪之發生，而增強之道，自與家庭、學校、社會均有關連。良好之家庭教育，健全之道德倫理價值之培育，正確中心思想之建立，學校正規有次序之教育，社會道德之強力約制，法律規範之徹底實踐，均可強化關連之社會鍵。而由上述依附性及效力性看學生對學校之連結度，端視學生喜愛學校強弱，在乎老師印象程度，重視自己功課優劣情形以及對教育目標、學校認同等即可了解[25]。

對於一般人或學生而言，認知社會鍵與犯罪之關係，當可遠離禍害。觀察他人之社會鍵之強弱，可從其言行表現、思維模式、對人與對事看法等平日行為了解，如其不會顧慮他人觀念，我行我素，喜歡表現自我風格，社會連結度顯然較低；又對自我要求不高，定性不夠，不尊重他人，心中無客觀之價值觀，亦乏強而有力之社會鍵；再者，對自己信心不足，無人生目標，不會顧及社會約制力量，亦乏良好社會表現鍵。此種情形，當外力或自我設定目標超過社會鍵時，容易觸犯法網。

在社區中體會社會鍵之強弱，對自身生命、身體、財產之安全

---

[24] 蔡德輝、楊士隆，《犯罪學》，五南，2006年11月（4版），頁114-115。
[25] 莊耀嘉，《犯罪理論與再犯預測》，法務部，1993年6月，頁14-15。

有莫大幫助。如社區成員平常不互動,在電梯、樓梯、走道、公共通道等見面,相互冷漠不願互動;召開社區居民大會或住戶大會,出席人數寥寥可數,訂立之生活公約,社區規範大半不被遵守;遇有突發狀況如火災、地震等,住民不易守望相助,則可斷言,此社區居民與社區整體意識欠缺強而有力之社會鍵,要想如同廣告詞:社區是最佳保全系統,專家說:社區是最好全民警察根本云云,談何容易。古云:不管他人瓦上霜,真是社區安全致命傷。

在學校,師長對社會控制理論多加體會,並進而運用自如,將教育理念、輔導原則貫穿於生活事務與德、群育培育中,依學生有健康觀念、自我約束力及正確人生目標,當可減消其犯罪之動機,防範禍害事件之發生,即在社區中亦懂得如何保護自我安全。

二、日常生活理論風險評估與控制

日常生活理論(Routine Activity Theory,簡稱 RAT)係由柯漢(Cohen)與費爾遜(Felson)於 1979 年提出,強調直接接觸強盜、綁票、搶奪等暴力性犯罪之總數與分析,和被害人及犯罪人之日常生活活動及生活型態有密切關連。換言之,社會上有一定比率之人會因為特殊之理由而犯罪,而犯罪與犯罪者、被害人之日常生活動與生活型態相關。換言之,犯罪事件之發生,具備下列三要素強力結合:(1)有動機及能力之加害人(如失業青年、性衝動少年)在場;(2)有合適之被害標的存在(如價值昂貴之財物、攜帶名貴皮包在街上行走);(3)當時環境缺乏監控力,亦即有能力監控者不在場(如

主人、兒童之父母)。此三者在時空聚合中,犯罪就有可能發生[26]。

綜觀犯罪事件之發生,存在加害人與被害人二重要角色,加上一個監控操縱之第三者,當加害人考量時間、地點、阻礙行動條件、進行途徑、附近出入者、被逮捕風險等關鍵因素,對其得手有利時,其躍動之心意必逐漸加強,加上當時被害人不易得到救援,失去社會控制力量,將可能成為被害人。

檢視此理論在日常生活活動中,於諸多場合可謂契合實際狀況,以便利商店被搶者為例,喜歡喝酒之中年男子,經濟能力不佳,喝下昨日剩餘半瓶酒,雖然不過癮,上街閒晃,見轉角便利商店櫥窗擺設多瓶好酒,時值夜晚11時多,店內僅一名女工讀生負責,乃伴裝入內消費,即出手搶走三瓶洋酒;再以性侵害為例,女友不願與其來往,心情低落,看完A片性衝動強烈,走進小巷,見小吃店只有一女性在場招呼,周遭無人,此時,上述三要素結合容易演為性侵害事件[27];又網路活動中,由於網路發達,透過網路容易找到其犯罪之獵物,再利用竊得之資訊或植入木馬程式,癱瘓網路連線,當網路系統業者無力防阻,且檢調不及立即偵辦時,將非常容易進行網路犯罪與攻擊行為[28]。

要避免淪為被害人,應重視此理論,預防犯罪之道,大致可從此三方面著手,就犯罪之標的物而言,例如在財產犯罪中,竊盜犯在選擇對象時,所考慮的因素有財物之存在、財物有相當價值、標

---

[26] 許春金,同前註16,頁162、163、203。
[27] 沈勝昂、謝文彥,《性侵害犯罪加害人再犯危險評估量表之建立:動態危險因素之探測》,法務部委託研究,2008年,頁102。
[28] 張耀中,〈從日常生活理論談網路犯罪預防模式〉,發表於中華民國犯罪學會等舉辦「2008年犯罪問題與對策國際研討會」,2008年11月22-23日。

的物有弱點及被害者抗拒的可能性不大等。在標的物之弱點方面，例如超級市場常被認為是大肥羊，女性、年紀稍大和單獨者常成為被害者。此外，於被害預防上，亦須注意具有被害傾向之人（如被害者說或做了某些事情而促成犯罪者犯罪，或有些人因個人特性、社經地位或進入被害之危險情境，而較易成為犯罪被害者），其被害可能性亦較他人為高。犯罪之發生亦可能是被害者所引起的，即犯罪者毫無犯罪意圖，但被者者明顯促成該犯罪的發生，如一個人在酒廊，與另一顧客爭吵，乃取刀示威，但卻被對方打死，即為適例。

談到環境控制力，當然與環境、情境有關，亦與社會有能力控制者有牽連，另與執法之警察更有關連，但自己有無操控力亦是關鍵，例如本身有防身術、攜帶可對抗制止之道具（防身噴霧器、防身器材、高分貝警報器、口哨等），以及正經八百充滿警戒態度等，亦可使不法之徒知難而退，減少被害機會。

三、個人生活方式暴露理論危害風險辨識

1978年美國，亨得廉（M. J. Hindelang）提出個人生活方式暴露理論（exposure model of personal victimization），強調個人因為生活方式（lifestyle）或型態之表現模式，呈現某些特性（characteristics），導致被害危險性增加，甚而容易成為被害人。蓋日常生活為個人及團體之基本需要，如食、衣、住、行、育樂、社會互動、學習……等，因個人生活方式的差異導致接觸交往的情境不同，決定個人被害危險性之高低，亦即個人因居住地點及個人屬性特質之不同乃影響被害可能性之大小。

同時，具備下列條件即易促成犯罪之發生：(1)加害者及被害者生活步調在特定時空上有互動機會；(2)加害者有企圖，且有能力遂求之；(3)對方有所對抗爭執，暴露被害機會；(4)情境有利於犯罪，便於下手[29]。

上述生活方式之呈現，有為個人所能選擇，有則受出身環境、家庭背景，社會結構所影響，而在日常生活事物之處理中，必會透過如同輻射性或網狀式之關係與外界接觸、與其他人互動往來，因接觸對象之不同，隱含不同之危險因子，當加害者起心動念犯罪時，即成為加害之對象。此觀念提供大眾有關居住環境、休閒方式、接觸對象、互動模式、相處機制及生活事務應有風險概念，選擇危險性最低方式生活，盡量防避自己變成加害者擇定目標之便利性與誘發性。

再從日常生活方式之表徵，分析有諸多危險因子應有所認識與警惕，其一為體型：在校園暴力事件中，體型高大健壯者，較少受害，而體型弱小單獨者，常被作弄取笑，成為霸凌勒索之好對象[30]。在社會中，亦有類似現象，蓋體型之高矮、胖瘦大小，常成為對其人觀察與認識之重要指標。其二為消費習性：熱情多禮、消費阿殺

---

[29] 蔡德輝、楊士隆，同前註 24，頁 148-150；張平吾，同前註 22，頁 122-123。

[30] 實施霸凌之暴力行為方式，主要有：(1)肢體之霸凌（拳打腳踢、使用工具攻擊）；(2)言語之霸凌（如嘲笑、戲弄、威脅、恐嚇言語傷人）；(3)人際關係之霸凌（如排擠、分化獨占關係）；(4)財物霸凌（如勒索、奪取、強分財物）；(5)性霸凌（性騷擾、性調戲取笑、性侵害）；(6)反擊型霸凌（受霸凌而反擊），參見陳慈幸，《組織犯罪與被害者學——二個犯罪論理之延伸概念》，濤石文化，2005 年 5 月，頁 120-121；教育部，〈校園暴凌事件之分析與防制——行政院治安會報〉，2006 年，頁 78-82。

力、慷慨大方、甚至揮霍無度,容易使人多金、好說話、揮霍無節制、有錢可期待等印象,很容易起非份之想,對之過度需求之念日增,無形中使自己暴露在危險情境中。在學之學生以此方式,固然容易交朋友,但對方如索錢無著,則為勒索對象,此曾發生同學謀議綁架之事。其三為喜愛夜間活動:例如出入舞廳、Pub、酒廊、KTV等,深夜流連不歸,將自己暴露在不可掌握之危險境遇,或者深夜仍飲酒作樂、酒酣酒醉,彼此間容易因控制力降低,常因小事發生衝突,埋下被害之地雷,亦成為傷害、搶奪、強盜、性侵害之目標[31],對於少年而言,本應有正當之作息,夜間十時後休息就寢,如仍停留在外,貪圖享樂,夜不返家,容易受害,此亦少年法令限制之原因[32]。

其四為住家經常無人居住或留守:一般竊盜犯固有隨機行竊之現象,然有經驗者或慣竊者,會在一定時間觀察某棟(間)房屋,或某大樓某樓層房間鮮少會亮燈,信箱內堆滿報紙雜誌信件,門前空地雜草叢生,落葉雜林滿地,最容易下手,而且因主人常不在家,作案時間充裕,形同大掃除式覓尋財物,因之不常在家之人,是否

---

[31] 法務部委託黃富源、周文勇教授等就兒童及少年妨害性自主罪提出研究報告,指出少年及兒童性侵害事件被害人 173 人中,一人受性侵 147 名(85%),而深夜 0-3 時受害最多 42 名(24.3%),深夜 3-6 時 16 名(9.2%),晚上 9-12 時 23 名(13.3%),晚上 6-9 時 22 名(14.5%),又詢問 173 名加害人表示無事先計畫者 160 名,占 92.5%,可以佐證喜愛夜間活動容易暴露危險而受害,見本報告第 116-118 頁(2008 年 10 月)。
[32] 少年事件處理法第三條第二款將經常出入少年不當進入之場所,經常逃學(家),參加不良組織,經常與有犯罪習性之人交往等列為虞處行為,依少年保護事件處理。又少年不良行為及虞犯預防辦法第三條,亦明定出入不當場所,深夜遊蕩於非公共場所等賭博,公共場所高聲喧譁及飲酒等列為少年行為予以處理及輔導。

訂閱雜誌、報紙？一般信件是否以住家為連絡地點？門前空地是否經常掃除……等等，為一般人風險控管之考量內容。

其五為不當接觸：個人在社會中活動常需與他人連繫往來與互動，均屬正常、正當之接觸，所互動之對象亦屬正常之個體，從事亦為正當性之活動，但接觸者為有犯罪習性、犯罪傾向或犯罪化負向者，在特定時空出現，就容易有被害之危險性，而且與之往來，亦誘發被害之方便性，這如同流行感冒時，與感染病患多接觸，其被感染之機率必自然增加。

四、個人被害因素理論防範作法

個人被害因素理論，係由史帕克斯（R. F. Sparks）提出，認為某些人之所以重複被害，存在一定被害傾向因素（victim proneness），包括個人特性、居住環境、社會情境以及加害者與被害者之關係，再深入探究被害因素，受到諸多因素影響，例如被害人之行為或言詞之挑釁、刺激或鼓勵，以致引發加害者情緒之被動；又如被害者魯莽或疏忽行為等促進因素而引發被害情境；再如本身屬性或行為態度或社會環境上之弱勢（如居住犯罪地區、心智不全、新移居者）易成為犯罪之對象；另如被害人豪宅之吸引因素，易成為竊盜標的；再如被害者不報案或破案率低，使加害者無所畏懼亦會增加犯罪[33]。

根據此派理論見解，提醒社會大眾，必須避免上述激發、煽動、促進或吸引等因素，亦應注意不要存有被害攻擊之弱點，以致一而

---

[33] 張平吾，同前註22，頁131-132。

再被害侵害成為重複被害人。觀察校園常受到霸凌之同學,存有上述重複被害之因素,教師與輔導人員應究明其原因,有方法督促引導,並與家長配合減少其本身之弱點,防止被害;又如個性衝動、表達能力又不佳,以致成為同學作弄對象,當應告誡其將自己阻絕於可能加害人之外,減少與各該同學接近或衝突;又常被勒索錢財之同學,提醒家長不要給予太多零用錢;弱智而發育較成熟之女生,常易被性騷擾,師長應協調同學與之結伴同行,減少危險情境。又少女與男性相處或男性搭訕時,應有風險意識,避免有暗示行為或不明確肢體、言語表示,引發被害欺負之機會[34]。偶有學生在校外為他校學生挑釁毆打,原因在於衣衫不整,予以好欺負之印象,有者奇裝異服引發同學之不順眼,增加被欺負之危險,此等防範之道,在引導學生保持合適之服裝儀容,顯現為正常之學生,避免不必要之誤會。

就讀高中職與國中小學學生,心智發展尚不完全,處理人際關係亦待學習,各級學校要注意學生之人際往來與同學互動需要,強化交往要領,提供選擇朋友之知識與技巧,教導同學交友方法,使之了解良師益友之重要,避免與觀念不正確、價值偏差、行為錯誤、經常逃課之同學往來,發現同學所交為損友時,應即時導正輔導。

在社會新聞報導中,出現男女約會強暴事例,分析其原因與女性缺乏風險預測與自我保護有關,防治與保護之道:(1)有警覺心:小心色狼就在你身邊;(2)正面態度:不聽男生說不三不四的話;(3)

---

[34] 黃富源、周文勇等,同註31,頁122;陳麗欣,〈臺灣地區校園暴力問題及其對策〉,發表於教育部、法務部主辦之「臺灣地區青少年犯罪問題與對策學術研討會」,1997年4月9日。

正向互動：不要給男生任何的暗示；(4)保持清醒：不要給男生一點點可以不軌機會；(5)迂迴婉拒：信任讚美勝於責罵批評；(6)遠離危險：遠離隱密、酒精、藥物[35]。

五、倫敦症候群防範意識

　　1980 年 5 月，有六名伊朗綁匪入侵伊朗駐倫敦大使館，挾持二十六名使館人員為人質，英國派出反恐特種部隊（SAS）攻擊，經過六日對峙談判中，一名人質遭槍殺身亡，將屍體拋至街道，SAS乃採取攻擊突破方式攻入，當場擊斃五名綁匪，一名被逮捕，事後查證，發現該名被槍殺之人質，在其內與綁匪爭吵不休，甚至以肢體挑釁暴徒，經過數個小時不斷對立騷擾，惹火暴徒，導致暴徒動手殺害人質，人質談判專家史村智（Strentz）乃稱此為「倫敦症候群」意指人質與暴徒爭吵，衝突與威脅，導致暴徒殺害人質之情境[36]。

　　1973 年瑞士首都斯德哥爾摩發生二名搶匪侵入銀行之搶案，有三名女子與一名男士被挾持六日，在這段期間，雙方互動相處過程中，人質為求生存，與搶匪產生詭異式依賴與合作關係，雙方因而產生認同與情感轉移現象。後來人質竟認為因搶匪之保護才未受到警察傷害，其中一名女人質尚與男搶匪發生感情之認同。此種人質與搶匪間合而為一，犯罪學上指其為斯德哥爾摩症候群。根據專家分析，其原因是人質剛被綁架，心理回復到嬰幼兒期，需仰賴父母保護照顧，對綁匪產生認同與情感，逐步有正面、友好之回應，也

---

[35] 本人於 2007 年 10 月「北區性侵害輔導與電子監控器研討會」專題演講內容。
[36] 楊士隆，《犯罪心理學》，五南，2006 年 9 月（4 版），頁 304-305。

因綁匪提供飲食等生存需求，心情較平靜安定，雙方互動容易良好平和導向綁匪為好人之感覺，進而有情感之轉移現象，甚而產生反警察、反政府情節與動作，一旦警方行為讓其反陷入危險之境，會產生負面態度與敵對行為，當人質釋放後，拒絕與警察合作，不願作證，反而關心綁匪未來，與其聯繫，或去監所探視，學者乃謂之為染上「斯德哥爾摩症候群」[37]。

對照斯德哥爾摩症與倫敦症候群所顯現之圖像，當被害人不幸被暴力挾持時，與歹徒對抗與衝突，並非上策，如激烈對立衝突，反惹下殺身之禍，所以首要在於冷靜思考週遭情境，研判歹徒目標與目的、將採取之行動，設法降低爭執、和緩現場情境，化解當下立即危機，尋求下一步之應變對策。

在一般犯罪中，被害人若能體會倫敦症候群與斯德哥爾摩症候群之意識，相信必可做好與加害者之互動，增加斡旋談判空間，減少傷害，包括減少加害者所要索財物之金額，降低被毆打致身體受傷，減除被施暴凌虐之痛苦，防免心靈精神受創傷之發生等。

在綁架案件中，被害人於挾持中，首應從被擄押過程，歹徒對當地環境之了解、當初採取之綁人行動、歹徒分工狀況，行進離開方式與路線，研判是被鎖定之目標或臨時改變之對象。前者，歹徒顯然有備而來，早有預謀並備具完整之作案計畫，與其無謂對抗，不如靜心思索突圍應變策略。如係後者，危險性相對較低，歹徒所要金額容易有彈性，提出之條件也不致過苛，也不會因鎖定的對象較易被查獲而增加被逮捕機會，此時，被害人更無需與歹徒對立，

---

[37] 楊士隆，同前註，頁 305-306。

可建立奇妙合而不密的信任關係。此在性侵害案件亦可應用保身[38]。

六、破窗理論之體察與實踐

犯罪學家威爾遜（J. Q. Wilson）與凱林（G. Kelling）認為犯罪與環境有密切關係，主張犯罪為社會脫序或失序之現象。在社會中常見失序之現象，例如某建築物之窗戶破損，未予修復，路過之人自然會認為無人關心其事，接著丟垃圾，開始髒亂，路人變成習以為常，逐漸感覺該處無人照應，不久陸續有附近之窗戶被打破，髒亂更嚴重，更多人會直覺其附近是無人管理、三不管地帶，結果無政府狀態之意識逐步擴散，隨即有更多脫序現象出現，例如丟垃圾、大小便、隨意塗鴉、堆置大型廢棄物等。此種情形，在都會地區也將因廢棄物無人清理、路旁樹木景觀無人照護、牆壁任意塗鴉抹黑、遊民占據、強迫乞討索物等問題，形成都會區內之「破窗」，其治安日漸下滑，嚴重犯罪隨之而起，演變到不易收拾之狀況[39]。

當環境出現破窗效應，竊嫌、搶匪等不守法之人自然而然為認為容易在該區下手，居民或路人不會出面阻擋，亦不會報警處理，相對被查獲之機率也會降低，印證在都會地區較為髒亂、破敗區域，犯罪之發生率較高。為有效降低犯罪率，當應消除破窗現象。八十年代中期，紐約市區之治安不甚理想，捷運列車常見塗鴉情事，甚

---

[38] 當婦女碰到性侵害、性騷擾、性變態等欺凌時，依當時現場情境有主張採取不同應變措施，如使用防身之工具反擊、對男性生殖器致命一擊、呼救逃避等，參見三井京子著，陳蒼杰譯，《防止性犯罪手冊》，友誼，1999年9月，頁31、96。

[39] 施茂林、劉清景，《最新法律精解大辭典》，世一，2010年1月，頁931-932。

不美觀，捷運局乃聘請凱林為顧問，根據研究理論全力清除塗鴉，從 1980 年持續至 1990 年，行駛列車清爽乾淨，減少違規不法行為，接著再打擊逃票（估計每月約 17 萬逃票），逮捕逃票嫌犯，趕出酒醉、行為不檢之乘客，使列車井然有序。

其後，紐約市長朱利安尼（R. Giuliani）於 1994 年擔任市長時，紐約市如同腐爛的大蘋果，治安惡化，市政百廢待舉，決定從小惡小奸開始，將上述方法擴及全市，要求警局打擊有礙生活品質之犯罪，如在路口強索搶錢、坐霸王車、隨地小便、公共場所酒醉、損害他人財物等行為，此種勿以惡小而不為之魄力，使全體市民感受執法之用心，終而有效嚇阻重大犯罪，市區犯罪率開始下降，贏得市民肯定[40]。

此破窗理論，應用於個人平常生活、起居習慣、書籍收納等，有其道理；在都會區，整齊街景、呈現有秩序，有紀律之場景，有心作案之人見之容易警覺此處非下手之處所。其在社區如整齊畫一、清新淨潔，一切井然有序，無所遮掩，歹徒必會遠離；在學校亦可善加運用此觀念，發現圍牆籬笆鐵絲網破損、凹陷、有缺口，應立即檢修補全，防止惡化引發攀越鑽穿之動機；寒暑假期，注意門扇有無破損，避免成為藏汙納垢之空間；僻遠校園，注意堆置雜物廢棄品，方不致淪為新垃圾場。

進而言之，如採擷情境犯罪預防觀念[41]，預防之道，可採納(1)非正式社會控制方法：即藉都會區的規劃及建築物的設計，控制犯

---

[40] 朱利安尼、庫森著，韓文正譯，《決策時刻》，大塊文化，2002 年 12 月，頁 66-68。
[41] 張平吾，同前註 22，頁 136-138。

罪，例如美化街道和環境，使人們願意聚集互動與此，自可預防犯罪；(2)社區犯罪預防：即改進社區之物理環境、生活休閒型態，促進社區發展而減低犯罪機會，例如成立管理委員會或守望相助組織；(3)強化環境安全：如增強自然監控，建物安全設計，強化領域感，提高環境意識等；(4)全民警察：鼓勵民眾發揮道德勇氣與見義勇為，對於不公不義，破壞社會治安及犯罪之行為，勇於檢舉，協助警察辦案，做到全民監督程度。

七、運用犯罪成本論策略

防制犯罪，應強調加重犯罪者之犯罪成本，阻遏其犯罪傾向。任何犯罪者於犯罪之前，必會思考其得手之容易度、所得之利得報酬或成果以及犯後被逮捕查獲之危險性，因之加重其困難度，減少其犯罪所得，增加其危險性，提高破案率，實為防範犯罪之不二法門，尤其眾所關注之治安指標案件，例如綁票、性侵害、強盜、殺人等重大刑事，其破案之快速，與有案必破之作法，必能對犯罪當頭棒喝，有效遏止當下犯罪之發生[42]。

根據實證經驗，過度依賴法律制裁，並沒有辦法完全遏止或是阻斷犯罪持續進行，應從犯罪成本著手；使犯罪難度提高[43]：

---

[42] 施茂林、劉清景，《最新法律精解大辭典》，世一，2010 年 1 月，頁 924-925。
[43] 司法院釋字第 593、618、625 號解釋，揭示行政成本與行政效率為值得追求之公益目的，而成本在企業經營、會計上本即為重要考量因素，對犯罪者而言，成本亦其犯罪之評量原因，提升犯罪成本實為降低犯罪發生之有效對策之一。美國防範犯罪專家 Susan Hull 在其所著《遠離罪犯 50 招》中，

1、犯罪環境之排除：環境如不利於犯罪或是犯罪不方便下手，則做案機會便會降低。例如人潮擁擠處之扒竊機會較人煙稀少處為多。

2、犯罪難度之提高：增加犯罪做案的難度、讓犯罪不易產生，例如裝設照明設備、防盜系統或汽車停於有人管理之停車場等，使竊盜較難下手[44]。

3、犯罪情境之排除：減少引誘犯罪或是迎合犯罪的情境發生，避免有破窗理論之效應。如強化目標物、汽車加鎖、貴重物品放保險箱、家中養狗等。

4、強化自我保護措施：亦係使犯罪難成功之方法，例如購買汽機車防盜設施、離開汽機車時必熄火、長期外出託人照料、參與跆拳道訓練，加強保全措施等。

5、正義感之提升：培養並增強全民的正義感，使大家見義勇為，不再漠視身邊週遭發生的事物，甚而不聞不問。

6、提高破案率：此為最有效之刑事政策。分析犯罪行為人實施犯罪行為前，對於法律制裁並非不了解，其主要考量點乃在

列舉 50 種人身、居家、社區安全招數、自我保護要領，強調提高警覺，增加犯案難度，提升犯罪成本以冷卻犯罪惡念。參見 Susan Hull 著，一流翻譯社譯，《遠離犯罪 50 招》，意像國際文化，1998 年 1 月，頁 17-20、30-33、117。

[44] 竊盜犯對於行竊地點之選擇，一般以附近人際關係較冷漠，人口較多之都會區為目標，其目標物則以合適標的物出現、缺乏防護之下動手，故財物貴重、無人看管、硬體設施保護欠周延、保全機制不強，容易進出者為主，起意竊盜而放棄者，以室內有人、裝有警鈴、防盜保全系統為主因；參見楊士隆，〈當前臺灣地區竊盜問題與防制對策：竊盜犯認知與決議研究〉，發表於中正大學犯罪防治研究所等舉辦之「當前臺灣地區犯罪問題與對策研討會」，1999 年 12 月 9 日。

是否得手容易？當地治安單位之破案能力？是否會被查獲？若偵辦能力加強，破案率高當可，杜絕僥倖之心。

7、追查犯罪所得：社會上常見不法之徒非法取得高額利得後，坐享其成，而檢警調如不設法扣押追繳，有失公義。因之，將犯罪所得全數或大多數予以追出，必能有效遏阻僥倖之惡風，相對亦可減少被害人。

8、法律處罰的落實：法律規範處罰重不如完全落實罰則，因此立法從寬執行從嚴比立法從嚴執法從寬重要，對於 2005 年刑法修正時所採寬嚴並濟之刑事政策，應嚴格執行[45]。

伍、結語

司法圖騰為天平；天平有兩端必須等量併重，才算是真正平等。就人權保障而言，被告（受刑人）人權本即需積極保障，而另端被害人人權之保障亦不容忽略。以現有法制，對被害人權益保障並不足，在刑事訴訟程序之地位與參與權亦有強化之空間，需重新設計刑事訴訟制度之運作，避免不當侵害犯罪被害人之人權[46]。進而言之，我國當前刑事司法體系偏重加害人，刑事訴訟法以犯罪加害人

---

[45] 施茂林，〈當前刑事政策與思維〉，收錄於施氏著，《法窗透視錄》，法務部，2008 年 6 月，頁 33、35。
[46] 謝協昌，〈論犯罪被害人之刑事訴訟程序參與權之發展〉，收錄於法務部著，《中華民國犯罪被害人保護制度之檢討與策進實錄：犯罪被害人保護法 10 年》，法務部，2009 年 4 月，頁 46-63。

為中心,強化人權保障,今後當以犯罪被害人需求為主軸之保護體系,從證據調查、偵查、審理、司法處遇、財產發還,以及緩起訴處分、職權不起訴處分、檢察官求刑、法官量刑、緩刑附加條件等,均應考量被害人之處境與權益,確保天平之公義平等特質[47]。

在一項問卷調查報告中,其研究結果指出九十二年民眾對治安之改善較無信心之受訪民眾為四成七,與九十一年調查結果比較,增加 11.8%,而被害恐嚇部分,1,200 位受訪民眾中,有高達六成八擔心自己或家人成為犯罪被害人,有四成一民眾夜間出門含有不安全感,此與去年調查相較下,共提高 3.8%與 2.7%[48],值得政府相關單位之重視,在民眾認為不安全情況下,除期待加強治安強勢作為外,本身加強應變預防能力,對自我保護較有實益。

犯罪相關理論林林總總,在探討犯罪問題時,很難從單一理論完全又完整闡述清楚犯罪相關原因[49],本文已指陳不探討多樣理論之利弊與得失,僅採擇七理論加以論述,或可供防阻被害之預測評量,其中日常活動理論及個人生活方式暴露理論,尤為代表作。蓋研析多數犯罪事件,犯罪行為人與被害人均有一定關連性,或親戚、或朋友、或鄰居、或同事、或業務工作來往之人、或某時間在同一空間活動,以致引發犯罪,因此,一般人最重要之認識為:

---

[47] 施茂林,《精緻檢察策略與實踐》,法務部,2008 年 4 月,頁 1-3;張平吾,同前註 29,頁 145、156。
[48] 楊士隆、鄭瑞隆,〈九十二年度臺灣民眾被害經驗暨對政府防制犯罪滿意度調查研究〉,國立中正大學犯罪研究中心,2004 年,頁 2、22。
[49] 楊士隆,〈一般性犯罪理論多樣化概念之驗證:以各類型犯罪人在監負向行為之分析為例〉,《解構青春少年時:一九九六年臺灣青少年犯罪與矯治問題研討會論文集》,1996 年 10 月,頁 264-301。

從風險預測談犯罪相關理論應用驗證——以預防被害與自我保護為題

1、犯罪必須有加害者與被害者,且兩者生活步調在特定時空上須有互動機會。

2、加害者與被害者必須有所爭執或對抗,使加害者以為被害者是下手之適當目標。

3、加害者須有所企圖,且有能力式實施恐嚇威脅等暴力方式,以遂其所求。

4、情境有利於犯罪,使加害者認為在此種情形下,能訴諸暴力威脅手段來達成其犯罪目的。

犯罪被害保護工作為司法保護重要業務之一,僅依賴政府有關機關推展,有其盲點,需要整合公私體系,從司法機關、到政府公部門如警政、社政、勞工系統,以至第三部門即社會資源,如專業、文教、宗教、慈善、福利、志工等系統全方位連結配合,基於「人人可參與」、「處處能推動」與「處處可提供」等方面考量,靈活搭配運用,適度透過犯罪相關理論應用,強力宣導風險預測、被害防免、保護自我等作法,使一般人避免受害,而且所有推動司法保護工作之人員應體會柔性司法特質,以包容、關懷、細微心態、發自內心全力推動此軟性司法工程[50],厚植法治基石,使司法保護達到三度標準化(廣度、深度、連度)管理目標[51]。

---

[50] 施茂林,〈臺灣司法福利法之現狀與展望——以司法保護與預防司法為主軸〉,發表於中正大學、亞洲大學主辦之「臺灣司法福利化的現況及展望:學術與實務/法律與社工間的論壇」,2009 年 11 月 19 日。

[51] 施茂林,《司法保護締新猷——多元專業創新的全面整合》,法務部,2008 年 2 月,頁 12-16。

參考文獻

三井京子（1999）。《防止性犯罪手冊》（陳蒼杰編譯）。臺北：友誼。
王玉民（1997）。《社會的犯罪與司法問題的分析》。臺北：洪葉文化。
周愫嫻（2004）。《少年犯罪》。臺北：五南。
林山田（1976）。《犯罪問題與刑事司法》。臺北：臺灣商務印書館。
林瑞欽（2008）。《犯罪心理研究》。臺北：巨流。
法務部（2007）。《犯罪狀況及其分析》。臺北：法務部。
法務部（2008）。《2007年少年兒童犯罪概況及其分析》。臺北：法務部。
法務部（2008）。《犯罪狀況及其分析》。臺北：法務部。
法務部（2008）。《法窗透視錄》。臺北：法務部。
法務部，兩性犯罪統計專刊（85-94年），法務部，2007年5月初版。
法務部犯罪研究中心（1997）。《犯罪成因及相關問題之研究》。臺北：法務部。
法務部犯罪研究中心（1997）。《影響犯罪因素分析報告彙編》。臺北：法務部。
施茂林（2003）。《偵查中試辦社區處遇之研究——運用社區處遇，強化機制》。臺北：臺北地檢署。
施茂林、程又強（1998）。《日本飆車行為防制對策考察報告》。
施茂林、劉清景（2009）。《最新實用六法全書》。臺南：世一。
施茂林、劉清景（2010）。《最新法律精解大辭典》。臺南：世一。

張平吾（1996）。《被害者學》。臺北：三民。

張華葆（1999）。《少年犯罪心理》。臺北：三民。

康樹華（1999）。《犯罪學——歷史、現狀、未來》。臺北：五洲。

許春金（2000）。《犯罪學》。臺北：三民。

許福生（2005）。《刑事政策學》。自版。

陳慈幸（2005）。《組織犯罪學與害者學：二個犯罪學理論之延伸概念》。嘉義：濤石文化。

博格（Berger, R. J.）等著（2009）。《犯罪學導論——犯罪、司法與社會》（*Crime, Justice and Society: An Introduction to Criminology*；劉仁文、顏九紅、張曉艷譯）。北京：北京清華大學出版社。

黃軍義（1995）。《強姦犯罪訪研究—相關成因模型之建立》。臺北：法務部。

黃軍義（1997）。《收容少年犯罪成因及其防治對策之調查研究》。臺北：法務部。

黃富源（2000）。《警察與女性被害人》。臺北：新迪文化。

楊士隆（2006）。《犯罪心理學》。臺北：五南。

楊士隆、林健陽（2007）。《犯罪矯正—問題與對策》。臺北：五南。

蔡德輝、楊士隆（2006）。《少年犯罪—理論與實務》。臺北：五南。

蔡德輝、楊士隆（2006）。《犯罪學》。臺北：五南。

鄭燦堂（2007）。《風險管理》。臺北：五南。

謝芬蘭、李坤琪（1997）。《危機終結手冊》。臺北：幼獅。

法律風險管理

第二章

刑事妥速審判法草案之立法風險控管*

蔡佩芬*

---

* 本文章大部分內容已刊登於 2010 年 5 月之《月旦法學新論》第 22 期。
* 亞洲大學財經法律學系助理教授

目　次

壹、速審法之立法目標
　　一、防止被告審判前不當監禁
　　二、將被告因未受公開控訴所產生的精神痛苦減至最低
　　三、避免侵害被告之攻擊防禦權
貳、草案文字之法律風險控管
　　一、宣示性內容
　　二、草案第一至三條
參、速審法定位與立法風險
　　一、與刑訴法之關係
　　二、草案第四條
肆、速審法適用對象之法律風險控管
伍、違反速審效果與法律風險
　　一、草案第五條
　　二、草案第六條
　　三、草案第七條
　　四、草案第九條
　　五、草案第十一條
陸、違反速審法之法律風險
柒、裁定駁回或判決駁回之立法風險
捌、行政規則與立法風險
　　一、草案第十四條
　　二、法官掌控審判速率
玖、雙方當事人速審權利與法律風險控管
　　一、草案第十五條
　　二、溯及既往
拾、配套措施與立法風險
拾壹、結論
附錄

摘要

關於 2009 年 7 月 30 日司法院出爐的刑事妥速審判法（下稱「速審法」）草案（下稱「7 月 30 日版」）與同年 10 月 5 日公布之速審法草案（下稱「10 月 5 日版」）已有不同內容（關於草案條文與立法理由請詳附錄），顯見這當中司法院密集召開公聽會與研討會後已廣納建言並作成修正，此舉值得嘉許。雖然草案已經修正，但均尚未定案。因此，本文就兩次草案之重要內容提出比較與淺見，以供參考，願有所助益。

關鍵詞：速審、迅速審判、妥速審判、草案、刑事妥速審判法

壹、速審法之立法目標

為何有迅速審判之權利？速審對被告有何利益？借用美國聯邦最高法院詮釋之內容解釋[1]，美國聯邦憲法增修條文第六條：「在任何刑事訴訟中，被告享有快速審判的權利」規定，闡述迅速審判得保護被告三項不同之利益[2]：

一、防止被告審判前不當監禁

防止檢察官故意延滯偵查，利用偵察遲延已達到長期羈押被告之目的[3]。

---

[1] 日本憲法第三十七條第一項有類此規定：「刑事案件之被告，均有受公平法院迅速、公開裁判之權利。」詳吳秋宏，〈刑事訴訟與妥速審判——以試辦案件流程管理制度為中心〉，《臺灣法學雜誌》，136期，2009年9月，頁25。

[2] 參考王兆鵬，〈迅速審判之美國法觀點〉，發表於東海大學、高雄大學、行政院國家科學委員會、財團法人犯罪被害人保護協會臺灣臺中分會主辦之「刑事迅速審判與被害人保護學術研討會」，2009年9月24日。

[3] 羈押時間過長違反德國基本法第二條第二項第二句個人自由不容侵害之規定，特別在羈押案件，國家偵審機關必須在窮盡一切組織上之措施以加速訴訟程序之進行。詳何賴傑，〈刑事辯護對羈押決定及羈押期間之影響——德國實證研究報告之啟示〉，《臺灣法學雜誌》，136期，2009年9月，頁20。

二、將被告因未受公開控訴所產生的精神痛苦減至最低

雖然並非每位被告在刑事審判前皆會遭受羈押,但通常不會無條件釋放,而常會交保候審,交保條件也對被告諸多不利,被告可能因為交保條件之限制而喪失工作或難再找到工作。加上已經被公開指控為犯罪人,汙名及焦慮相隨,不僅影響其名譽,甚至連同族親友亦受波及,如能及早審判,將能使名譽與情緒之痛苦降至最低。

三、避免侵害被告之攻擊防禦權

證據常因時間的流逝而滅失,審判遲延將導致有力證據可能無法再作為證據使用的遺憾、有力證人可能在審判程序中死亡或記憶模糊而語焉不詳等,因而審判遲延會導致冤獄。

能迅速審判又可以獲得正義,是大家都希望的結果,從這角度去想,迅速審判有必要性,速審法值得肯定,但是,一個法案是否該通過,必須要能發揮作用,尤其在現行法律已經多如牛毛的情形下,避免疊床架屋,避免成為具文,避免與現行法成為雙頭馬車,就必須詳細斟酌規範內容的必要性。

基此,以下就速審法草案條文提出幾點看法。

貳、草案文字之法律風險控管

一、宣示性內容

不管是 7 月 30 日版或 10 月 5 日版,該第一至三條都是宣示性、指導性原則的條文,這種規定有如憲法規範般,必須有下位階的法規來補充其內涵。但是第二與三條本身就是法律位階,難道再以授權命令為其詳細內容作規範?刑事訴訟程序是以刑事訴訟法(下稱「刑訴法」)作為程序依據,這是法律位階的規範,今若有了速審法後,相關內涵僅以行政規則為之,而這些相關內涵並非只是細節事項,以行政規則規範之妥適性與合法性值得斟酌。

因此,若速審法的用意是補充刑訴法,性質上是刑訴法的特別法,則這些規範雖然內容概括而抽象,用於作為速審法整部法規的中心思想,就有其必要性,惟必須有更具體的規範來輔助與實現,亦即除部分細節事項外,應該在本法草案各條文中具體制定出來,非僅授權行政規則為之,而細節程序以行政規則訂之當有必要。

二、草案第一至三條

7 月 30 日版第一條第一項規定與 10 月 5 日版之內容有些許不同,後者將速審法限定在刑事審判範圍,取代了前者「人民訴訟

上」等之字眼,有助益於本法範圍與性質之界定。

7月30日版第二條第一項規定:「法院受理案件,應依法迅速周詳調查證據,妥慎認定事實,以為裁判之依據。」係以消極的文字來要求審判迅速,而10月5日版已將此消極態度改為積極正面的態度,值得肯定。

惟可探究的是,刑訴法的證據章節規範,就是本此精神,而且刑訴法的證據章內容更為具體;現行草案(10月5日版)第二條規定:「確保程序之公正適切,妥慎認定事實,以為裁判之依據,並維護當事人及被害人之正當權益。」更是整部刑訴法的精神與原則,那麼,另立速審法的規範目的何在?是不是該有更具體的規範來支持與落實?

於公聽會上,有檢察官[4]提出,本條規範空泛流入形式,應予具體化,而該具體化方式,得於本條第二項增訂具體落實誠信原則之相關內容,例如刑事訴訟程序中,得賦予被告有證人資格,蓋被告無證人資格者,被告得做幽靈抗辯,甚至說謊而延滯訴訟,形同間接賦予被告有說謊權利,卻無法規範,故應立法仿照現行民事訴訟法第三六七條[5]第二項之規定,原被告陳述均比照證人具結,一旦說謊造成延滯訴訟時,亦有刑法偽證罪規範,對於不採行緘默權而積極說謊逃避刑責之被告,有法可管而收約束之效。筆

---

[4] 林朝榮(臺中高等法院檢察署檢察官)於公聽會之會談內容,「司法院刑事妥速審判法草案公聽會(臺中場次)」,2009年8月24日。

[5] 民事訴訟法第三六七條:「法院認為必要時,得依職權訊問當事人。(第一項)前項情形,審判長得於訊問前或訊問後命當事人具結,並準用第三百十二條第二項、第三百十三條及第三百十四條第一項之規定。(第二項)當事人無正當理由拒絕陳述或具結者,法院得審酌情形,判斷應證事實之真偽。(第三項)」

者認同應增訂具體落實誠信原則之相關內容，但亦應注意被告並無自證己罪之義務，若賦予被告有證人資格者，應屬整部刑訴法是否採行之政策問題，於速審法有相關規範前，體系上似於刑訴法先增訂為妥。

行使任何權利都必須遵守誠實信用原則，速審法草案第三條的規定也是宣示性與指導性條文，都沒有具體性規範。而 10 月 5 日版第三條與 7 月 30 日版第三條差別僅在於文字修正「之人」改為「者」而已，內容二者相同。

另行制定速審法的目的，就是要達到速審目的，草案第三條沒有具體性內容，該如何落實？草案第三條立法理由舉例：「被告雖有權保持沉默，但不得欺瞞法院，騙使法院實施不必要之訴訟程序等。」試問，這樣的例子既然已經出現在第三條的立法理由，要如何在第三條的規範下具體實現？本草案找不到規範內容。又例如：被告雖有緘默權，但是對於被告說謊，卻沒有相關處分規定，被告說謊導致程序延滯或無法進行，是違背訴訟誠信原則，而光是以草案第三條之宣示性規定，就能杜絕被告說謊嗎？當然不行，而且速審法草案也沒有相關的規定來杜絕違背誠信原則之行為，這樣本草案第三條之規定就落於空洞無力；又例如被告提出從未存在過或無法有答案的幽靈抗辯──如抗辯該筆金額是賭博獲得的代價，惟該被告是否有確實進去過賭場，到底贏多少錢？無法得知，甚至根本就只是去過賭場或甚至連賭場都沒進去過，只是到過賭博合法地區的周邊商店而已，這種抗辯也是導致訴訟延滯之違反誠信原則，試問該如何杜絕或防治？本法未規定；簡言之，

如何落實誠信原則,是當今要制定速審法會被期待的問題,宣示性的規範如草案第三條:「應依誠信原則,行使訴訟程序上之權利,不得濫用,亦不得無故拖延程序。」無法解決違反誠信原則之問題,而既然要制定速審法,就是想要達到速審目的,該有強制性規範違背速審之情形者,這樣的新法規才有意義,也不至於空洞無力,否則,速審精神理念不只是速審法獨有,而是進行刑事訴訟程序或任何訴訟程序當有之理念,將速審理念放入現行刑訴法當中第四章辯護人、輔佐人及代理人也是可以,另立於速審法中就欠缺必要性。

參、速審法定位與立法風險

一、與刑訴法之關係

如果速審法的立法目的是為了要宣示、警示司法人員從事審判工作必須迅速,而無具體性做法,倒不是不可以,那麼,這法規的定位是刑訴法的指導原則,則本法的所有規範當從這角度去設計,否則,若條文參雜指導性內容以及僅有部分條文是具體性的規範,指導性條文的具體做法還有賴刑訴法補充,而有具體規範又成為刑訴法的補充性規定,則速審法與刑訴法中最後會形成雙頭馬車,適用起來雜亂無章,還不如將速審法的指導性原則列入刑訴法當中以修法增加條文就可以。

所以，速審法的定位必須先定清楚，若是作為刑事訴訟程序的上位概念之指導性法規，則必須注意是否有相關法規可以配合，若無相關法規可以配合，可考慮在刑訴法中新增條文落實，或在刑訴法當中另訂一章完整的配套措施輔助執行；若速審法有其具體性做法與內涵而成為刑訴法之特別法，則必須顧及與其他法規的相容性，並避免疊床架屋的情形。

二、草案第四條

從草案第四條觀之，似有意將速審法與刑訴法並列成為刑事訴訟程序之程序規範。既是如此，是否意味著，刑訴法當中關於速審內容，全部都要併入到速審法當中？若是如此，則刑訴法的速審概念應被割裂出來轉移入速審法當中嗎？若非如此，則刑訴法當中有速審概念，速審法也有速審概念，則立法技術上必須做到兩者皆明文界定得很完美而不會有概念上呈現衝突之處。

另外，草案第四條規範準備程序應集中迅速審理。準備程序是審判程序的前置作業程序，涉及審判程序的進行動線、證據調查的決定等專業事項，準備程序如果沒有律師出庭，容易造成遲延訴訟[6]。本草案無相關類此規定，仍屬訓示規定，其缺點已如前述，不再贅述。

---

[6] 摘自陳運財，〈「刑事妥適審判法草案」評釋——由日本法之觀點〉，發表於東海大學法律學院、高雄大學法學院、行政院國家科學委員會、財團法人犯罪被害人保護協會臺灣臺中分會主辦之「刑事迅速審判與被害人保護學術研討會」，2009 年 9 月 24 日。

肆、速審法適用對象之法律風險控管

　　速審權不是只有被告獨有,受害者也有請求迅速審判之權利,這權利在公訴程序中由國家公益代表人檢察官行使,於自訴程序中由受害者聘請律師行使。

　　有謂「遲來正義不是正義」,關於刑事訴訟程序迅速審結,該是任何類型、任何案件所欲追求的正義,都有賴迅速審結伸張。速審法草案於第一條「為保障人民於訴訟上有受公正、合法、迅速審判之權利,特制定本法。」之規定可資認同。

　　惟草案於第五、六、九條特別列舉之速審對象,是指以下各類案件,並非從當事人均享有速審權去觀察:羈押中案件(第五條)、逾十年未能判決確定之案件(第六條)、案件自第一審繫屬日起已逾六年且經最高法院第三次以上發回者,第二審法院所為之無罪更審判決之案件,或案件自第一審繫屬日起已逾六年,且經最高法院第三次以上發回之案件(第九條),不免令人質疑,速審法草案所欲針對之速審對象,表面上是為了所有案件而產生,但實際上的具體規範只有針對這幾種案件。

　　當法官礙於速審法而必須迅速審理這幾者案件時,勢必延宕到手邊其他案件的進度,甚至於因為速審法草案第十二條規定:「法院為迅速審理需相關機關配合者,相關機關應優先儘速配合。」例如甲案必須向乙案或乙機關調取鑑定資料或相關文書記錄,如甲案承辦法官或相關機關未能積極配合,必將造成案件之延宕,為

達到妥速審結之目的，乙案法官或乙機關自應優先儘速配合（詳草案第十二條），所以，被調取案件證據資料可以被複印者就複印一份，不能複印之資料勢必被抽離原案件而調取到他案卷宗中，則為了速審法草案第五、六、九條的某一些案件，卻延宕到承辦這些特殊個案以外的法官手上的案件，同時也延宕到承辦這些特殊個案法官手中的其他案件，那麼，無端受到波及延宕的案件正義因此而遲到，既然遲來的正義不是正義，為什麼這些案件要為本草案第五、六、九條的案件犧牲其權益甚至犧牲正義？

所以，如果要另立速審法，成為刑訴法之特別法者，則所適用之對象，應是所有刑事案件，而不是僅有某些案件特別被挑出來速審，若為了顧及這些特殊案件，應有配套措施，不該犧牲到其他案件或理所當然的認為其他案件有忍受被擺一邊的義務，因為訴訟資源是由全民承擔，若因為顧及部分個案犧牲其他案件，彷彿是特殊個案由全民買單，而這裡所謂的全民，除了是特殊個案當事人本身以外，還包括被犧牲掉的當事人，變成司法資源使用於保護某部分個案當事人，就造成了不平等現象。

伍、違反速審效果與法律風險

違反速審效果，在草案第五條沒有規定；草案第六條是裁定駁回起訴；第九條是不得上訴；第十一條是命檢察官與律師說明理

由。

一、草案第五條

按我國刑訴法第一○八條規定，被告所犯較最重本刑十年以下有期徒刑之罪更重者，延長羈押之時間與次數並無限制，被告得受無限期羈押，且偵查中羈押期間過長，則迅速審判成為唯一得防止重罪犯遭受審判前不當羈押之方式。第五條草案關於速審之效果沒有明文規範，是不是可以有效做到速審？如果這是已經三讀通過的立法，則有待觀察，但這是草案還未定案，若要讓本條如期落實，是不是該有強制力？一旦要賦予強制力，就必須考慮到是否真能符合現實情況而做得到？若有疑義時，寧可採保守態度，避免喪失司法威信　反成傷害；而若採保守態度，該保守到甚麼程度？完全沒有強制力時，這法規是訓示規定，達到立法目的之期待值可能降低，又是項讓民眾眼睜睜看法官辦案、挑戰司法威信的規定。

再者，關於迅速審判之規定，在現行刑訴法第二九三條有規定：「審判非一次期日所能終結者，除有特別情形外，應於次日連續開庭；如下次開庭因事故間隔至十五日以上者，應更新審判程序。」這條的規定沒有區分羈押或非羈押之案件，所以，7 月 30 日版第五條目的用於特別強調羈押中的案件應迅速審理，而 10 月 5 日版也是宣示必須優先而密集集中處理。除了宣示性的規範功能外，本條還有其他效用嗎？如果沒有強制力，本條規範既是與刑訴法第二九三條相同，則另行規定之意義何在？

草案立法理由特別指出：「被告受長期羈押，以待案件審結，

對其工作、家庭及生活均有不利影響,且影響其自由蒐集有利證據從事訴訟準備行為,因此被告受羈押案件之迅速審結,實為妥速審判最為關注之核心事項。」其實,若謂羈押對被告蒐集有利證據有妨礙,應該是從如何讓羈押中的被告有蒐集證據方面以遂行與保障訴訟權利著眼,何能因此迅速審結案件?重視迅速審判而相對輕忽訴訟權保障,迅速審判下的正義品質將無法令人信服。

從人權保障的理念著眼,羈押中的案件有人權問題,誠如在本草案第五條立法理由所言;然而最迅速之處理,是否等同最正義之處理?我們擔心顧了速度正義卻忽略了實體正義。刑事案件最重視正義是否得以伸張;雖謂正義遲來,卻畢竟還有正義存在,如果為了追求迅速審判卻無法兼顧到正義,則迅速審判好比是撒旦的化身。

二、草案第六條

不管是7月30日版或10月5日版,第六條都是讓逾十年未能判決確定之案件終結於法庭外而不再受審判,前者以裁定駁回,後者以判決駁回。其實,雖謂正義遲來,畢竟還有正義,若因遲延而駁回起訴,正義永遠無法伸張,追求速審難道必須犧牲正義?審判多年無法有結果,不是被告或受害人所願見,被告在這審判過程中受到的折磨可能已經和其所犯該受到的折磨與懲罰齊等,故有謂為了保障被告人權,應讓被告不再受審判程序的折磨;然而審判中被告長期受到眾人的質疑眼光,被視為犯人的感受很不好受,被告何嘗不希望出現一個無罪判決?若被告真是被

冤枉的，不管結束審判是用裁定或判決，不就讓被告的清白石沉大海了？而對受害者而言，法院不再審理了，正義又該如何申張？

本條第一項欲規範的對象是「已逾十年未能判決確定之案件」，而為什麼是十年？為什麼不是二十年或十五年？多久算是遲延？多久算是合理期間？如果都用數字界定，形同「期間肥大症」，未必能真正彰顯期間的合理性，也無法針對個案判斷，例如無謂的證據調查、聲請調查大量證據等，此等拖延訴訟之意圖明顯，法官可以駁回訴訟，德國有類此規定，我國現行法只有民訴法有規定而刑訴法還沒有。[7]

甚至有學者擔心，規範幾年必須審結之條文，或規範幾年可以駁回訴訟，雖是訓示規定沒有強制力或拘束力，卻可能被法官以此作為理由去侵害被告之訴訟權。[8]

10月5日版比7月30日版在第一項多了「認侵害被告受迅速審判之權利，情節重大，有予適當救濟之必要者」之要件，意謂著審判遲延未果，若係源自於侵害被告速審權利重大情節者，救濟的方式就是不再審理。不禁有個疑問是，解決了侵害被告之速審權而不再審判後，被告該有的正義擺在哪？被告或許也想求得無罪或其他公證的結果，僅解救了被告受侵害的速審權，卻侵害了被告的

---

[7] 摘自何賴傑，〈由德國法觀點檢討我國刑事妥適審判之修法動向〉，發表於東海大學法律學院、高雄大學法學院、行政院國家科學委員會、財團法人犯罪被害人保護協會臺灣臺中分會主辦之「刑事迅速審判與被害人保護學術研討會」，2009年9月24日。
[8] 摘自陳運財，〈「刑事妥適審判法草案」評釋——由日本法之觀點〉，發表於東海大學法律學院、高雄大學法學院、行政院國家科學委員會、財團法人犯罪被害人保護協會臺灣臺中分會主辦之「刑事迅速審判與被害人保護學術研討會」，2009年9月24日。

訴訟權（訴訟權也是憲法所保障之權利），侵害權利從速審權轉為訴訟權，也都還是侵害，這樣的立法，有何意義可言？而審判遲延的成因，如果不是由受害者引起，為何受害者的正義必須在拯救被告的速審權當中被犧牲掉？遲延成因者卻沒有受到任何處罰，反而由被害者承擔風險與後果，合理嗎？況且，如果被告速審權受侵害，被告希望的補償或賠償方式是繼續審判，為何要剝奪被告訴訟權？雖然第三項草案規定（10月5日版），關於終止訴訟程序之判決，除最高法院外，應經當事人就第一項所列各款事項行言詞辯論後為之，殊不知言詞辯論內容係僅就有無侵害速審權之議題辯論，或針對延滯訴訟是否由被告引起，或案件在法律及事實上之複雜程度與訴訟程序延滯之衡平關係進行辯論，而不是進行關於被告與受害者之正義是否就此石沉大海的不在法院受理的辯論，也不是辯論若不在法院受審，受害者與被告該向誰申訴的議題。試問，受害者與被告之正義該如何在庭外解決與伸張？兩造纏訟多年，可能會因為時間拖久、懸宕未決而積怨日深，難道要逼迫雙方私下以非法手段解決？為什麼要不要終止訴訟是由法院決定而不是由需要正義的當事人（受害者與被告）去決定？法官憑甚麼去決定誰要正義誰不要正義？

為解決以上問題、讓需要正義的人有權決定是否放棄追尋正義，也避免保障了速審權卻又侵害了訴訟權，若能增加案件是否從此不再被法院受理的辯論內容，將有助益於被告、受害者及有需要這訴訟結果與彰顯正義者對法院判決駁回或不駁回訴訟的信服程度，也讓訴訟權真正回歸於人民，而不是單由法院去決定人民是否

持續享有訴訟權。

　　10月5日版比7月30日版新增得酌量減輕其刑之規定，此乃被告因審判延滯導致訴訟程序冗長所受到的身心折磨程度等同執行刑罰般的痛苦，為彌補受侵害的速審權而給予減輕其刑保障，此乃人道考量與符合實際的做法，堪屬認同，也對司法院承辦多次公聽會與研討會而廣納建言與改進給予肯定。

　　10月5日版第六條第一項亦新增第一款規定：「訴訟程序之延滯，是否係因被告之事由。」依據本規定試問：當訴訟延滯係出自於被告之事由者，則判決終止訴訟程序（或酌量減輕其刑），抑或是不得判決終止訴訟程序（或酌量減輕其刑）？若是前者，為何被告遲延訴訟的懲罰竟是犧牲受害者享有正義彰顯的機會？若是後者，為何被告遲延訴訟的懲罰竟是讓被告反而享有減刑的機會？因此，拙文建議，當訴訟延滯係出自於被告之事由者，欲判決終止訴訟程序前，應經受害者同意或對是否駁回訴訟進行辯論，如果受害者認為遲來正義已經不是正義而願意接受駁回起訴者，則法院基於中立保障憲法人權與正義之維護工作均已盡到責任，也不會產生被告延滯訴訟行為卻由受害者代罰之荒謬結果。

　　10月5日版第六條第一項第二款（7月30日版第六條第一項第一款）規定，考量案件在法律及事實上之複雜程度與訴訟程序延滯之衡平關係，得駁回起訴。這意味著，法律上與事實上雖然看似簡單的案件，卻纏訟多年，斟酌程序延滯與案情，認為不符比例性，就予以駁回。相信多數人對此可能都會有個疑問——難道簡單的案件纏訟多年都是當事人的錯？當事人一向都配合法院的調查，法院承辦那麼

久總是不給一個終局判決,當事人還是二話不說的等待,但結果卻是駁回起訴,感覺像是多年未判都是當事人的錯?則駁回起訴的做法根本就是為了減少未結案成效,就把頭埋起來(不願正視或逃避)的推卸責任做法罷了。

有檢察官指出,在日本開研討會時發現,遲延而駁回的原因,應屬不可歸責於法官者,但是現在我國的國情不盡相同,如案件必須進行司法互助,而該時間的延宕,是法院與國家單位作業時間導致審判延宕;法官對金融作業僅止略懂,邊學邊審,當然導致案件延宕;科技如何證明有證據能力,法官不甚了解,當然導致審判延宕;辦案的動線;調閱文書的時間等,這些都是非異常案件,而案件延宕的原因也不在當事人,這些人的速審權該如何保障?[9]這些都符合本草案規定之「侵害被告受迅速審判之權利,情節重大,有予適當救濟之必要者」,若按本草案做法,卻得到終止訴訟程序之判決,試問,這速審權受侵害的結果與責任反由原被告承擔,合理嗎?

刑事法院為何存在?無非是解決當事人紛爭來彰顯正義。法院不該是自我膨脹的本位主義,而該是利他思維,更不因政策與表象數字就放棄公義與真理。訴訟延滯有很多原因,消弭未結案數字也有很多方法,為了正義而被評論訴訟久而未結,這是我不入地獄誰入地獄的慈悲,這種慈悲反而能彰顯法院的獨立性與超然性。

案件的存在是為了找出正義,今因為時間因素就放棄尋找正義,像是宣示著:法官尋找正義的耐心是有限度的;而不是宣示著:

---

[9] 摘自朱朝亮,發表於東海大學法律學院、高雄大學法學院、行政院國家科學委員會、財團法人犯罪被害人保護協會臺灣臺中分會主辦之「刑事迅速審判與被害人保護學術研討會」,2009年9月24日。

國家照顧百姓正義的責任是永無止盡的；而筆者猜想，人民期待的，該是後者多於前者；而且前者感覺像是封建君主國，後者是彰顯社會福利國照顧人民、以民為主的思潮。

　　7月30日版第六條第一項第二款規定：「與案情有關之重要證人、證據難以進行調查」得駁回起訴，問題是，何謂難以進行調查？若聲請調查證據，當事人請求法官出函調取公家單位資料，法官卻認為這是當事人應該提供，或者當事人聲請調查證人，法官要求當事人提供證人住址與身分證字號以便傳訊不到時拘提證人，因當事人無強制處分能力，僅能提供證人之工作地址，惟證人因剛剛離職到其他單位，當事人無法得知是哪個單位或戶籍地址，便請求法官基於公權力向證人原工作單位調查證人之戶籍地址等相關資料以傳訊到庭，法官無理由不願意調查，而當事人與證人不熟識也無法取得證人之隱私資料，但該證人是重要證人，試問，這種情形下無法進行調查取證，算不算是難以進行調查？又例如本案證人對某一問題所陳述之證詞，與在他案對同一問題之陳述恰好相反，而這證詞是本案判決有罪無罪的重要證詞，當原告聲請調閱時，法官漠視不理，連判決理由都沒有提到聲請調閱這一點，本案上訴後，原告又再次聲請，也被置之不理，雖傳言因證詞事涉法官或其家屬之利益等所以被漠視處理，摒除這層動機論的揣測又無具體事證之傳聞，案件若因聲請調查卻被漠視而纏訟多年後遭駁回，試問人民心裡對司法作何感想？又這算是本草案之「難以進行調查」嗎？案件起訴之後，除有起訴不合法或無理由之理由，當不應該本於法官之意志就被駁回起訴，因為這案件繫屬於法院，法官是代表公益的一方，

也代表正義的一方,已經跳脫私人立場或任何利害關係甚至不顧生命危險去中立的審理案件,因此,案件不該以任何主觀理由駁回起訴,除非如草案所言,與案情有關之重要證人、證據難以進行調查,而這難以進行調查也不應該是基於法官主觀立場或主觀心態,而是基於窮盡各種方式之後的客觀情事。

幸而本款於 10 月 5 日版已經刪除,惟其內涵仍可能遁入其他各款當中,而以其他各款尤其是第三款死灰復燃實非刪除本款之目的。

雖謂第六條是針對法律上與事實上已經難以進行訴訟程序之情形下方駁回起訴,但是第六條第一項第三款尚有「其他與案件妥速審理有關之事項」,這是不確定法律上概念,這種概括解釋的立法作為消滅訴訟係屬之理由,似不夠恰當,尤其於 10 月 5 日版已刪除之第二款內容(與案情有關之重要證人、證據難以進行調查)於年代一久之後,未可得知當初刪除之用意,則可能遁入本款復活,惟前後兩次草案都保留本概括條款。

在第六條第一項第三款之概括條款規定下,如果案件之進行既不是檢察官遲延,也不是當事人遲延,更不是證據難以進行調查問題,在原告與被告的心中,訴訟指揮權在法院,法院何時進行審判,原告與被告就配合進行,原告與被告毫無指揮訴訟之權利,卻因為案件已經進行十年無法確定,與速審權相違而被駁回就消滅了訴訟繫屬,多年無法判決確定的風險對原告、被告而言已經是不利益,而這不利益之風險表面上是由法院所造成,駁回起訴等同宣示著不利益的風險結果卻必須由原告、被告承擔,請問人民情感如何接受?

這些問題出在草案第六條第三款的規定過於概括,形同法院將無法結案的責任歸咎於全民,而要由全民買單,這是非常不負責任的做法。

草案第二項規定,終止訴訟程序之判決,得提起上訴,若上訴審認為有理由者,應以判決撤銷之,並將案件發回原審法院;認無理由者,應以判決駁回之;這規定仍舊面臨前述已提及之法官是否有權利單方駁回正義取得之機會、是否能單方面為了保障速審權而剝奪訴訟權之問題。或許讓需求正義之當事人、有訴訟權保障之人民參與決定甚至自行決定與辯論是否繼續審理等相關議題,則能避免駁回訴訟僅法院單方結案與銷案之批評,亦能縮小法官恣意與司法政策影響彰顯正義之空間。

三、草案第七條

駁回起訴確定之後若要再訴,按原草案之規定,準用刑訴法第一六一條第三、四項之規定,必須有如刑訴法第二六〇條新事實新證據方可再訴,但於 10 月 5 日版刪除本規定而改為「當事人非發現新事實或新證據,不得聲請繼續審判」(詳草案第七條第一項),且於 10 月 5 日版新增應於終止訴訟程序之判決確定後六個月內為之,則此之新事實與新證據所指範圍為何?係適用刑訴法第二六〇條之新事實新證據範圍,抑或是適用再審規定之新事實新證據範圍?詳同條第二項規定:「法院認繼續審判之聲請不合法或無理由者,應以裁定駁回之;認有理由者,應為繼續審判之裁定」,係與再審做法相同,且同條第四項規定:「第四百二十九

77

條、第四三一條之規定，於前項聲請繼續審判之程序準用之。」似欲採依再審規定之新事實新證據範圍。

案件被遲延，可能不是單一人的問題，排除掉與案情有關之重要證人、證據難以進行調查之情形，如果過程中的遲延是由法院造成，例如甲案法官需要乙案的證據資料，於是調閱卷宗，導致乙案延宕八個月，結果在第十年時法官以本條第三款駁回起訴，乙案當事人或許想繼續進行纏訟，卻被駁回訴訟，當事人少了這八個月的期限，難道這種期間的不利益必須由乙案當事人承擔？則本案例中的這八個月被調取證據之延宕期間算不算是新事實新證據？若法院表示這八個月是駁回起訴之前已為承審法官所知悉且駁回審理時已有考量，所以不是新事實新證據，當事人又無其他新事實新證據得以再訴，該案件無法繼續被審理，當事人或許心裡會想：若案件未被駁回的繼續進行八個月，會剛好遇到法官調動或其他讓案件得以終局判決之事件或理由，或甚至八個月後得以終局判決，然而今承審法官斷然駁回起訴，不利益由當事人承擔，司法威信必會受到反彈。

四、草案第九條

關於第九條草案規定，無罪判決不得上訴之規定，公聽會上論者有謂起訴後第一審判決無罪者不得上訴，有謂第一審與第二審均無罪始不得上訴。筆者認為，上訴制度之目的在於糾正下級審之錯誤，且法官與檢察官都是人不是神，若以第一審地院判決無罪就不得上訴，不但有違審級制度的立法目的，當檢察官因案件過多

未仔細執行公訴權，或法院案件過多或類型相似而未每案都句句斟酌的細心詳查，或甚者有些法官對學生身分或小孩防衛心過低就先入為主，或甚者一造申請調查與判決直接相關之重要證據而法官完全漠視時，被害者正義將石沉大海，被告也就永遠消遙法外；在目前民眾對當前司法信賴感不足下，這種前衛式的做法，可能加深質疑司法的信念，似不夠妥當，故而草案之規定較合國情。

五、草案第十一條

違反速審效果在第十一條是命檢察官與律師說明理由，這與速審責任有關，因此在下面速審責任項目中詳細說明之，在此不再贅述。

陸、違反速審法之法律風險

草案第十一條第一項規定，檢察官或由律師充任之代理人、辯護人違反審判長關於訴訟程序之命令，或藉故拖延審判，致妨礙訴訟程序之迅速進行者，法院得命該檢察官或辯護人說明理由。

關於第十一條第一項之規定，僅規範到律師與檢察官必須對違反速審提出說明，卻未規範法官違反速審也必須提出說明，這等同草案第六條規定案件逾十年未確定就駁回起訴，彷彿是在懲罰檢察官與當事人的立法一般，都是從法官以外之當事人出發，完全沒有

想到法官有可能也是延宕審判速度的一分子,難道法官從來就不曾延宕訴訟?這與國民情感及實際案例似乎不合。再者,法院如認有必要者,得分別通知該檢察官之監督權人或該律師所屬公會,採取適當之處置,若是法官遲延訴訟,由法院內部自行監督確實履行考核是否能取信於民?或應由律師、當事人監督、呈報、說明與懲處?

例如甲檢察官為了寫上訴理由將卷宗調閱好幾個月,結果延宕訴訟,先不問這好幾個月已經延滯訴訟期間的問題,該承辦法官卻未曾向檢察官提醒催促或取回卷證,在案件承辦系統中,有誰可以讓卷宗證物調閱這樣久?當事人不行,律師也不行,常聽聞是檢察官與法官之間可能發生,這算不算是官官相護?難道責任都由當事人承擔而承辦法官與檢察官都沒有責任?

又例如案件進行三年到最後言詞辯論終結要下判決階段時卻調動法官,讓原本已經要判決的案件因此而更新審理,致使案件在新法官重新審理下又進行了兩年才有終局判決,一個案件原本三年可以終局判決卻變成五年才判決,這難道是律師或原被告的錯?當然不是,可是現行法對這種延宕沒有規範法官必須向當事人提出說明,連本草案也沒有法官必須說明的規範;還有,本草案第五條對羈押案件要連續審理,勢必會延宕到承辦法官手邊的其他案件,難道法官都不用對當事人說明為何案件比預計進行中的進度慢?這種因審理羈押案件而導致案件延宕之情形,也不是檢察官、律師或原被告所造成,但是延宕的風險卻由當事人承擔,而這羈押而延宕的原因只有承辦的法官知道,當事人無法得知,難道法院沒有責任說明?因此,在立本草案時,我們希望,檢討速審責任在誰,不

該只有檢討原告、被告、檢察官或律師，應該還要包括到法院或法官。

柒、裁定駁回或判決駁回之立法風險

　　訴訟中進行之事項以裁定方式駁回，關於消滅案件之訴訟繫屬，除允許交付審判准許後，無理由裁定駁回，以及刑訴法第一六一條因檢察官未盡到舉證責任且未補正則駁回起訴外，係以「判決」駁回來消滅訴訟繫屬，縱使對於可以再行起訴之消滅訴訟繫屬方式，也均以「判決」駁回，推究其原因，無非認為消滅訴訟繫屬會致使法院不再受理案件，必須慎重為之，且判決須經言詞辯論為之，而裁定得不經言詞辯論，判決駁回必須敘明理由，裁定駁回除得為抗告或聲明者外，得不敘明理由逕行駁回。

　　7月30日版對於逾十年案件以裁定駁回，雖於第六條第四項尚有規定，以刑訴法第二六〇條之新事實新證據者提起再訴救濟，也規定是「得」駁回而不是「應」駁回起訴；惟應探討的重點在於，駁回起訴是為了要消滅訴訟繫屬，逕以法官自由心證便「裁定」駁回起訴，不用進行言詞辯論（裁定無須進行辯論），也無須當事人同意，更無須事先告知當事人，這纏訟十幾年的案子就可以被消滅訴訟繫屬，當事人突然收到被駁回起訴之裁定通知，除有第二六〇條規定可以再訴之外，毫無其他救濟管道，不但對當事人是一種突

襲,甚且,遲來的正義畢竟還有正義,現在一封書函就讓正義之聲完全不存在,這與法官無自身利害關係卻與當事人有利害關係的案件,便石沉大海,是否妥當?是否讓人民以為法官權限過大甚至草菅人命?值得斟酌。

幸而 10 月 5 日版已經修正為判決駁回訴訟,並確定後規定得以新事實新證據提起再訴,該新事實新證據範圍基於前已述及之三點理由(原草案刪除準用刑訴法第一六一條之規定、草案第七條第二項與第四項之規定與再審做法相同),似與縮小與提起再審之新事實新證據範圍同。

捌、行政規則與立法風險

一、草案第十四條

草案第十四條規定,司法院為確保程序正當、促進審判效率、加強實質辯護、落實準備程序、進行集中審理、充實訴訟指揮及保障參與訴訟程序者之權益,得訂定訴訟規則,也規定當事人、代理人、辯護人及其他參與訴訟程序之人,均應遵守。

刑事訴訟程序係以刑訴法為其依據,若細節以行政規則為之,不但方便又迅速,且可以針對案件的需要去規範,對案件的進行應有助益;本草案通過後有法律位階,授權部分當無問題;惟速審法無刑訴法所規定的程序條文,卻在速審法授權下以行政規則對原本

屬於刑事訴訟程序之事項，體系上是否妥適可以斟酌。

又行政規則若有違反上位規定之虞，或違背其他法律規定，或與其他法律配合之下產生爭議時，對該行政規則的合法性，律師應先於案件實體性進行陳述與抗辯，結果實體內容都還沒進行，程序性問題已經耗時耗力，如此一來，反而延宕案件審判的進度，與速審精神相違。

再者，當行政規則違反上位階法規或其他法規時，根據本草案第十四條第二項又賦予當事人等參與訴訟程序之人都必須遵守之義務，是否間接成為惡法亦法之依據？值得斟酌。

二、法官掌控審判速率

實際上，在刑事審判實務中，審判事項往往才是真正拖延訴訟的關鍵點。如何充實審判事項，往往決定審判的速度。例如法官對法律以外的專業知識不足、法官對資訊的運用不夠、司法行政人力不夠、書記官打字不夠快、法官工作效率等，都不是被告或原告延滯訴訟之情形，反而多數事項都是取決於法官的速度。相形之下，法官的審判進行速率與責任，反而是速審法中應該首先被規範到的。

行政規則規範刑事訴訟審判之細部程序，該程序之進行乃由當事人與法官共同進行，因此，規範不該只是單方要求當事人或拘束當事人而未將強制力適用於法官。事實上，審判程序之進行雖然是採改良式當事人進行主義，但現行規範不足下，往往不是當事人能控制，反而法官才有指揮控制權。

在美國，法官的考核很嚴密，規定很清楚而縝密，仍無法審判

終結時,方可以駁回訴訟[10],此可作為我國借鏡。

玖、雙方當事人速審權利與法律風險控管

速審法草案除第一條以指導性原則之立法方式指出人民有速審權利外,具體性條文都是針對被告的速審權而來,關於具體地規範原告之速審權利者,在本草案並未看到。

一、草案第十五條

強調被告的迅速審判權利,卻沒有看到相關被害者對速審需求的立法,難道只有被告有速審權?我國採取公訴與自訴雙軌制度,原告也有請求速審的權利,案件當事人不是只有被告,自訴案件的受害者是原告,公訴案件當事人是檢察官,檢察官是代表被害者或正義的一方進行訴訟程序,因此,不是只有被告才有速審的權利,原告也有速審權,相關的規範在本速審法中尚未被規範到,甚至 7 月 30 日版於第十五條自訴案件準用之規定,於 10 月 5 日版中已刪

---

[10] 詳王兆鵬,〈迅速審判之美國法觀點〉,發表於東海大學法律學院、高雄大學法學院、行政院國家科學委員會、財團法人犯罪被害人保護協會臺灣臺中分會主辦之「刑事迅速審判與被害人保護學術研討會」,2009 年 9 月 24 日。

除。此舉難道是試圖宣示著,僅有被告才有速審權?

二、溯及既往

7月30日版於10月5日版改為:「本法施行前已繫屬於法院之案件,亦適用之。」此乃學說上所謂不真正溯及既往之規範條文。本條文乃規範適用範圍與時間之關係,本可於施行法中制訂,但本溯及既往之規範條文並非在施行法中規定,甚至廢除自訴準用速審法之規定,而以本條文取代之,是否另有用意?廢除自訴準用速審法之規定,是否意味著當事人之一的自訴人不能享有速審權?

拾、配套措施與立法風險

關於草案第五條,係為顧及羈押案件涉及人身自由現實侵害而迅速審判,但是法官手上的其他案件卻沒有相關配套措施來解決因此受到延宕的處理辦法,難道非羈押案件有義務必須為了羈押案件而隱忍犧牲?如果其他案件涉及侵害生命法益,正迫切需要有法院的正義聲音來引領倖存者或家屬活下去的勇氣,這時,卻因羈押案件而被延宕,意味著這些受害者家屬或倖存者的正義需求比不上羈押案件?

各國立法、人權法院相關內容、國際公約之規定,雖然引用於

本草案中,但是各國對法規適用之成效為何?有何優缺點?又造成哪些負面效果?是受了何種因素的影響?其國情與我國有何不同?相關配套措施為何?與既存的法規相互間如何配合?其週邊執行法規效果,該是立法之初應被重視的議題,本次立法與草案立法理由與總說明均未提及,未來對草案的研修應加上這一部分內容,以使草案更臻適合我國國情。

拾壹、結論

　　正義不該被數字取代。正義也不該被政策搖擺。一味追求降低無罪率,一味降低起訴率,都是以政策影響正義。
　　減少法院積案數量絕對不能當作是保護速審權的內在根本理由。換言之,不能以這理由作為駁回訴訟以昭速審之絲毫原因。
　　司法院速審法草案在 2009 年 7 月 30 日出爐後,陸續舉辦北中南幾場公聽會與研討會,在場先進均踴躍提出意見,也感受到司法院對速審法草案接受大眾評論意見的誠心,於 10 月 5 日公布之草案已與當初草案略有不同,在廣納建言後能改進與增刪,用心值得肯定,且速審理念能被重視,亦值得嘉許;7 月 30 日草案的公聽會場上,人數眾多且有記者在旁,惟私下聽聞公聽會僅是受邀者出席頗感訝異,既然是涉及全民的權益,且公聽會的目的是在於集思廣益,或許開放全民參與可以有更多的意見,能讓速審法

草案更臻於完整。

　　學者比喻[11],一部粗糙的速審法,好比惹人垂涎的蜜糖,空心且內含毒藥。是的,如此的劇毒,還不如維持現狀;也有學者稱,開太快會翻車。是的,訴訟權之保障係用於對抗犯罪,這是憲法保障之權利,如果一味求快,審判中調查筆錄唸唸文件內容就可以結案,不是更快?[12]

　　本草案由司法院主導,誠如上述所言,這僅僅是一部拋磚引玉的草案,用意於推廣速審概念,以及宣揚速審權受憲法保障之觀念,至於草案內容有賴產官學界加強。吾等均悉,完成一部立法實不容易,而完善立法更有勞費心,在野人士的批判是字字斟酌,緣出自對草擬者的寄予眾望。

　　案件事涉當事人權益,國家有高權力可以代表公益的一方創設法院為人民找出正義,這尋找正義的責任該是責無旁貸,最怕國家的本位主義或法官恣意的將案件駁回,讓當事人求訴無門,這種結果只會添增民怨,也無法展現訴訟經濟。如果駁回起訴可以斟酌當事人意見,甚至某些情形酌量當事人同意,是讓案件回歸權益者決定,纏訟與否由需要正義伸張者考量,纏訟無意義時,耗時耗力,當事人無意願,法院此時駁回起訴也深得民心;若當事人於訴訟多年之際仍感覺纏訟下去很有意義,表示他對法院與案件的爭

---

[11] 摘自王兆鵬,發表於東海大學法律學院、高雄大學法學院、行政院國家科學委員會、財團法人犯罪被害人保護協會臺灣臺中分會主辦之「刑事迅速審判與被害人保護學術研討會」,2009年9月24日。
[12] 摘自何賴傑,發表於東海大學法律學院、高雄大學法學院、行政院國家科學委員會、財團法人犯罪被害人保護協會臺灣臺中分會主辦之「刑事迅速審判與被害人保護學術研討會」,2009年9月24日。

訟還抱持深信不疑的信念，此時若法官斷然駁回起訴，不但對當事人是個突襲也令其絕望，司法威信受損也傷害了當事人，被害人除承受被害之外，國家形同另一個傷害當事人的來源，當事人何其無辜也何其無奈！相信速審法本意不是給人無奈，而是給人希望的來源；因此，深思駁回起訴要件，酌量當事人意見，可免除法院高權專制與恣意，也可讓人民信服與信賴司法。

　　本法針對特殊情形之案件給予補償或賠償速審權之規範與救濟，而對於非異常案件，如因法庭設備導致案件遲延、因司法互助導致案件遲延、因辦案動線導致審判遲延等的案件，其速審權何在？在本法尚未看到，期待下一次的草案出爐能有規範。

　　我國訴訟程序分為刑事訴訟、民事訴訟，以及行政訴訟。速審法草案的通過，僅適用於刑事訴訟案件，而且還針對某幾種類型的案件，難免會令人聯想是否針對現在某些案件所產生？是否有政治性意涵為其背後推手？抑或司法院是否想增加結案速率而將十年以上仍無法確定之案件試圖脫手？等等臆測。如果在刑訴法之外又通過的速審法是適用於任何案件，雖特別挑出幾種類型的案件速審，卻對其他案件也有配套措施，不會因為速審某類刑案而受到犧牲，則這層顧慮或可免除；但無論如何，迅速審判同時也顧及正義，不只是司法院關注的事情，相信也是每個人心中的願望。

附　錄

速審法之前後兩次修正草案如下：

	7月30日版	10月5日版
第一條	為保障人民於訴訟上有受公正、合法、迅速審判之權利，特制定本法。本法未規定者，適用其他法律之規定。	為維護刑事審判之公正、合法、迅速，保障人權及公共利益，特制定本法。本法未規定者，適用其他法律之規定。
第二條	法院受理案件，應依法迅速周詳調查證據，妥慎認定事實，以為裁判之依據。 法院迅速裁判，不得有害當事人及被害人之正當權益，並應確保程序之公正適切。	法院應依法迅速周詳調查證據，確保程序之公正適切，妥慎認定事實，以為裁判之依據，並維護當事人及被害人之正當權益。
第三條	當事人、代理人、辯護人及其他參與訴訟程序而為訴訟行為之人，應依誠信原則，行使訴訟程序上之權利，不得濫用，亦不得無故拖延程序。	當事人、代理人、辯護人及其他參與訴訟程序而為訴訟行為者，應依誠信原則，行使訴訟程序上之權利，不得濫用，亦不得無故拖延。
第四條	法院受理案件，依法行準備程序者，應落實刑事訴訟法關於準備程序之規定，於準備程序完成後，儘速行集中審理，以利案件妥速審結。	法院行準備程序時，應落實刑事訴訟法相關規定，於準備程序終結後，儘速行集中審理，以利案件妥速審理。
第五條	（甲案）法院就被告在羈押中之案件，應以優先且特別迅速之方式連續開庭審理。因故需間隔審判程序時，除有特別情形外，不得逾七日。 （乙案）法院就被告在羈押中之案件，應以優先且特別迅速之方式連續開庭審理。因故需間隔審判程序時，除有特別情形外，不得逾十四日。	法院就被告在押之案件，應優先且密集集中審理。

第六條	（甲案）自第一審繫屬日起已逾十年未能判決確定之案件，法院審酌下列事項，認為適當者，得以裁定駁回起訴： 一、案件在法律及事實上之複雜程度與訴訟程序延滯之衡平關係。 二、與案情有關之重要證人、證據難以進行調查。 三、其他與案件妥速審理有關之事項。上級法院為前項裁定者，下級法院之判決視為已經撤銷。 第一項案件未能判決確定係因被告、辯護人或被告輔佐人之事由者，不適用之。 刑事訴訟法第一百六十一條第三項、第四項之規定，於第一項情形準用之。 （乙案）自第一審繫屬日起已逾十二年未能判決確定之案件，法院審酌下列事項，認為適當者，得以裁定駁回起訴： 一、案件在法律及事實上之複雜程度與訴訟程序延滯之衡平關係。 二、與案情有關之重要證人、證據難以進行調查。 三、其他與案件妥速審理有關之事項。上級法院為前項裁定者，下級法院之判決視為已經撤銷。 第一項案件未能判決確定係因被告、辯護人或被告輔佐人之事由者，不適用之。 刑事訴訟法第一百六十一條第三項、第四項之規定，於第一項情形準用之。	自第一審繫屬日起已逾十年未能判決確定之案件，法院審酌下列事項，認侵害被告受迅速審判之權利，情節重大，有予適當救濟之必要者，得為終止訴訟程序之判決或酌量減輕其刑： 一、訴訟程序之延滯，是否係因被告之事由。 二、案件在法律及事實上之複雜程度與訴訟程序延滯之衡平關係。 三、其他與迅速審判有關之事項。前項終止訴訟程序之判決，經提起上訴，上級法院認有理由者，應以判決撤銷之，並將案件發回原審法院；認無理由者，應以判決駁回之。 前二項關於終止訴訟程序之判決，除最高法院外，應經當事人就第一項所列各款事項行言詞辯論後為之。
第七條	前條第一項案件，經裁定駁回起訴者，應將附帶民事訴訟移送管轄法院之民事庭，並準用刑事訴訟法第	前條終止訴訟程序之判決確定後，當事人非發現新事實或新證據，不得聲請繼續審判。

	五百零四條第二項、第三項之規定。	前項聲請繼續審判,應於終止訴訟程序之判決確定後六個月內為之。 法院認繼續審判之聲請不合法或無理由者,應以裁定駁回之;認有理由者,應為繼續審判之裁定。 刑事訴訟法第三百十六條之規定,於法院為終止訴訟程序之判決時準用之;第四百二十九條、第四百三十一條之規定,於前項聲請繼續審判之程序準用之。
第八條	案件有第六條第一項情形,經法院裁定駁回起訴確定者,追訴權停止原因視為消滅,且自停止原因消滅之日起,與停止前已經過之時間,一併計算。	法院判決終止訴訟程序者,應以裁定將附帶民事訴訟移送管轄法院之民事庭,並準用刑事訴訟法第五百零四條第二項、第三項之規定。
第九條	(甲案)案件自第一審繫屬日起已逾六年且經最高法院第三次以上發回者,第二審法院所為之無罪更審判決,不得再行上訴於最高法院。 案件自第一審繫屬日起已逾六年且經最高法院第三次以上發回者,除前項情形外,得上訴於最高法院,其上訴理由,以下列事項為限: 一、判決所適用之法令牴觸憲法。 二、判決違背司法院解釋。 三、判決違背判例。最高法院就前項案件,應優先審查有無第六條第一項之適用。 刑事訴訟法第三百七十七條、第三百七十八條、第三百七十九條、第三百九十三條第一款之規定,於第一項案件之審理,不適用之。 (乙案)案件自第一審繫屬日起已逾六年,且經最高法院第三次以上發回者,其上訴理由,以下列事項為限:	案件自第一審繫屬日起已逾六年且經最高法院第三次以上發回後,第二審法院更審維持第一審所為無罪判決,或其所為無罪之更審判決,如於更審前曾經同審級法院為二次以上之無罪判決者,不得上訴於最高法院。 案件自第一審繫屬日起已逾六年且經最高法院第三次以上發回後,除前項情形外,得上訴於最高法院,其上訴理由,以下列事項為限: 一、判決所適用之法令牴觸憲法。 二、判決違背司法院解釋。 三、判決違背判例。 最高法院認案件雖無前項所定之上訴理由,而有下列情形之一者,如不予撤銷顯違正義時,得予撤銷原審判決: 一、顯有影響判決結果之重大事實誤認。 二、科刑或宣告保安處分顯然不

	一、判決所適用之法令牴觸憲法。 二、判決違背司法院解釋。 三、判決違背判例。 最高法院就前項案件，應優先審查有無第六條第一項之適用。 刑事訴訟法第三百七十七條、第三百七十八條、第三百七十九條、第三百九十三條第一款之規定，於第一項案件之審理不適用之。	當。 最高法院認第二項案件有第六條得判決終止訴訟程序之情形者，應優先適用該規定。 刑事訴訟法第三百七十七條至第三百七十九條、第三百九十三條第一款之規定，於第二項案件之審理，不適用之。
第十條	前條案件於本法施行前已經第二審法院判決而在得上訴於最高法院之期間內，或已繫屬於最高法院者，適用刑事訴訟法第三編第三章規定。	前條案件於本法施行前已經第二審法院判決而在得上訴於最高法院之期間內、已在上訴期間內提起上訴或已繫屬於最高法院者，適用刑事訴訟法第三編第三章規定。
第十一條	檢察官或由律師所任之辯護人違反審判長關於訴訟程序之命令，或藉故拖延審判，致妨礙訴訟程序之迅速進行者，法院得命該檢察官或辯護人說明理由。 前項情形，法院如認有必要者，得分別通知對該檢察官有監督權之人或該辯護人所屬公會，採取適當之處置。對該檢察官有監督權之人或該辯護人所屬公會，收受前項通知後，應儘速將所採取之處置通知法院。	檢察官或由律師充任之代理人、辯護人違反審判長關於訴訟程序之命令，或藉故拖延審判，致妨礙訴訟程序之迅速進行者，法院得命該檢察官或該 律師說明理由。 前項情形，法院如認有必要者，得分別通知該檢察官之監督權人或該律師所屬公會，採取適當之處置。 前項監督權人或律師公會，於收受通知後，應儘速將其採取之處置通知法院。
第十二條	法院為迅速審理需相關機關配合者，相關機關應優先儘速配合。	法院為迅速審理需相關機關配合者，相關機關應優先儘速配合。
第十三條	為達妥速審判及保障人權之目的，國家應建構有效率的訴訟制度，增加適當之司法人力，建立便於國民利用律師之體制及環境。	為達妥速審判及保障人權之目的，國家應建構有效率之訴訟制度，增加適當之司法人力，建立便於國民利用律師之體制及環境。
第十四條	司法院為促進審判效率之提昇、落實準備程序、進行集中審理及充實訴訟指揮，得訂定訴訟規則。	司法院為確保程序正當、促進審判效率、加強實質辯護、落實準備程序、進行集中審理、充實訴

		前項訴訟規則,當事人、代理人、辯護人及其他參與訴訟程序之人,均應遵守。	訟指揮及保障參與訴訟程序者之權益,得訂定訴訟規則。 前項訴訟規則,當事人、代理人、辯護人及其他參與訴訟程序者,均有遵守之義務。
第十五條		本法規定於自訴案件準用之。	本法施行前已繫屬於法院之案件,亦適用之。
第十六條		本法施行日期由司法院以命令定之。	本法施行日期由司法院以命令定之。

參考文獻

王兆鵬（2009，9月）。〈迅速審判之美國法觀點〉。東海大學法律學院、高雄大學法學院、行政院國家科學委員會、財團法人犯罪被害人保護協會臺灣臺中分會主辦，「刑事迅速審判與被害人保護學術研討會」，臺中。

朱朝亮（2009，9月）。東海大學法律學院、高雄大學法學院、行政院國家科學委員會、財團法人犯罪被害人保護協會臺灣臺中分會主辦，「刑事迅速審判與被害人保護學術研討會」，臺中。

何賴傑（2009）。〈刑事辯護對羈押決定及羈押期間之影響——德國實證研究報告之啟示〉。《臺灣法學雜誌》，136，13-24。

何賴傑（2009，9月）。東海大學法律學院、高雄大學法學院、行政院國家科學委員會、財團法人犯罪被害人保護協會臺灣臺中分會主辦，「刑事迅速審判與被害人保護學術研討會」，臺中。

吳秋宏（2009）。〈刑事訴訟與妥訴審判——以試辦案件流程管理制度為中心〉。《臺灣法學雜誌》，136，25-60。

林朝榮（2009，8月）。「司法院刑事妥速審判法草案公聽會」，臺中。

陳運財（2009，9月）。東海大學法律學院、高雄大學法學院、行政院國家科學委員會、財團法人犯罪被害人保護協會臺灣臺中分會主辦，「刑事迅速審判與被害人保護學術研討會」，臺中。

第三章

從臺灣高等法院高雄分院刑事九五年度上更（二）字第一六九號判決談校園法律責任

蘇滿麗*

---

* 國立中正大學法律學研究所博士候選人；私立亞洲大學財經法律學系專任講師；瑞典隆德大學法律社會學系訪問學人（Sociology of Law, Lund University, Sweden, 2008.07-2009.02）。

目　次

壹、前言──為何要談校園法律風險
　　第一面向：校園法律政策識讀與實踐分析
　　第二面向：教育工作者法律增能與實踐
　　第三面向：培養未來公民的民主法治素養
貳、案例事實
參、判決要旨
肆、重點整理
　　一、被害人因其迷走神經性昏厥而於昏倒時，造成重度頭部外傷死亡
　　二、案發時該男廁所地板有積水，導致被害人因地板濕滑跌倒致死
伍、檢討──以刑法過失責任為討論
陸、結論
後　記

從臺灣高等法院高雄分院刑事九五年度上更（二）字第一六九號判決談校園法律責任

摘要

　　本文透過一法院判決，就該案之法律事實，討論校園教育人員之法律責任。本案為一十三歲之國中男生倒臥在男廁所地板，送醫六小時後死亡。本案歷經六年的訴訟程序，檢察官與被告的爭執在於地板是否有積水，最後法院認定因地板積水造成被害人因學校之公有公共設施疏於維護管理，造成地板濕滑，因此在被害人滑倒之後，造成死亡，被告有刑法過失責任，本案也影響國家對於性別平等教育的立法與政策之規劃與執行，藉此提醒並呼籲校園教育工作者對於校園法律風險管理的認識與控管。

關鍵字：校園、法律、責任、風險、性別

壹、前言——為何要談校園法律風險

先有快樂的老師,才有快樂的學生。教師此一角色在中國的社會地位之崇高,非歐美國家可以比擬。[1]但是,教師在校於進行教育工作時,除了社會對於教師角色倫理性的期待之外,教師是否能於教育執行中,貫徹法治國基本精神?法律於家庭暴力防治法的制定施行,劃下了「法入家門」的新時代意義,而校園的教育工作者,是否能無視於法律的存在?在層出不窮的校園師生衝突事件,例如:體罰、不當管教、校園公共安全意外、校園性侵害、性騷擾事件等等,當校園發生如此之事件時,又因為教師未諳法律規定,在處理相關的校園事件時,自身觸法卻不知,往往成為媒體競相報導的標題,然後成為社會輿論所抨擊的箭靶,也造成校園教育環境的不安定。而教師本身涉入法律糾紛之後,司法程序耗費時日,非短促時日內可以完結,在其從事教學工作之過程,難以期待有教學品質,而莘莘學子則成為無辜的犧牲者。

校園是教育學習的場域,我國憲法第二十一條明文,人民有受國民義務教育的權利與義務,另外國民教育法第二條規定,凡六歲

---

[1] 從我國五倫:「天、地、君、親、師」之排比可知,教師之地位極高。作者於2008年7月-2009年2月獲亞洲大學核准帶職前往北歐瑞典進行「性別主流化——性別平等」及「校園法律輔導管教」議題之研究,在進行校園教師關於教育執行、社會地位等等田野訪談過程,獲知西方社會與我國儒家文化對於「教師」的社會地位尊榮認定,有極大之差別。

從臺灣高等法院高雄分院刑事九五年度上更（二）字第一六九號判決談校園法律責任

至十五歲之國民，應受國民教育。因此，在校園的學習活動占去六歲到十五歲兒童少年的大部分時間，校園雖是教育學習場所，但是對於校園安全風險是否認識？教育工作者在進行傳道、授業、解惑的任務時，無論是知識傳授過程、對於學生品德操守的規訓過程、亦或是關於校園公共安全的維護等等，若從立法、行政、司法──法治國的三權分立基本原則，教育屬於行政權的一部分，因此行政的基本精神──「依法行政」，成為校園的教育工作者除了在教育專業帶領學生認知學習之外，自身也必須要重視的領域。若是欠缺了法律的基本認知，容易產生校園法律事件，影響校園的教育事務的進行，我國師資培訓過程，過去少有就法律給予基本之概念，甚至於當教師進入校園執教之後，除了參與研習課程或是自我進修的接觸之外，大多對於法律規定陌生不熟悉，產生了行政無法一體，校內的行政產生不協調。另外，對於所發生之校園事件之法律規定少有認知，以「大事化小、小事化無」之最好無事的心態來面對事件。而為減少影響校園教育事務進行之師生衝突，避免學生在校園中學習、活動過程，學生的生命、身體受到侵害的校安事件發生，並且符合社會對於教育工作者的期待，有必要對於有關校園涉及的法律規定進行風險的管理，以創造「親、師、生」三贏之佳境。

有鑑於校園法律事件於國民主權意識日漸成長，家長、學生對於「尊師倫理」以及「法律權益」二者間，已經不似過去傳統農業社會模式，教育工作者若恃自身仍為師生互動過程的優勢者，則容易成為發生師生衝突之高法律風險族群，因此，本文認為在校園法律風險管理發展的認識應有如下面向：

法律風險管理

第一面向：校園法律政策識讀與實踐分析

　　教育為行政權之一，面對校園最核心事務即是必須了解：「學生為主體。」我國憲法第二十一條明文，人民有受國民義務教育之權利與義務。而另外教育基本法第二條亦是明文宣示：人民為教育權之主體。教育之目的以培養人民健全人格、民主素養、法治觀念等等，因應法規範之精神，國家教育政策的擬定攸關教育事務之執行與學習成效，以及國民知識及國力強弱，校園教育工作者必須理解自身與國家教育政策執行之關係，教育在國家的整體政策的位置與重要性，俾能達教育行政之目標。

第二面向：教育工作者法律增能與實踐

　　校園中的教育工作者具有法律的認識，在其執行教育事務，無論是認知學習的過程，例如，教師法第十七條「教師除應遵守法令履行聘約外，並負有下列義務：……四、輔導或管教學生，導引其適性發展，並培養其健全人格……」該法定義務是教師教學內容的一部分。惟如何輔導？如何管教？教育工作者必須了解法律的相關規定；或是校園環境的安全管理，公共設施的設置管理，此涉及刑法責任、民法責任（以及國家賠償責任）、行政責任等。若教育工作者能了解法律規定及其效果後，將不易觸法、違法而耗費資源與時間。教育工作者與教育環境適法，提供學生友善校園，得以快樂學習，培養學生健全人格。

從臺灣高等法院高雄分院刑事九五年度上更（二）字第一六九號判決談校園法律責任

第三面向：培養未來公民的民主法治素養

　　學生進入校園不僅為認知學習，同時也在發展其人格。例如在國民義務教育階段中，對於六至十五歲的國民進入教育機關，給予國民教育的過程中，這個階段的學習成長過程，往往是其人格養成的最初階段，智識與品行的培養與建立成為教育的重心。校園的民主法治觀念的落實，成為師生行為最好的分際。法治的觀念是相對於人治，禁絕掌握權力的個人恣意行事。教育工作者之身教，成為將學生培養成為具有民主法治素養未來公民的最佳方法。

　　以上為作者提出關於校園法律風險的管理面向及預期效能。

　　而本文以下則是欲透過民國（下同）八九年我國南部一國民中學校園，發生一起學生死亡事件，透過確定的法院判決內容，了解司法實務如何認定校園教育工作者之責任。該案案發後經過兩次最高法院發回更審，最後經臺灣高等法院高雄分院（下稱高雄高分院）九五年度上更（二）字第一六九號判決確定。總共耗費六年時間。本案若從檢察官偵查以及法院判決內容來看，相較於強盜、妨害性自主等等重大犯罪之類型，可以認為是單純的校園公共安全事件。但是生命法益的絕對尊重，面對一生命的非自然死亡，國家必須進行發現真實，保障人權，給予被害人司法之正義。於此，要提出的思考點是，為何一校園公共安全事件，需耗費六年之時間？而其中，臺灣屏東地院八九年度訴字第三七一號、高雄高分院九〇年度上訴字第四五五號、九三年度上更（一）字第二二四號判決，皆是認定被告等三人無罪。在高雄高分院九五年度上更（二）字第一六九號判決卻認定被告三人有過失致人於死之刑事責任而宣告有罪。為何

法院的判決有如此之差異？

　　在民事、行政、刑事法律責任中，刑事責任為國家最嚴厲之手段，透過校園公共安全之判決實務之介紹與分析，提醒校園教育工作者關於法律風險之認識與管控，避免因無視於法律風險存在而造成國家施以嚴厲之刑事制裁之憾事。並且在教育工作者能夠了解司法實務見解後，進而能夠管控校園的安全，掌握法律風險管理，創造友善校園環境。

貳、案例事實[2]

　　八九年四月二十日上午十一時四二分許，一名國中三年級的男學生，在離下課前數分鐘，向老師要求先行離開教室去上廁所，這個男學生後來被發現倒臥在該校的男生廁所的地板上，並有大量出血，經送醫急救延至翌日，即同月二一日凌晨四時四五分許，不治死亡。該案經臺灣屏東方法院檢察署偵查起訴，檢察官在起訴書中指出：被告A係屏東縣高樹國中校長，被告B係該校總務主任，被告C則係該校庶務組長，三人均為執行教學業務之人，明知學校之建築物等硬體設備，應隨時予以監督、管理、檢查及修繕，以維護學生在校時之人身安全，詎料其等竟疏於注意，未為妥善之處理，使該校運動場旁臨近司令臺之男生廁所，自八九年2月某日起，數

---

[2] 關於判決書之全文，可至司法院網頁 http://www.judicial.gov.tw/檢索。

從臺灣高等法院高雄分院刑事九五年度上更（二）字第一六九號判決談校園法律責任

月長期電燈不亮、電線外露且無開關，該廁所中間有一水箱損壞亦數月長期漏水，經常使廁所中間部位滿地水跡，而較偶爾、單純之地板水跡濕滑，上述三人於此項缺失未修繕完成前，亦未予以標示提醒學生注意，或暫予停用。嗣於同年四月二十日上午十一時四二分許，適有該校三年二班學生葉永銛於上音樂課途中，尿急至該廁所小便，因該廁所光線不足，地上水跡反光較少，加以該生尿急，快步進入廁所，且四下無人，於右手拉下褲子拉鏈，重心稍為後傾，適行至該地水跡處，刹時毫無預警滑倒，頭部枕骨偏左部位直接猛力撞擊地板，致該生顱內撞擊處及對撞處大量出血，經送醫急救延至翌日即同月二一日凌晨四時四五分許，不治死亡，因認被告A、B、C三人涉有刑法第二七六條第二項之業務過失致人於死罪嫌。

參、判決要旨

本案歷經案件經臺灣屏東地方法院判決無罪，檢察官上訴，臺灣高等法院高雄分院維持原審判決，檢察官再上訴最高法院，最高法院撤銷發回更審，歷經兩次更審，最後九五年度上更（二）字第一六九號判決以被告三人等均知道該廁所長期「漏水」、「滲水」造成地板濕滑之問題，凡此廁所沖水設施之構建及維修，均是被告等學校主管及總務、庶務人員職責之所在，為其應注意並能注意之事項，若疏未注意構建及維修完善，即屬過失。認被告A、B、C，三

人應負廁所水箱構建及維修不周致長期漏水,形成地板積水日久濕滑之過失致死之責。被告 A 係屏東縣立高樹國中校長職掌「綜理校務」,並為專任,國民教育法第九條定有明文;B 係該校總務主任,職掌「全校環境整潔安全防護」,C 則係該校庶務組長,職掌「全校營繕工程計畫之擬訂」,此有屏東縣立高樹國中總務章則可證。核被告等怠於維修學校廁所水箱,未營造安全合乎衛生之環境,以維護學生在校時之人身安全,為刑法第二七六條第一項過失致死罪,分別量處有期徒刑五月、四月、三月,如易科罰金,各以銀元三百元即新臺幣九百元折算一日終結。

肆、重點整理

本案歷經六年,最後以有罪判決確定終結。在無罪判決及最後的有罪判決結果,數法院對於被害人的死亡原因有不同認定,大致可以整理如下:

一、被害人因其迷走神經性昏厥而於昏倒時,造成重度頭部外傷死亡

臺灣屏東地方法院八九年度訴字第三七一號、臺灣高等法院高雄分院九〇年度上訴字第四五五號、臺灣高等法院高雄分院九三年度上更(一)字第二二四號判決認定被害人死亡與被告三人無關,

從臺灣高等法院高雄分院刑事九五年度上更（二）字第一六九號判決談校園法律責任

因此為無罪判決。

本案第一審法院，臺灣屏東地院八九年度訴字第三七一號：「……於案發時係乾燥無積水，則揆諸因果關係法則，該廁所之積水顯非引起葉永鋕死亡之原因。況且，依上所述，葉永鋕意外跌倒，係肇因於昏倒，益證本件廁所之維修良好與否，與葉永鋕之死亡間毫無關係……」由此得知，第一審判決認定案發時男廁所地板並無積水，排除三位教育人員的過失責任。

經檢察官上訴第二審，在高雄高分院九〇年度上訴字第四五五號：「……是茲所應審究者，乃死者葉永鋕之倒地受傷死亡，究係因廁所地板水濕滑倒，抑或係自己身體之疾病原因倒地所造成……顯見本見死者葉永鋕之所以於上廁所時，發生頭部撞擊地面，引起顱內出血，進而壓迫腦中樞而致死亡之結果，乃肇因於因本身之疾病而導致瞬間昏倒，於無防禦及護身之情況，並非導因於滑倒……再查，縱如卷附案發當時之現場照片所示，肇事地點之第四至第七格小便池前之地板有積水，第五及第六格小便池甚已滋生青苔……」、「……而該處依前所述，於案發時係乾燥無積水，則揆諸因果關係法則，該廁所之積水顯非引起葉永鋕死亡之原因。況且，依上所述，葉永鋕意外跌倒，係肇因於昏倒，益證本件廁所之維修良好與否，與葉永鋕之死亡間毫無關係。是尚無法僅以該案發地點有長期漏水、電燈不亮之缺失，即逕以推論此一疏虞與葉永鋕死亡間，有何相當因果關係……」第二審法院維持第一審法院之認事用法，將被害人死亡之原因歸咎於被害人本身之身體疾病瞬間昏倒所致。至於校園的男廁所公有公共設施之長期漏水、電燈不亮之缺失，並非該

案被害人死亡之原因。

惟該判決經檢察官上訴至最高法院,最高法院九三年度臺上字第三八三〇號以「……上開法醫師之鑑定書及覆函內容,似非完全一致,原審未送請其他醫事專門機構鑑定,即認定葉永銈係因病自行昏倒,尚嫌率斷……」撤銷發回更審。

臺灣高等法院高雄分院九三年度上更(一)字第二二四號針對最高法院發回更審所指摘之理由:「……依上所述,葉永銈意外跌倒,係肇因於昏倒,益證本件廁所之維修良好與否,與葉永銈之死亡間毫無關係。是尚無法僅以該案發地點有長期漏水、電燈不亮之缺失,即遽以推論此一疏虞與葉永銈死亡間,有何相當因果關係……」仍然認定被害人係因昏倒後跌倒,與前之判決並無異見。

對於更一審判決內容,檢察官再提起上訴,經最高法院刑事判決以九五年度臺上字第二五八三號判決指出下列數點(略以):

1、證人中雖有證稱被害人倒地之處,地面是乾的等語,惟依卷內證據,檢察官於被害人死亡後之八九年四月二一日下午,至現場勘驗時所拍攝之現場照片,該第三小便池臺階上,似有積水之反光,明顯與第二小便池臺階之地板不同,則該廁所之第三小便池臺階上是否為乾燥無水,即非無疑問。

2、另有證人證稱被害人倒在廁所地上地面是濕的……當時地板是濕的,死者衣服、褲子都有沾到水,衣服上有水及血跡,褲子屁股的地方也是濕的……褲管也是濕的……腳接近水跡等語……而上述檢察官勘驗現場所拍之第三小便池若有積水,是否與被害人滑倒全然無關?……真相究竟如何,事涉公平正義之實現,而以上卷內

從臺灣高等法院高雄分院刑事九五年度上更（二）字第一六九號判決談校園法律責任

資料，均關涉被害人是否因廁所濕滑導致滑倒頭部撞擊地面……」

最高法院指摘上述原因後，再次發回更審。

二、案發時該男廁所地板有積水，導致被害人因地板濕滑跌倒致死

臺灣高等法院高雄分院九五年度上更（二）字第一六九號判決認定被告有罪，所採取之事實認定與前述之判決大相逕庭，茲將判決內容之事實認定整理如下（略以）：

1、被害人係在下課前單獨前往廁所，其係如何倒地受傷，並無人目睹。

2、案發時，該男廁所小便斗上之水箱因漏水，導致第四、五格小便斗前之地板有水濕地板。法院以證人之證詞以及檢察官到場勘驗之照片、筆錄為證據資料，認定案發之男廁所地板因水箱漏水而有濕滑情形。[3]

---

[3] 1. 證人證詞
(1)證人即該校訓導主任廖○○結證稱：「廁所水箱滿水後自動溢出、自動噴出，噴到踏墊及廁所地板。」
(2)證人陳○○於檢察官偵查時結證稱：「廁所『漏』水情形已很久了。」
(3)被告 A 於本院前審陳稱「這間漏水廁所問題我不知道，巡視未發現……事後我去看確實是第 4、5 臺階有『滲』水。」
(4)被告 B 於本院前審陳稱「當時小便斗第 4、5 格有『漏』水，第 4、5 格的地方濕的，滴水在第 4、5 格的位置。」
(5)證人即被害人之班導師梁○○於本院前審結證稱「翌日我去看地面全是濕的。」
(6)證人即最初將死者抬到醫務室之陳○○於偵查時證稱(未滿16歲未具結)：「當時地板是濕的，死者衣服、褲子都有沾到水，衣服上有水及血跡，褲子屁股的地方也是濕的……褲管也是濕的……腳接近水跡。」

3、被害人之死亡與該男廁所之積水濕滑有因果關係。判決書認定被害人之所以於上廁所時,發生頭部撞擊地面,引起顱內出血,進而壓迫腦中樞而致死亡之結果,乃肇因於滑倒。

4、認定被告對於男廁所地板積水是為知情。[4]

---

(7)邱○○於警詢時亦稱葉永鋕所在廁所地面是濕的,靠近小便斗是濕的。
(8)證人即葉永鋕之法定代理人葉○○、陳○○向檢察官陳述「廁所中央有一水箱『漏』水,流滿地上。」
(9)證人石○○於原審法院證稱(未滿 16 歲未具結):「第 4、5 格上面之水箱會『漏』水,較會積水,如果小排水溝滿了會溢出來,範圍到瓷磚第 3 格,會噴到地上。」
(10)證人即該校衛生組長劉○○於原審結證稱:「如果水箱『漏』水嚴重會流到地板上,範圍會在水箱下那 2 個小便斗的地板上。」
(11)證人塗○○於原審法院證稱(滿 16 歲未具結):「會『漏』水,從水箱上面噴出來,地板濕大約有 8-10 塊瓷磚面積。」
(12)證人張○○於原審法院證稱(未滿 16 歲未具結):「水箱沒有關,水箱下面 2 個小便斗會漏水,排水管堵住會溢出來。」
(13)證人即負責督導學生打掃廁所之劉○○老師於原審法院結證稱:「水箱打開水就因『水管接縫地方比較小,水滴出來』……是小水花。」
(14)另證人即告訴人陳○○於95年9月5日本院審理時經檢辯雙方交互詰問,據陳○○結證稱:「案發後,被害人送同慶醫院,醫院通知我,我趕到醫院,見葉永鋕沒有穿夾克,也沒有穿鞋子,只有白上衣、長褲,衣褲皆濕,尤以臀部部分特別濕,褲子比衣服更濕。翌日天亮我就去學校,到摔倒的地點,地板還是濕濕,但已清洗乾淨,水箱還在噴水……」

2. 89 年 4 月 21 日檢察官勘驗現場之證據資料:
　　勘驗筆錄有「廁所開關損壞,有『漏』水現象」、「照片註記小便斗第 2-7 格地板上有『漏』水,照片顯示小便斗第 4-5 格前方地板上有『水漬呈現較黑,水漬並循地板瓷磚片之接縫而擴散」。

---

[4] 1. 被告 C 於本院前審審理時稱:「這廁所『漏』水的問題我知道,學生打掃發現向我反應。」
2. 被告 B 於本院前審審理時稱:「在第 4、5 號小便斗有『漏』水,我去看確實第 4、5 臺階有『滲』水。」
3. 問證人即當時任高樹國中衛生組長劉○○結證稱:「案發時擔任衛生組長,職司規劃分配全校公共區域的打掃及督導工作……系爭之男生廁所,有分配給班級打掃,且有依規定打掃,地板要清洗……案發前廁所共用之水箱一個在第 4、5 號小便斗上方,有漏水……其修繕屬總務處,導師、

從臺灣高等法院高雄分院刑事九五年度上更（二）字第一六九號判決談校園法律責任

5、被告具有過失責任。被告等均知道該廁所長期「漏水」、「滲水」造成地板濕滑之問題，凡此廁所沖水設施之構建及維修，均是被告等學校主管及總務、庶務人員職責之所在，為其應注意並能注意之事項，若疏未注意構建及維修完善，即屬過失。[5]

6、關於三名被告之量刑審酌：

(1)被告 A 係屏東縣立高樹國中校長，職掌「綜理校務」，並為專任，國民教育法第九條定有明文；(2)被告 B 係該校總務主任，職掌「全校環境整潔安全防護」；(3)被告 C 則係該校庶務組長，職掌「全校營繕工程計畫之擬訂」，此有屏東縣立高樹國中總務章則可證。審酌被告等俱為負責學校行政之人員，怠於維修學校廁所水箱，未營造安全合乎衛生之環境，以維護學生在校時之人身安全，**依其位尊、權大、責重之程度不同**，對於三名被告有不同刑期之量處。

本件為對被告三人確定國家有具體刑罰權的刑事判決，因此，審判者必須在犯罪論的檢驗上，確認學生的死亡結果與學校公有公共設施的設置是否有因果關係？在本案先前的數判決皆認為，被害人因其迷走神經性昏厥而於昏倒時，造成重度頭部外傷死亡，因此，廁所之維修良好與否，與被害人之死亡間毫無關係，此即為欠缺客觀構成要件之「因果關係」。惟在本案的終審判決卻以證人證詞以及

學生口頭向總務處反應。」
[5] 被告 A 於本院前審自承「這間漏水廁所問題我不知道，我去看確實是第 4、5 臺階有『滲』水」；被告 B 於本院前審亦直承「當時小便斗第 4、5 格有『漏』水，第 4、5 格的地方濕的，滴水在第 4、5 格的位置」、「我去看確實第 4、5 臺階有『滲』水」；被告 C 於本院前審審理時仍稱：「這廁所『漏』水的問題我知道，學生打掃發現向我反應。」

檢察官的勘驗相片資料,認定係因被害人男廁所的積水濕滑,造成滑倒發生頭部撞擊地面,引起顱內出血,進而壓迫腦中樞而致死亡之結果。

為便利了解法院之見解,茲製表如下:

法院	判決字號	內容	備註
臺灣屏東地院	八九年度訴字第三七一號	被告無罪	
高雄高分院	九十年度上訴字第四五五號	(檢察官)上訴駁回	
最高法院	九三年度臺上字第三八三〇號	撤銷發回更審	
高雄高分院	九三年度上更(二一)字第二二四號	被告無罪	更一審
最高法院	九五年度臺上字第二五八三號	撤銷發回更審	
高雄高分院	九五年度上更(二)字第一六九號	因過失致人於死,A處有期徒刑五月、B處有期徒刑四月、C處有期徒刑三月,如易科罰金,各以銀元三百元即新臺幣九百元折算一日。	更二審

伍、檢討──以刑法過失責任為討論

本案歷經六年,在高等法院與最高法院來回之間,在法律上的

從臺灣高等法院高雄分院刑事九五年度上更（二）字第一六九號判決談校園法律責任

認定真實，必須依據證據，因此，被害人究竟是因為自我病理性原因導致昏厥而昏倒，在因昏倒後撞及地板致顱內出血死亡，或是因為地板積水而致被害人滑倒，成為本案必須發現之真實，也是本案三被告即校園教育工作者，是否應該擔負過失致人於死之主要原因。我國法院審理制度為三級三審，最初之承審法院因在時間點上，靠近於案發之時，因此，關於證據之保全與認定，往往有關鍵性之決定，但是，關於證據若未清楚認定了解，也常常成為訴訟延宕，產生訟累之原因。

包含臺灣屏東地方法院八九年度訴字第三七一號、臺灣高等法院高雄分院九〇年度上訴字第四五五號、九三年度上更（一）字第二四四號判決皆認定非教育人員之過失，但臺灣高等法院高雄分院九五年度上更（二）字第一六九號判決，卻認定被告有過失責任而判決有罪並且確定。本文之所以選擇本案進行分析，除了提醒教育人員法院關於校園行政主管過失責任認定外，重點在於呼籲所謂的「預防」概念。

在判決書中，不斷提及關於該案發地點——男廁所設備狀況的描述：「……**肇事地點之第四至第七格小便池前之地板有積水，第五及第六格小便池甚已滋生青苔……案發地點有長期漏水、電燈不亮之缺失**……」這樣的公有公共設施安全的管理，顯然是不被重視，學童在如此的校園環境學習，國家是否應該檢討關於校園公共設施的維護？教育工作者對於法律責任是否了解？

首先，先談法律責任之內容，就法律之責任種類而言，區分為三類：民事責任、行政責任、刑事責任。民事責任為私法關係，行

111

政責任則為公法上的權利義務責任、刑事責任為個人需擔負國家對之處以刑罰的責任,屬於個人責任。從刑罰作用而言,刑事責任是三種責任中,國家使用的最嚴厲的手段。

刑罰責任的基本問題在於,當一個人的行為被確認為不法時,刑法上的意義就是對於這個行為做了負面的價值判斷,因此,應該避免這樣的行為以後再發生,並且,是用刑罰來避免它再發生。但是,在刑事政策上對於刑罰必要性的考量,所應該具體考慮的因素相當地多,其中,最主要的概念在於「期待可能性」的概念。若無法期待行為人在行為上迴避不法的情形,則不應適用刑罰。[6]亦言之,行為人有迴避不法的可能性卻未迴避,即是刑罰要處罰的。從人類的外在客觀的行為舉止來看,人的行為由其意志所決定,因此,刑法要禁止一個人的意志所表動影響,非僅僅是外在的肢體動作而已。所以,若僅論純粹的客觀外在而不論及主觀的狀態,是無法達到預防目的。法院在本件的判決中,認為該校長 A、總務主任 B、庶務組長 C,因依據法律、法規命令,掌有對於校園安全環境之維護責任,卻容任設施之頹壞,致男廁所之地面發生積水濕滑之情形,判決文援引刑法第十四條第一項條文文字「應注意、能注意而不注意」之情形,為判決理由,一般人無法理解刑法之理論內容,如學者所描述:「按,所謂注意,從字面來理解,『意』是意念或心思的意思,而『注』原來是灌溉的意思,在這裡是使用的意思。整個合起來說,注意也就是要把心放上去,是用心或關心的意思。」學者解釋我國司法實務對於「應注意能注意而不注意」採認有二意涵,

---

[6] 黃榮堅,《基礎刑法學(上冊)》,元照,2003 年 5 月,頁 126。

一是在指採取一定的防果措施的意思，本案中的男廁所地板因為水箱故障漏水，行為人應該有維護使用人安全，防範危險的適當措施，例如進行維修而暫時封閉，依此，應採取防果措施，也能夠採取防果措施，卻未採取防果措施，就是過失；另一部分是指行為人去考量事實所存在的危險的意思。因此，行為人應該去考量所存在的危險，也能夠去考量所存在的危險，卻未去考量所存在的危險，這就是過失。[7]依前述則可以歸納過失的核心內容有二：注意義務、預見可能性。

注意義務區分為「內在注意義務」與「外在注意義務」。內在注意義務是行為人必須觀察、思考行為在具體情形下所存在的侵害法益的風險，而外的注意義務就是行為人必須放棄危險的行為。而注意義務的建構，有些是依行政法規為依據，例如交通法規等，其他也包括經驗法則或是習慣。[8]

另外所謂的「預見可能性」，就行為人的學校教育、媒體以及生

---

[7] 黃榮堅，前揭註 6 書，頁 286；另參考 83 臺上 2405 號（民國 83 年 4 月 29 日，最高法院刑事裁判書彙編第 16 期 17-21 頁）、65 臺上 3696 號（民國 65 年 11 月 18 日，最高法院判例全文彙編—民國 39 年～94 年刑事部分，(48～68 年) 第 31-32 頁）、69 臺上 4850 號（民國 69 年 12 月 10 日，最高法院民刑事裁判選輯第 1 卷 4 期 820 頁）、81 臺上 3390 號（民國 81 年 7 月 16 日，最高法院刑事裁判書彙編第 9 期 265-268 頁）。

[8] 在德國實務見解，認為注意義務是「認識具體行為對於法益的危險性，並且對於其危險行為採取足夠的安全措施或放棄行為」。黃榮堅，前揭註 6 書，頁 286-291。在過失注意義務的內容，必須區分過失於犯罪論體系的地位而有不同論述，總體而言有四要素：主觀注意義務、客觀注意義務、主觀預見義務、客觀預見義務。注意義務的決定基準，有客觀說：一般人（平均人）之注意能力為基準；主觀說：以行為人之能力為基準；二元說：在構成要件階段之注意義務，以客觀的一般人（平均人）之注意能力為基準；於責任階段以主觀的注意義務，即是行為人之注意能力為基準。陳子平，《刑法總論（上冊）》，自版，2005 年 5 月，頁 192-194。

活經驗中,會從中認識許多知識來提供行為的判斷。例如颱風來臨要做好防颱準備、可以使用防曬油或是陽傘來避免紫外線曬傷等等,如此的知識可以提供行為人進行預測,因此,當行為人的知識越高時,可以具有的預測能力也越高。但是,行為人是否會動用知識這個工具去進行預測?當行為人關心該事的未來發展,才可能會動用其知識去進行思考預見,因此,行為人用心程度,與對於一件事情的預見可能性成為正比。刑法透過刑罰的威嚇可以使行為時的行為人提高其用心,可以促使其動用知識的工具去預見侵害事實的發生,而採取迴避的行為。如果,護士在打針前能夠想到針劑是否正確而進行確認,就可以避免打錯針的傷害,因此刑法處罰一個人不關心、不注意。[9]

但是,如何推知一個人有預見可能性?學者提出,前提是自然律的知識。在世界所呈現的自然律穩定度越高,人對於該知識亦可以越豐富。例如,在密閉空間燃燒瓦斯,會造成缺氧中毒。相反而言,自然率越低的,該預見可能性就越低,例如,並非多數人對於蛋黃有過敏情形,因此並不會每個人在自己吃蛋時,就會想到會引起過敏結果。要確定一個人是否有預見可能性,則先要知道該人是否具有自然律的知識。但是,他人實在無法確知一個人的主觀情形,因此,只能透過假設相同條件的人,例如年齡、教育、專業以及生活經驗等等,會有相同的自然律的知識,則特定的人,也應該具有該知識。[10]

以此刑法關於過失的概念結構檢討本案中三名被告情形,該三

---

[9] 黃榮堅,前揭註 6 書,頁 294。
[10] 黃榮堅,前揭註 6 書,頁 298。

從臺灣高等法院高雄分院刑事九五年度上更（二）字第一六九號判決談校園法律責任

名被告基於校園的分工管理，擔任行政職務者，在判決文「……被告 A 係屏東縣立高樹國中校長，職掌『綜理校務』，並為專任，國民教育法第九條定有明文……被告 B 係該校總務主任，職掌『全校環境整潔安全防護』……被告 C 則係該校庶務組長，職掌『全校營繕工程計畫之擬訂』，此有屏縣立高樹國中總務章則可證……審酌被告等俱為負責學校行政之人員，怠於維修學校廁所水箱，未營造安全合乎衛生之環境，以維護學生在校時之人身安全……」此即是被告因違反注意義務、預見可能性而有過失責任。

陸、結論

從本案來看，該學童所每日於校園中需要使用的廁所，可以滋生青苔，如此的校園環境，教育工作者顯然是沒有任何警戒心，如此輕忽怠慢心態，終致一學童之死亡，造成學童家庭之悲愴！涉案之三位教育工作者，已經合致於刑法主觀上的過失要件，付出人生光陰進行訴訟程序，最後被判有罪，而令人遺憾。

至於民事責任部分，民法第一八四條規定，因故意過失不法侵害他人之權利者，負損害賠償責任。因此，涉案三人因為刑事犯罪行為，對於被害人負有民事的侵權行為損害賠償責任。因本案是發生於國民中學校園，而校園的公有公共設施安全維護涉及國家賠償法，依據國家賠償法第三條規定，公有公設是為無過失責任，簡單

的說,縱使行為人並無過失責任,國家仍然要負擔損害賠償之責,法律之規範目的與意涵,對於校園教育工作者而言,必須要能夠「要把心放上去,是用心或關心」。

而從本案所得之教訓,國家對於教育工作者的法律知能,應該予以檢討並且積極改進,以避免再度發生類似憾事,期待莘莘學子能夠無憂於校園內快樂學習,教師能夠克盡職責進行教育之百年樹人工作。

後 記

本文之所以選擇本案進行刑法責任之分析,係因作者參與本案末尾之訴訟程序,對於本案之法律事實有基礎之了解。另外,本案的發生也影響了當時教育部所召集專家學者研議「**兩性**平等教育法」草案,後來更名為「**性別**平等教育法」,後該法於 2004 年 6 月由立法院通過,總統公布施行迄今,希望以「教育」方式消除性別歧視,促進性別地位之實質平等。從**兩性**到**性別**,是一個孩子的生命給我們的思考與轉變。

參考文獻

司法院網頁,http://www.judicial.gov.tw/。

陳子平(2005)。《刑法總論(上冊)》。自版。

黃榮堅(2003)。《基礎刑法學(上冊)》。臺北:元照。

法律風險管理

第四章

不動產交易與風險管理之探討

吳容明[*]

---

[*] 亞洲大學財經法律學系講座教授

目　次

壹、前言
貳、不動產交易制度與風險管理現況
　一、不動產、不動產交易與風險管理之界定
　二、不動產交易現況分析
　三、不動產交易風險管理概況
參、不動產交易風險管理問題與管理機制
　一、問題分析
　二、管理機制
肆、不動產交易風險管理之對策建議
　一、通盤檢討整合現有法令，研訂不動產交易管理專法，健全交易法制
　二、早日建立完整的不動產交易價格資料庫，有效消除交易價格資訊不對稱之缺失
　三、建議主管機關，研訂具體不動產交易與風險管理改進方案，保障交易當事人權益
　四、建議主管機關落實執行違法違規建商及仲介業者之處罰，有效紓減不動產交易糾紛案件
　五、規劃推動不動產交易制度教育宣導計畫，建構健康有效率的不動產市場環境
　六、強化不動產學術研究機構之研究發展，增進國際不動產學術與業界交流，提升學術研究水準
伍、結語

摘要

　　不動產為立國之根本,也是民眾投資理財的重要標的,隨著經濟的快速發展,人口不斷增加,特別是地狹人稠的臺灣,目前人口密度已逾638人／平方公里,可說寸土寸金,不動產遂成為眾所追逐的主要資產。此從近幾年來,不動產交易案件逐年增加,以最近三(96-98)年的平均交易量觀察,每年經完成建物買賣移轉登記案件,多達39萬餘棟,總樓地板面積4,310萬餘平方公尺(折合1,303萬餘台坪),顯示交易情形頗稱活絡。

　　不動產交易標的,無論是土地或房屋,也不論是成屋或預售屋,其交易流程均頗為冗長,特別是預售屋為然,加上一般人不動產交易經驗不足,交易資訊又不對稱,涉及對象亦多,除買賣雙方當事人外,尚有建商、建築師、仲介業者、地政士、貸款銀行、稅捐機關、地政機關等,其間由於法制資訊、交易對象、市場資訊等之不對稱,造成各種交易風險,損及消費者權益之情況,時有所聞,並因缺乏充分保障,滋生風險管理問題。本文爰以「不動產交易與風險管理」作為探討主題,並就所發現之問題,研提具體的因應建議,藉供有關主管機關研議決策及後續學術研究之參考。

關鍵詞:不動產、不動產交易、風險、風險管理、成屋、預售屋

壹、前言

不動產是立國之根本,也是人類維繫食衣住行育樂等活動之源泉。因此,無論從政治、社會或經濟的角度觀察,均無法忽略其重要性。事實上,不動產可以說,是人類除了生命以外最重要的資產之一,此不僅在早期的農業社會如此,即使今天高度經濟成長下的工商業社會,不動產的價值、功能與重要性,也從未減損,反而是越來越珍貴。特別是「有土斯有財,有財斯有用」的傳統觀念,深植人心,加上不動產無論是土地或建築改良物,所具有的稀少性、區位性、不可移動性與長期可使用性等特質,以及人口的不斷增加,更加深了不動產的效用、價值、價格與其重要性。

一般而言,不動產交易除自用外,尚具有保值、增值與社會地位象徵的社經功能,也成為現在投資理財的重要工具之一,而近年來,不動產證券化的規劃與法制化之實施,更增添了不動產交易市場的流動性,及資本投資的方便性,並與人民生活和理財活動息息相關。因此,不動產之運作管理,遂被列為政府當前的重要施政。

近年來,由於不動產交易頻繁,以民國 98 年為例,其經移轉登記完成之不動產(建物)交易案件,即多達 388,298 棟,總面

積 40,483 千平方公尺（平均每棟面積 31.54 坪）[1]，交易金額龐大，小者一戶數百萬元，大者甚至上億元。另一方面，都會型之住宅用房地產，從早期的平房、公寓（5 樓以下）、大廈、豪宅，甚至大豪宅、超大豪宅，其售價金額不斷攀升，以民間交易習慣按坪計算（1 坪＝3.3 平方公尺），每坪從數十萬元到上百萬元不等，升斗小民只能望屋興嘆。其實，此一情形非僅國內如此，國外亦不遑多讓，如最近媒體報導[2]，以同屬亞洲地區的香港摩天豪宅「天璽」為例，其中第 91 至 93 層樓中樓，每坪單價高達新臺幣 1,031 萬餘元，一戶 112 坪住宅，交易金額計需新臺幣約 11.7 億元，但 825 戶推案中，卻已售出 500 戶，銷售率達 60.6%，其情形更有過之，令人嘆為觀止。

　　目前國內外不動產交易市場，雖然如此悖離現實，但一般民眾奮鬥多年的期望，仍舊是希望擁有一戶自有住宅，以早日脫離無殼蝸牛之苦。然而，環視國內不動產交易市場的安全制度，卻仍屬未盡完備，而有大幅檢討改進之空間，尤其是不動產交易與風險管理制度之完整建構與強化，更屬重要。

　　檢討國內不動產交易制度中，在政策、法制與買賣雙方及關係密切的居間仲介、地政士、產權移轉登記、融資貸款等，在整個交易過程中，每個環節均存在著風險與交易的不確定性，以致交易糾紛頻傳，其最終結果，無論是私下和解或對簿公堂，不僅曠日廢時、勞民傷財，甚且嚴重破壞不動產交易秩序，危害買賣雙方

---

[1] 內政部統計處，〈內政統計通報〉，2010 年，頁 2。

當事人權益,也損及政府威信。因之,根本因應之道,應係研究如何養成風險管理意識,防止不動產交易風險事件的產生;又即使風險事件不幸發生,也能運用風險管理機制,採取必要之控管措施,減少社會大眾與投資人之損失,使投資風險與利益間取得適當的平衡,洵屬必要。爰此,本文乃以「不動產交易與風險管理」作為探討之主題,並參考相關研究報告、文獻、統計資訊等,針對不動產交易與風險管理所涉及之政策面、法制面與執行面問題,加以探討,並研提因應建議,以供主管部門決策及後續相關學術研究之參考。

貳、不動產交易制度與風險管理現況

一、不動產、不動產交易與風險管理之界定

1、不動產(real estate):不動產,有時被簡稱為房地產,也就是把不動產視為房屋及土地二種財產(property),不過從法制面來看,不動產的意涵,卻有不盡相同的界定。依民法第六十六條第一項規定:「稱不動產者,謂土地及其定著物。」此項定義,與

---

[2]《TVBS 電視公司》,2009 年 9 月 19 日新聞報導。

日本民法規定相同[3]。另國有財產法第三條第一項第一款規定：「不動產：指土地及其改良物暨天然資源。」不動產證券化條例第四條第一項第一款規定：「不動產：指土地、建築改良物、道路、橋樑、隧道、軌道、碼頭、停車場與其他具經濟價值之土地定著物及所依附之設施，但以該設施與土地及其定著物分離即無法單獨創造價值，土地及其定著物之價值亦因而減損者為限。」不動產經紀業管理條例第四條第一款規定：「不動產：指土地、土地定著物或房屋及其可移轉之權利；房屋指成屋、預售屋及其可移轉之權利。」此外，不動產估價師法第十四條第一項規定：「不動產估價師受委託人之委託，辦理土地、建築改良物、農作改良物及其權利之估價業務。」從上述估價師得執業之範圍予以反面推論，則該條例所稱之「不動產」，似尚包括農作改良物，此與土地法第三十七條第一項規定，所稱土地登記，係指土地及建築改良物之所有權與他項權利登記，顯有不同。

綜上，不動產之法定名稱，雖各法均以「不動產」稱之，惟其意涵範圍則未盡相同，是可以隨時間、空間、立法目的及社經環境之變遷需要，而有不同之界定與詮釋[4]。本文基於研究單純、探討目的，現實不動產市場運作情形及與不動產經紀業管理條例之連

---

[3] 日本民法第八十六條之一規定：「不動產，指土地及其定著物。」（財團法人國土規劃及不動產資訊中心，〈內政部「住宅交易安全制度規劃」專業服務案──國外不動產交易安全相關法規〉，內政部委託研究報告，2007年9月，頁19。）

[4] 吳容明，《土地政策、土地法制與土地開發》，現象文化，2008年8月，頁7。

結考量,乃以上述不動產經紀業管理條例第四條第一款所定之「不動產」為定義範圍,亦即本文所稱之不動產,係指土地、土地定著物或房屋及其可移轉之權利;房屋指成屋、預售屋及其可移轉之權利。至於成屋,依同條例第四條第二款規定,係指領有使用執照,或於實施建築管理前建造完成之建築物。預售屋,依同條第三款規定,係指領有建造執照尚未建造完成而以將來完成之建築物為交易標的之物。

2、不動產交易:按不動產交易,也就是一般所稱的不動產買賣,其交易行為,適用民法、土地法、不動產經紀業管理條例、公寓大廈管理條例、公平交易法、消費者保護法等有關法令之規定。而所謂買賣,係屬私權範圍,並以契約表示,依民法第一五三條第一項之規定,當事人互相表示意思一致者,契約即為成立。另依民法第三四五條之規定,所稱買賣,係指當事人約定一方移轉財產權於他方,他方支付價金之契約。當事人就標的物及其價金互相同意時,買賣契約即為成立。由於不動產本身具有強烈的效用及價值,特別是使用價值與交換價值兼具,自然而然成為民眾投資理財的標的。由於不動產具有數量稀少、區位固定、面積不可增減、可長期使用等特性及滿足生活需要的效用性,在供給有限,需求不斷增加的情況下,不動產價格自然逐年上漲,其情況與一般經濟財貨顯有不同,不動產常因人、因時、因地而異其價格,因此在不動產價格持續飆漲的狀況下,遂成為民眾在資產運用方面,競相追逐的主要選擇。

在現行不動產法令規範下,不動產因其交易標的用途的不

同,基本上可分為住宅用、商業用、工業用、農業用及其他用途之不動產,本文基於時間及探討範圍明確之考量,係以住宅用不動產之交易作為主要研討範圍。又所稱交易,係指土地及房屋(含成屋及預售屋)所有權之有償移轉。另根據聯合國衛生組織(WHO)曾於1961年訂定健康生活居住環境基準,其中「安全」屬各項指標之首,顯示不動產交易安全的維護與保障,已成為當前重要的議題[5]。

3、不動產風險管理:由於不動產與一般經濟財貨有所不同,已見前述,其從投資開發到生產興建、交易移轉及使用經營階段,手續繁雜,涉及產權調查、契約簽訂、賦稅申報完納、不動產移轉登記、融資貸款及點交物件等,流程既長,加上不動產交易多屬地區性市場,一般人亦難以獲知真正的交易價格,交易相關資訊不易取得,亦即不易產生競爭性市場結構。換言之,一般人無法從公開市場中取得可資信賴的資訊,如成交價格、租金水準、銷售期間、裝修成本、建材設備資訊、建物結構等,不動產資訊不對稱之情形,極為明顯。因而在不動產市場交易過程中,無論是政府主管機關、買賣雙方當事人、不動產經紀業者或建商之間,均隱藏著不同性質與程度的風險,也就是牽涉到風險管理問題,其主要包括價格及價金繳付風險、交易程序中之當事人身分風險、產權取得風險及法律等其他相關風險等,因此如何確保不動產交易安全,維護交易秩序,保障當事人權益,建立周延的

---

[5] 朱南玉,〈不動產交易糾紛產生原因及其處理機制之研究〉,內政部委託研

風險管理制度,極為重要。

在探討國內不動產交易風險管理制度前,吾人需先瞭解何謂「風險」?按風險(risk)一詞,係指在未來時間內,對事件發生及發生結果之不確定性,即指實際結果與預期結果之間,差異程度的不確定性。再者,廣義的風險,係指對未來事件發生及其發生結果盈虧的不確定性;而狹義的風險,則為對未來事件發生及其發生損失結果的不確定性;亦即狹義的風險,只在探討損失及沒損失的不確定性,並不探討獲利的不確定性[6]。其實,坊間常稱「天有不測風雲,人有旦夕禍福」,正是風險與不確定性的寫照。在人的一生之中,如人的生老病死及財產之毀損滅失等偶然事件,均隨時隨地可能發生。而風險為損失之不確定性,因此損失(loss)與不確定性(uncertainty),成為風險之構成要素[7]。事實上,由於風險之存在,即有產生損失之可能,損失係因事件發生,導致客觀上財產價值與個人所得減低或喪失。至於不確定性,其與風險並非一體,係指吾人對某種事件之主觀認識;風險,無論是實質風險、道德風險或心理風險,乃係事件本身所具之客觀狀態。風險的存在,的確對吾人日常經濟生活造成重大影響。因之,風險管理制度乃應運而生。一般而言,風險管理的產生理由,主要係基於:(1)人類與生俱來之安全需求;(2)風險存在的巨大成

究報告,2007年9月,頁1。
[6] 凌氤寶、陳森松,《人身風險管理》,華泰,1997年1月,頁4。
[7] 張春雄等著,《風險管理》,吉田,2003年9月,頁5。

本;(3)政府法令之要求[8]。又依行政院民國97年12月8日院授研管字第 0972360811 號函修頒「行政院所屬各機關風險管理及危機處理作業基準」,所稱風險,係指潛在影響組織目標之事件,及其發生之可能性嚴重程度。而風險管理(risk management),則為有效管理可能發生事件並降低其不利影響,所執行之步驟與過程[9],也就是以系統化之政策步驟和作業,辨識、評估、處理和監督可能影響一個機構達成目的的風險。風險管理可以說是,為有效控管可能發生事件,及最小化不利影響,所執行的步驟與過程。傳統上,往往把風險管理指為係經濟個體(個人、家庭、企業、政府機關或國家)如何整合運用有限的資源,使風險之存在對個體之不利衝擊(包括利得之降低或損失之增加),降至最低的一種管理過程。至本文所稱之風險管理,主要係指在不動產交易過程當中,從民眾買賣住宅的角度,探討如何在既有的法制及資源條件之下,有效運用風險管理的概念與作法,辨識確認風險、評估衡量風險、選擇並執行風險管理之策略,以維護交易當事人權益,避免發生風險,造成損失,或縱然發生損失也能將損失降至最低限度。亦即研討如何在政府主管機關、買賣雙方、仲介業者、地政士及金融機構之間,做好不動產交易風險管理,以確保交易安全,有效維護交易者之權益。

---

[8] 宋明哲,《風險管理》,五南,2000年7月(4版),頁13。
[9] 行政院民國97年12月8日院授研管字第0972360811號函頒「行政院所屬各機關風險管理及危機處理作業基準」第一章總則之四規定。

二、不動產交易現況分析

臺灣地理環境特殊,山多平原少為其特色,在 36,000 平方公里土地上,山坡地約占 2/3 左右,可用土地面積有限,而居住人口,根據行政院主計處民國 98 年 11 月 17 日統計資訊網所發布資料,臺閩地區截至 98 年 10 月底止,總人口為 23,098,049 人,人口密度 638 人(都市計畫現況人口密度 3,903 人/平方公里),在全球人口超過 1,000 萬以上的 81 個國家當中,人口密度僅次於孟加拉的 1,002 人/平方公里,人地比例明顯失衡。在區域計畫法、都市計畫法、建築法及非都市土地使用管制規則等相關法令之規範下,可供建築使用之建地極為有限。根據內政部營建署及地政司之統計資訊,截至 98 年 12 月底為止,臺灣地區已完成建物登記總量共 758 萬 6,003 棟。以最近三年為例,每年新落成取得使用執照之建築物(成屋),96 年為 34,797 件、總樓地板面積 36,024 千平方公尺,97 年為 27,376 件、總樓地板面積 32,717 千平方公尺,98 年為 16,770 件、總樓地板面積 26,535 千平方公尺,平均每年新落成取得使用執照之建築物約為 26,300 件、總樓地板面積約 31,700 千平方公尺。另辦竣建物所有權第一次測量登記之建物,96 年為 172,459 棟、總面積 42,112 千平方公尺,97 年為 154,254 棟、總面積為 39,243 千平方公尺,98 年為 108,469 棟、總面積 29,154 千平方公尺,平均每年新產生之成屋 145,000 棟、總面積為 36,800 千平方公尺;同一期間經完成買賣移轉之建物棟數、面積,分別為 96 年 414,641 棟、47,044 千平方公尺,97 年 379,326 棟、41,798 千平方公尺,98 年 388,298 棟、總面積 40,483

千平方公尺,平均每年約 39 萬餘棟、43,100 餘千平方公尺(詳見表一、二、三)。顯示每年產生之新成屋面積超過 31,000 千平方公尺以上,買賣移轉登記之棟數,則超過 39 萬棟、面積 43,000 千平方公尺,交易情形頗稱活絡。至於上述新成屋以外之中古屋,雖乏官方精確統計,不過依經驗法則估計,當在 700 萬棟左右,惟其中每年究有多少中古屋可供釋出市場交易,則乏實際調查統計資料。

　　綜合上述主管機關之統計數據,可以看出臺灣地區不動產,無論是新成屋或中古屋,存量均頗為可觀,其中住宅類建物超過五成三以上。依 99 年 1 月至 8 月核發之建築物使用執照,就用途區分,其中住宅面積 779 萬平方公尺,即占整體使用執照所載總面積的 52.55%,市場交易尚稱活絡。此外,由於現行不動產相關法制,允許建商採取不動產預售制度,於取得建造執照後,即可公開推案,進行銷售,此種情形如無周延之配套措施,在交易過程中,其風險自較新成屋或中古屋為大。根據內政部營建署統計,最近三年核發建造執照數量分別為,96 年 31,704 件、總樓地板面積 34,732 千平方公尺;97 年 19,484 件、總樓地板面積 26,166 千平方公尺,98 年 20,516 件、總樓地板面積 19,915 千平方公尺,平均每年約 23,900 件、總樓地板面積 26,900 千平方公尺。此類取得建造執照案件,縱尚未動工建造完成,仍可依民法及公寓大廈管理條例之相關規定,採取預售制度,內政部並經訂定「預售房屋買賣契約書範本」,作為不動產交易當事人行使權利、履行義務之重要參考規範。就不動產交易型態言,消費者購買不動產之方

式可分為：（1）成屋：指領有使用執照或於實施建築管理前建造完成之建築物。此類成屋民間往往依其取得使用執照辦竣產權登記後之時間長短，予以區分為新成屋或中古屋；（2）預售屋：指領有建造執照尚未建造完成，而以將來完成之建築物為交易標的之物。上述兩種標的物均為法定不動產之一部分，而為不動產交易市場交易之標的物。

不動產交易與風險管理之探討

表一、建築物執照核發及所有權登記

單位：件、千平方公尺、棟、坪

年(月)別	營建管理					建物所有權登記				
	核發建築執照			核發建築物使用執照			第一次登記			買賣登記		平均每棟面積(坪)
	核發件數	總樓地板面積(千平方公尺)		件數	總樓地板面積(千平方公尺)		棟數	面積(千平方公尺)	棟數	面積(千平方公尺)	
民國88年	28,067	37,154		30,404	41,240		265,410	50,823	385,074	56,227	44.17
民國89年	29,493	34,987		27,370	35,024		197,249	50,121	321,165	49,348	46.48
民國90年	22,175	21,630		28,507	31,168		140,902	42,912	259,494	41,114	47.93
民國91年	25,282	23,079		22,786	24,386		121,827	38,764	320,285	50,343	47.55
民國92年	34,468	28,356		26,579	26,497		114,011	30,174	349,706	53,898	46.62
民國93年	45,934	42,497		31,902	27,873		131,025	35,543	418,187	50,350	36.42
民國94年	43,805	43,200		35,271	31,028		149,591	39,294	434,888	49,806	34.64
民國95年	35,184	36,664		37,978	36,202		173,608	41,887	450,167	52,403	35.21
民國96年	31,704	34,732		34,797	36,024		172,459	42,112	414,641	47,044	34.32
民國97年	19,484	26,166		27,376	32,717		154,254	39,243	379,326	41,798	33.33
民國98年	20,516	19,915		16,770	26,535		108,469	29,154	388,298	40,483	31.54
民國98年1-8月	11,389	11,394		11,111	17,136		74,670	19,659	247,996	25,605	31.23
民國99年1-8月	18,939	19,330		13,508	14,817		60,304	17,225	264,016	29,529	33.83
較98年同期增減(%)	66.29	69.66		21.57	-13.53		-19.24	-12.38	6.46	15.33	8.33

資料來源：內政部營建署、地政司。

說明：1.營建管理資料2006年起增加其他內政部指定特設主管建築機關，包括交通部國道高速公路局、經濟部加工出口區管理處、經濟部水利署臺北水源特定區管理局、新竹科學工業園區管理局、中部科學工業園區管理局、南部科學工業園區管理局、行政院農業委員會屏東農業生物技術園區籌備處等機關。
2.建物所有權第一次登記：係指尚未辦理產權登記之新建或舊有合法建物，所有權人為確保其權利，第一次向地政機關申辦之所有權登記。

附註：表列數字係按實際數值計算，其尾數採四捨五入計列，致增減率可能產生捨位誤差。

表二、核發建築物建造執照面積——按用途別分

單位：千平方公尺

年(月)別	總計	住宿類(住宅H2類)	商業類(B類)	工業、倉儲類(C類)	辦公、服務類(G類)	休閒、文教類(D類)	衛生、福利、更生類(F類)	其他
民國88年	37,154	11,142	8,415	8,272	2,159	2,518	282	4,367
民國89年	34,987	9,185	6,352	7,482	2,751	2,149	727	6,341
民國90年	21,630	5,504	2,448	3,994	1,529	1,728	352	6,074
民國91年	23,079	7,578	2,467	3,490	2,202	1,958	497	4,887
民國92年	28,356	12,579	4,078	3,049	1,696	2,006	292	4,657
民國93年	42,497	19,546	7,857	5,589	1,746	1,783	603	5,372
民國94年	43,200	18,489	9,939	4,062	1,711	2,101	356	6,543
民國95年	36,664	19,738	2,412	7,031	2,991	1,668	404	2,420
民國96年	34,732	19,359	1,972	5,956	2,939	1,968	209	2,330
民國97年	26,166	13,912	901	5,537	2,120	1,440	320	1,937
民國98年	19,915	10,088	771	3,357	1,803	1,868	325	1,704
民國98年 1–8月	11,394	5,706	582	1,982	834	1,082	197	1,010
民國99年 1–8月	19,330	10,633	693	3,656	1,842	974	154	1,379
較98年同期增減(%)	69.66	86.36	19.03	84.41	120.91	-10.01	-21.99	36.51

資料來源：內政部營建署、地政司

說明：1. 2006年起建築物建造執照依「建築物使用類組及變更使用辦法」分類。
2. 2006年以前本資料增加其他指定特設立營建主管機關。
3. 2006年以前，「住宿類住宅」包含住宅及夜霄；「商業類」包含商店、旅館、遊樂場；「工業、倉儲類」包括工廠、倉庫；「辦公、服務類」為辦公室；「休閒、文教類」為學校；「衛生、福利、更生類」為醫院。

附註：同表一。

表三、核發建築物使用執照面積——按用途別分

單位：千平方公尺

年(月)別	總計	住宿類住宅(H2類)	商業類(B類)	工業、倉儲類(C類)	辦公、服務類(G類)	休閒、文教類(D類)	衛生、福利、更生類(F類)	其他
民國88年	41,240	14,565	9,149	6,956	4,089	2,407	474	3,602
民國89年	35,024	11,292	6,406	7,095	3,042	2,633	381	4,175
民國90年	31,168	9,128	4,631	6,393	2,425	2,358	380	5,853
民國91年	24,386	8,533	3,498	3,475	1,769	2,633	404	4,074
民國92年	26,497	10,659	4,535	3,035	2,656	2,057	251	3,304
民國93年	27,873	12,330	4,798	2,780	1,438	2,047	443	4,037
民國94年	31,028	13,972	5,985	3,602	1,324	1,705	443	3,996
民國95年	36,202	20,803	2,970	5,658	2,311	1,964	494	2,003
民國96年	36,024	21,578	918	6,163	2,772	1,999	425	2,169
民國97年	32,717	18,415	1,002	5,355	3,550	2,059	584	1,753
民國98年	26,535	13,518	1,192	4,822	2,583	2,227	353	1,841
民國98年 1-8月	17,136	8,924	526	3,241	1,605	1,600	180	1,060
民國99年 1-8月	14,817	7,787	342	2,588	1,541	878	183	1,499
較98年同期增減(%)	-13.53	-12.74	-35.04	-20.17	-4.01	-45.10	1.77	41.35

資料來源：內政部營建署。

說明：同表二說明1-3。

附註：同表一。

三、不動產交易風險管理概況

　　風險管理的程序,基本上可分為確認風險(risk identification)、評估風險(risk measure)、選擇並執行風險管理的策略(selection of risk management strategy)已見前述,按風險辨識確認,為風險管理之基礎,係指對風險加以認知、判斷、歸類的過程,就不動產交易的過程中,無論交易標的為成屋或預售屋,其交易風險的來源,大體上可歸納為,價格及價金繳付風險、交易程序中之當事人身分風險、產權取得風險及其他相關風險(包括契約、隱瞞資訊、施工瑕疵、廣告不實等)。

　　首先,有關不動產交易標的價格及價金繳付方面,由於不動產市場特色之一,即為交易資訊之不對稱,不動產因有不可移動等特性,其供給、需求與價格,均屬地方性市場,其交易又多屬私下個別交易,一般無法獲知其實際成交價格,亦即完整交易資訊不易獲得,容易產生所謂的交易資訊不對稱,甚至誤判價格,不動產交易風險因此產生。至於價金繳付之風險,賣方於辦竣不動產移轉登記後,一旦因故發生買方拒付尾款,或買方未獲銀行貸款時,均可造成賣方權益處於風險之中。

　　其次,不動產交易過程中,亦易發生買賣雙方身分與買賣真意之風險問題,例如買方假意與賣方進行買賣,實際上卻虛構說詞,旨在騙取賣方的產權,甚至偽造賣方身分證件及所有權狀,此種情形,自然造成賣方財產權益受損。另外,有關產權取得之風險,往往發生於買方交付部分價金後,賣方在未辦竣所有權移

轉登記前,再將房屋轉賣他人,形成一屋兩賣,或買方支付購屋尾款後,賣方未辦理原有抵押權塗銷登記,或買方於辦妥所有權移轉登記後,發現房屋被占用或有租賃權等情形,均係交易過程當中,可能發生之風險。他如部分不稱職之不動產經紀人或缺乏企業倫理之建商,未給予買方適當的契約審閱期間、蓄意隱瞞重要交易資訊、工程品質瑕疵、不實廣告等,均足以對買方造成財產上的損失。

此外,根據內政部民國 96 年 9 月委託逢甲大學研究報告指出(不動產交易糾紛產生原因及其處理機制之研究),不動產交易過程中,在現行運作制度下,買方首需搜尋交易對象及交易標的,並於對象確定後,即需瞭解交易標的品質之可靠度,與評估雙方交易的意願。其次,因有關交易資訊不對稱,買賣雙方立場不同,雙方信任不足,而需經過相當期程的協商議價過程,始有成交可能。接續則為簽訂買賣契約,以及不動產仲介公司及金融機構,做認證或履約保證,最後則為辦理交易標的物移轉登記、設定抵押等程序。此等流程亦為風險產生的重要根源。有關不動產交易流程圖、預售屋交易流程圖、及成屋交易流程圖,附載如圖一、二、三。

針對上述不動產交易過程中所可能產生之風險,造成對買賣雙方當事人或其他交易關係人之傷害等不利情形,現行民法、不動產經紀業管理條例、消費者保護法、公平交易法,雖均有部分相關的規定,各相關主管機關亦陸續發布有關的行政規範,惟法令規定與實務執行間,仍存在著頗多落差。根據內政部不動產交易服務

網 e-house 統計資料，自民國 90 至 95 年間，不動產交易糾紛案件共有 3,905 件，其中前十大糾紛案件數達 2,765 件（依序包括定金返還、契約審閱權、隱瞞重要資訊、施工瑕疵、房屋漏水問題、廣告不實、仲介斡旋金返還、交屋遲延、坪數不足、服務報酬爭議等糾紛），占總件數的 71%。如再就不動產交易糾紛原因主要類型來源區分，則常見的不動產交易糾紛產生來源，可依其屬性，分為：資訊不對稱／廣告不實、產權糾紛、違反契約規定、施工品質瑕疵、委託人與仲介業者之糾紛、及其他六大類。其中資訊不對稱（廣告不實）與經紀業及建商均有密切關係，產權糾紛與施工品質瑕疵以建商居多；退費糾紛則以經紀業居多，詳見表四、五。

不動產交易與風險管理之探討

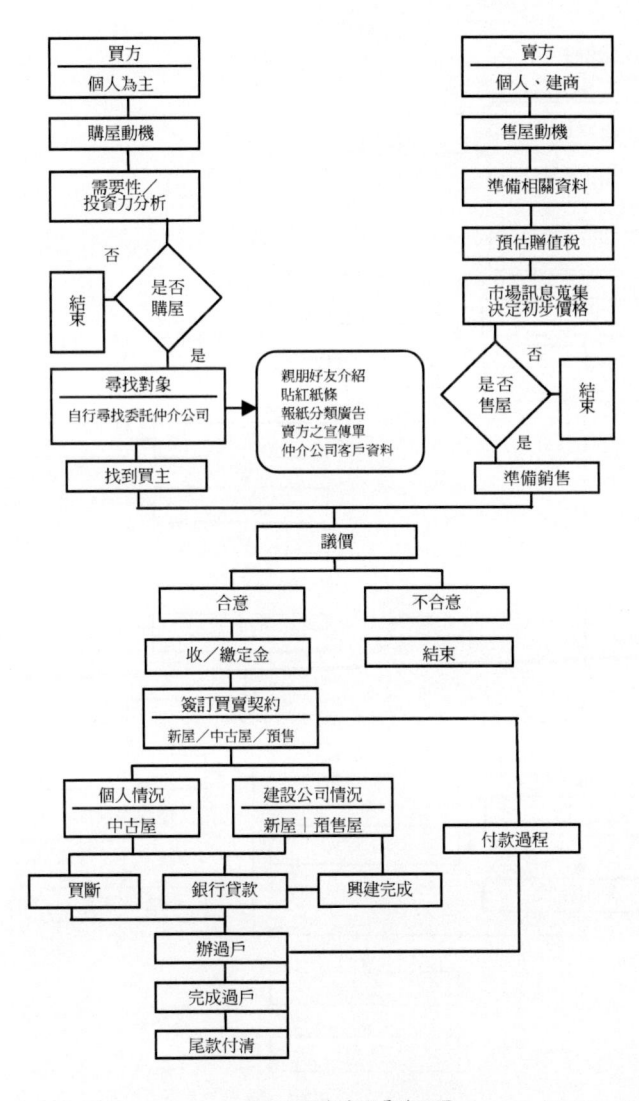

圖一：不動產交易流程圖

資料來源：〈房地產交易制度之研究──仲介制度之探討〉，張金鶚（1989）

法律風險管理

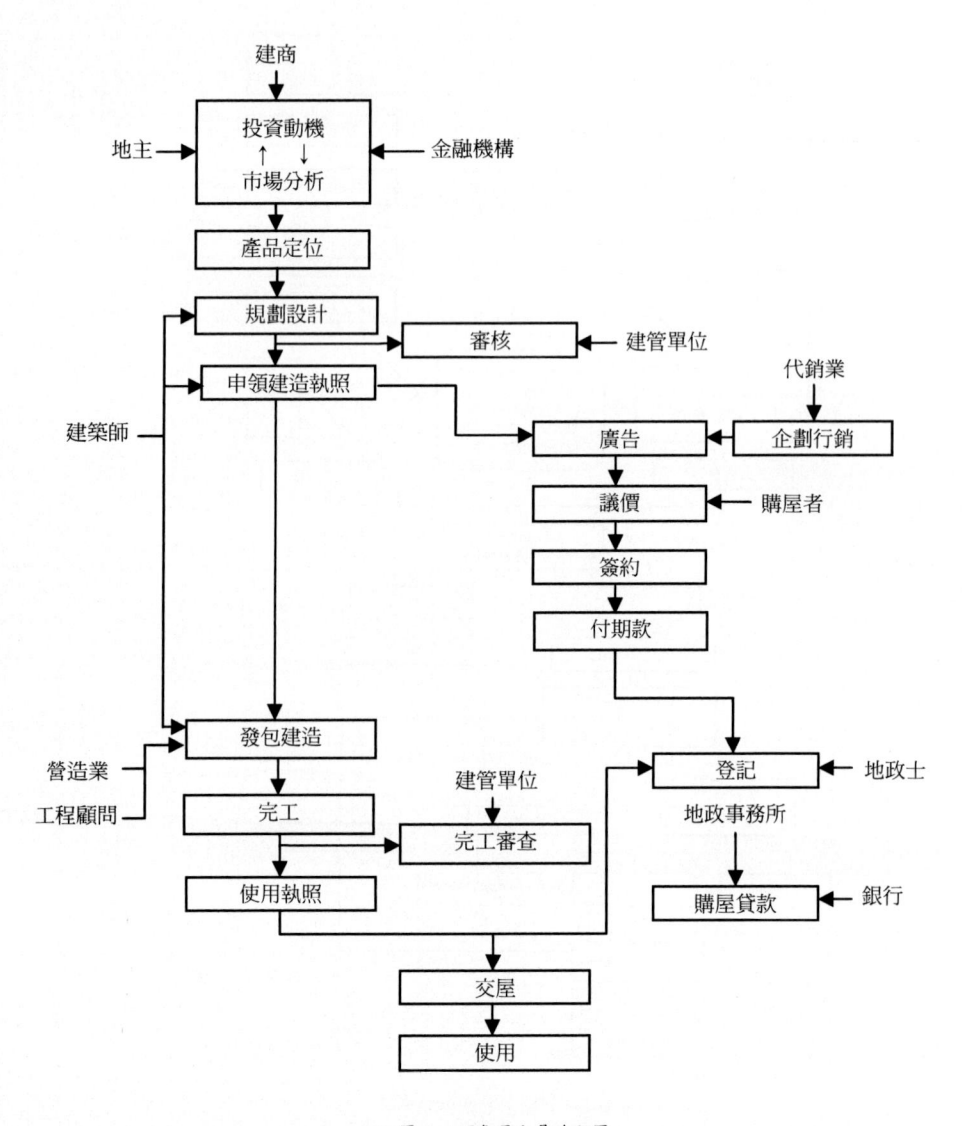

圖二：預售屋交易流程圖

資料來源：曾明俐（2005；引述自張金鶚，1999）

不動產交易與風險管理之探討

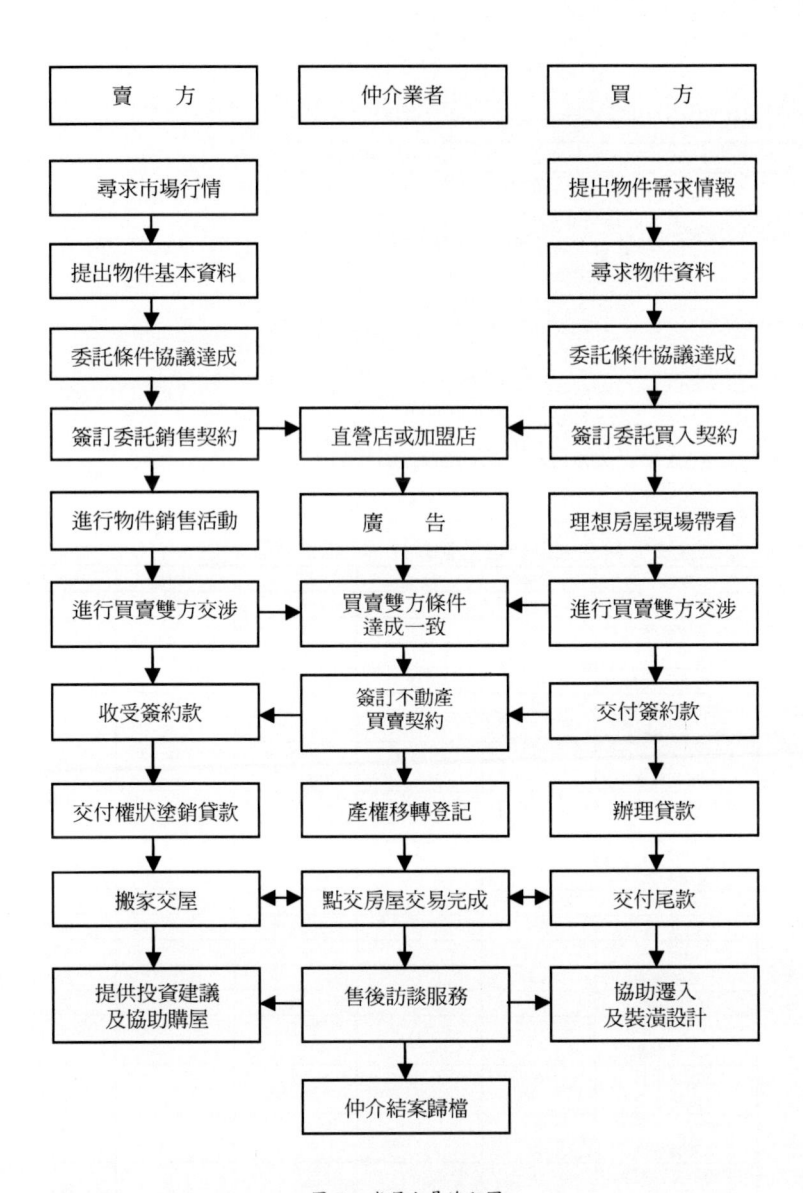

```
    賣　　方              仲介業者              買　　方

  尋求市場行情                              提出物件需求情報
       ↓                                         ↓
  提出物件基本資料                            尋求物件資料
       ↓                                         ↓
  委託條件協議達成                          委託條件協議達成
       ↓                                         ↓
  簽訂委託銷售契約 →    直營店或加盟店    ← 簽訂委託買入契約
       ↓                    ↓                    ↓
  進行物件銷售活動         廣　告          理想房屋現場帶看
       ↓                    ↓                    ↓
  進行買賣雙方交涉  →  買賣雙方條件   ←  進行買賣雙方交涉
                          達成一致
       ↓                    ↓                    ↓
   收受簽約款      ←   簽訂不動產          交付簽約款
                        買賣契約
       ↓                    ↓                    ↓
  交付權狀塗銷貸款       產權移轉登記          辦理貸款
       ↓                    ↓                    ↓
    搬家交屋      ↔   點交房屋交易完成   ↔    交付尾款
       ↓                    ↓                    ↓
  提供投資建議           售後訪談服務        協助遷入
  及協助購屋                                 及裝潢設計
                          ↓
                      仲介結案歸檔
```

圖三：成屋交易流程圖

資料來源：黃宏原（2004；引述自林旺根《不動產經紀法之實用權益》，1999）

表四、民國90-95年不動產交易糾紛主要類型統計表

排序	糾紛類型	件數
1	定金返還	595
2	契約審閱權	462
3	隱瞞重要資訊	335
4	施工瑕疵	271
5	房屋漏水問題	263
6	廣告不實	225
7	仲介斡旋金返還	168
8	交屋遲延	126
9	坪數不足	108
10	服務報酬爭議	106

資料來源：內政部地政司（2006）

表五、不動產交易糾紛主要類型數量分析——以來源區分

	類型	仲介	代銷	建商	其他	合計
資訊不對稱／廣告不實	契約審閱權	123	15	112	1	251*
	隱瞞重要資訊	133	8	67	5	213*
	廣告不實	16	7	107	1	131*
	要約書之使用	16	0	2	0	18
	未提供要約書或斡旋契約選擇	21	1	0	0	22
	未提供（交）不動產說明書	14	0	0	0	14
	房屋現況說明書內容與現況不符	24	1	9	0	34*
	仲介公司欺罔行為	44	1	4	1	50*
	停車位價金	2	0	2	0	4
	標的物貸款問題	65	3	16	4	88*
	小計	458	36	319	12	825
產權糾紛	產權不清楚	17	0	17	1	35*
	坪數不足	18	4	51	0	73*
	地下室使用權與產權爭議	0	0	1	0	1
	屋頂使用權與產權爭議	6	1	5	0	12
	法定空地使用權與產權爭議	4	0	6	1	11
	建物不符容積率規定	0	0	2	0	2
	停車位使用權	7	1	18	4	30*
	停車位面積	3	0	13	0	16
	小計	55	6	113	6	180

類別	項目					
違反契約條文規定	開工遲延	1	0	15	0	16
	建材設備不符	9	2	49	2	62*
	交屋遲延	18	2	62	0	82*
	建商要求客戶繳回契約書	0	1	0	0	1
	對預售屋未出部分逕自變更設計，增加戶數銷售	0	1	4	0	5
	建商倒閉	0	0	4	0	4
	一屋二賣	10	0	6	0	16
	銷售人員捲款潛逃	1	0	0	0	1
	終止委售或買賣契約	85	0	20	1	106
	小計	124	6	160	3	293
產品品質瑕疵	施工瑕疵	11	2	141	3	157*
	房屋漏水問題	134	3	121	5	263*
	工程結構及公共工程安全問題	0	1	33	0	34*
	鋼筋輻射檢測	0	0	1	0	1
	氯離子檢測	12	1	1	0	14
	「定金」返還（含斡旋金轉成定金返還）	91	16	117	4	228*
	仲介「斡旋金」返還	56	2	3	2	63*
	小計	304	25	417	14	760
退貨糾紛	賺取差價	14	1	0	0	15
	服務報酬爭議	46	0	6	2	54*
	逃漏稅捐	0	0	1	0	1
	有關稅費爭議	3	0	4	0	7
	小計	63	1	11	2	77
其他	其他	75	1	29	11	116*
	合計	1,079	75	1,049	48	2,251

資料來源：內政部委託研究報告：不動產交易糾紛產生原因及其處理機制之研究，2007年6月，頁167。

註：*號表示各類型糾紛數量在100件以上者。

法律風險管理

　　茲再以內政部民國 99 年 11 月 e-house 網站所載統計資訊，承續上述統計資料，自民國 96-99 年（統計至第 3 季止），近四年期間，不動產交易糾紛案件多達 5,872 件，遠超出前六年的 3,905 件，計增加 1,967 件，增加率達 50.37%，顯示不動產交易糾紛案件，隨著近年國內不動產交易市場的活絡，有明顯增加的態勢，交易風險管理及消費者保護工作，更顯重要。如再就上述 5,872 件糾紛案件來源分類，則四年間，糾紛與仲介業有關者共 3,156 件（按年序，分別為 336、1,044、991、785 件），占最多；其次為與建商間有密切關係案件 2,360 件（分別為 366、828、821、345 件）；至如就糾紛地區分布觀察，則大部分集中於大都會區的五都，其中超過 1,000 件以上者，分別為北區臺北市 1,156 件，臺北縣 1,356 件（桃園縣 693 件）；臺中市 629 件，臺中縣 232 件；高雄市 200 件，高雄縣 189 件；臺南市 230 件，臺南縣 126 件。此或與都會區不動產交易頻繁，消費者自我保護意識高漲有關（詳表六）。又如進一步再以不動產交易糾紛原因類型分析，並以首善之地的臺北都會區（臺北市、臺北縣）為例，整體觀察，糾紛案件最多前十名依序分別為：契約審閱權問題（512 件）、定金返還（含斡旋金轉成定金返還，335 件）、隱瞞重要交易資訊（290 件）、施工瑕疵（289 件）、房屋漏水問題（217 件）、終止委售或買賣契約（153 件）、未提供（交）不動產說明書（151 件）、工程結構及公共工程安全問題（119 件）、廣告不實（92 件）、仲介斡旋金返還（84 件）。詳表七、八。

不動產交易與風險管理之探討

表六、96年至99年房地產消費糾紛來源統計表

縣市/年度	類型	仲介業 96	仲介業 97	仲介業 98	仲介業 99	代銷業 96	代銷業 97	代銷業 98	代銷業 99	建商 96	建商 97	建商 98	建商 99	其他 96	其他 97	其他 98	其他 99	合計
臺北市		73	217	211	142	0	2	2	1	65	161	208	58	1	4	8	4	1,156
臺中市		33	81	74	56	0	2	2	3	85	120	84	78	0	7	4	0	629
基隆市		5	10	7	8	0	0	1	0	2	2	1	0	0	0	0	0	36
臺南市		11	17	22	31	0	0	0	0	28	42	38	30	3	4	3	0	230
高雄市		33	54	57	55	1	1	0	0	0	0	0	0	0	0	0	0	200
臺北縣		12	213	258	159	0	28	12	8	0	271	277	28	0	42	0	48	1,356
宜蘭縣		19	26	23	29	0	0	0	11	29	19	0	0	9	9	1	0	693
桃園縣		60	268	151	124	0	9	3	0	0	0	0	0	0	0	0	1	—
嘉義市		4	23	9	9	10	1	2	0	13	38	27	10	33	0	0	0	193
新竹市		14	7	3	7	0	0	0	0	6	0	1	0	0	0	0	1	36
苗栗縣		1	21	22	15	0	0	0	2	32	46	45	32	0	1	3	1	232
臺中縣		11	4	8	19	0	0	0	1	5	5	2	1	0	0	0	0	31
南投縣		4	8	36	4	0	0	0	18	22	4	26	2	0	0	0	0	127
彰化縣		28	56	39	29	0	7	27	27	22	21	31	27	2	0	2	4	307
新竹縣		1	2	3	43	0	0	2	9	1	4	6	9	0	0	0	6	38
雲林縣		2	2	3	6	0	0	0	0	0	0	2	0	0	0	0	0	7
嘉義縣		9	4	6	8	0	1	0	18	23	26	20	18	1	0	4	6	126
臺南縣		11	20	13	18	0	0	0	0	25	37	40	23	0	0	0	1	189
高雄縣		5	10	14	8	0	0	0	8	24	27	12	4	2	2	2	1	113
屏東縣		0	0	7	5	0	0	0	0	2	2	0	0	0	0	0	0	21
花蓮縣		1	1	8	2	0	0	0	0	3	1	0	0	1	0	0	0	15
臺東縣		1	0	3	8	0	0	0	0	1	0	1	0	0	0	0	0	14
金門縣		0	0	0	0	0	0	0	0	0	0	0	0	0	0	0	0	—
澎湖縣																		
連江縣																		
合計		336	1,044	991	785	11	50	51	25	366	828	821	345	49	71	27	72	5,872

資料來源：內政部地政司。

145

表七、臺北市96年至99年房地產消費糾紛原因統計表

原因／年度	96	97	98	99	合計
01. 契約審閱權	10	20	21	17	68
02. 隱瞞重要資訊	19	51	69	38	177
03. 廣告不實	3	12	12	5	32
04. 產權不清楚	2	4	8	0	14
05. 「定金」返還(含斡旋金轉成定金返還)	6	25	15	5	51
06. 開工遲延	0	6	2	1	9
07. 施工瑕疵	6	37	33	16	92
08. 建材設備不符	8	12	14	8	42
09. 工程結構及公共工程安全問題	9	5	3	0	17
10. 交屋遲延	9	15	18	5	47
11. 坪數不足	7	15	25	1	48
12. 屋頂使用權與產權爭議	1	2	0	0	3
13. 地下室使用權與產權爭議	0	3	0	0	3
14. 法定空地使用權與產權爭議	0	1	0	0	1
15. 建物不符容積率規定	0	0	0	0	0
16. 對預售屋未售出部分逕自變更設計，增加戶數銷售	0	0	0	0	0
17. 建商要求客戶繳回契約書	0	0	0	0	0
18. 建商倒閉	0	0	1	0	1
19. 停車位使用權	0	7	5	0	12
20. 停車位面積	8	6	12	4	30
21. 停車位價金	2	4	0	0	6
22. 要約書之使用	0	4	5	0	9
23. 仲介「斡旋金」返還	5	9	12	7	33
24. 仲介公司欺罔行為	4	17	4	9	34
25. 一屋二賣	0	1	1	1	3
26. 賺取差價	0	1	0	3	4
27. 服務報酬爭議	5	19	14	9	47
28. 房屋現況說明書內容與現況不符	0	5	0	1	6
29. 氡離子檢測	4	8	19	16	47
30. 鋼筋輻射檢測	0	0	0	0	0
31. 銷售人員捲款潛逃	0	0	0	0	0
32. 逃漏稅捐	0	0	0	1	1
33. 有關稅費爭議	0	3	3	0	6
34. 未提供要約書或斡旋契約選擇	0	0	1	0	1
35. 終止委售或買賣契約	3	33	57	7	100
36. 房屋漏水問題	22	50	34	24	130
37. 標的物貸款問題	4	5	26	6	41
38. 未提供（交）不動產說明書	2	3	3	4	12

| 39. 其他 | 0 | 0 | 12 | 17 | 29 |
| 合計 | 139 | 383 | 429 | 205 | 1,156 |

資料來源：內政部地政司

表八、臺北縣96年至99年房地產消費糾紛原因統計表

原因／年度	96	97	98	99	合計
01. 契約審閱權	0	81	46	27	154
02. 隱瞞重要資訊	0	69	26	18	113
03. 廣告不實	0	42	11	7	60
04. 產權不清楚	0	11	5	1	17
05. 「定金」返還(含斡旋金轉成定金返還)	0	63	109	20	192
06. 開工遲延	0	5	1	0	6
07. 施工瑕疵	0	61	135	1	197
08. 建材設備不符	0	19	2	0	21
09. 工程結構及公共工程安全問題	0	37	0	2	39
10. 交屋遲延	0	7	11	4	22
11. 坪數不足	0	8	7	3	18
12. 屋頂使用權與產權爭議	0	1	1	0	2
13. 地下室使用權與產權爭議	0	4	1	0	5
14. 法定空地使用權與產權爭議	0	2	0	0	2
15. 建物不符容積率規定	0	3	0	0	3
16. 對預售屋未售出部分逕自變更設計，增加戶數銷售	0	2	0	0	2
17. 建商要求客戶繳回契約書	0	0	0	0	0
18. 建商倒閉	0	0	0	0	0
19. 停車位使用權	0	7	6	2	15
20. 停車位面積	0	4	4	3	11
21. 停車位價金	0	0	1	1	2
22. 要約書之使用	0	0	0	0	0
23. 仲介「斡旋金」返還	1	19	17	14	51
24. 仲介公司欺罔行為	0	0	7	1	8
25. 一屋二賣	0	1	3	0	4
26. 賺取差價	2	0	0	1	3
27. 服務報酬爭議	1	7	6	2	16
28. 房屋現況說明書內容與現況不符	1	1	14	2	18
29. 氡離子檢測	0	1	10	5	16
30. 鋼筋輻射檢測	0	0	0	3	3
31. 銷售人員捲款潛逃	0	0	0	0	0
32. 逃漏稅捐	0	0	0	0	0
33. 有關稅費爭議	0	1	2	2	5
34. 未提供要約書或斡旋契約選擇	0	1	0	2	3
35. 終止委售或買賣契約	2	25	16	10	53

法律風險管理

36. 房屋漏水問題	1	36	21	29	87
37. 標的物貨款問題	2	23	34	4	63
38. 未提供（交）不動產說明書	0	0	2	4	6
39. 其他	2	13	49	75	139
合計	12	554	547	243	1,356

資料來源：內政部地政司

參、不動產交易風險管理問題與管理機制

一、問題分析

依不動產經紀業管理條例第四條及公寓大廈管理條例第五十八條規定，成屋及預售屋均屬不動產交易之標的，惟預售屋，因購屋者與建商簽訂預售屋買賣契約時，標的物尚未興建完成，僅能從業者提供之廣告或契約內容認識未來房屋之大致情形，而無法瞭解房屋實況，致使購屋者之權益處於不確定之風險中。此與成屋可從實體建物之位置、內涵、環境、及未來發展價值等，足供較為具體之辨識、評估資訊，以為決策執行之參考者，顯有不同。爰預售屋與成屋交易之風險程度，自亦有不同。即就不動產交易之關係人而論，兩者亦有差異。在不動產市場中，成屋交易所涉及之關係人較為單純簡易，包括提供房屋出售之所有權人，有購屋需求之承買人，對買賣雙方進行交涉斡旋之房仲業者（按成屋市場中，約 80%以上之不動產交易案件，係由房仲業者協助促成，自售等管道相較之下，則屬少數），以及配合提供貸款資金之金融機構等參與者。至於預售屋，則較為複雜，包括綜理房

建事務之建商、提供建地之土地所有權人、建築師、營造業者及受託銷售之代銷業者、購屋者、辦理不動產移轉登記之地政士、提供資金之銀行等金融機構。事實上，在不動產交易過程中，不論是預售屋或成屋，均有其風險存在，其中尤以預售屋為然。茲分述如下：

（一）預售屋

　　一般而言，不動產交易動輒新臺幣數百萬元，甚至數千萬元，乃至億元以上，具有高度的價值性。一般人由於購屋經驗不足，交易價格上的風險損失，自可預期。加上建商營建資金，除自備款及貸款外，一部分資金係來自按工程進度收取購屋者分期繳交之款項，一旦建商受到偶發事件之影響，資金週轉不靈時，危機即會產生。復以預售屋履約期間又長，建商亦難具體提供工程如期完成之履約保證，一旦建商中途無法履約時，購屋者即須承擔既有損失與協商、訴訟等難以個別處理之窘境。此外，交易標的物之不確定性，也是重要的風險之一。由於預售屋係以將來完成之建築物作為交易標的物，簽訂買賣契約時並無實體建物，將來興建完成時之實體內容，是否與業者提供之廣告或書面契約內容一致，事前難以確認。因而使購屋者之利益，較乏穩健的保障，加上因投資興建成本大，建商與金融機構洽商貸放資金條件，如市場利率、房價等有明顯變動時，建商、購屋者之風險，均有可能處於不確定之風險中。

綜觀上述，不動產交易金額龐大，參與角色眾多，牽涉之法律專業知識廣泛，加上交易資訊封閉且不對稱，使預售屋交易過程各個步驟環節，均充滿著不確定性，此種風險其實也是不動產交易產生眾多糾紛的主要原因。

（二）成屋

近年來由於不動產交易價格不斷飆漲，尤其成屋因建物已實體建造完成，領有使用執照，履約期程較短，因而風險及不確定性遠較預售屋為低，價格自然較高。一般民眾（消費者）由於缺乏買賣經驗與不熟悉相關法令，購屋糾紛時有所聞。此外，成屋交易過程中，不動產仲介業者為維護交易市場安全，研擬出「成屋履約保證」制度，並與銀行相繼推動「指定撥款委託書」機制，前者主要係透過銀行，將買方取得產權前所交付之價金積極保護，後者則係保障不動產交易過程中，買方貸款之用途及流向，以確保賣方能順利取得交屋尾款。藉由「成屋履約保證」以及「指定撥款委託書」之雙軌保護，使成屋交易安全更具保障。但因成屋交易市場亦存有資訊不對稱問題，部分不肖業者為牟取高額利潤，往往利用資訊不對稱之特性，隱瞞重要交易訊息，導致消費者權益受損，亦屬常見。

二、管理機制

（一）政策法制面

　　近年來，由於國內不動產交易糾紛頻傳，對政府管理威信、法制尊嚴、消費者權益造成衝擊，引發社會經濟的不安定性，政府為謀有效管理不動產經紀業，建立不動產交易秩序，保障交易者權益，促進不動產交易市場健全發展，除依不動產交易之基本法—民法及土地法之規定外，特於民國 88 年 2 月 3 日，制訂公布不動產經紀業管理條例，內政部並於 89 年 4 月 19 日發布同條例施行細則，及 89 年 5 月 19 日訂定「不動產說明書應記載及不得記載之事項」，另於 98 年 10 月 30 日以內授中辦地字第 0980725794 號公告修正「預售屋買賣契約書範本及簽約應注意事項」，並依職權訂定「成屋買賣契約書範本」、「預售屋買賣定型化契約記載及不得記載事項」、「不動產委託銷售定型化契約應記載及不得記載事項」等。此外，並引用公平交易法、消費者保護法及公寓大廈管理條例等，與不動產交易安全及管理有關之法律，予以配合規範。其他如行政院公平交易委員會訂定之「行政院公平交易委員會對於不動產經紀業之規範說明」、「行政院公平交易委員會對於不動產經紀業實施聯賣制度之規範說明」、「行政院公平交易委員會對於預售屋銷售行為之規範說明」、「行政院公平交易委員會對於不動產廣告案件之處理原則」，在在顯示政府對不動產交易管理在政策及法制上頗為注意。但政策法制與實際執行之間往往存有落差，顯然現行不動產交易制度及相

關法令規範,仍有未盡健全之處,而購屋過程中,所生之糾紛及風險,不僅侵害購屋者之權益,連帶亦對整體不動產市場之運作,造成影響。這也是為何不動產交易過程中,不論是成屋或預售屋,對買賣雙方、建商、房仲業者,及其他交易關係人,仍有或多或少之風險。此從近年來不動產糾紛案件,隨著交易案件的逐年增加亦相應增加,即為明證。另就法制面觀察,因不動產交易,涉及之法律命令種類繁多,已見前述,對購屋之消費者而言,確難完全理解,加上不動產交易市場資訊的不對稱,預售屋履約期限冗長,交易標的物的不確定性,建商、代銷業者廣告不實等問題,確有在法制面予以通盤檢討,並加整合之必要。

(二) 執行面

目前國內房屋價格資訊並不完整,不動產仲介業者於成屋買賣過程中,係唯一掌握買賣標的物狀況,如買方可選擇之要約方式、買賣雙方提出之價格及可能成交之價位等,相較於買方或賣方來說,明顯居於資訊優勢地位。再者,部分不肖業者,為牟取高額利潤,不當賺取差價,利用資訊不對稱的背景,隱瞞重要交易資訊,導致消費者於交易過程中陷入危機,造成消費者權益受損,此種交易資訊的不足,不夠透明,的確是風險產生與加劇的主要因素,也因此造成消費者權益缺乏實質保障,特別是預售屋的交易,更為顯然。

肆、不動產交易風險管理之對策建議

一、通盤檢討整合現有法令,研訂不動產交易管理專法,健全交易法制

近年來,政府雖然重視國內不動產交易安全,並不斷加強相關法令之改進與補充,如不動產經紀業管理條例之制訂與公布,並與公平交易法、消費者保護法、及公寓大廈管理條例結合執行,各有關主管機關亦經陸續訂頒相關補充規範,但因不動產交易過程中涉及之交易關係對象較多,以及成屋、預售屋本質亦有不同,因此,在政策上,應有加以通盤整合,研訂不動產交易法草案之必要,以作為不動產交易之主要法律規範,俾從法制上建立完整的透明管理運作機制,使不動產市場交易秩序、消費者及業者權益,均能獲得有效維護。

二、早日建立完整的不動產交易價格資料庫,有效消除交易價格資訊不對稱之缺失

按當今不動產交易價額均極為龐大,惟交易過程中,最為關鍵之考量因素,如無較為正確之價格資訊,一旦仲介業者缺乏倫理道德,一味追求利潤,隱瞞重要交易資訊時,買賣雙方財產權益必然受到影響或減損。因此,由政府主管部門或相關財團法人

性質之不動產研究機構,建立及時完整且符合實際的不動產價格資料庫,供社會大眾參用,應予早日推動實施,以避免消費者遭受交易價格風險的威脅。

三、建議主管機關,研訂具體不動產交易與風險管理改進方案,保障交易當事人權益

不動產交易,由於交易金額較大,交易過程中涉及之關係人又多,法制及執行間仍有未周,另依內政部之研究,目前國內有關不動產交易業者之規範,主要係以不動產經紀業為主,而另一主要糾紛來源——建商的管理則較為缺乏,而根據前述內政部委託研究顯示,在不動產交易糾紛中,資訊不對稱／廣告不實等六大類型(以來源區分),來自建商的糾紛案件比例,高達 46.6%,即將近一半,因此,加強建商及經紀業者的管理,洵有必要。主管機關允宜針對實際管理缺失及主要糾紛情形,研提具體改進方案,以有效減少不動產糾紛案件,防止交易風險發生,確保交易者安全。

四、建議主管機關落實執行違法違規建商及仲介業者之處罰,有效紓減不動產交易糾紛案件

按現行不動產交易管理法制,如不動產經紀業管理條例、公平交易法、消費者保護法,甚至刑法,對於業者的違法違規行

為,本有罰則規定,為健全不動產交易市場,維護買賣雙方當事人權益,主管機關應本於監督立場,對於業者之違法違規行為,嚴格依法取締處理,以建立健全的不動產交易市場環境。

五、規劃推動不動產交易制度教育宣導計畫,建構健康有效率的不動產市場環境。

不動產市場的制度化、健康化,非一蹴可幾,需有長遠的整體規劃,建議中央主管機關——內政部邀集產官學界、公會團體及地方主管機關研訂短、中、長期不動產交易制度教育宣導計畫,有計畫地落實不動產交易與風險管理事務的教育訓練與宣導,培養消費者保護及正確的消費觀念,養成交易風險管理意識,加強業者之教育訓練講習,並建立建商評鑑制度,提升不動產經紀專業人員素質,通盤檢討預售制度,及加強業者之道德倫理規範,以促進不動產交易市場的健全發展。

六、強化不動產學術研究機構之研究發展,增進國際不動產學術與業界交流,提升學術研究水準。

目前國內不動產學術研究有關之機構,除大學地政、不動產、土地管理、土地開發、法律、財法等有關系所外,主要為財團法人國土規劃及不動產資訊中心,以及民間大型財團設立之不

動產研究單位,內政部及教育部基於業務主管機關之立場,似可從不動產學術教育與應用之角度,編列必要的預算,結合上開公私機構團體,加強推動不動產理論學術研究與應用,增加與國際不動產學術團體之交流,使臺灣的不動產學術研究與應用發展,無論是不動產估價、經紀銷售制度、建築設計、土地開發、產權登記或人員訓練,均能與國際同步。

伍、結語

近幾年來,由於國內不動產景氣發展,尚稱活絡,平均每年取得使用執照之新成屋達 2 萬 6 千餘件,15 萬棟左右,總樓地板面積約 3 千 2 百萬平方公尺,而政府每年核發之建築物建造執照,也是預售屋的主要來源,亦達 2 萬 3 千餘件,總樓地板面積 2 千 7 百餘萬平方公尺;另辦竣建物買賣所有權移轉登記案件,超過 39 萬餘棟,總面積 4 千 3 百餘萬平方公尺,顯示房屋的供給及交易量,均在相當水準以上,前已述及,而都會區不動產的交易價格,又因區位、用途、樓層別、環境、增值潛力等,屢創新高,一戶 30 坪左右的住房,動輒數百萬、上千萬元,面積較大者,甚至近億元以上,不動產交易糾紛亦時有所聞,交易市場的風險與不確定性,消費者及其他交易關係人,均甚為關注。雖政府基於維護民眾財產權益,建立不動產交易秩序,健全不動產交易市場,

其管理政策決心,應無庸置疑,惟就本文之研究分析,相關法制與實際執行間,仍存有相當落差亦屬事實,在此種情形及當前不動產交易市場仍屬活絡的環境下,通盤檢討整合既有不動產交易法制及行政規範,透明化市場交易制度,落實納入風險管理機制,確屬必要。

參考文獻

e-house 內政部不動產交易服務網（2010）。檢自 http://ehouse.land.moi.gov.tw/。

內政部統計處（2009）。〈內政統計通報〉。臺北：內政部。

中華民國不動產仲介經紀商業同業公會全國聯合會、東吳大學，「不動產經紀業從事交易之法律問題研討會」，2009年

朱南玉（2007）。〈不動產交易糾紛產生原因及其處理機制之研究〉。臺北內政部委託研究報告。

行政院研究發展考核委員會（2008）。〈行政院所屬各機關風險管理及危機處理作業基準〉。臺北：行政院。

吳容明（2008）。《土地政策、土地法制與土地開發》。臺北：現象文化。

宋明哲（2000）。《風險管理》。臺北：五南。

林旺根（1999）。《不動產經紀法之實用權益》。臺北：永然文化。

凌氤寶、陳森松（1997）。《人身風險管理》。臺北：華泰。

張金鶚（1989），〈房地產交易制度之研究──仲介制度之探討〉（內政部營建署委託研究報告）。臺北：國立政治大學地政研究所。

張春雄（2003）。《風險管理》。臺北：吉田。

曾明俐（2005）。〈兩岸預售屋交易制度之比較研究〉。未出版之碩士論文，國立屏東商業技術學院不動產經營學系，屏東。

黃宏原（2004）。〈臺灣房屋仲介網站服務功能之分析〉。未出版之碩士論文，中原大學資訊管理研究所，桃園。

第五章

企業法律責任及法律控管之研究

方國輝[*]

---

[*] 亞洲大學財經法律學系副教授

目　次

壹、前言
　　一、國人對法律責任與法律控管之認識不足與漠視
　　二、美國安隆公司（Enron, Inc）與雷曼兄弟公司之引鑑
　　三、社會對行政主管機關和司法機關作為之感受與期待
　　四、研究對象與研究限制
貳、企業法律風險
　　一、概述
　　二、法律責任與法律風險之關係
　　三、法律風險之分類
　　四、法律風險之管理
參、企業法律責任
　　一、意義與範疇
　　二、企業法律責任之適用原則
　　三、企業法律責任之內容
　　四、同時規範民刑事及行政責任之行政法——以信託業法為例
肆、企業法律控管
　　一、概述
　　二、企業法律控管與企業內部控制之比較
　　三、法律責任控管（觀）念
　　四、作好法律責任控管之前提
　　五、法律責任控管之規劃——以中國大陸人力資源管理為例
伍、結論

摘要

　　企業經營存在諸多可預測、可識別之不確定風險,除須因應資金融通、投資失利、財務虧損、業務萎縮、工安事故、員工忠誠、勞資關係、各種法規對企業造成之額外負擔(如為安撫員工情緒之額外薪資支出)等內在風險外,也要因應外部突如其來風險,例如股市重挫、美國次級房貸、金融海嘯、連動債、原料短缺、價格暴漲、能源危機、匯率風險等衝擊。

　　企業若疏忽或無法掌控此等直接或間接,顯性或隱性之風險,勢必險象環生,若未能妥善因應,最終將轉化為法律責任,嚴重者不僅能讓企業經營者身陷囹圄,也可能成為拖垮企業的最後一根稻草,造成企業不可收拾之大敗局。

　　由於法律控管機制為預防企業發生或減縮法律責任的機制,一方面有助於企業安定經營與發展,一方面亦可減少失敗企業對社會衝擊與減輕法院處理訟爭負荷,具有推動之實益。唯各行各業之規模與風險頻率之不同,其法律風險控管機制之建構亦應同中有異,值得在學術面與實務面進行系統性研究與評量、診斷與試驗,且其涉及跨領域之整合研究,參與研究者愈多,試點、癥結與環節越深入,法律控管機制應可越具可行性,則法律控管機制被企業廣泛利用之機會就可大增,具有協助企業達到預防發生法律責任及善盡企業社會責任之經營目標,即可大增,此為本研究期望之實益。

關鍵詞:金融海嘯、連動債、法律風險、法律責任、法律控管、企業社會責任

壹、前言

一、國人對法律責任與法律控管之認識不足與漠視

之前見報載新竹某大學四年級學生為替女友慶生,將慶生活動安排在汽車旅館舉行,為製造氣氛,該生先將房間床鋪擺滿蠟燭,全部點燃後,即騎機車接女友至賓館,由於點燃之蠟燭無人看管,終釀成火警,除嚇壞當夜投宿該賓館之其他客人,被警方以公共危險罪嫌移送偵辦外,另賓館亦要求該生賠償賓館被燒毀之損失一百多萬元。除讓浪漫「午夜驚喜」成為女友之「午夜驚嚇」,以及該生因此上了社會版,成為笑柄外,一場意外尚須負民刑事責任,賠了夫人又折兵,全因該生對法律風險與法律責任缺乏認識所致。社會上無論個人或企業因對法律風險之漠視導致法律責任之事件,不勝枚舉。因此,進行本研究最主要之動機,即在促使個人或企業提高對法律風險與法律責任之認識,並重視法律風險評估、診斷,作好法律控管,透過早期預防,以達到趨吉避凶之目標。

二、美國安隆公司（Enron, Inc）與雷曼兄弟公司之引鑑

個人不了解法律責任且未作好法律控管,固然會如上述大學生

帶給自己意外災難。同理,企業不了解法律責任、法律控管與企業之關係,其損害之嚴重程度當更甚於個人。例如世界能源經紀交易龍頭之安隆公司(Enron, Inc),罔顧法律風險又違法經營,操作具有高風險之店頭市場交易能源衍生性金融商品,操作失敗後,又運用法律漏洞,將交易損失隱藏於資產負債表外(off-balance sheet)之特殊目的公司(special purpose entity),並運作政治獻金及利益輸送手法,取得政府與社會大眾之信賴,最後因虧損太大,多達 600 億美元之巨額損失,不得不走上破產之途。該公司忽視法律責任之後果,不僅股東受害,與其有業務或財務往來之各國客戶及融資銀行及世界能源交易市場之運作,均同受其害。究其根本,仍然是罔顧法律責任與道義責任所致。

此外,美國雷曼兄弟公司操作高風險連動債,最後亦因無力清償,與安隆公司一樣下場不堪,造成很多金融機構和投資人的嚴重財務損失,亦為造成亞洲金融風暴之禍首之一。企業發生惡性倒閉或經濟犯罪之案例[1],不勝枚舉,實與企業對法律風險與法律責任之後果或慘痛代價缺乏認識與重視,有高度之關係。

三、社會對行政主管機關和司法機關作為之感受與期待

企業會忽視法律風險,不將合法經營,控制風險,預防法律責任作為經營企業之最高目標,除可歸咎於部分企業經營者一切向錢

---

[1] 李旭先生所著,《民營企業法律風險:識別與控制》,頁 6-8,列舉多位企業界人士失敗案例可供參考。

看之心態,不尊重法律之規範外,行政主管機關與司法機關對企業不尊重法律規範之行為,未能及時有效發揮功能,使企業承擔應負之法律責任或制裁,企業為經營利益,當然會無視違法經營之後果,甚至膽大包天,鋌而走險,亦不無關係。例如行政主管機關常對企業違反社會期待之可責行為,社會各界一片譁然時,以「無法可管」甚或輕描淡寫,以回應社會的期待,基本上是助長企業忽視法律風險很重要之關鍵因素;此外,司法判決如僅重視形式正義,忽略實質正義與理性期待[2],當然也難以期望司法判決會產生對企業導正對法律風險與法律責任之正確認知。

四、研究對象與研究限制

個人或企業雖皆有發生法律責任可能,但企業一旦發生法律責任,其嚴重性不僅高於個人,波及層面與對象也比個人為廣,故本文之論述係以企業為對象。

理性言,預防法律責任與做好法律控管對企業有利,但實際上並未受到企業重視,因此在研究法律風險與法律責任之課題上,如何引起企業對於法律責任之重視,十分重要。目前之癥結究係採行此一措施會增加企業經營更多成本與無謂限制(如控管機制對商機之限制等)?此外,占企業比重最多之中小企業,先天上受限於資訊、人力、資本與產業經濟規模限制,是否為中小企業無心配合之原因所致?須透過問卷調查,以取得更有效之樣本數與癥結所在。本報告受限於問卷調查之工程浩大且缺乏研究經費之支持,期待更

---

[2] 見臺灣高等法院 96 年度上字第 343 號判決。

多學者與實務界先進,從相關層面繼續作跨領域研究,使企業界樂於建置與利用,達到推動此一預防法學,協助企業減少發生法律責任之問題,使企業運用法律控管是所至盼。本報告則以討論相關法規對企業法律責任規定為主,並參考學者相關論著[3],探討有關建立法律控管之相關事項,使企業運用法律控管,達到興利除弊之目標。

貳、企業法律風險

一、概述

所謂企業法律風險,簡言之,係指企業之經營與事務之處理所面臨之法律危險性。企業法律風險具有發生可識別、可預測、但何時發生事故,損失程度,發生機率如何則不易確定之特性。由於發生機率與發生結果之不確定性,因此有關法律風險與法律責任之防範與控管,一般而言,比較不受到企業界之重視。雖然企業追求利潤、追求持續成長與永續經營,本為經營企業天經地義之目標,亦為保障股東,員工和社會信賴不可旁貸之責任。但企業若為追求營業利益,而心存「馬不吃險草不肥」、「無奸不成商」之偏頗心態,相信富貴必須「險中求」,而疏於或罔顧各種存在於企業內外部之隱性或顯性法律風險,法律風險日增之結果,將如溫水煮青蛙,一旦

---

[3] 相關大作名稱、作者、出版社或總發行、出版年月日,請參考三民簡體字網路書局,關鍵字為「法律風險」。

法律風險管理

擴大為法律責任時,便可能死到臨頭,都尚無警覺,例如國內最近某電視台因疏於管控法律風險,多次嚴重違反廣電相關法令規定,被行政院國家傳播委員會依規撤照即為一例。疏於管控法律風險之結果,除將造成企業之嚴重損失外,也波及觀眾之收視權益或節目主持人與員工之失業,不可不慎。

回顧國內企業或負責人不少從盛(紅)極一時,都因發生法律責任之後果無法掌握,不是身陷囹圄,就是辛苦經營之事業拱手讓人,賠了夫人又折兵,都是疏於管控法律風險之後果。因此一個洞燭機先之企業必須作好法律風險預防,對法律風險與法律責任具備判斷力、決策力與正確執行之能力,並重視企業法律風險之預測、評估、診斷,對所存在之顯性或隱性法律風險與責任,儘早反應。

由於法律風險管控與預防,應為追求利潤、追求持續成長與追求永續經營之企業,不容忽視之一環,亦為避免發生法律責任之前提。因此在探討法律責任前,謹先對與法律責任有密切關係之法律風險先作探討。

二、法律責任與法律風險之關係

企業疏於防範法律風險或未能妥善處理法律風險,致牴觸法律規定所生之責任為法律責任。法律責任為發生法律風險之結果,但非謂有法律風險即當然會發生法律責任,宜先釐清。另外,法律風險是否指違法風險,有不同見解,持肯定見解者認為需「因違反國家法律、法規或者其他規章制度導致承擔法律責任或者受到法律制

裁的風險」[4]，持否定見解者則認為企業本身疏忽應為之作為或不作為義務，便有發生法律風險之可能，例如有些企業埋首研發創新，但忽略法律風險，致企業使用多年之商標被人在國外搶先註冊，企業為拓展海外市場，而不得不支付巨額商標轉讓費，即是一例[5]。此外，企業發生法律風險亦可能係受競爭關係、政府政策、法令規範、金融海嘯……等環境改變所波及，或受企業本身存在之不利因素所造成，例如企業體制弱、資產差、技術落伍或因決策錯誤或輕忽法律風險之嚴重性，亦可能發生法律風險。以上二說，似以後說為當。

三、法律風險之分類

企業法律風險之分類，學者從不同觀點，大致上，分類如下：

1、從階段分，有法律規範風險、契約安排風險與爭端程序（爭議解決）之風險[6]，其中「契約安排之風險」，學者又分為「與判斷者有關風險」、「與代理人有關風險」、「與企業自身有關風險」及「與程序本身有關風險」。

2、從發生原因分，有分為「法律資訊未充分認識與掌握風險」及「未能有效避免受害損失風險」，前者包含知法不足、法令未備、契約疏漏、爭端解決失誤等法律風險，後者則有被害受損、犯罪受罰、訴訟失誤等法律風險。

---

[4] 婁秋琴，《公司企業管理人員刑事法律風險與防範》，法律出版社，2008年3月，序。
[5] 陳曉峰，《企業合同管理法律風險管理與防範策略》，法律出版社，2009年9月，總序頁1。
[6] 同前註5，目錄頁1-7。

3、從法律風險之種類分,可分為企業刑事法律風險[7]、民事法律風險(特別是契約法律風險)[8];中國大陸探討中小企業在創業經營面之法律風險[9],至少包括十二種如下:

(1) 企業型態選擇、設立章程、權益分配等設立方面之法律風險

(2) 公司治理之法律風險

(3) 人力資源管理之法律風險

(4) 融資之法律風險(如向地下錢莊借款、信用卡過度消費無力清償)

(5) 交易合同之法律風險

(6) 稅務之法律風險

(7) 上市之法律風險

(8) 國際化發展之法律風險

(9) 智慧財產權之法律風險

(10) 履行社會責任之法律風險

(11) 行政管制之法律風險

(12) 創業之法律風險。

至於大型或國際性企業在此等風險外,從過去發生之事例觀察,過度利用槓桿操作舉債行為;從事投資與併購、私募股權或引進外資參與經營,行賄或不當政治獻金等,發生法律風險或法律責任者,亦時有所見,值得大型或國際性企業注意法律風險與責任之預測外,

---

[7] 同前註4,目錄頁1-6。
[8] 王正志,《公司法律風險防範與管理》,法律出版社,2007年10月,頁1。
[9] 吳家曦主編,《中小企業創業經營法律風險與防範策略》,法律出版社,2008年11月,目錄頁1-3。

有關影響交易秩序之公平交易法風險更須注意。

　　4、從法律風險之經營面觀察，法律風險可分為(1)企業設立階段之法律風險；(2)合同（契約）簽定與履行階段之法律風險；(3)投資與併購階段之法律風險；(4)私募股權階段之法律風險；(5)股票發行與上市階段之法律風險；(6)與智慧財產權管理、生產與銷售、訴訟與日常生活等法律風險[10]。

　　從上述法律風險之分類，除可發現企業習而不覺之法律風險確實無時不在，無處不在外，而且各行各業在生產、行銷、財務、稅務、資金融通或是人事、創新、經濟變動，以及國際情勢變動所形成之法律風險等，如果處理不當,最後均將以法律風險之形式體現。

　　相較於對市場風險、信用風險、流動性風險、作業風險等之重視，國內企業對法律風險管理之意識相對比較淡薄，亦缺乏建立防範法律風險發生之控管機制，因此像某金融控股公司所轄之企業參與國有土地之標售，因金額誤植，超過底價數倍，押標金差點被全部沒收，而且此種因不重視市場風險、信用風險、流動性風險、作業風險等與法律風險之結合關係，又忽略法律風險管理之重要性，企業隨時會發生各項經營上所面臨之不確定法律危險性，例如企業濫用優勢地位所預擬之定型化契約條款,如不當加重契約相對人(消費者)之負擔與責任（如加速到期條款、解約扣價條款等）、不當減輕或免除企業經營者自身之責任、限制或剝奪相對人權利之行使、不當轉換舉證責任等[11]違反誠信，顯失公平之條款，依消費者保護

---

[10] 李小海，《企業法律風險控制》，法律出版社，2009 年 7 月。
[11] 我國民法第 247 條之一。

法及民法規定,該等條款之效力非無效即不構成契約內容一部分。下列所舉對消費者或經濟弱者不利之條款皆屬無法通過司法審查,遭到敗訴判決之事例:

　　1、金融機構以定型化契約規定,就信用卡於辦妥掛失手續前被冒用之風險,無論簽名是否相符,一律由持卡人負責之條款[12]。

　　2、信用卡發卡機構與持卡人所約定之「信用卡保證人對於持卡人超過信用額度使用之帳款,無論連帶保證人是否同意,均應連帶負責」約款。

　　3、「保證人對於不定期限之債務負擔保責任,未經債權人同意,絕不中途退保」約款。

　　4、「保證人對於最高限額保證之責任,包括限額以外之利息,違約金等部分」約款。

　　5、「保全公司對於客戶應付款日期,未收到現金,或票據未兌現,在此期間保全公司不負賠償責任」約款。

　　6、「保全服務契約以保全公司提供之『保全服務通報』經客戶簽名之日為起算日」約款。

　　7、「客戶未將現鈔、金銀珠寶、鑽玉、藝品、古董、字畫及手錶等價值一萬元以上之貴重物品,放置於裝有防護器材之金庫內並上鎖,保全公司不負賠償責任」。

　　8、預售屋交易契約中承購戶為清償預售屋買賣價金,而以房屋貸款合約,就貸款銀行給付之借貸款委由貸款銀行直接撥付建商且約定「非經房屋出售人之書面同意,不得撤銷或解除本件貸款契約

---

[12] 臺北地院86年度北檢字第5214號宣示判決筆錄,參見劉春堂,《民法債編通則(一)契約法總論》,三民,2001年9月,頁420。

及撥款委託」約定。

9、預售屋交易契約中載明「有關本標的之廣告及宣傳品僅供參考之用,一切說明應以本契約為依據」約款。

10、工程合約中「因故延遲,如因定作人之原因,或人力不可抗拒等因素,須延長完工日期時,承攬人得以書面向定作人申請延期……承攬人對定作人最後核定之延期,不得提出異議」[13]。

因此,企業為避免法律風險之發生,須體認「時代在變,觀念與作法需要改變」之趨勢,儘速調整心態與做法,做好法律風險之管理,以利企業之永續發展。

四、法律風險之管理

(一)概說

法律風險管理與法律責任管理俱為健全企業管理之一環,二者雖均為協助企業管控法律風險與法律責任之制度,但性質上仍有不同,前者係指透過法律風險之預測、評估與識別,及早預測法律風險對企業可能造成之影響(包括連鎖性反應),並採取拔除風險因子之對策,使法律風險可以消弭於無形,本質上是屬於預防管理之性質,具有強化企業免疫系統之預警功能,為兼具法律與管理領域之跨領域之學;後者則為對法律風險所生危機與責任之管理,目的重在相關措施之執行,使發生之法律危機或責任(損失)減至可控制

---

[13] 2 至 10 事例請參閱楊淑文,《新型契約與消費者保護》,元照,2006 年 4 月(2 版)。

或最小之狀況,屬於危機管理與復元管理之性質。

(二)確認產生法律風險之源頭

法律風險之管理首重確認產生法律風險之源頭,以便進行預測與評估。討論法律風險管理之文獻,列出風險流程源頭,大別為(1)設立階段法律風險;(2)契約(交易)法律風險;(3)公司治理之法律風險;(4)投資與併購之法律風險;(5)智慧財產權相關之法律風險;(6)融資之法律風險;(7)股票發行與上市、私募資金等過程之法律風險;(8)國際化之法律風險;(9)生產與銷售中之法律風險;(10)稅務方面之法律風險;(11)政府行政管制措施與法令變更之法律風險;(12)創業者之法律風險;(13)履行社會責任之法律風險;(14)其他如人力資源、企業品牌、營業祕密、企業現金、訴訟等法律風險之管理。前述各項法律風險源頭之管理,雖然重要,但對於法律風險管理目標與政策之擬定,仍當視企業規模、特性之不同而異,以適合企業本身之需要為主要考慮。

例如最近面板業被歐盟與美國以侵犯智慧財產權保護及公平交易科處巨額罰款或重要幹部被禁止出境為例,顯見企業內部疏於確認產生法律風險之源頭,其法律風險管理體系亦形同虛設,法律專業似聊備一格,未參與重要決策,以致無法在事前發生法律風險預警之作用,結果就是發生嚴重之法律責任。

(三)建立法律風險管理制度之理念與作法

1、法律風險無處不在,無所不在,因此,企業高層必須重視法

律風險管理制度,並大力宣導,以提高企業全員建立法律機制管理工作為預防第一、全員參與之共識。

2、結合外部學者、專家(如律師、會計師、風險管理師)及內部參與公司治理之重要單位主管或其代表組成完備法律風險管理委員會,透過網絡之有效運作,共同建構法律風險管理制度與擬定管理工作手冊。

3、避免法律風險之發生,除應訂定企業行為規範與自律準則,克服易於發生法律風險之薄弱環節,避免發生違法風險之誘因外,最重要者應為提高企業誠信守法、依法經營之修為,掌握關鍵性法律風險,以減少誘導企業活動產生不可控制之法律風險。其次,並應透過全員參與、分工合作,共同分享智慧與經驗,收集形成企業法律風險之資訊,對存在上述相關事項流程之法律風險,由下而上,逐級進行預測、診斷,以確保企業不因法律風險之發生而遭受重大損失或因而發生破產等更嚴重之損害。因此,建立能具有實用性、有效性之法律風險管理制度,係屬一項牽涉面廣、影響力大又具專業與跨領域特色之企業重要建設,必須投入團隊相當之心力。

4、預測與掌握法律風險之方式,須透過定性與定量分析與經驗法則,落實企業流程之法律風險評估與進行存在企業內部之法律風險分類、分級與關聯性分析,再由完備法律風險管理委員會確定相關事項法律風險之識別體系與分工。

5、為維護企業形象,確保企業持續、健康、穩定發展,企業必須理解法律風險處在不斷變化與發展之中,因此法律風險管理為持續性、經常性之工作,不可流於形式或聊備一格,企業之完備法律

風險管理委員會必須具備建立預警機制,加強事前防控,掌握不斷變化或面臨之隱而不顯或顯而易見法律風險之能力,以活力、戰鬥力與機動性,以專業評估企業利益與法律風險之得失,並及時採取對策,以消弭法律風險於無形。

(四)如何擬定法律風險管理內容——以契約為例

在前述之法律風險分類中,契約法律風險之預防屬於法律風險管理重要之一環,此由企業之訴訟多與契約之內容有關,即可窺見,故契約法律風險之管理值得注意。一般討論契約法律風險內容之文獻,通常將契約法律風險內容按債法之體例,分債總與債各二方面討論,在大陸,有關討論各種交易契約之文獻,多舉買賣契約、借貸契約、租賃契約、承攬契約、運送契約、行紀契約、居間、倉庫契約等應注意之法律風險,與國內學者出版之文獻或是政府各相關部會所制定之定型化契約範本大同小異。至於契約共同適用之內容部分,則包括民法總則有關法律行為與債總有關契約發生與效力之規定以及特別法之規定。以下為陳曉峰與陳明昊所著之《企業合同管理:法律風險管理與防範策略》一書中,有關基本問題之法律風險內容,共分八項如下:

1、訂立契約之法律風險:又分(1)締約相對人之選擇風險;(2)契約性質、形式和簽約方式之選擇風險;(3)契約條款不明、不備之風險;(4)締約過失責任之風險;(5)契約無效、得撤銷與效力未定之風險

2、履行契約之法律風險:又分(1)契約條款爭議之風險;(2)不

能履行或拒絕履行之風險;(3)不完全履行、遲延或提前履行之風險;(4)債務人責任財產減少之風險;(5)契約變更之風險;(6)證據保存不當之風險;(7)契約履行監督過失之風險

3、契約詐欺之法律風險：又分(1)締約磋商階段詐欺之風險;(2)締約時詐欺之風險;(3)履約詐欺之風險

4、契約終止之法律風險

5、契約救濟之法律風險：又分(1)和解與調解之風險；(2)仲裁之風險;(3)訴訟救濟之風險;(4)延宕救濟時間之風險

6、電子契約之法律風險：又分(1)訂約前之風險;(2)訂約階段之風險;(3)履約風險;(4)履約糾紛風險

7、涉外契約之法律風險：又分(1)訂約前後階段之風險;(2)履約階段之風險;(3)解除契約之風險;(4)履約糾紛解決之風險;(5)貿易磨擦與政治緊張所衍生之風險

8、契約管理作業之法律風險：又分(1)管理模式設置中之風險;(2)契約訂立管理中之風險;(3)契約履行管理中之風險;(4)特殊種類契約管理中之風險;(5)契約管理資訊建置中之風險

除陳曉峰與陳明昊二位先生之大著外，亦有分為訂立契約前與訂立契約時之法律風險、履行契約中之法律風險、契約權利義務之變更與移轉中之法律風險、契約終止之法律風險、不履行契約之法律風險、契約解釋之法律風險等[14]。

上述契約法律風險，如按樹狀圖分析，每項風險仍可再繼續探討，並針對風險採取預防管理措施，由此可見建立法律風險管理機

---

[14] 黃金華，《企業簽約的法律風險及防範》，中國法制出版社，2007年7月。

制,實對企業趨吉避凶具有重要性。

參、企業法律責任

一、意義與範疇

　　企業疏於防範法律風險或未能妥善處理法律風險,致牴觸法律規定所生之責任即為法律責任,前已述及。國內外探討法律責任之文獻甚多,範圍甚廣[15],有從行業別討論會計師財務報表簽證與證券發行人不實揭露資訊、證券市場專業人員不實陳述之法律責任,亦有討論公開發行公司、不動產估價師、建築師、監造人、網路服務業、網路拍賣平台業者、責任編輯者、貨物運送人與其履行輔助人、醫師、牙醫師、實習物理治療師與護理師、公務人員、律師、董監事、控制公司在關係企業之法律責任等;另有討論特定主題之法律責任,如工作場所之性騷擾、醫療糾紛、醫療器材、校園、交通事故、宏觀調控等政府決策、基因改造食品與基因汙染、證券集中市場操縱行為、營業祕密與不正競爭、工程爭議、保險詐欺、濫用商標行為、建築借牌、著作權與專利權侵害之法律責任,顯見可討論法律責任議題之範圍甚廣,且廣受學者之重視。

　　企業忽視法律風險,雖不當然發生法律責任,但不法情事若被媒體爆料、炒作或檢警調或司法機關介入偵辦,企業法律風險將如

---

[15] 相關文獻請參閱「google 學術網」。

「千里之堤毀於蟻穴」,發生無法承受之法律責任。例如臺北過去某基層金融機構忽視法律風險與法律責任之嚴重性,擅自將該基層金融機構之金庫資金挪至關係企業運用,結果事蹟敗露,被主管機關勒令停業數天後,隨即暴發擠兌風潮,且一發不可收拾,不僅該基層金融機構負責人被判刑,其關係企業多被波及外,並發生骨牌效應,連累二家與其業務有密切往來之金融機構被接管,最後該二家金融機構亦交出經營權,其中一家金融機構之負責人甚至在處理擠兌過程中積憂病死,令人不勝唏噓。而該肇事之基層金融機構最後亦被其他金融機構合併,不少員工也不得不提前離開職場。因此企業必須重視法律風險與法律責任之預防控管。

二、企業法律責任之適用原則

　　法律責任是違反法律之制裁,因此有認定法律責任之主體須慎重行使職權,除不可姑息、縱放應負責之人,使之罪有應得,發揮導正之效果,但亦不可顛倒黑白,以傲慢或偏見,入人於罪或錯殺無辜。因此,企業法律責任之適用原則,首重責任主體是為依法應負責之人[16];其次,須確定發生法律責任之事實,是否具備可歸責之構成要件與社會非難之明確性。此外,制裁之範圍既不可「重犯輕判」,亦不可「輕犯重判」。當然,遵循平等原則,不能因種族、性別、職業、性別、社會地位、黨派等等而有差別心,尤其重要,

---

[16] 例如消費者保護法規定之產品或服務之責任主體可能是設計者、製造者、生產者、服務之提供者、經銷商、輸入者。

蓋此即「法律保護網，人人平等」之真諦也[17]。最後，法律責任之追究，也應注意時效，避免擅專亂辦或刻意緩辦或積壓不辦[18]。

中華民國醫事法律學會出版之《醫療案例解析》一書中，便對法院判決諸多評析，認為法院之判決應勿枉勿縱，切中問題核心，直指問題癥結，做最公平合理判斷，以維繫社會之最後正義，善哉斯言也。事實上，醫療與保險糾紛，法院之判決及醫療行政機關與保險行政機關在認定法律責任方面，很難令他方當事人心服，值得注意。

三、企業法律責任之內容

企業之法律責任可分為刑事責任、民事責任與行政責任，為利參考起見，以下僅就全國法規入口網站與企業法律責任有關之法規名稱，整理部分較有參考價值之條文如下，並於法規名稱後摘錄條號。

（一）與刑事責任有關之相關規定

企業發生刑事責任，主要與經濟犯罪之制裁有關，如白領階級從事工業間諜、不公平交易、不實廣告、侵占、背信、對官員行賄、掏空舞弊、信用詐欺、惡性倒閉等型態之經濟犯罪。

---

[17] 詳見中華法律風險管理學會，施理事長茂林教授，99年7月17日於臺中文化中心演講「談法律風險預測與控管」之講稿。
[18] 取材自大陸法律教育網之「2008企業法律顧問考試專題輔導」www.chinalawedu.com。

有關刑事責任之規定除刑法、證券交易法、信託業法外，另散見於公司法（如§9、§145、§293、§313）、勞動基準法（如§75-§78）、食品衛生管理法（§34）、健康食品管理法（§21-§23、§26）、個人資料保護法（§33、§34）、公平交易法（§35-§37）、稅捐稽徵法（§41-§43）、著作權法（§91、§91-1、§92、§93、§95、§96、§96-1）、洗錢防制法、商業會計法、商標法、礦業法、電業法、能源管理法、自來水法、水利法、專利師法、電信法、郵政法、金融控股公司法、銀行法、金融資產證券化條例、不動產證券化條例、行政院金融重建基金設置及管理條例等規定。

中國大陸學者婁秋琴依「一般領域」與「特殊領域」分，列出近九十種企業刑事責任的規定[19]；分別為有關對企業一般規定的刑事法律責任，包括「虛報註冊資本」、「虛假出資、抽逃出資」、「產品質量管理」與「侵犯智慧財產權」、「證券融資」、「貸款融資」、「其他融資」、「稅務管理」、「財會管理」、「財務運作」、「職務侵占」、「挪用資金」、「非國家工作人員受賄」、「對非國家工作人員行賄」、「背信損害上市公司利益」、「妨害清算」、「虛假破產」等五十六種。至於對礦業、國有企業、金融機構等特殊領域企業的刑事法律責任有三十八種。

（二）與民事責任有關之相關規定

企業發生民事責任，除民法有關契約責任與侵權行為責任外，其他法律如信託法（§23、§24）、著作權法（§85、§88、§90-11）、

---

[19] 同前註4，目錄頁1-6。

公平交易法（§21、§31、§32）、消費者保護法（§7、§8、§10-1、§51）、商標法、專利法、商業會計法、營業祕密法、電子簽章法、公庫法、國庫法、菸酒管理法、銀行法、存款保險條例、信用合作社法、金融公司控股法、金融資產證券化條例、票券金融管理法、信託業法、不動產證券化條例、保險業法、保險法、證券投資信託及顧問法、石油管理法、勞工保險條例、森林法、山坡地保育利用條例、行政院金融重建基金設置及管理條例亦皆有民事責任之規定。

民事責任之態樣包括損害賠償、宣告法人解散、強制執行、管收處分等制裁。對於企業民事責任之規定，除無過失或中間責任、舉證責任的轉換與猶豫期間（cooling-off period）等規定外，懲罰性賠償金之規定，例如消保法§51、健康食品管理法§29、著作權法§88、專利法§85、證券交易法§157-1、公平交易法§32、營業祕密法§13等加重企業法律責任之規定，值得企業界重視。

（三）與行政責任相關規定

與企業行政責任有關之法律多如牛毛，難以一一列舉。以下僅列出為與企業有關行政責任之部分法律，如稅捐稽徵法（§44-§46）、個人資料保護法（§47-§49）、商業登記法（§30-§31）、商品標示法（§14、§16-§17）、公平交易法（§40-§43）、消費者保護法（§56-§59）、職業災害勞工保護法（§33-§34）、食品衛生管理法（§31-§33、§35）、健康食品管理法（§22-§25、§27）、勞動基準法（§79-§80）、不動產經紀業管理條例、保全業法、入

出國及移民法、銀行法、金融控股公司法、洗錢防制法、信託業法、不動產證券化條例、證券投資人及期貨交易人保護法、證券投資信託及顧問法、信託法、著作權集體管理團體條例、貿易法、能源管理法、農業發展條例、勞資爭議處理法、勞工安全衛生法、就業服務法、大量解僱勞工保護法、農民健康保險條例、合作社法、都市計畫法、建築法、營造業法、當鋪業法、消防法、菸酒管理法、所得稅法、貨物稅條例、加值型及非加值型營業稅法、印花稅法、土地稅法、娛樂稅法、關稅法、海關緝私條例、管理外匯條例、國際金融業務條例、存款保險條例、信用合作社法、票券金融管理法、保險法、強制汽車責任保險法、期貨交易法、礦業法、石油管理法、土石採取法、電業法、冷凍空調業管理條例、工廠管理輔導法、加工出口區設置管理條例、電子簽章法、商品檢驗法、度量衡法、水利法、自來水法、游離輻射防護法、糧食管理法、農產品市場交易法、漁業法、植物品種及種苗法、農業金融法、漁會法、工會法、團體協約法、勞工保險條例、就業保險法、勞工退休金條例等等，藉供參考。

　　此等有關行政責任之法規，適用時基本上仍須受行政罰法之限制，如行政罰法第七條第一項規定「違反行政法上義務之行為非出於故意或過失者，不予處罰。」，同法第十五條第一項規定「私法人之董事或其他有代表權之人，因執行其職務或為私法人之利益為行為，致使私法人違反行政法上義務應受處罰者，該行為人如有故意或重大過失時，除法律或自治條例另有規定外，應並受同一規定罰鍰之處罰。」，同法第二十七條第一項規定「行政罰之裁處權，因三

年期間之經過而消滅。」另同法第二條所列四種之行政處分規定，亦為上述各項科處行政責任之依據。

　　有關企業行政責任之行政法規中，主要規定為行政罰與行政執行，至於行政法中有關刑事責任規定，受減少政府管制（deregulation）與行政法除罪化之影響，原有刑事責任規定者，多已取消。取消刑事責任規定雖為趨勢，但取消刑事責任規定後，在企業界仍多以利潤導向，忽視企業社會責任之現況下，似須訂有其他有效維護交易秩序之配套措施，以資取代為宜。

四、同時規範民刑事及行政責任之行政法──以信託業法為例

　　有關金融、保險及證券之管理法律，如銀行法、保險法、證券交易法及金融控股公司法等法律，因攸關金融秩序與社會大眾權益，多同時規範民刑事及行政責任，身為企業經營者對此等同時規範民刑事及行政責任之法律，自應特別加以了解，以免發生法律責任，特別是刑事責任。例如證券交易法之§20、§20-1、§155、§157、§157-1、§174-1 皆屬民事責任規定，另刑事責任有關內線交易之禁止、操縱股市行情之禁止、反詐欺之規範、掏空、利益輸送與粉飾財務帳簿之犯罪、非法未經許可經營業務之取締、非法募集與公開收購股份之禁止，分別規定於§171、§174、§174-2、§175、§177、§180-1；此外，行政責任之規定，如§37 第三項、§39、§53、§56、§57、§59 第一項、§64、§65、§66、§92、§100、§111、§117、§156 等皆屬之。

上述金融法規中,鑑於信託制度已成為國人進行財產管理與投資之重要制度,且信託與委任或代理最大之區別在於信託財產之移轉或為其他處分為成立信託關係之要件(信託法第一條)。故信託制度很重視信託關係當事人間信賴關係之維護,故信託業法(以下簡稱業法)中亦同時有刑事責任、民事責任與行政責任規定,有加以介紹必要,以下就該業法最近一次(97年1月16日)修正公布有關法律責任之規定,整理如下,以供卓參。

(一)民事責任

1、應負責之董事及主管人員應與信託業負連帶損害賠償責任

　　信託業違反法令或信託契約,或因可歸責於信託業之事由,致委託人或受益人受有損害者,其應負責之董事及主管人員應與信託業連帶負損害賠償責任。此項連帶責任,自各應負責之董事及主管人員卸職之日起二年內,不行使該項請求權而消滅(業法§35)。

2、信託業就有害及其權利者,得聲請法院撤銷之事由

(1) 第48-1第一項之信託業負責人、職員或第48-2第一項之行為人所為之無償行為,有害及信託業之權利者,信託業得聲請法院撤銷之(第一項)。前項之信託業負責人、職員或行為人所為之有償行為,於行為時明知有損害於信託業之權利,且受益人於受益時亦知其情事者,信託業得聲請法院撤銷之(第二項)。

(2) 依前二項規定聲請法院撤銷時,得並聲請命受益人或轉得人回復原狀。但轉得人於轉得時不知有撤銷原因者,不在此限(第三項)。

(3) 第一項之信託業負責人、職員或行為人與其配偶、直系親屬、同居親屬、家長或家屬間所為之處分其財產行為,均視為無償行為(第四項)。第一項之信託業負責人、職員或行為人與前項以外之人所為之處分其財產行為,推定為無償行為(第五項)。

(4) 第一項及第二項之撤銷權,自信託業知有撤銷原因時起,一年間不行使,或自行為時起經過十年而消滅(業法§48-4)。

(二)刑事責任

信託業法有關刑責的規定為§48至§52,計有9個條文,按其刑度歸納重點如下:

1、處三年以上十年以下有期徒刑,得併科新臺幣一千萬元以上二億元以下罰金。其犯罪所得達新臺幣一億元以上者,處七年以上有期徒刑,得併科新臺幣二千五百萬元以上五億元以下罰金之犯罪行為:

(1) 非信託業辦理信託業務(第一項)。(§48)。

(2) 信託業負責人或職員,意圖為自己或第三人不法之利益,或損害信託業之利益,而為違背其職務之行為,致生損害於信託業之自有財產或其他利益者,信託業負責人或職員,二人

以上共同實施前項犯罪之行為者,得加重其刑至二分之一(第二項)(§48-1)。

2、犯罪所得達新臺幣一億元以上者,處三年以上十年以下有期徒刑,得併科新臺幣一千萬元以上二億元以下罰金之犯罪行為:

(1)意圖為自己或第三人不法之所有,以詐術使信託業將信託業或第三人之財物交付,或以不正方法將虛偽資料或不正指令輸入信託業電腦或其相關設備,製作財產權之得喪、變更紀錄而取得他人財產(第一項)。以前項方法得財產上不法之利益或使第三人得之者,亦同(第二項)(§48-2)。

3、其他:

(1)犯第四十八條、第四十八條之一或第四十八條之二之罪,於犯罪後自首,如有犯罪所得並自動繳交全部所得財物者,減輕或免除其刑;並因而查獲其他正犯或共犯者,免除其刑(第一項)。犯第四十八條、第四十八條之一或第四十八條之二之罪,在偵查中自白,如有犯罪所得並自動繳交全部所得財物者,減輕其刑;並因而查獲其他正犯或共犯者,減輕其刑至二分之一(第二項)。犯第四十八條、第四十八條之一或第四十八條之二之罪,其犯罪所得利益超過罰金最高額時,得於所得利益之範圍內加重罰金;如損及金融市場穩定者,加重其刑至二分之一(§48-3)。

(2)第四十八條之一第一項及第四十八條之二第一項之罪,為洗錢防制法第三條第一項所定之重大犯罪,適用洗錢防制法之相關規定(§48-5)。

(3) 違反第二十三條或第二十九條第一項規定者,其行為負責人處一年以上七年以下有期徒刑或科或併科新臺幣一千萬元以下罰金(§49)。

(4) 違反第二十五條第一項或第二十六條第一項規定者,其行為負責人處三年以下有期徒刑、拘役或科或併科新臺幣一千萬元以下罰金(§50)。

(5) 信託業違反信託法第二十四條規定,未將信託財產與其自有財產或其他信託財產分別管理或分別記帳者,其行為負責人處六月以上五年以下有期徒刑,得併科新臺幣三百萬元以下罰金(第一項)。信託業違反信託法第三十五條規定,將信託財產轉為自有財產,或於信託財產上設定或取得權利者,其行為負責人處一年以上七年以下有期徒刑,得併科新臺幣一千萬元以下罰金(§51)。

(6) 違反第九條第二項規定者,其行為負責人處一年以下有期徒刑、拘役或科或併科新臺幣三百萬元以下罰金(第一項)。政黨或其他政治團體違反第九條第三項規定者,其行為負責人處一年以下有期徒刑、拘役或科或併科新臺幣三百萬元以下罰金(§52)。

(三) 行政責任

信託業法有關行政責任之規定可分下面幾點說明罰鍰與罰鍰以外之處分二種:

1、處罰鍰之規定為§53至§57,罰鍰數額之級距,有科

萬元以上900萬元以下、120萬元以上600萬元以下、60萬元以上300萬元以下三種級距。

2‧有關罰鍰以外處分之規定，計有第四十三——四十四條，其重點如下：

(1)信託業因業務或財務顯著惡化，不能支付其債務或有損及委託人或受益人利益之虞時，主管機關得命其將信託契約及其信託財產移轉於經主管機關指定之其他信託業。信託業因解散、停業、歇業、撤銷或廢止許可等事由，致不能繼續從事信託業務者，應洽由其他信託業承受其信託業務，並經主管機關核准。信託業未依前項規定辦理者，由主管機關指定其他信託業承受。前三項之移轉或承受事項，如係共同信託基金或募集受益證券業務，應由承受之信託業公告之。如係其他信託業務，信託業應徵詢受益人之意見，受益人不同意或不為意思表示者，其信託契約視為終止。（第四十三條）

(2)信託業違反本法或依本法所發布之命令者，除依本法處罰外，主管機關得予以糾正、命其限期改善，並得依其情節為下列之處分：

　一、命令信託業解除或停止負責人之職務。

　二、停止一部或全部之業務。

　三、廢止營業許可。

　四、其他必要之處置。（第四十四條）

(3)信託業商業同業公會之理事、監事有違反法令怠於實施該會章程、規則、濫用職權或違背誠實信用原則之行為者，主管

機關得予糾正或命令信託業商業同業公會予以解任。(第四十七條)

3、法人法與負責人之關係

法人法第四十八條第一項之罪者,處罰其行為負責人(§48第二項)

4、行政處分之程序

本法所定罰鍰,由主管機關依職權裁決之。受罰人不服者,得依訴願及行政訴訟程序,請求救濟。在訴願及行政訴訟期間,得命提供適額保證,停止執行。(第五十八條第一項)

5、行政處分之執行

應繳而未於限期內繳納罰鍰者,自逾期之日起,每日加收百分之一;屆三十日仍不繳納者,移送強制執行,並得由主管機關勒令該信託業或分支機構停業(第五十八條第二項)。

肆、企業法律控管

一、概述

所謂法律控管,學者有認為係指「企業根據法律風險的特性,建立起由企業決策層、各管理部門和全體員工共同參與的,在企業生產營運管理的各個環節中,通過識別、評估法律風險因子、風險發生率、風險程度與損害代價,確定法律風險應對策略。對法律風

險進行防範、控制和化解的一整個規程,以達到使法律責任不致發生,或使法律責任掌控在企業可控制的範圍為目標的制度」[20]。

企業法律控管之目的,本質上係透過了解與遵守法律,以防範企業發生法律風險與法律責任。惟如前所述,企業法律控管兼指企業法律風險管理與企業法律責任之控管,企業會發生法律責任,基本上係對於法律風險未作好控管,以致風險未能及時化解,才會發生法律責任,因此本文將法律責任控管定位在法律責任發生後之控管。

以商標權、不公平競爭、專利權、著作權、營業秘密權為例,企業若做好法律風險控管,不僅可避免牴觸國內外相關法律,不致發生侵權之法律風險與法律責任外,也可避免墜入 WTO 國際組織所定 TRIPS[21]或美國等外國政府所規定之智慧財產權之保護與公平交易等法規之陷阱而不自知等。由於尋求化解法律責任所需付出之精神與財產代價至為昂貴,因此,企業在專業部分外,亦應熟悉國內外有關之法律規定,並採取必要、有效之法律控管,特別是對開拓國際市場之企業而言,熟悉並採取必要、有效之法律控管不僅重要,而且必要。

事實上,企業重視法律控管,除了前述之消極作用外,也具有積極之作用。因企業能超越其他從事相同或相似性質之企業,其致勝關鍵之一在於對與企業經營或企業活動有關之法律有無清楚認識,對企業投資或其他各方面經營決策所涉及之法律規劃是否妥善有密

---

[20] 同前註11,頁35。
[21] 請參閱趙晉枚,〈WTO 與智慧財產權〉,收錄於趙晉枚等合著,《智慧財產權入門》,元照,頁 295 以下。

切關係[22]。

　　總之,企業作好法律控管,無論從積極面或消極面觀察,均為企業成為贏家所必須建立之正確觀念,是從事高階管理工作之 CEO 所不能沒有之思維,尤其創業階段之企業應特別作好法律控管,不能僅關心財務、行銷與業務之控管[23],而忽略了法律控管,才不會竹籃打水一場空。事實上坊間出版有關管理之專業教科書如中小企業管理或是工廠管理、行銷管理等圖書,亦都忽略對法律風險、法律責任與法律控管之介紹,致未能使讀者清楚建立「為之於未有,治之於未亂」之企業管理之觀念,進而忽視法律控管之重要性,殊為可惜。為開跨領域學習之風氣,使讀者早日體認法律控管與企業管理之高度關聯性,建立「宜未雨而綢繆,毋臨渴而掘井」之危機意識,尚有待管理學界與法學界之共同重視與合作及努力。

二、企業法律控管與企業內部控制之比較

　　內稽內控與法律管控雖皆以健全、穩定企業之經營,協助董事會及管理階層確實履行其責任為終極目標,二者如車之二輪,鳥之雙翼,具有分工合作之關係。但二者同中有異,前者為促進企業健全經營,確保會計資訊之可靠性及完整性之制度,目的在提升企業經營效率,並遵循法令及管理政策以達成企業預期的目標,透過內部稽核之實施,以調查、評估內部控制制度是否有效運作及衡量營

---

[22] 協合國際法律事務所,《A+企業優勢法律》,書泉,2003 年 11 月,作者序。
[23] 國內談管理之著作,鮮少觸及法律控管,如美商麥格羅、希爾出版公司臺灣分公司翻譯出版之《創業管理》,2002 年。

運效率,並適時提供改進建議,以確保內部控制制度得以持續實施,協助董事會及管理階層確實履行其責任之活動[24],所以內稽內控制度偏向於企業全面風險管控之制度與施測,後者係重在發現、評估、預測企業可能發生或具有影響法律責任之風險,透過法律風險控管機制,使法律責任不發生或發生的法律責任範圍在可控制範圍之措施,例如企業之舉債、上市公司內線交易、工安、勞資關係、契約等行為若未妥為管理法律風險,即可能發展為法律責任之控管問題。為防止法律風險引發法律責任,國內大型金融機構除設置法令遵循主管外,各銀行、信託、保險等事業均訂有行為規範(code of conduct)與自律規範,以控管法律責任之發生。

三、法律責任控管(觀)念

　　中華法律風險管理學會施理事長茂林對於控管法律風險,避免法律責任上身之道,提出八個控管觀念,分別是1、正視法律存在;2、盡量認識法律;3、提高視野高度思維;4、評估法律風險頻率;5、採取法律風險避讓;6、借重法律專業人才;7、了掌消費資訊,保護相關事證;8、體現風險控制六字箴言(金錢處理—多少、情感互動—深淺、權位職務—大小),有關借重法律專業人才,應為中肯之見。因企業界一向重商輕法,法律人在企業界多僅屬聊備一格之角色,所提出之看法甚少發揮防範法律風險或法律責任之功能,只有發生法律風險或法律責任時,法律人始參與法律責任之善後補救,

---

[24] 有關內稽內控制度的目的係參閱行政院金管會制定之「信託業內部控制及稽核制度實施辦法」第二條規定。

但木已成舟,事證俱在,期待法律人運用關係,讓問題化險為夷,其效果當然難以如願。因此要預防法律責任的發生,當如施理事長所提高見,善用法律專業人才,參與企業重要決定,方能防範於未然。大陸學者之木桶理論,強調木桶能盛多少水,不在於最長的一塊木板,而在於最短的那一塊,少了最短的那一塊,木桶就難成為木桶。

要使已發生之法律責任得到控制,根據個人過去參與國內金融擠兌(或異常提領)之處理經驗,有一些防止法律責任擴大之淺見,就教諸先進。

(一)儘快建立突發危機之應變處理機制與健全之危機處理組織,並根據企業之特性和可能發生的危機類型,建立明確可行之行動綱領、行動步驟與完整之標準作業流程及通報系統,提供危機處理組織最新資訊,以利後續政策與應變措施之擬定與推動。

(二)發生法律責任時,企業要以大局為重,誠信、快速反應公眾利益與感受之期待、主動面對問題、接受問題發生之事實、真誠坦率、統一對外,設法解決,以免因態度曖昧,引發誤解與猜疑,擴大危機處理之難度。

(三)企業平時應建立溝通機制並由負責本應變處理機制之團隊或人員保持與相關政府部門、所屬工業或商業同業公會、媒體、員工、最終用戶、供銷商、銀行債權人等之良好互動頻率,一旦危機發生,即可分頭與負責溝通對象聯絡,取得理解和支持。

（四）企業危機發生後，首要之務，為維持合理之現金流量，必要時應及時果斷對企業資產進行處分，收縮投資規模，以增加現金流量規模，使企業獲得社會信賴，以爭取正常經營活動，度過危機之機。

（五）用對的態度作對的事情，及時檢討所採政策與措施，對無效或重疊之危機處理情況進行修正和改善，在危機管理中，要加強復元管理工程，爭取新投資人或洽特定人監管接管，儘快恢復企業正常的能力和活力，以提升企業品牌和公信力，爭取企業再生機會。

（六）必要時，企業可依公司法或破產法相關規定申請和解或破產重整機會，避免企業財產遭到查封或先予執行，使企業無法進行正常經營活動。

四、作好法律責任控管之前提

建立有效之法律責任控管制度，如同前述法律風險之管理，均有賴企業決策部門（含董事會）、各管理部門和全體員工之共同參與，制定適合各別企業特性之法律責任控管策略與機制。同時要將法律責任控管制度成為全員意識與組織文化之重要部分。另外，要落實法律責任控管之推動，尤有賴企業就過去發生法律責任事例之處理經過，作成企業教案，積極宣導，使企業組織內，無論是董事會、管理部門與全體員工皆能記取教訓，人人皆能了解發生法律責任之代價與建立預防法律責任控管機制之重要。

例如 2010 年國內某大塑化集團連續發生三次重大工安事故，讓

環保團體與部分民眾找到擴大抗爭之藉口,又在媒體每天推波助瀾,大幅報導下,企業多年辛苦建立之工安形象不僅嚴重受損,最後尚須負擔天文數字之巨額賠償責任,始能平息風波。探究其原因,實與該集團未將法律責任之管控,列為董事會政策、管理部門考核重點與培訓員工之教材有關。法律責任控管,學者認為企業內部需從建立契約精神(尊重契約)、誠信意識、社會責任理念[25]作起,以健全企業之經營。

五、法律責任控管之規劃──以中國大陸人力資源管理為例

勞資關係不和諧,容易引發法律責任,如臺商之大陸員工多人在大陸廠區跳樓自殺,引爆企業。中國大陸近來在勞動合同法生效後,企業界已漸感受到勞動合同法對經營產生之影響,並重視相關法律責任之控管,大陸學者討論人力資源管理之文獻,非常充沛。為了解中國大陸學者之研究現況,謹轉錄吳家曦先生主編之《中小企業創業經營法律風險與防範策略》,有關人力資源法律控管之重點內容如下:

(一)本文將勞動關係中須注意之法律管控之事項,分為1、勞動契約訂立前之法律控管事項;2、勞動契約之履行與變更的法律控管事項;3、勞動契約之解除與終止防範策略之法律控管事項;4、特殊勞動契約防範策略之法律控管事項;5、員工薪酬與激勵防範策略的法律控管事項等五項。

---

[25] 同前註11,請參閱該書第2章第3節,頁26以下。

（二）有關勞動契約訂立前之法律控管事項，計有六點：
1、簽訂勞動契約時，應當審查勞動者主體資格
2、主動履行告知義務
3、注意勞動契約簽訂細節：注意事項包括(1)避免隨意用工；(2)避免因疏忽、過失而不簽訂勞動契約；(3)避免出現勞動契約無效情形；(4)避免出現臨時工概念；(5)注重合理的勞動契約簽屬程序；(6)辦理入職手續；(7)發給勞動契約，建立職工名冊；(8)辦理用工手續
4、避免使用獨立試用期協議
5、避免簽訂勞動契約時，同時扣押勞動者證件
6、避免簽訂勞動契約時，要求勞動者提供擔保或繳納保證金、押金

（三）有關勞動契約之履行與變更之法律控管事項，計有七點：
1、積極全面地履行契約
2、對客觀情況發生重大變化的情形做出明示
3、靈活設計勞動同條款：設計時(1)對工作地點的約定不宜過細；(2)對工作崗位設置期限；(3)增加一些彈性條款
4、變更勞動契約應採書面形式並經過一定程序
5、認真履行關於女工和未成年工保護的規定
6、制定完整的績效考核體系
7、做好協商的相關記錄

（四）有關勞動契約解除和終止防範策略之法律控管事項，計有八點：

法律風險管理

1、制定合法有效的規章制度
2、狠抓平時處罰的細節管理
3、妥善處理試用期內勞動契約之解除問題:包括(1)試用期的合法約定;(2)有明確的錄用條件並告知員工;(3)在試用期內對員工進行考核,並將辭退決定在試用期內送達員工
4、積極做好職業病防範工作
5、不能勝任工作及客觀情況發生重大變化情形的處理
6、注意不能解除或終止勞動合同的情形
7、注意做好離職工作的管理:注意事項包括(1)工作交接;(2)工作終止;(3)財務返還;(4)債務清償;(5)其他義務
8、關於文件送達

(五)有關特殊勞動契約防範策略之法律控管事項,計有五點:
1、簽訂詳細操作性強的勞務派遣協議
2、勞務派遣單位與員工的勞動關係管理:包括(1)勞動契約應當載明被派遣員工的用工單位、派遣期限及工作崗位等內容;(2)最低勞動契約期限及支付最低工資的規定;(3)根據勞務派遣的特性,在勞動契約中設置個性化的解除條款
3、實際用工單位的用工管理:包括(1)事先預防;(2)盡到告知被派遣勞動者的工作要求和勞動報酬的義務;(3)支付加班費、績效獎金並提供與工作崗位相關的福利待遇;(4)合理確定派遣期限
4、及時簽訂及嚴格履行非全日制用工合同
5、用人單位成立工會

（六）有關員工薪酬與激勵防範策略的法律控管事項：
1、激勵制度設計應當考慮稅金和社會保險費等成本
2、激勵制度的設計不能跨越最低工資
3、激勵制度設計不能陷入「工資拒付和扣除」勞動爭議
4、避免「社會保險費」誤入激勵體系
5、激勵制度的設計也要考慮勞動者的成本

伍、結論

從趨勢看，企業法律風險、法律責任以及法律控管與企業經營之關係已日益緊密，企業無法擺脫法律之規範，而法律界也必須發揮協助企業迴避法律風險及法律責任之熱忱，建立適合不同企業經營的法律控管機制，以體現法律存在與實用之價值。因此，工總、商總等單位有必要設置企業界與法律人雙方對話之平台，共同討論使「企業法律風險、法律責任以及法律控管」早日成為企業經營管理之一環。

此外，面對企業哄抬物價，以假亂真，不重視社會責任與企業倫理，亦缺乏企業自律精神，政府應更積極推動社會責任（CSR），各企業同業公會亦盼能提供經費，以大力推動企業法律責任就是企業社會責任之研究。另建議職訓單位應開辦企業法務人員認證考試，並將「法律風險、法律責任及法律控管」列入考科。

參考文獻

圖書部分

王正志（2007）。《公司法律風險防範與管理》。中國：法律出版社。

向飛、陳友春（2006）《企業法律風險評估》。中國：中國法律圖書公司。

吳家曦主編（2008）。《中小企業創業經營法律風險與防範策略》。中國：法律出版社。

李小海（2007）。《企業法律風險控制》。中國：法律出版社。

李旭（2008）。《民營企業法律風險：識別與控制》。中國：中國經濟出版社。

婁秋琴（2008）。《公司企業管理人員刑事法律風險與防範》。中國：法律出版社。

陳曉峰（2009）。《企業合同管理法律風險管理與防範策略》。中國：法律出版社。

黃金華（2007）。《企業簽約的法律風險及防範》。中國：中國法制出版社。

趙晉枚（2004）。〈WTO與智慧財產權〉。《智慧財產權入門》。臺北：元照。

論文及資料部分

陳春玲(2003)。〈論懲罰性賠償金之法律爭議與風險管理〉。未出版之碩士論文,國立政治大學風險管理與保險研究所,臺北。

法律風險管理

第六章

跨國投資與法律風險管理
——以臺商在大陸投資盈餘匯出的租稅規劃為例

謝如蘭[*]

---

[*] 亞洲大學財經法律學系助理教授

目次

壹、問題的源起
貳、國際間對跨國公司取得股利的課稅方式
　一、國際間重複課稅的類型
　二、國際間重複課稅的防止方法
參、臺商在租稅優惠地區設立控股公司的優缺點評估
　一、大陸對與其簽署避免所得稅雙重課稅協定的國家股息發放的租稅優惠
　二、臺商在新加坡及香港設立控股公司的優缺點
　三、對臺商在租稅優惠地區設立控股公司所提出的建議方案
肆、臺商直接將大陸子公司股息匯回臺灣的優劣分析
　一、所得稅法規定
　二、臺灣地區與大陸地區人民關係條例
伍、結論

跨國投資與法律風險管理——以臺商在大陸投資盈餘匯出的租稅規劃為例

摘要

　　大陸自 2008 年 1 月 1 日起實施新的企業所得稅法後,過去數年來,大陸原為吸引外商所採取的租稅優惠措施(例如,兩免三減半),除了原先享有租稅優惠的企業可繼續享有外,在新法實施後,這些租稅優惠措施將不再繼續存在;此外,依新的企業所得稅法,所有企業不論本國或外資企業均須自 2008 年 1 月 1 日起繳納 25%的企所稅,再加上依新法企業稅後盈餘匯出給外國母公司的股利尚需先繳 10%預提所得稅;從而造成在大陸的臺商所得稅負成本的急遽增加。因此許多的臺商為了減輕其在大陸公司的租稅負擔,紛紛想要到與大陸有簽訂租稅優惠的國家設立控股公司,以透過兩國間簽訂的避免所得稅雙重課稅協定減輕大陸企業盈餘匯出的租稅負擔。惟是否在第三地(例如:香港、新加坡)或英屬維京群島 BVI、模里西斯等避稅天堂設立公司,即可果真因此減輕臺商大陸盈餘匯出的租稅負擔,或者是否中國大陸已對該節稅方式有新的管制措施,從而在第三地設立公司已非如預期可達節稅效果?以及若要將盈餘匯回臺灣母公司,是否將盈餘透過第三地匯回臺灣比直接從大陸匯回臺灣有利呢?上述的這些問題將在本文中詳加討論,並且試圖給予臺灣企業在面臨大陸新的企業所得稅後盈餘匯出的一些建議。

關鍵字:盈餘匯出、國際稅法、國際間重複課稅、股息、跨國投資

壹、問題的源起

在全球化之下,企業的跨國投資已是不可避免的趨勢,也是企業在全球競爭激烈下,一個降低成本,維持企業競爭力的生存之道。因此在過去十幾年間臺商紛紛在低工資的國家,例如:越南、中國大陸、印尼、泰國設立子公司或分公司,以維持其產品的競爭力。惟在各國的法律制度、風土民情及語言皆不同的情況下,到他國投資也存在許多難以預測的風險。因此法律風險管理即成為企業到外國投資的一個重要議題。往往一個企業在做跨國投資之前,若已對當地的法律有充分了解,即可以減輕日後企業在當地運作的困難度以及減少法律爭執,相對的,若一個企業貿然到一個陌生國度投資,則可能無法獲得預期的利益,甚至血本無歸。

在德國,法律風險管理亦是企業的一個義務,倘若德國企業在不先了解投資國當地的法律下,任意派遣其所屬員工到他國工作,而該員工的權益(例如,退休金請求權,醫療保險,納稅義務)因此而受損,則該員工可依法對公司提出損害賠償的要求。雖然我國對企業並沒有賦予一個法律風險管理的義務。然而一個企業有法律風險管理的機制,則可減少許多不必要的法律糾紛,甚至避免其投資化為烏有,因此以下本文將以臺商在大陸投資盈餘匯出的租稅規劃為例,說明法律風險管理在跨國投資的重要性以及臺商在海外設立控股公司所應注意的事項。

跨國投資與法律風險管理——以臺商在大陸投資盈餘匯出的租稅規劃為例

臺商在大陸投資不外乎有三種模式:一、經我國政府允許直接到大陸投資(例如:股票上市公司),而在大陸設立子公司或分公司。二、在我國核准的範圍內正式去大陸投資,超過核准的部分以第三地的方式去大陸投資。三、以個人或公司名義透過在第三地設立控股公司的方式去大陸投資。

大陸自 2008 年 1 月 1 日起實施新的企業所得稅法後,過去數年來,大陸原為吸引外商所採取的租稅優惠措施(例如,兩免三減半),除了原先享有租稅優惠的企業可繼續享有外,在新法實施後,這些租稅優惠措施將不再繼續存在[1];此外,依新的企業所得稅法,所有企業不論本國或外資企業均須自 2008 年 1 月 1 日起繳納 25%的企所稅[2],再加上依新法企業稅後盈餘匯出給外國母公司的股利尚需先繳 10%預提所得稅[3];從而造成在大陸的臺商所得稅負成本的急遽增加。因此許多的臺商為了減輕其在大陸公司的租稅負擔,紛紛想要到與大陸有簽訂租稅優惠的國家設立控股公司,以透過兩國間簽訂的避免所得稅雙重課稅協定減輕大陸企業盈餘匯出的租稅負擔。惟是否在第三地(例如:香港、新加坡)或英屬維京群島 BVI、模里西斯等避稅天堂設立公司,即可果真因此減輕臺商大陸盈餘匯出的租稅負擔,或者是否中國大陸已對該節稅方式有新的管制措施,從而在第三地設立公司已非如預期可達節稅效果?以及若要將盈餘匯回臺灣母公司,是否將盈餘透過第

---

[1] 國發「2007」39 號。
[2] 企業所得稅法第三、四條。
[3] 企業所得稅法第四、六條,第二十七條第二項,企業所得稅法實施條例第九十一條。

三地匯回臺灣比直接從大陸匯回臺灣有利呢？上述的這些問題皆是臺灣企業面臨大陸新的企業所得稅後的盈餘匯出的重要議題，也是臺商在跨國投資的法律風險管理的一個典型例子。

貳、國際間對跨國公司取得股利的課稅方式

一、國際間重複課稅的類型

在國家課稅主權原則（Souveränitätsprinzip）下，各個國家皆可在其高權領域內自行決定租稅請求的對象，客體以及國家課稅高權行使的方式。雖然國家的課稅權只限於在該國領域內行使之。亦即甲國不得對乙國課稅權行使的對象加以規定，但此並非意味著無重複課稅的情況。尤其是在涉及到跨國的課稅事實時，往往兩個國家基於各別的本國法而對同一課稅事實加以課稅[4]，而可能發生重複課稅的情況。

對此，可以舉一個例子來作說明。某甲居住於 A 國，2009 年公司派遣其到 B 國工作七個月。A 國的所得稅法明文規定住所地在 A 國者，須就其境內及境外的所得繳稅（例如：德國所得稅法第一條）；而 B 國的所得稅法則規定在境內取得的所得須在 B 國納稅（例如：我國所得稅法第二條，大陸個人所得稅法第一條）；

---

[4] Gerd Rose, Internationales Steuerrecht-Doppelbesteuerung, Internationale Minderbesteuerung, Unternehmensaktivitäten im Ausland, 6 Aufl., 2004, S. 27.

因此某甲在 B 國工作的所得即有兩個國家得以對之行使課稅權。

而國際稅法即是在針對兩個國家對同一個跨國課稅事實皆行使其租稅請求權的情況下,規範哪一個國家的課稅權得優先行使。從而,兩國間就解決課稅請求權的衝突所簽訂的避免所得稅雙重課稅協定即是一國際公法上的合約[5],其效力優先於本國法。而為了協助各國簽訂避免所得稅雙重課稅協定,以解決重複課稅及防止逃稅的問題,經濟合作及發展組織(Organization for Economic Cooperation and Development,簡稱 OECD)即於 1977 年公布(分別於 1992 年、2000 年、2003 年修正)「關於對所得及資本避免雙重課稅之協定範本」(Model Convention for Avoidance of Double Taxation with respect to Taxes on Income and on Capital),聯合國亦於 1980 年公布「已開發國家及開發中國家雙重課稅協定範本」(the United Nations Model Double Taxation Convention between Developed and Developing Countries),以作為各國簽訂租稅協定的參考,而我國與其他各國簽訂的避免所得稅雙重課稅協定則大部分以 OECD 租稅協定範本為基礎。由於各國在國家課稅主權原則下,得自行決定其課稅請求權應如何與其他國家的課稅請求權劃定界限,因此在租稅客體(Steuergut)方面,國家可以採取全世界原則(Universalitätsprinzip)或領土原則(Territorialitätsprinzip)[6]。所謂的全世界原則係指國家可以對納稅義務人全世界的所得加以

---

[5] Volker Kluge, Das Internationale Steuerrecht-Gemeinschaftsrecht, Außensteuerrecht, Abkommenrecht, 4 Aufl., 2000, S. 645.
[6] 顏慶章、張盛和、邱正茂、吳文彬、吳俊德、劉寧添、莊文政、魏素幸,〈健全我國所得稅涉外課稅制度之研究〉,《財稅研究》,23 卷 3 期,1991 年 5 月,頁 110。

課稅，從而該納稅義務人在稅法上負擔非限制納稅義務（die unbeschränkte Steuerpflicht）。相對的，若國家採取領土原則，則只針對納稅義務人在該國境內所獲得的所得課稅，因此該納稅義務人即負擔限制納稅義務（die beschränkte Steuerpflicht）。關於非限制納稅義務的決定，倘若國家係依納稅義務人的住所地，習慣居所或所在地而定，則該國係採取住所地國原則（Wohnsitzstaatsprinzip）；倘若一國家對非限制納稅義務的決定，並非依納稅義務人的住所地，習慣居所或所在地，而是依納稅義務人的國籍而定，則該國家係採取國籍原則（Nationalitätsprinzip）。有些國家對於非限制納稅義務的決定，同時採用上述兩個原則（住所地國原則及國籍原則），則納稅義務人不論是其住所在該國或者雖住在國外但擁有該國國籍，該國家皆得對其全世界所得課稅。在跨國的貨物或勞務交易方面，國家得以對之課以營業稅，倘若國家係以貨物或勞務係由其該國提供而對之課稅，則該國則採取來源地國原則（Ursprungslandprinzip）；若國家係以貨物或勞務係在其該國使用而對之課稅，則該國係採取確定國原則（Bestimmungslandprinzip）[7]。由於各國行使課稅請求權所採取的原則得自由決定，因此若所有國家對租稅客體皆採取相同的課稅原則，即不會造成重複課稅的現象。例如：倘若所有的國家對租稅客體的掌握皆以納稅義務人的住所地為準，進而對其全世界的所得課稅，亦即所謂的住所地原則（Wohnsitzprinzip）（此非前述的住所國原則），則雖然納稅義

---

[7] Gerd Rose, Internationales Steuerrecht-Doppelbesteuerung, Internationale Minderbesteuerung, Unternehmensaktivitäten im Ausland, 6 Aufl., 2004, S. 28.

務人在不同的國家有住所,但由於稅法上只承認一個住所地而已[8],因此非住所地的國家對租稅客體並無課稅權的存在,從而並不會造成重複課稅的現象。

同樣地,倘若所有國家對租稅客體的掌握並非以納稅義務人的住所地,而是依租稅客體的產生地為準,亦即所謂的來源地原則(Ursprungsprinzip)(此非前述的來源地國原則),則在來源地原則之下,因各個國家只針對其領土範圍的來源所得課稅,因此亦不會產生重複課稅的現象[9]。在來源地原則底下尚有:

1、關於不動產的所在地原則
2、關於常設機構的所得及財產的常設機構原則
3、關於個人勞務的勞務提供地原則
4、關於董事酬勞的酬勞給付地原則
5、關於其他所得(例如:股息、利息、權利金)的來源原則

然而並非所有的國家皆統一採取住所地原則或來源地原則,因此倘若對同一租稅客體,一個國家採取住所地原則,另一個國家採用來源地原則,即可能發生重複課稅的現象[10]。以臺商在大陸投資為例,中國大陸對外國企業的所得採取來源地原則,從而大陸子公司支付給外國母公司的股息,外國母公司必須在中國大陸繳

---

[8] 參考 OECD 租稅協定第四條關於居住者的規定。
[9] Gerd Rose, Internationales Steuerrecht-Doppelbesteuerung, Internationale Minderbesteuerung, Unternehmensaktivitäten im Ausland, 6 Aufl., 2004, S. 29.
[10] 陳清秀,〈國際間避免重複課稅之方法與企業所得稅〉,收錄於陳清秀著,《現代稅法原理與國際稅法》,元照,2010 年 10 月,頁 640

納企業所得稅（亦即由大陸子公司代繳的預提所得稅）[11]；倘若臺商在新加坡設立一個控股公司，而新加坡對本國企業的所得係採取住所地原則，則臺商在新加坡所設立控股公司，其獲得大陸子公司所匯出的股息亦需在新加坡繳稅[12]，因此對同一股息即產生重複課稅的現象，也就必須依 OECD 租稅協定找尋出一個解決重複課稅的辦法。

二、國際間重複課稅的防止方法

對於國際間重複課稅的問題，OECD 租稅協定範本即針對不同的跨國課稅事實提出不同的解決重複課稅的方式[13]。對此，可略分成下列三種模式：

1、由居住國行使課稅權，來源地國放棄其課稅權。
2、由來源地國行使課稅權，居住國對來源地國的所得放棄課稅權。
3、由來源地國行使課稅權，居住國雖對來源地國的所得並未放棄課稅權，但其在來源地國所繳的所得稅得計入該所得在居住國應繳的所得稅中[14]。

在第一模式中，最典型的例子可以由 OECD 租稅協定範本第十五條第二項看出；在短期出差的勞務所得情況下，倘若納稅義務人

---

[11] 企業所得稅法第三條第三項。
[12] 新加坡所得稅法第十條第一項。
[13] OECD 租稅協定第六條到第二十二條。
[14] 陳清秀，前揭註 10 書，頁 642。

在所得來源地國停留未滿 180 天,且該報酬並非由在來源地國定居的雇主所支付,並且該報酬亦非由雇主於來源地國設立的常設機構所負擔,則該所得由居住地國課稅。其理由在於該所得係由居住地國的雇主所支付,並且納稅義務人在國外停留的期間亦非長久。因此允許居住地國行使課稅權。

除此之外,在 OECD 租稅協定範本中對於國際間重複課稅問題的解決,一般而言,允許所得來源地國的課稅權優先於居住國的課稅權[15]。換言之,跨國所得大部分得歸由來源地國課稅,而 OECD 租稅協定範本第二十三條 a、b 則規定所得由來源地國課稅時,居住國課稅權行使的方式。對此,OECD 租稅協定範本第二十三條 a 即規定,居住國放棄課稅權時,得對來源地國的所得予以免稅(國外所得免稅法)。而 OECD 租稅協定範本第二十三條 b 則規定,若居住國對來源地國的所得並未放棄課稅權時,則對其在來源地國所繳的所得稅得計入該所得在居住國應繳的所得稅中(外國稅額扣抵法)。至於居住國對來源地國的所得是否予以計入或採取免稅的方式,則交由各國在其本國稅法中制定之。

關於國外所得免稅法的稅額計算方式,在實務上有兩種方式:(1) 完全免稅方式;(2) 附加累進免稅方式[16]。

---

[15] 陳清秀,〈中華民國來源所得之認定標準問題——以勞務所得為中心〉,收錄於陳清秀著,《現代稅法原理與國際稅法》,元照,2010 年 10 月,頁 435;例如:OECD 租稅協定範本第六、十五、十六條。
[16] 參見張智勇,〈法律性國際雙重徵稅的消除〉,收錄於劉劍文主編,《國際稅法學》,2006 年 2 月,頁 157 以下。

(1) 完全免稅方式：居住國對於國外來源的所得完全不予以考慮。例如，外國分公司的所得不列入本國母公司的所得課稅中。

(2) 附加累進方式的免稅：居住國對國外來源的所得雖不予以課稅，但其在計算國內所得適用的稅率時，得將國外所得列入考慮。換言之，在計算國內所得的應納稅額時得加算入國外所得，以確定國內所得所應適用的累進稅率，並確定國內所得的應納稅額。

例如：若居住國所得為 100 萬元時，稅率是 20%，所得為 150 萬元時，稅率是 30%。某甲在國內所得為 100 萬元，國外所得為 50 萬元。則其國內所得 100 萬元所應適用的稅率，應為國內國外所得合計 150 萬元（100 萬元＋50 萬元＝150 萬元）所應適用的稅率，亦即稅率為 30%，從而其應納稅額應為 45 萬元（150 萬元×30%＝45 萬元）。

關於附加累進方式的免稅亦可以由德國所得稅法第 50d 條第八項看出。該條文即明文規定非限制納稅義務者的國外薪資所得可以依避免所得稅雙重課稅協定在德國免予課稅，但該非限制納稅義務者尚須提供該國外薪資所得已在所得來源地國繳稅的證明或所得來源地國放棄課稅權的證明。

關於外國稅額扣抵法的稅額計算方式，則有兩種：(1) 完全扣抵法；(2) 通常稅額扣抵法。

(1) 完全扣抵法：居住國得將納稅義務人在國外所繳的稅額，不論多寡，全數在其國內應納稅額中扣抵。

例如 A 公司在甲國（居住國）有所得 100 萬元，同時亦有國外乙國的所得 50 萬元，其全球所得為 150 萬元。甲國的所得稅稅率為 30%，因此 A 公司就其全球所得在甲國的應納稅額為 45 萬元（150 萬元×30%＝45 萬元）。而乙國所得稅稅率為 40%，A 公司就乙國的所得 50 萬元，依乙國的所得稅法應繳納 20 萬元所得稅（50 萬元×40%＝20 萬元）；則雖然該乙國所得 50 萬元依甲國的所得稅稅率只需在甲國繳納 15 萬元所得稅，但該在乙國繳納的 20 萬元所得稅得在甲國全數扣抵。

以本例為例，倘若適用完全扣抵法，往往可能導致外國所得在國外所應繳的所得稅額高於在本國應繳的所得稅額時，在允許國外所繳的稅額得全數從其國內應納稅額中扣除下，相當於本國自行放棄對國內所得的課稅權，而以本國所得稅額補貼外國的所得稅額，從而造成本國的租稅損失。因此在實務上採取完全扣抵法的國家為少數[17]。

(2) 通常稅額扣抵法：居住國在計算國外所得在國內應繳的稅額時，得將該所得在國外所繳納稅額，在其未超過國內應繳納的稅額的範圍內扣抵之。至於超過國內應繳納稅額的國外已納稅額，由於因不發生重複課稅的問題，從避免國際

---

[17] 陳清秀，前揭註 10 書，頁 644。

間雙重課稅的觀點來看,就該超額的部分則不予以納入扣抵。

例如 A 公司在甲國(居住國)有所得 100 萬元,其同時亦有國外乙國的所得 50 萬元。其全球所得為 150 萬元。甲國的所得稅稅率為 40%,因此 A 公司就其全球所得 150 萬元在甲國的應稅額為 60 萬元(150 萬元×40%=60 萬元)。而乙國所得占 A 公司在甲國的全球所得的三分之一,從而乙國所得在甲國的應納稅額為 20 萬元(60 萬元×0.3=20 萬元)。倘若乙國的所得稅稅率為 20%,50 萬元的所得在乙國的應納稅額為 10 萬元(50 萬元×20%=10 萬元),A 公司可以將其在乙國所繳的 10 萬元所得稅額全數在甲國扣抵之。反之,如果乙國的所得稅稅率為 50%,50 萬元的所得在乙國的應納稅額為 25 萬元(50 萬元×50%=25 萬元),則 A 公司只能將在乙國所繳納的 25 萬元在甲國扣抵 20 萬元。剩下的 5 萬元則需由 A 公司自行負責[18],不得在甲國扣抵。與完全扣抵法相比較,通常稅額扣抵法較符合稅制中立性原則,因此目前 OECD 租稅協定範本第二十三條 b 即採用通常稅額扣抵法。而本案所欲討論的股息方面,OECD 租稅協定範本第二十三條 a 第二項則明文規定「締約國之一方居民取得的各項所得,依據第十條及第十一條規定可以在締約國之另一方課稅時,首先提及的國家應允許從對該居民的所得所徵收稅額中扣除,其金額相當等於在另一國所繳納之

---

[18] 林妙雀,〈我國國外稅額扣抵制度之檢討及其改進建議〉,《臺灣經濟金融月刊》,28 卷 2 期,1992 年 2 月,頁 40;劉寧添,〈國外稅額扣抵制度及現狀概要〉,《稅務旬刊》,1411 期,1980 年 12 月,頁 14;陳清秀,前揭註 10 書,頁 646。

稅款,但該項扣除金額,應不超過在扣除前所計算之稅額中,對應於在另一方國家所取得之該項所得的稅額部分。」;從而股息只得依外國稅額扣抵法中的通常稅額扣抵法課稅,因此若臺商想藉由設立控股公司的方式降低其取得大陸子公司股息的租稅負擔,則必須考慮控股公司所在的居住地國就該股息所課予的稅率。

參、臺商在租稅優惠地區設立控股公司的優缺點評估

如前所述,臺商在其他國家設立控股公司時,該控股公司所在地國可能基於住所地原則而對於母公司取得外國子公司的股息加以課稅,因此臺商在租稅優惠地區設立控股公司時,就應考量控股公司取得大陸子公司股息時在該國所應繳納的所得稅稅額。以下則就臺商經常設立控股公司的地區,例如新加坡、香港,其設立控股公司的優缺點加以分析。

一、大陸對與其簽署避免所得稅雙重課稅協定的國家股息發放的租稅優惠

依照大陸企業所得稅法及其實施條例的規定,非居民企業(亦即外國企業)取得大陸子公司的股息,須繳納10%的預提所得

稅。而與大陸有簽署避免所得稅雙重課稅協定的國家則可依國家稅務總局於 2008 年 1 月所發布的國稅函（2008）112 號，於取得大陸子公司股息時享有較低的優惠稅率。因此若臺商在香港或新加坡設立一控股公司，而該公司擁有支付股息公司（大陸子公司）25%以上的股份，則依國稅函（2008）112 號香港或新加坡的控股公司在取得大陸子公司的股息時，只需繳納 5%的預提所得稅[19]。從而企業的投資利潤在扣除大陸子公司應繳納的 25%企業所得稅及外國母公司 5％預提所得稅後，以 100 萬為例，則尚有 71.25 萬的投資利潤[20]。相較於將控股公司設立於未與大陸簽訂簽署避免所得稅雙重課稅協定的國家，例如，英屬維京群島 BVI 或薩摩亞（Samoa）等地，其企業的投資利潤在扣除大陸子公司應繳納的 25%企業所得稅及外國母公司 10%預提所得稅後，企業投資利潤為 67.5 萬[21]，彼此有 3.25 萬元的差距。因此假設若一個大陸企業一年有幾千萬或上億元的稅前利潤，則將控股公司設在與大陸有簽署避免所得稅雙重課稅協定的國家，其母公司即可獲得較高的投資利潤，從而許多原先將控股公司設在英屬維京群島 BVI 或薩摩亞等地的臺商，在大陸新的企業所得稅法實施後，即紛紛考慮將控股公司移轉到香港或新加坡。惟是否將控股公司移轉到香港或新加坡果真可以享受到租稅優惠，則尚須從國際稅法的觀點就

---

[19] 國稅函(2008)112 號。
[20] 100 萬×25％＝25 萬（企業所得稅），100 萬－25 萬＝75 萬（稅後利潤），75 萬×5％＝3.75 萬（預提所得稅），100 萬－25 萬－3.75 萬＝71.25 萬（投資利潤）。
[21] 100 萬×25％＝25 萬（企業所得稅），100 萬－25 萬＝75 萬（稅後利潤），75 萬×10％＝7.5 萬（預提所得稅），100 萬－25 萬－7.5 萬＝67.5 萬（投資利潤）。

股息匯出的租稅負擔加以評估。

二、臺商在新加坡及香港設立控股公司的優缺點

（一）香港

不同於其他國家，香港對所得的課稅係採取來源地原則。換言之，任何人或公司只需就在香港產生或得自香港的利潤繳納利得稅。而從香港境外取得的利潤（包括大陸子公司支付給香港母公司的股息）則不需在香港繳稅。而是否在香港所成立的公司即為《內地和香港特別行政區關於對所得避免雙重課稅和防止偷漏稅的安排》第四條所謂的香港公司，而得以享受國稅函 2008（112）關於股息匯出的 5%預提所得稅的租稅優惠？依實務上的見解，除了在香港所設立的公司必須是依香港公司條例設立者外，該公司尚須在香港繳納利得稅，並且在香港本地從事實質性業務，且該公司的員工必須 50%以上為香港員工。

從而臺商在香港設立控股公司，雖可以依香港所得稅法就其從大陸子公司獲得的股息免繳所得稅，並享有依《內地和香港特別行政區關於對所得避免雙重課稅和防止偷漏稅的安排》第十條及國稅函（2008）112 號關於股息的 5%預提所得稅的租稅優惠。但臺商仍應考量得以享受優惠的只限於依《內地和香港特別行政區關於對所得避免雙重課稅和防止偷漏稅的安排》的香港公司，而非一般的辦事處、聯絡處、「紙上公司」或「虛擬公司」。從而必須評估在香港設立公司的人事成本，香港公司所負擔的 16.5%利得稅稅率與

其享有的5%的股息預提所得稅的租稅優惠之間是否合算。

（二）新加坡

不同於香港，新加坡對本國公司的所得係採取住所地原則。因而在新加坡所設立的控股公司，其要件雖然比在香港設立控股公司寬鬆；亦即公司設立所需的兩名股東及兩名董事中，只需董事中一人為新加坡居民即可。但其取得的大陸子公司的股息依新加坡所得稅法仍須在新加坡繳納18%所得稅[22]。

雖然依《大陸與新加坡關於對所得避免雙重徵稅和防止偷漏稅協定》第二十二條第二項規定，倘若新加坡的母公司擁有大陸子公司百分之十以上的股份，則新加坡的控股公司就該股息在中國大陸已繳的所得稅，可以抵免該股息在新加坡本國所應繳的所得稅（即前述的通常稅額扣抵法）。且依該條文第三項規定「在本條第二款規定的抵免中，繳納的中國稅收應視為包括假如沒有按中華人民共和國企業所得稅法及其實施條例規定給予免除，減少或退還而可能繳納的中國稅收數額[23]」，亦允許扣繳的範圍擴及假如沒有按大陸所得稅法及其實施條例規定給予的免除、減少或退還而可能繳納的中國稅收數額。換言之，新加坡的控股公司雖然依《大陸與新加坡關於對所得避免雙重徵稅和防止偷漏稅協定》第十條國稅函及（2008）112號就其取得大陸子公司的股息在中國大陸只繳納5%預提所得稅，但可以依《大陸與新加坡關於對所得避免雙重徵

---

[22] 新加坡所得稅法第十條。
[23] 中華人民共和國政府和新加坡共和國政府關於對所得避免雙重徵稅和防止偷漏稅協定。

稅和防止偷漏稅協定》第二十二條第二項規定，以大陸企業所得稅法關於盈餘匯出給外國母公司的股息應繳納的 10%預提所得稅在新加坡抵繳其應繳的所得稅。惟即使臺商可以依大陸企業所得稅法以所應繳納 10%預提所得稅扣繳在新加坡應繳納的所得稅，臺商仍應考量在新加坡設立控股公司時，新加坡所得稅法對當地控股公司的所得稅率為 18%所產生的對股息租稅優惠的不利影響。

三、對臺商在租稅優惠地區設立控股公司所提出的建議方案

基於上述各國對母公司取得股息的課稅方式皆有不同的情況下，以下將嘗試就臺商經常設立控股公司的租稅優惠地區提出建議方案。

大陸為避免許多外國公司在新的企業所得稅的衝擊下，紛紛利用在香港或新加坡等租稅優惠地區設立控股公司的方式，以減少股息匯出的租稅負擔。大陸國稅總局因而於 2009 年 2 月公布了關於申請適用相關租稅協定的適用身分，應備文件的國稅函（2009）81號。

在該函中即明文規定可享受稅收協定的納稅人須為稅收協定締約對方稅收居民，並且須為相關股息的受益所有人，且該股息應是按照中國國內稅收法律規定確定的股息、紅利等權益性投資利益時，方可適用稅收協定的股息優惠。且對可享受股息優惠稅率的納稅人，另有以下額外規定：

1、取得股息的該對方稅收居民根據稅收協定應限於公司；

2、在該中國居民公司的全部所有者權益和有表決權股份中,該對方稅收居民直接擁有的比例均符合規定(以香港及新加坡為例,應持有大陸子公司至少25%的股權);

3、該對方稅收居民直接擁有該中國居民公司的資本比例,在取得股息前連續12個月以內任何時候均符合稅收協定規定的比例。

此外為避免租稅協定遭受到濫用,國稅總局因而在該函釋中加入「以獲取優惠的稅收地位為主要目的的交易或安排不應構成適用稅收協定股息條款優惠規定的理由,納稅人因該交易或安排而不當享受稅收協定待遇的,主管稅務機關有權進行調整」的特別條款,以避免許多外資企業在租稅優惠地區設立公司,以達到享有股息租稅優惠的目的。同時若在租稅協定國家所設立的公司係以獲取優惠的稅收地位為主要目的者,相關主管稅務機關亦有權進行調整,亦即稅捐機關有權將該公司所享有的租稅優惠予以廢除。

並且該通知亦要求納稅人提供下列資訊資料,以支持執行稅收協定股息條款的適法性:

1、由協定締約雙方稅務主管當局或其授權代表簽發的稅收居民身分證明以及支持該證明的稅收協定締約對方國內法律依據和相關事實證據;

2、納稅人在稅收協定締約對方的納稅情況,特別是與取得中國居民公司支付股息有關的納稅情況;

3、納稅人是否構成任何一第三方(國家或地區)稅收居民;

4、納稅人是否構成中國稅收居民;

5、納稅人據以取得中國居民公司所支付股息的相關投資（轉讓）合同、產權憑證、利潤分配決議、支付憑證等權屬證明；

6、納稅人在中國居民公司持股的情況。

從而在國稅函（2009）81號公布後，想要到香港、新加坡設立控股公司的臺商即應考慮，其在香港或新加坡所設立的公司是否符合上述的要求？是否可能因「以獲取優惠的稅收地位為主要目的而設立公司」為由，而被排除於適用股息租稅優惠之外？是否香港或新加坡公司的主要營運活動（包括購銷、生產及重大決策）皆在中國境內，從而即使註冊地在香港或新加坡，但仍可能被大陸視為是中國的稅收居民？從而臺商在租稅優惠地區設立公司前，除了考慮各國對股息的課稅稅率及雙重協定的租稅優惠外，其亦要考慮大陸對適用股息優惠的最新規定，而不應貿然直接到租稅優惠地區設立公司。

此外，由於在香港或新加坡設立一控股公司的人事成本非常高。因此股息取得金額較小的中小企業如果想到香港設立控股公司，則應考量在香港設立公司的成本是否與因此將控股公司從英屬維京群島 BVI 移轉到香港所獲取的 5%租稅優惠相當。倘若從英屬維京群島 BVI（股息優惠稅率 10%）移到香港（股息優惠稅率 5%）所賺取的 5%股息租稅優惠尚不足以支應香港公司的人事成本費用，則應考量是否仍要將控股公司設在香港、新加坡。

肆、臺商直接將大陸子公司股息匯回臺灣的優劣分析

臺商亦可以不在海外設立控股公司而直接將大陸子公司的股息匯回臺灣。惟臺灣母公司得否就所獲得的股息在大陸所繳納的10%預提所得稅在國內扣抵，則應參考國內所得稅法及兩岸關係條例的規定。

一、所得稅法規定

我國對營利事業的所得係採取住所地原則並兼採取來源地原則。依所得稅法第三條第三項只要營利事業總機構在中華民國境內者，就應就其中華民國境內外全部營利事業所得，合併繳納營業所得稅。換言之，我國對營利事業總機構在中華民國境內者，即針對其全球所得課稅。從而，臺灣母公司從大陸子公司所取得的股息亦必須依我國所得稅法規定與其在臺灣的所得合併繳納營業所得稅。

至於臺灣母公司就其從大陸子公司取得的股息在中國大陸所繳納的 10%預提所得稅得否在我國扣抵？我國所得稅法第三條第二項即明文規定「但其來自中華民國境外之所得，已依所得來源國稅法規定繳納之所得稅，得由納稅義務人提出所得來源國稅務機關發給之同一年度納稅憑證，並取得所在地中華民國使領館或其他經中華民國政府認許機構之簽證後，自其全部營利事業所得結算應

納稅額中扣抵。扣抵之數,不得超過因加計其國外所得,而依國內適用稅率計算增加之結算應納稅額」,從該條文可以得出,臺商就其取得股息在中國大陸所繳納的 10%預提所得稅得以在我國扣抵,且我國對企業在國外所繳納的稅額係採取外國稅額扣抵法中的通常稅額扣抵法[24]。

在國外稅額扣抵法中尚有所謂的「直接稅額扣抵」及「間接稅額扣抵」,所謂「間接稅額扣抵」係指企業在國外所繳納外國稅額均可在居住國的應納稅額中扣抵之。而「直接稅額扣抵」則指企業在國外所繳納的國外法人稅款不得在居住國的應繳稅款中扣抵,其在居住國的扣抵範圍通常僅限於企業在國外就其從子公司取得股息所繳所得稅額。我國所得稅法第三條第二項並無明文規定係採用「直接稅額扣抵」或「間接稅額扣抵」的方式。在實務上,我國對企業分公司則採用「直接稅額扣抵」,亦即分公司在國外繳納的營利事業所得稅額得在我國扣抵;而外國子公司則由於認為其具有獨立人格,因此稅捐機關認為只有母公司在外國由子公司就原扣繳的稅額之「股利所得稅額」方是總機構在境外負擔之直接外國稅額,而得以就該稅額扣抵國內應繳稅款,至於外國子公司在國外所繳納的營利事業所得稅額則不得在我國扣抵。亦即我國對國外子公司係採取「間接稅額扣抵」的方式[25]。由於上述方式將可能導致國內母公司利用「子公司」或「分公司」到國外投資時,在租稅負擔上的差別待遇,因此即有國內學者認為此已違反租稅中立原則而應

---

[24] 陳清秀,前揭註 10 書,頁 657。
[25] 黃茂榮,〈外國所得稅額扣抵制度〉,收錄於黃茂榮著,《稅法各論》,植根法學叢書編輯室,2007 年 11 月(增訂 2 版),頁 180。

作適當的修正[26]。以德國為例，德國所得稅法對於母公司取得國外子公司股息時，對於供計算該盈餘為基準的國外子公司的所得所繳納的國外法人稅額即允許扣繳母公司在國內扣繳其應納稅額，以避免國內母公司在國外設立子公司時遭受到不平等的租稅待遇[27]。另外我國對於國外稅額可扣抵之數額，所得稅法並未明文規定應按照所得項目別、個別國家別或依全部國家總計的方式計算國外稅額可扣抵之數額。惟依所得稅法施行細則第二條規定的加計國外所得之計算方式似乎可以得出我國係採用全部國家總計法[28]。

關於所得稅法施行細則第二條的加計國外所得計算的國內應納稅額，其計算方式如下：

例如：某甲有國內所得 100 萬元，國外所得 50 萬元，其中在新加坡的所得為 30 萬元，所得稅稅率為 18%，德國的所得為 20 萬元，所得稅稅率為 25%，我國所得稅稅率為 17%，則其國外稅額可扣抵的限額為：

（100 萬元＋50 萬元）×17%＝25.5 萬元（國內外所得應納稅額）

100 萬元×17%＝17 萬元（國內所得應納稅額）

25.5 萬元－17 萬元＝8.5 萬元（國外稅額可扣抵之數額）

倘若某甲在新加坡繳納 5.4 萬元所得稅（30 萬×18%＝5.4 萬），在德國繳納 5 萬元所得稅（20 萬×25%＝5 萬），則某甲只得就其在海外繳納的 10.4 萬元所得稅在國內扣抵 8.5 萬元。

---

[26] 黃茂榮，前揭註 25 書，頁 180；林妙雀，前揭註 18 文，頁 41。
[27] 劉寧添，前揭註 18 文，頁 15。
[28] 64.7.1.臺財稅第 35080 號函及 59.11.11 臺財稅第 28889 號函。

跨國投資與法律風險管理──以臺商在大陸投資盈餘匯出的租稅規劃為例

　　由於採取全部國家總計法可能導致納稅義務人濫用來自其他低稅率地區之所得稅額併同計算國外稅額扣抵，並導致高稅率國家所繳的稅亦得以在國內扣抵，從而造成國內稅收的損失，因此有學者即建議應採用美國或日本的方式，原則上採全部國家總計法，但規定某些特殊類別國外所得應採個別國家分計限額法[29]，以避免上述的問題發生。以美國為例，美國即針對稅負低、免稅可能性高且來源地容易受人為操作的某種投資所得另設辦法管理並排除總計限額法之適用。日本則規定(1)於計算為扣抵限額基礎之國外所得時，應先減除國外非課稅所得之二分之一部分；(2)國外所得，原則上不得超過全球所得之 90%；(3)國外租稅中某類過高所得率者，如稅率超過 50%之超過部分，或以利息收入為課稅標準下超過某一平均年度稅率之超過部分，均排除於扣抵對象之外[30]。

　　此外，許多開發中國家為吸引外資，促進本國產業發展，往往制訂了許多的租稅優惠措施，以大陸企業所得稅法為例，雖然有利於臺商的「兩免三減半」租稅優惠已自 2008 年 1 月 1 日起不在繼續實施，但符合企業所得稅法第二十八條的小型微利企業及國家需要重點扶持的高新技術企業仍可享受所得稅減免的租稅優惠[31]。惟依我國所得稅法臺商在大陸所享有的租稅優惠並不允許視為已繳納的國外稅額而予以扣抵，在此情況下，將導致在國外享受租稅優惠的效果完全被抹煞。從而我國可參考新加坡與大陸簽訂的《大陸與新加坡關於對所得避免雙重徵稅和防止偷漏稅協定》第

---

[29] 林妙雀，前揭註 18 文，頁 42；劉寧添，前揭註 18 文，頁 15。
[30] 劉寧添，前揭註 18 文，頁 15。
[31] 國發（2007）40 號。

二十二條第三項規定，允許在新加坡扣抵的應納稅額包括假如沒有按中華人民共和國企業所得稅法及其實施條例規定給予免除，減少或退還而可能繳納的中國稅收數額；以維護臺商在國外享有租稅優惠的效果。

二、臺灣地區與大陸地區人民關係條例

臺灣地區與大陸地區人民關係條例第二十四條規定：「臺灣地區人民、法人、團體或其他機構有大陸地區來源所得者，應併同臺灣地區來源所得課徵所得稅。但其在大陸地區已繳納之稅額，得自應納稅額中扣抵。臺灣地區法人、團體或其他機構，依第三十五條規定經主管機關許可，經由其在第三地區投資設立之公司或事業在大陸地區從事投資者，於依所得稅法規定列報第三地區公司或事業之投資收益時，其屬源自轉投資大陸地區公司或事業分配之投資收益部分，視為大陸地區來源所得，依前項規定課徵所得稅。但該部分大陸地區投資收益在大陸地區及第三地區已繳納之所得稅，得自應納稅額中扣抵。前二項扣抵數額之合計數，不得超過因加計其大陸地區來源所得，而依臺灣地區適用稅率計算增加之應納稅額。」

從該條文亦可得出，臺商從大陸子公司取得股息時所繳的所得稅可在臺灣扣抵。惟該扣抵的數額不得超過因加計其大陸地區來源所得，而依臺灣地區適用稅率計算增加之應納稅額。此外若臺商透過第三地區於大陸子公司投資，其取得大陸子公司的股息所繳的稅額及在第三地所繳納的企業所得稅亦可在臺灣扣抵之。

伍、結論

跨國投資已是現今臺灣企業降低生產成本及維持競爭力不可避免的方式，惟企業在為跨國投資前，即應先做好法律風險管理，以避免不必要的損失。以避免因欠缺周延的考量而導致額外的損失。

以臺商在大陸投資的盈餘匯出為例，臺商要在第三地區設立控股公司前，應先考量是否該盈餘將來要繼續作為投資大陸公司之用，倘若將來該資金要用在大陸被投資公司的轉投資上，則該資金可不匯出中國大陸，以減少盈餘匯出階段的稅負。

倘若該盈餘將來不用在投資大陸上，而是要投資在其他國家，且該盈餘亦非立即須匯回臺灣。則在此情況下，即可考慮將控股公司設在與大陸有租稅優惠的地區，例如：香港、新加坡、英屬維京群島 BVI 或薩摩亞等地，以獲得雙方兩國簽署避免所得稅雙重課稅協定下股息匯出的租稅優惠。雖然在香港或新加坡設立公司時，依國稅總局所公布的國稅函（2008）112 號香港或新加坡的母公司只需就股息繳納 5%的預提所得稅。惟臺商在香港或新加坡設立控股公司前，亦應考慮其所節省的 5%的預提所得稅與其在香港或新加坡設立公司的人事成本是否相當。倘若臺商所節省的股息預提所得稅遠不足在香港或新加坡設立公司所花的人事費用，則可以考量是否將母公司仍然設立於預提所得稅雖高，但成本較低的英屬維京群島 BVI 或薩摩亞等地。此外臺商亦應考慮股息匯回母公司時，母公司所在地國對股息課稅的稅率，評估股息匯出的整體租稅負擔

以及考量大陸目前對得以適用股息租稅優惠的外國母公司的認定標準[32]。

　　另外，若臺商欲將大陸子公司的盈餘直接匯回臺灣，則可以考慮直接在大陸設立分公司，因為依我國現行所得稅法第三條外國分公司在國外繳納的營利事業所得稅額得以在我國扣抵其母公司在我國應納稅額。因此若臺商所經營的事業係屬我國政府允許直接到大陸投資的產業，則臺商可考慮以分公司的方式投資大陸，以減輕到大陸投資的租稅負擔。此外若臺商仍欲在香港或新加坡設立公司，以獲取股息匯出時的 5%預提所得稅優惠稅率，則香港或新加坡公司在將股息匯回臺灣時，雖依我國所得稅法規定在大陸已繳納的預提所得稅，香港及新加坡公司所繳納的企業所得稅得扣抵臺灣母公司在國內的應納稅額；然其仍應注意股息匯回臺灣時，臺灣母公司的當年度臺灣來源所得是否為虧損狀態。倘若臺灣母公司當年度處於虧損狀態，則可考慮將股息延後匯回臺灣，以避免在大陸地區所繳納的稅款無法在臺灣全數扣抵。

---

[32] 國稅函（2009）81 號。

參考文獻

林妙雀(1992)。〈我國國外稅額扣抵制度之檢討及其改進建議〉。《臺灣經濟金融月刊》，**28**(2)，40-44。

張智勇(2006)。〈法律性國際雙重徵稅的消除〉。在劉劍文主編，《國際稅法學》(頁157-175)。北京：北京大學出版社。

陳清秀(2010)。〈中華民國來源所得之認定標準問題——以勞務所得為中心〉。在陳清秀著《現代稅法原理與國際稅法》(頁431-499)。臺北：元照。

陳清秀(2010)。〈國際間避免重複課稅之方法與企業所得稅〉。在陳清秀著《現代稅法原理與國際稅法》(頁639-676)。臺北：元照。

黃茂榮(2007)。〈外國所得稅額扣抵制度〉。《稅法各論》。臺北：植根法學叢書編輯室。

劉寧添(1980)。〈國外稅額扣抵制度及現狀概要〉。《稅務旬刊》，**1411**，14-16。

顏慶章、張盛和、邱正茂、吳文彬、吳俊德、劉寧添、莊文政、魏素幸(1991)。〈健全我國所得稅涉外課稅制度之研究〉。《財稅研究》，**23**(3)，107-134。

Kluge, V. Das Internationale Steuerrecht-Gemeinschaftsrecht, Außensteuerrecht, Abkommenrecht, 4 Aufl., 2000.

Rose, G. Internationales Steuerrecht-Doppelbesteuerung, Internationale

Minderbesteuerung, Unternehmensaktivitäten im Ausland, 6 Aufl., 2004.

第七章

美國 2008 年金融危機之成因與影響
——以金融市場中之風險為重心

楊君毅[*]

---

[*] 亞洲大學財經法律學系助理教授

目　次

壹、事件沿革
貳、房市：房價泡沫（The Housing Bubble）
　一、房價泡沫之確定
　二、房價修正：房市泡沫破裂
　　（一）現象：房市大起大落（Boom and Bust）
　　（二）導火線
　　（三）對整體經濟之影響
　三、房價泡沫化之成因
　　（一）資金面
　　（二）信用面
　　（三）心理面
　　（四）政策面
參、過度證券化（Over-Securitization）之危機
　一、與次級貸款危機之關聯性
　二、惡性循環
　　（一）房價下跌對金融市場之影響
　　（二）金融市場危機對房價之影響
肆、信用評等之失靈
　一、原因
　　（一）利益衝突（Conflicts of Interest）
　　（二）評等過程透明度
　二、影響
伍、省思

美國 2008 年金融危機之成因與影響——以金融市場中之風險為重心

摘要

　　2008 年全球最受矚目之金融事件，在美國爆發之 2008 年金融危機，其不但對美國本身造成嚴重之信用危機和經濟衰退，也在全球引發金融海嘯。從愛爾蘭、冰島、英國，到歐洲其他國家；甚至連亞洲國家都能感受其風暴。作為全世界最大之消費市場，美國因受金融危機導致之消費衰退，也牽連到許多以出口為導向之國家，包括臺灣在內。金融危機所引發之信用緊縮，也影響到許多以吸引外資為其經濟動力之新興經濟體。因此，探討金融危機在美國之成因，有助於了解在全球化之過程中，我們國家未來經濟發展之動向和政府有必要預先採取之措施。

　　美國 2008 年爆發之金融危機，其根源在於房價泡沫。而促成房價泡沫之原因可從資金、信用、心理和政策面來看。此外，過度證券化導致原始放貸金融機構因能將放貸風險轉給投資人承擔，而忽視風險管理也是成因之一。最後，經過失靈之信用評等機構推波助瀾，終於引發金融危機。

　　為收拾善後，包括美國政府在內之各國政府皆不約而同的提出「救市」和「刺激經濟」措施。這些措施之成效如何仍尚有待觀察。但最重要的，如個人不能克制「過度消費」，且公司不重視「公司治理」，在未來仍舊有可能會再次出現「資產泡沫」，引發新的金融危機。

關鍵字：金融危機、次級房貸、負擔保債務、信用違約交換合約、房價泡沫、信用評等、證券化、雷曼兄弟、投資銀行、原始放貸銀行、房利美、房地美

美國 2008 年金融危機之成因與影響——以金融市場中之風險為重心

壹、事件沿革

　　本文所要討論之金融危機雖爆發於 2008 年當中，但事實上，其前奏曲已於 2007 年開始上演。2007 年 3 月 9 日，美國第二大次級房貸承做公司「新世紀資產公司」（New Century Financial Corporation）因爆發違法放貸之醜聞，遭受調查，導致其股價重挫並下市之命運。2007 年 8 月 1 日，美國投資銀行「貝爾斯登」（Bear Stern）因投資次級房貸抵押（subprime mortgage）證券造成旗下兩檔基金重大虧損 15 億美元。此事件，影響華爾街多家投資銀行和機構停止購買房貸抵押擔保證券（mortgage backed securities, MBSs），導致房屋抵押貸款承做公司「全國金融」（Countrywide Financial）因無法獲得資金承做房貸，道瓊工業指數（the Dow Jon Industry Average）股價大跌 387 點。2007 年 3 月 6 日時，投資銀行「貝爾斯登」因虧損擴大，面臨破產危機，被迫以每股 2 美元跳樓價拍賣（fire sale）給投資銀行「摩根大通」（JP Morgan Chase）。[1]

　　2008 年 7 月 7 日時，美國財政部（the Department of Treasury）

---

[1] BARRY RITHOLTZ, BAILOUT NATION: HOW GREED AND EASY MONEY CORRUPTED WALL STREET AND THE WORLD ECONOMY 173-229 (2010); DAVID WESSEL, IN FED WE TRUST: BEN BERNANKE'S WAR ON THE GREAT PANIC 9-27 (2010); LAWRENCE G. MCDONALD & PATRICK ROBINSON, A COLOSSAL FAILURE OF COMMON SENSE: THE INSIDE STORY OF THE COLLAPSE OF LEHMAN BROTHERS 9-32 (2010).

237

請求美國國會授權其可以購買「房利美」和「房地美」之股權證券（如優先股），和提高他們向美國國庫之借貸額度，因他們持有占在市場中流通市值一半以上，且總計約 5 億美元美國房貸抵押證券之價值，因次級房貸（subprime loan）危機已岌岌可危。之後，因「房利美」和「房地美」之股價在一夕間慘跌九成，只剩 1 美元，迫使美國政府出手接管他們。

在 2008 年時，美國發生了一連串放貸金融機構、投資銀行和保險公司之經營危機，造成信用緊縮和政府之介入。2008 年 9 月 14 日星期日，美國投資銀行雷曼兄弟（Lehman Brothers）在美國聯邦準備理事會（the Federal Reserve Board）拒絕提供資金援助後宣告破產；而同一天美林證券（Merrill Lynch）也宣布將被美國銀行（Bank of America）以 500 億美元收購。2008 年 9 月 15 日，美國國際集團（American International Group, AIG）因為多種高風險之證券（如房貸抵押證券和負擔保債務證券）提供擔保，遭受必須賠付之重大損失，在對外籌措資金失敗後，向美國聯邦準備理事會求助 400 億美元之金援。2008 年 9 月 16 日，美國國際集團則因美國聯邦政府提供 850 億美元去挹注其資本，而得以免於破產之命運，但因美國政府因此取得 79.9%之股權，事實上等同於被國有化（nationalization）。在 2008 年 9 月 17 日當天，美國所有提出破產申請之公開發行公司（public corporation）已超過 2007 年全年申請破產之公開發行公司總數。2008 年 9 月 21 日，美國僅存之兩家投資銀行，「摩根大通」與「高盛」（Goldman Sachs）宣布將轉型為銀行控股公司，期望藉換取較高度之監管，以躲過

金融風暴。之後,於 2008 年 9 月 25 日,摩根大通銀行宣布將收購華盛頓互助銀行(Washington Mutual),爆發美國有史以來最大之銀行經營失敗案件。[2]這一連串事件造成信用緊縮,一般人民和公司行號求貸無門,導致經濟嚴重衰退。2008 年 10 月 3 日,美國眾議院以 263 票對 171 票通過「2008 年緊急經濟穩定法案」(Emergency Economic Stability Act of 2008)企圖以挹注 7,000 億美金之手段來拯救金融業。[3]2008 年 11 月 25 日美國聯邦準備理事會又通過 8,000 億美元之救市計畫。[4]

進入 2009 年時,2 月 13 日美國眾議院以 246 對 183 票又通過金額高達 7,870 億美元之「2009 年美國復甦和再投資法案」(American Recovery and Reinvestment Act of 2009),企圖以擴張

---

[2] RITHOLTZ, supra note 1 at 173-229; HENRY M. PAULSON, ON THE BRINK: INSIDE THE RACE TO STOP THE COLLAPSE OF THE GLOBAL FINANCIAL SYSTEM 217-241, 319-338, 380-385 (2010); WESSEL, supra note 1 at 120-125; ANDREW ROSS SORKIN, TOO BIG TO FAIL: THE INSIDE STORY OF HOW WALL STREET AND WASHINGTON FOUGHT TO SAVE TH FINANCIAL SYSTEM—AND THEMSELVES 10-15 (2010); MCDONALD & ROBINSON, supra note 1 at 20-30; Emergency Economic Stabilization Act of 2008, WIKIPEDIA, THE FREE ENCYCLOPEDIA, http://en.wikipedia.org/wiki/Emergency_Economic_Stabilization_Act_of_2008 (last visited Oct. 7, 2010).

[3] Archit Shah, Emergency Economic Stabilization Act of 2008, 46 HARV. J. ON LEGIS. 569, 575-582 (2009); Financial crisis of 2007-2009, WIKIPEDIA, THE FREE ENCYCLOPEDIA, http://en.wikipedia.org/w/index.php?title=Financial_crisis_of_2007%E2%80%93 2009&redirect=no (last visited Oct. 7, 2010).;陳俊仁,〈證券投資信託事業經營危機之處理與因應機制〉,《月旦法學雜誌》,165 期,2009 年 2 月,頁 79-102。

[4] WESSEL, supra note 1 at 120-125.

政府支出來振興經濟。[5]但同年 6 月 1 日美國通用汽車公司仍舊提出破產保護聲請,成為美國有史以來最大之破產案例。截至 2009 年 9 月為止,縱然各項經濟數據顯示,經濟已有復甦之跡象;但因美國之失業率仍舊突破 10%,人民並未感受到經濟有任何起色,所謂之復甦可能肇因於企業裁員或刪減支出所造成之結果。[6]

美國 2008 年所爆發之金融危機並非一朝一夕之事件,而是放貸金融機構多年來信用膨脹所造成之結果。說的更仔細一點,此金融危機之根源在於放貸金融機構不顧風險,對購屋者提供房貸所造成之房市泡沫(housing bubble)。當美國房價在 1990 年開始攀升後,剛好碰上對金融業去管制(deregulation)之聲浪,進一步模糊傳統商業銀行和投資銀行之界限,始後者得以借「證券化」間接進入後者之放貸市場,但卻不用受到相對之規範。這造成信用氾濫,其中最嚴重的為高風險房屋抵押貸款得以藉房貸抵押擔保證券或「附擔保債務證券」為手段,將風險散布至包括全世界在內的投資大眾。當房價泡沫開始破裂之時,就是靠房價泡沫支撐其資產泡沫之投資銀行、商業銀行、投資機構(包括各種基金)、投資大眾和為某些資產膨脹之投資工具(如附擔保債務證券)提供擔保

---

[5] *American Recovery and Reinvestment Act of 2009*, WIKIPEDIA, THE FREE ENCYCLOPEDIA, http://en.wikipedia.org/wiki/American_Recovery_and_Reinvestment_Act (last visited Oct. 7, 2010).

[6] RITHOLTZ, *supra* note 1 at 220-229; SORKIN, *supra* note 2 at 35-40; WESSEL, *supra* note 1 at 143-150.

之保險公司發生危機之時。[7]

貳、房市：房價泡沫

（The Housing Bubble）

一、房價泡沫之確定

美國房市價格在 2005 年達到顛峰後，從 2006 年後即開始下跌，至今仍無明顯觸底跡象。在 12 月 30 日，Case-Shiller 房價指數顯示，美國房價遭受有史以來最大跌幅。之後，房屋法定拍賣率（foreclosure rates）在 2006 至 2007 年間迅速升高，並導致 2008 年金融危機。以後見之明（hindsight）的角度來看，美國房市泡沫應該是在 2005 年之前就已逐漸形成，並在該年達到無法再維持之高峰。此種現象，在經驗來看，符合一般房價泡沫的型態：不動產價格在數年內快速飆漲，直到房價到達與「收入」（income）、「房租」（rent），或其他指標（indicators）相較下，用以衡量房屋購買人「負擔能力」（affordability）之「比率」（ratio）顯示房價無法再維持之地步。雖然如此，在房價泡沫真的破裂前，要確定是否有房價泡

---

[7] 莊方，〈美國‧站不起來的巨人〉，《今週刊》，662 期，2009 年 8 月，頁 80-90；莊方，〈雷曼的倒閉絕對可以避免〉，《今週刊》，662 期，2009 年 8 月，頁 102-103。

沫存在卻不是一件容易的事。歷史經驗告訴我們，房價泡沫的預測時常與事實不符；因此，房價泡沫往往在泡沫破裂後才被確定。前美國聯邦準備理事會主席 Alan Greenspan 直到 2007 年次級抵押貸款危機爆發後才承認，他到 2006 年房價開始大幅下跌後，才體認到之前有房價泡沫化之問題。[8]

雖然房價泡沫是否真的存在，仍屬見仁見智之問題，但此並不代表美國政府相關機構、金融機構,和社會大眾沒有收到「警告」，體認到房價泡沫「極有可能」存在之危險。媒體諸如《經濟學人》（Economists）曾撰文指出：「如無法提出合理解釋,全球性房價飆升即為史上最大房價泡沫的象徵」;《財星》（Fortune）雜誌也曾針對美國房價泡沫撰文指出：「房價的大泡沫終於開始消氣了……在過去許多過熱的房地產市場,以往傳聞中有所謂購買人候補名單之搶手『集合住宅』（condominium）和需競標才能買到之平凡無奇的三房住宅,已被下跌的房屋定價（listed price）等負面市場訊息所取代」。根據《紐約時報》（The New York Times）在 2008 的一篇文章報導,美國政府贊助成立之房貸證券化機構,「房地美」（Freddie Mac）,其執行長 Richard F. Syron 曾在 2003 年收到來自其風險管理長的一封備忘錄,警告「房地美」為高風險房屋貸款提供授信之行為會對「房地美」和美國整體的財務和信用造成莫大之風險;此等於間接的警告,支撐房屋貸款之房價已有泡沫化的危機。此外,美國 2006 年各種市場指標皆顯示有明顯經濟衰退之跡象,包括零售量減少、存貨量增加、中間物價

---

[8] WESSEL, *supra* note 1 at 143-150.

（median prices）下跌和法定拍賣率增加等；因此有不少經濟學家認為，從 2006 年開始美國的房價會開始向下修正。甚至連美國前聯邦準備理事會主席 Alan Greenspan 也在 2005 年時承認：「〔以整個美國來看〕，〔在房市〕確實存在小氣泡（froth）⋯⋯但在特定區域，很難不看到有許多泡沫存在」。Greenspan 在 2007 年進一步承認，他於 2003 年所稱的「小氣泡」，實際上就是「泡沫」的委婉說法。美國前總統布希（George W. Bush），於 2006 年時房價開始下跌時也警告：「如果房價過分昂貴，人民會開始停止購屋⋯⋯進入景氣循環階段。」[9]

雖然如此，與房價有密切利益關係者，如政府贊助之房屋抵押貸款機構如「房利美」（Fannie Mae）、「房地美」和不動產業界，多傾向否認有所謂全國性房價泡沫之存在。例如，「房地美」內部首席經濟分析師即否認美國房價有大幅下跌之可能性，因為自從 1930 年經濟大蕭條以來，雖然房價有小幅修正過，但整體來看，房價仍是在一直上漲中；越戰後嬰兒潮（baby boom）世代對購屋之需求會一直增加；而且當時就業市場仍呈現相當健康之狀況（失業率低）。「哈佛大學房市研究聯合中心」（Harvard University Joint Center for Housing Studies, JCHS）所做之報告也秉持相同之觀點。美國「全國房屋仲介商協會」（National Association of Realtors, NAR）更視所謂「房價泡沫」說法為不負責任之言論，於是在 2005 年向外散布由其首席經濟分析師所撰寫之「反房價泡沫報告」（Anti-Bubble Report），其要旨之一在於反駁房價泡沫說之根據，

---

[9] PETER HARTCHER, BUBBLE MAN: ALAN GREENSPAN AND THE MISSING 7 TRILLION DOLLARS 117-139 (2006); WESSEL, *supra* note 1 at 20-23.

如家戶所得（household income）不足以負擔飆升之房價的論點。該報告指出，不論從房屋需求基本面或其他經濟指標來看，根本沒有所謂房價泡沫化之風險存在；雖然房價在未來有成長趨緩的可能，但因在許多地區房屋之供給量相對於需求仍呈現緊縮之狀況，故房價仍會呈現逐漸上漲之趨勢。直到 2006 年 8 月，房價下跌趨勢日益明顯時，做成前述「反房價泡沫」報告之經濟分析師才坦承，美國全國平均房價預期會下跌 5%；但在房價飆漲過頭之地方，如加州（California）和佛州（Florida），房價則會重落。[10]

二、房價修正：房市泡沫破裂

（一）現象：房市大起大落（Boom and Bust）

2007 年 3 月美國「全國房屋仲介商協會」（National Association of Realtors, NAR）之數據顯示，美國全國房屋銷售率和房價均雙雙大幅滑落，且是自從 1989 年「儲蓄貸款銀行危機」（the Savings and Loan Crisis）以來最深之跌幅。房屋銷售量與 2006 年 3 月高峰時相比，下跌了 13%，從大約 554,000 戶下降到大約 482,000 戶；而全國房屋中間價格（median house price）與 2006 年 7 月高峰時相比，也下跌了 6%，從大約 217,000 美元下降到大約 230,000 美元。如只看新房屋交易市場，則情況更為嚴重。依據美國商務部之報

---

[10] JAMES GRANT, MR. MARKET MISCALCULATES: THE BUBBLE YEARS AND BEYOND 129-154 (2008); *2008 Financial Crisis*, WIKINVEST, http://www.wikinvest.com/concept/2008_Financial_Crisis (last visited Sep. 22, 2010).

告,在 2007 年 4 月時,新房屋中間價格,與前一年同時期相比的基礎下,呈現自從 1970 年以來最大之 10.9%跌幅,至此,至少大部分人都不否認有房價泡沫之存在,且此泡沫已開始破裂了。[11]

但事實上有不少市場觀察者認為,以待售房屋數量暴增、價格滑落、銷售量暴跌等指標來看,房價泡沫最遲在 2006 年夏天,或甚至 2005 年就已經開始破裂了,導致先前持續不墜之房市榮景突然陷入泥淖中。2006 年 8 月,財經雜誌 Barron's 報導,美國即將陷入房市危機。與 2006 年 1 月相比,新房屋中間價格已下跌 3%;新房屋待售房屋率在 2006 年 4 月達到當時高峰後即一直維持在最高點;現存所有待售房屋則比前一年同時期增加 39%;房屋銷售量則下降 10%。因此,其預測美國房屋中間價格將會在未來 3 年中下跌 30%。現在看來,財經雜誌 Barron's 在當時所做之預測,與目前的實際狀況相距並不遠。另一財經雜誌 Fortune 則依據受損程度,將美國各地許多過去表現強勁,但受創最嚴重之房屋市場歸類為「凍結區」(Dead Zone);其他地區則依受損程度歸類為「危險區」(Danger Zone)和「安全區」(Safe Haven)。同樣的,一些不動產營建業的龍頭廠商,則不約而同的在 2008 年夏天表示對未來的悲觀看法。受到房市蕭條的影響,營建商除了要面對其股價腰斬之現實,也紛紛調降財務預測。直到 2006 年 8 月中旬,道瓊房屋營建指數(Dow Jones U.S. Home Construction Index)已下跌了超過 40%。房市衰退速度之快,可以從營建商 Kara Homes 之破產看出。才剛

---

[11] JOHN B. TAYLOR, GETTING OFF TRACK: HOW GOVERNMENT ACTIONS AND INTERVENTIONS CAUSED, PROLONGED AND WORSENED THE FINANCIAL CRISIS 1-36 (2009).

於 2006 年 9 月 13 日宣布該公司連續兩季創下該公司有史以來最大獲利，但隨即於一個月後，也就是 2006 年 10 月 13 日，因受房市急凍影響，宣布該公司即將提出「破產保護」（bankruptcy protection）之聲請。Kara Homes 為了償還債務，只好出售尚未完工之開發案，造成已交付訂金（deposit）之房屋購買人的無法取回其訂金的損失。豪華住宅房屋建造商 Toll Brothers 的執行長更指出，如房價下跌，導致房屋價值縮水，房屋所有人的財富將不再增長，這會造成全世界性的經濟蕭條。[12]

當房市疲軟態勢已然形成後，美國「全國房屋仲介商協會」首席經濟分析師仍不改其在之前撰寫「反房價泡沫報告」（Anti-Bubble Report）時所採取之立場，認為房市雖然不振，但不會重落，且終究會「軟著陸」（soft-landing）。但此種看法遭致當時許多市場觀察者的反駁。「加州房屋仲介商協會」的首席經濟分析師即批評，所謂房市將「房市雖疲軟但終將軟著陸」的說法，完全和加州本地實際情形背道而馳。媒體如《金融時報》（Financial Times）都對所謂「房市雖疲軟但終將軟著陸」之說法提出質疑，認為在許多房市過熱區域，房價終將暴跌，並重創房市信心。

（二）導火線

1、市場利率提升

在美國大部分地區，租屋所必須負擔之每月租金遠比購屋所必須負擔之每月抵押貸款利息支出為低。據統計，全美國中間每月抵

---

[12] TAYLOR, *supra* note 11 at 101-107.

押貸款應付額（national median mortgage payment）為 1,687 美元，大約為全美國中間每月房租（median rent）868 美元之二倍。除此之外，房屋擁有者還必須負擔可觀之財產稅（property tax）、社區規費（community fee）、管理費（condominium fee）、維護費（maintenance fee）。故理論上來說，除非有所謂購屋需求，如提供至少單一家庭住居（single family housing）等因素，且房價上漲幅度不會超過通貨膨脹幅度太多下，大多數人會選擇租屋，而非購屋。換句話說，在美國，「住宅」與不動產原則上並不是一個理想的投資標的。但在房市泡沫時，房屋擁有者之房屋資產價值因房價飆漲而水漲船高，其增值之幅度遠大於與租屋相較下之額外負擔，房屋頓時成為吸引人之投資標的，吸引龐大的租屋族群成為房屋擁有者。如非因為房價持續飆漲之因素，大多數購屋者事實上並無能力負擔其所購買之房屋的各項開支，除非購屋者之收入能追得上房價增值的幅度。換句話說，購屋者事實上是以增值之房價，做為其原本應該增加之收入的替代品。許多房屋購買者為了得以負擔房貸利息，接受「調整型利率抵押貸款」（adjustable-rate mortgage, ARM），在房貸成立之初前幾年只須負擔所謂「引誘利率」（teaser rates）。依購屋者盤算，在一段期間（通常不超過 1 年）後，當「入門利率」期間終止且市場利率如同預測的仍處於低點，但其必須負擔交高房貸利率時，其可以房屋因房價增值所增加之「剩餘價值」（home equity）以市場低利率去借新債來還現有房貸舊債（refinancing）；或甚至將房屋賣掉，以賣屋所得款項，將房貸付清，並獲利了結。[13]但在 2005 年，美國

---

[13] Creola Johnson, *Fight Blight: Cities Sue to Hold Lenders Responsible for the*

聯邦準備理事會意識到市場低利率所引爆之信用膨脹危機,透過聯邦準備銀行(Federal Reserve Bank)開始採行貨幣緊縮政策,調高利率,導致市場利率持續升高。許多接受「調整型利率房貸」之購屋者,在引誘利率期間過後,因其房貸利率依約定自動隨市場利率調高,突然必須面對無法負擔之高房貸利率。但因此時房價已下跌,購屋者其房屋之剩餘價值已所剩無幾或完全消失,無力以前述再融資之方式面對高利率房貸;另一方面,因房價仍呈現下跌趨勢,購屋者發現難以將房屋出售。因此,在 2007 年,許多購屋者開始因繳不出高額房貸,而開始違約(default),導致美國房市泡沫的破裂。[14]

2、法定拍賣(foreclosure)之效果

美國財經新聞頻道 Bloomberg News 曾在報導中引述專業不動產顧問公司 Greenfield Advisors 之研究,指出不動產法定拍賣與區域性房價下跌有密切之關聯性。實證研究顯示,某一區域內如有房屋法定拍賣不斷產生,該區域內之房價通常會下跌 10%到 20%;在某些受創嚴重區域,全體房價有可能跌破房屋貸款之價值,導致房屋所有人失去房屋之剩餘價值。此種結果顯示,法定拍賣對房價之影響不限於因不能償還貸款而違反貸款合約之屋主的房子,而會波及到同一區域之其他沒有違反貸款合約之屋主的房屋,造成同一區域內所有房屋的市價一起滑落。一個區域的房價一旦跌破房屋貸款價值,即使是原本有能力償還房屋貸款之屋主,因其所擁有之房屋已

Rise in Foreclosures and Abandoned properties, 2008 UTAH L. REV. 1169, 1174-1178 (2008).

[14] WESSEL, *supra* note 1 at 77-83; TAYLOR, *supra* note 11 at 101-107; JAMES BARTH, THE RISE AND FALL OF THE US MORTGAGE AND CREDIT MARKETS: A COMPREHENSIVE ANALYSIS OF THE MARKET MELTDOWN 65-74 (2009).

無任何剩餘價值,除了對房屋之感情因素外,沒有任何經濟上之誘因去償還其房屋貸款,會傾向選擇拋棄房屋,故意不償還房屋貸款。此種現象會造成該區域內法定拍賣房屋充斥之結果,促使房價進一步下跌。[15]

(三)對整體經濟之影響

美國經濟在 2000 年網路泡沫(The dot.com Bubble)化之後於 2001 至 2002 年經歷暫時性衰退(recession),之後房價的飆漲事實上有助於經濟復甦(economic recovery),因飆漲的房價有推升房屋所有人資產價值的功能。趁著市場利率低迷之際,許多房屋所有人趁機對其房屋貸款進行重新融資(refinancing),亦即以較低利率借款去償還較高利率之既有房屋貸款的「借新還舊」行為。房屋所有人獲得較低房屋貸款利率,代表其與以往相較,「可支配所得」增加。在另一方面,由於房屋價值增高,在扣除購屋貸款後,房屋所有人所擁有之房屋「剩餘價值」(home equity)也因此增加;房屋所有人可以增加之房屋剩餘價值再向銀行取得「房屋剩餘價值貸款」(home equity loan)。不論是透過「借新還舊」或是「房屋剩餘價值貸款」,房屋所有人因可支配現金增加,依據慣性,大部分人會增加消費(consumption),進而刺激經濟成長。但房價泡沫破裂後,房屋所有人之房屋剩餘價值嚴重縮水或甚至消失,其影響層面不但會及於與不動產相關之產業,如貸款銀行、抵押貸款證券投資者等

---

[15] WESSEL, *supra* note 1 at 77-83; BARTH, *supra* note 14 at 65-74; Johnson, *supra* note 13 at 1174-1178.

直接和間接授信者和不動產開發商（real estate developer）等；更嚴重的，因房屋所有人資產縮水，消費會因此緊縮，造成另一波經濟衰退。[16]

在 2006 年 8 月，經濟學家 Nouriel Roubini 提出警告，認為房屋銷售量和價格將會有如「自由落體」（free fall）般驟跌，並在 2007 年造成經濟蕭條。2001 年諾貝爾經濟學獎得主 Joseph Stiglitz 也採取相同觀點，且進一步認為，因美國當年 13.7 兆美元之經濟規模中，消費就占了 70%，故房價縮水所導致之消費者財富蒸發效果會使消費緊縮，延緩經濟復甦的歷程。美國聯邦準備理事會主席 Benjamin Bernanke 則認為，美國房價確實正在向下修正中，且會導致經濟成長趨緩；他當時預測美國經濟成長在 2006 年下半年將會減緩 1%，並持續到 2007 年。美國「白宮經濟諮詢委員會」（The White Hosue Council of Economic Advisers）也將美國 2008 年美國經濟成長率由 3.1%下修至 2.7%，並同時預測失業率會增高，以反應緊縮之房市和相關信用貸款市場。但當時美國總統布希的經濟顧問們則採取較保守之看法，僅將失業率由 4.6%稍微調升至 5.0%。但顯然此種預測過分保守，因截至 2009 年 9 月為止，美國的失業率已達到 9.8%，創下 26 年來新高。

三、房價泡沫化之成因

（一）資金面

---

[16] William Michael Treanor, *Subprime Mortgage Meltdown and the Global Financial Crisis*, 14 FORDHAM J. CORP. & FIN. L. 1, 4-43 (2008).

美國 2008 年金融危機之成因與影響——以金融市場中之風險為重心

1、外國資金充斥

「原始房貸金融機構」（loan originator）能否承做更多房貸取決於其是否能將房屋抵押貸款證券（mortgaged-backed securities, MBSs）出售給投資銀行。因此，外國資金透過購買「抵押貸款證券」和其他「附擔保債權」（collateralized debt obligations, CDOs），提供「原始房貸金融機構」借貸資金之方式，間接流入房市。此外，外國資金也可透過投資美國投資銀行所發行之債券（如連動債），以便讓投資銀行取得足夠資金，向「原始房貸金融機構」購買其所發行之「抵押貸款證券」和其他「附擔保債權」。外國資金之流入，不但讓美國原始房貸金融機構有充足的資金可供提供房貸，且可將房貸違約風險透過出售「抵押擔保證券」和其他「附擔保債權」移轉給外國投資者，讓原始房貸金融機構得以降低借貸標準，進行許多其原本無法承做之較高風險房貸。因此，外國資金透過購買美國投資銀行購買「抵押貸款證券」、其他「附擔保債權」和美國投資銀行所發行之債券，不但間接成為美國房屋所有人之債權人，且有挹注房市借貸資金，刺激購屋需求，推升房價之功能。在房價高漲之時，提供資金之外國投資者和美國房屋擁有者雨露均霑；前者所投資之「抵押擔保證券」和其他「附擔保債權」可以享受應得之高收益，後者則可享受房價升值後房屋剩餘價值增加之利益。

如從整體經濟之觀點來看，外國資金透過購買美國「房貸擔保證券」、其他「附擔保債權」和投資銀行之債券所產生之經濟效益已不侷限於房市；因房屋所有人之房屋增值，其可以利用增加之房

251

屋「剩餘價值」向銀行申請「房屋剩餘價值貸款」，再將貸款所取得之款項用於消費性支出，促進經濟活絡。美國民間消費性支出旺盛，則會間接的刺激進口需求。因此，外國投資人等於間接將資金借貸給美國消費者，透過購買進口貨物或含有進口成分之貨物，來對美國進口提供融資；此種現象導致美國長久以來進口（import）遠大於出口（export）之結果，亦即長年對外貿易赤字（trade deficit）之由來。根據統計，美國從1996年至2004年當中，貿易赤字增加了6,500億美元，等於從占國內生產毛額（Gross Naitonal Products, GDP）之1.5%上升至5.8%。[17]至於為何大量外國資金會選擇流入美國，則有不同觀點。

首先為美國聯邦準備理事會主席Bernanke所提出之「推入說」（the Push Theory），認為美國金融市場外國資金充斥乃肇因於某些高儲蓄率國家投資人，因在本國銀行戶頭內閒置資金太多（如中國，其平均儲蓄率可達40%），只好向外國（包括美國）尋求較高報酬之投資機會。被點名之國家主要包括亞洲新興經濟體（emerging economies）和石油輸出組織國家；這些國家剛好都對美國有鉅額貿易出超。第二為大部分主流經濟學家所認同之「吸引說」（the Pull Theory），認為美國金融市場之所以會吸引外國資金乃是因為美國金融市場對外國資金之需求。如同之前所述，外國投資人購買美國抵押擔保證券、其他負擔保債權、投資銀行所發行之債券後，或甚至其他投資工具後，資金會透過原始貸款金融機構，以貸款之形式流入美國消費者手中，滿足其高消費需

---

[17] ROGER LOWENSTEIN, ORIGINS OF THE CRASH: THE GREAT BUBBLE AND ITS UNDOING 189-217 (2004).

求。因此,美國消費者事實上必須透過借貸外國資金來維持其高消費率。

事實上,外國資金之來源不限於外國投資人;透過購買美國國庫券(Treasury Bills),外國政府也挹注了不少資金。美國政府透過向外國政府,以出售國庫券之方式舉債,使美國政府得以擴大支出,帶動經濟活動發展。伴隨著經濟成長,美國人民的收入也會漸漸增長,除了消費增加外,包括房屋在內的資產價值也會增加。在房價泡沫破裂後,外國投資人遭受重大損失,因他們所投資之美國金融工具,主要為與美國房價息息相關之抵押擔保證券、其他附擔保債權和美國投資公司所發行之債券,其價值皆因房價下跌而遭受重創。但在另一方面,因外國政府大多選擇購買美國國庫券,有美國政府之債信做擔保,而大部分得以從美國房價泡沫所引發之金融危機中全身而退。[18]

2、網路泡沫化後之游資

肇因於「網路公司泡沫」破裂,美國 2000 年發生股市崩盤之金融危機,但其影響層面則侷限在網路和相關科技類股上。自 2000 後,美國 NASDAQ 綜合指數(composite index)最多下跌了 70%。因此,許多投資人將資金從股市中撤出,投資在他們認為較可靠之不動產市場中。耶魯大學經濟學家 Robert Shiller 當時曾批評這種現象,認為房市即將重演當年網路泡沫的故事,因投資人只是將其之前投資股市時的「非理性亢奮」(irrational exuberance)再一次帶到不動產市場當中。換句話說,當股市破滅了,不動產市

---

[18] TAYLOR, *supra* note 11 at 221-230.

253

場取而代之,成為投資人新的投機天堂。[19]

(二)信用面

1、信用寬鬆

美國房貸市場晚近出現一些高風險房貸抵押,如最為人所知之「次級房貸抵押」。此外,也有一較「次級房貸抵押」風險低,但較「優質房貸抵押」(prime mortgage)風險高之「自結收入房貸」(Alternative-A Paper loan, Alt-A loan)抵押,主要針對無不良信用記錄,但缺乏收入證明之購屋族群。[20]前述較高風險抵押大多搭配所謂「調整型利率房貸抵押」(adjustable rate mortgage, ARM)、「純利息房貸抵押」(interest-only mortgage)等非傳統抵押貸款結構,以減輕在房貸存續期間前期時債務人之負擔,使他們得以成功申請房貸。[21]

以調整型利率房貸抵押為例,其在房貸存續期間初期(通常從1個月到1年),貸款人得以負擔較低之固定利率(fixed rate interest),稱之為「引誘利率」(teaser rates);但在較低利率期間過後,貸款人就面臨必須負擔較一般房貸利率為高之浮動利率,通常為一個利率指數(index),再加上一個固定利率差數(margin)所得之「完利率指數」(fully indexed rates)。因貸款人在其房貸存續

---

[19] JUSTIN MARTIN, GREENSPAN: THE MAN BEHIND MONEY 199-221 (2001).
[20] *Alt-A*, WIKIPEDIA, THE FREE ENCYCLOPEDIA, http://en.wikipedia.org/wiki/Alt-A (last visited Sep. 25, 2010).
[21] BARTH, *supra* note 14 at 65-74; Christopher L. Peterson, *Introduction*, 2008 UTAH L. REV. 1107, 1108-1109 (2008).

期間初期得以負擔較一般利率為低之固定利率,調整利率型房貸得以吸引原本無力支付房貸利息之購屋族群去申請房貸購屋,希望在較低固定利率期間過後,因房價上升和收入增加等因素,得以負擔較一般房貸利率為重之浮動利率。相對的,貸款人則必須承擔在房貸固定低利率期間過後,受市場利率升高影響,必須負擔較重浮動利率之風險。[22]

純利率房貸抵押則容許貸款人在房貸存續期間前面一段時間(可能為數年至 10 年)可以只繳交房貸利息,而房貸本金則維持不變。在只繳交利息之期間過後,貸款人則必須開始攤還房貸本金和利息。與調整型利率房貸相通,貸款人也是預期在純利率期間過後,其房價可以顯著增值,得以低利率再融資(refinancing)去償還房貸或將房屋出售獲利。但更進一步,貸款人如預期收入在未來(至少在純利率期間過後)能顯著增加,貸款人因在純利率期間只繳交低房貸利息,不須償還本金,得以申請在目前看來與其收入顯然不成比例之房貸金額。此外,貸款人因在純利率期間貸款支出較少,得以將多餘之現金拿去消費(不用做房屋之奴隸)或存入退休帳戶內。當然,貸款人也必須面臨更高之風險,因其償還房貸債務之能力完全建立在房價不會下跌,且會顯著上漲之期待上。[23]

2、過度寬鬆之放貸標準

通常,金融機構在決定個人債務風險時可以參考諸如貸款之金額、貸款結構之傳統或非傳統性(如是否為「調整型利率抵押」或「純利息抵押」等非傳統型房貸抵押貸款)、貸款人信用評等、

---

[22] BARTH, *supra* note 14 at 215-218.
[23] TAYLOR, *supra* note 11 at 101-107; BARTH, *supra* note 14 at 65-74.

債務人負債和資產或收入比例（debt to assets or income ratio）、貸款金額和擔保品（collateral）之比例等因素。但在判斷個人債務風險時，金融機構大多採用美國 FICO（全名為 Fair Issac）顧問公司所發展出來之 FICO Scores。次級抵押所擔保之次級貸款，其債務人之 FICO Scores 通常在 640 以下，屬於風險最高之等級。如債務人之 FICO Scores 通常介於 640 至 680 之間，一般金融機構將其債務風險歸類為所謂 A-minus 等級。至於有些房貸債務人，其債務風險原可以達到 FICO Scores 680 以上，但因其欠缺完整的書面證明其信用程度，故只能得到 A-minus 等級之 FICO Scores；但不少金融機構還是將此類房貸債務人之債務風險歸類為 680 以上，稱此種房貸為所謂「自結收入貸款」。如無前述情形，且房貸債務人之 FICO Scores 達到 680 以上，則稱此種房貸抵押「優質抵押」（prime mortgage），其債務人通常有完整之書面證明其收入和資產、負債和收入比例不超過 35%、在房屋買賣成交（closing）後有至少兩個月的抵押利息支付準備金，且其房貸擔保品房屋本身有超過 20% 之剩餘價值。[24]

為了能夠承做在「優質抵押貸款」外更多的房貸，金融機構除了大開方便之門，除大力推銷「次級房貸」和「自結收入房貸」給違約風險很高的購屋者外，也沒有落實貸款審查的過程。以「自結

---

[24] John Eggum, Katherine Porter & Tara Twomey, *Saving Homes in Bankruptcy: Housing Affordability and Loan Modification*, 2008 UTAH L. REV. 1123, 1132-1141 (2008); *Adjustable-rate Mortgage*, WIKIPEDIA, THE FREE ENCYCLOPEDIA, http://en.wikipedia.org/wiki/Adjustable-rate_mortgage (last visited Oct. 15, 2010); *Credit Scores (United States)*, WIKIPEDIA, THE FREE ENCYCLOPEDIA, http://en.wikipedia.org/wiki/Credit_score_(United_States) (last visited Sep. 25, 2010).

收入房貸」來說,原則上貸款人雖無法提出由有公信力機構發出,證明其收入之證據,但畢竟還是需自行提出相關資料,誠實的申報其收入。但不少金融機構為了爭取業績,竟然連最基本的收入資料,都可以不用貸款人提供。因此所謂「自結收入房貸」又被稱之為「無資料房貸」(no document loan),或甚至被揶揄為「詐欺房貸」(the liar loan),因嗣後證明,即使有提供收入資料,很多貸款人所自結之收入根本是灌水後的結果。[25]

在「次級房貸」方面,則情形更嚴重。因許多次級房貸之貸款申請人根本連頭期款(down payment)都無力負擔,故其貸款人違約風險極高。金融機構為了爭取業績,設計出所謂「賣方資助型頭期款協助計畫」(Seller-Funded Down Payment Assistance Program, DPA Program)。在此計畫下,如有貸款人無力負擔頭期款,賣方可以資助貸款人;其運作方式可能為要求賣方將頭期款捐贈給某依此目的而特別成立之非營利組織(non-profit organization);此非營利組織再將相當於頭期款之金額以資助諸如低收入戶購屋之名義,移轉給貸款人。根據一份美國「政府責任辦公室」(Government Accountability Office)所做研究報告顯示,為了要彌補資助貸款人之損失,房屋出售人通常都會把此成本反映在房價上(亦即提高房屋售價)。根據此報告顯示,從 2000 年到 2006 年為止,共有大約 650,000 名貸款人透過「賣方資助型頭期款協助計畫」支付他們的購屋頭期款;但這些貸款人與其他購屋貸款人相較,有較高之違約和之後的法定拍賣率。之後,美國國稅局(Internal Revenue Services,

---

[25] EGGUM, PORTER & TWOMEY, *supra* note 24 at 1132-1141.

IRS）修改相關規則，針對在房屋成交後隨即自出售人處收到一筆捐助款項的情形，將某些受捐助機構在此種情形下視為非營利機構。但此種改變只將房屋出售者和貸款購屋者在賦稅上之誘因消除，並未解決金融機構放貸標準過於寬鬆之根本問題。在2007年10月31日，美國「住屋暨都市發展部」（Department of Housing and Urban Development, HUD）採用新規則，將透過「賣方資助型頭期款協助計畫」取得頭期款之房貸排除在由「住屋管理局」（Federal Housing Administration, FHA）所執行之抵押貸款協助計畫下之所謂「住屋管理局貸款」（FHA loan）範圍外。因此，大部分透過「賣方資助型頭期款協助計畫」取得頭期款之房貸，除少部分可以繼續執行至2008年3月31日為止，在新規則生效後皆無法獲得「住屋管理局」所提供之抵押保險，而面臨無法承做之結果。但因前述法規在2007年晚期才開始採行，面對已經破裂之房價泡沫顯然已太遲。此外，因市場上還是有不少商業抵押保險可以購買，故金融機構還是可以透過「賣方資助型頭期款協助計畫」協助購屋者取得頭期款，而得以承做高風險房貸抵押，如購屋者可以符合購買商業抵押保險之資格。[26]

由於前述高風險房貸，不論是次級房貸或自結收入房貸，其結構大多屬於「可調整型利率房貸」或「純利率房貸」之非傳統型房貸方式，對利率非常敏感。因此，如因市場利率調高導致房貸利率升高，貸款人無力負擔房屋貸款利息的情形就會出現。導致市場利率上升之因素眾多，諸如美國持續上升之國債（national debt）、

---

[26] EGGUM, PORTER & TWOMEY, *supra* note 24 at 1127-1128; *FHA Insured Loan*, WIKIPEDIA, THE FREE ENCYCLOPEDIA, http://en.wikipedia.org/wiki/FHA_loan (last visited Oct. 7, 2010).

因物價上漲所導致之通貨膨脹壓力、和外國資金在美國投資金額之上升等，都會導致利率上升。在美國，尤其是房價高漲、投機旺盛之地區，非傳統型房貸在房價泡沫形成之幾年當中數量暴增；其中「調整型利率房貸」為增加最快之一種非傳統型房貸。例如，以美國加州南部 San Diego 地區來說，在 2004 年時有 80%之房貸為「調整型利率」形式；而有 40%為「純利率」形式。尤其是「附加選擇權是可調整型利率房貸抵押」（Option Adjustable Rate Mortgage, Option ARM），更是利率風險最高的一種非傳統型房貸抵押。《美國新聞週刊》（BusinessWeek）曾有專文指出「附加選擇權是可調整型利率房貸抵押」為所有房貸中風險最高且最複雜者；該文章也指出，因此種房貸自 2004 年自 2006 年第 2 季為止已承做了大約 1 百萬件，且達到 4,660 億美元之規模，在市場利率上升時將會重創其貸款人和加重房價泡沫危機。至於「收入自結型房貸」，因貸款人不需提供由具有公信力機構出具之收入證明文件，則最容易發生貸款人在自行申報收入時灌水之「道德危機」。因此，美國國稅局（IRS）特地更新其為放貸金融機構所依賴之報稅人收入查核工具，以便讓放貸金融機構能更快查核到貸款人所申報之收入。但最重要的問題是，為何美國金融機構願意無視風險，一窩蜂地為創造業績，承做前述高風險房貸？許多觀察家相信如此寬鬆之借貸條件，其肇因乃在於金融機構本身之道德風險（moral hazard）。在無道德風險之情形下，金融機構為避免損失，會拒絕承做高風險之房貸；但如金融機構可將房貸風險移轉給第三人，而且同時能獲得承做高風險房貸之利益，則會發生

大量承做高風險房貸之道德風險。房貸債權「證券化」（securitization）就是一個可以將承做房貸之金融機構的風險移轉給第三人的機制。透過證券化的過程，原始房貸金融機構可將其對貸款人之債權，以有價證券之方式移轉給願意購買之投資銀行；而投資銀行可用其向外借貸（如發行連動債）得來的資金，購買房貸債權抵押擔保證券，再以發行房貸債權抵押擔保證券之方式，將房貸風險移轉給最終投資人，且同時賺取其向外借貸之成本和發行房貸債權抵押擔保證券之價差（spread）。美國政府資助成立之之房貸債權抵押證券買賣機構「房地美」和「房利美」，依照其原標準應該是不得購買包括次級房貸債權抵押證券在內之「不適格貸款」（non-conforming loan）債權證券；但從 1995 年開始，「房地美」和「房利美」就開始以向原始房貸機構購買包括次級房貸債權抵押證券之方式，間接的為貸款人提供授信。[27]

美國房貸之拒絕率，節年下降，剛好與房貸債權抵押擔保證券化之發達呈現反比關係；這顯示房貸債權抵押擔保之發展，與高風險房貸和過分寬鬆之貸放標準有密切關係。依據美國「住家抵押貸款公開揭露法案」（Home Mortgage Disclosure Act）之要求，美國金融機構必須申報之住宅抵押貸款申請拒絕率，從 1998 年之 29%一直降低至 2003 年之 14%。

因法定拍賣率遠超過預期程度，美國次級房貸市場自 2007 年 3 月即開始崩潰，導致美國有超過 25 家次級房貸放貸金融機構宣告破產、在財務報告中發布鉅額損失，或尋求購併對象。在 2007 年 4 月，

---

[27] EGGUM, PORTER & TWOMEY, *supra* note 24 at 1130-1134.

自結收入房貸之違約率開始逐漸升高,類似金融危急開始從次級房貸市場延燒到原本被認為風險較低之自結收入房貸市場。於2007年7月,全球最大債券基金經理公司 PIMCO,透過其經理人發出警告,認為次級房貸危機並不是一個單一事件,其將使美國經濟付出代價,其中包括重創房價。美國歷史最悠久之月刊時事評論雜誌 Harper's 也曾有文章指出,持續升高之利率將會對房貸債務人和美國經濟構成重大威脅,因利率升高將導致房價下跌,但房貸抵押的數目和金額不但沒有減少,還持續增加;在此種情形下,房貸債務人勢必為了要償還債務,必須將消費金額轉移至償還房貸債務上。其結果,因消費緊縮,經濟也跟著萎縮,壓縮原本已經日益下滑之薪資,並將美國負債累累之經濟體系推入之前日本所經歷之經濟泥沼。

3、過度借貸與消費

以負債和國內生產毛額(Gross National Products, GDP)間之關係來看,在1981年,美國私人債務(private debt)已經占GDP之123%;到2008年第3季,負債已達到GDP之290%。至於家戶負債(household debt),在1981年為GDP之48%;在2007年,則已達到100%。

在消費和家戶所得方面,從經濟數據可以得知,美國已成為標準之「消費主義」(consumerism)國家,不重視儲蓄,但在經濟需求上則追求即刻滿足(instant gratification)之慾望。因此,雖然房價持續飆升,消費者的存款卻愈來愈少,而借貸和消費卻持續增加。自從2005年開始,美國每一家戶(household)平均花在

消費和利息支出上的金額已經占家戶平均可支配所得（disposable income）之 95.5%。如與自用房屋有關之任何支出也算在內，美國家戶平均消費早自 1999 年起就已經超過其平均可支配收入。因消費往往是靠借貸來支持，因此，美國家戶平均負債已從 1974 年底占其平均可支配所得之 60%，上升至 2000 年底之 7.4 兆美元；而在 2008 年中期則到達占家戶平均可支配所得 134% 之 14.5 兆美元。在 2008 年時，通常美國家戶擁有 13 張信用卡；信用卡帳戶內有附帶循環利息之未付清債務比例，則從 1970 年時之 6% 增加至 2008 年之 40%。

在金融業債務方面，美國金融業累積債務餘額（gross debt）從 1981 年占 GDP 之 22% 上升至 2008 年第 3 季占 GDP 之 117%；但在同時期，非金融業之債務餘額只從占 GDP 之 53% 上升至 76%。因此，英國《金融時報》（Financial Times）經濟評論家暨資深新聞人 Martin Wolf 曾表示，金融業在美國所占之角色遠比他們在其他國家（如日本）來的重要，因美國民間債務主要並非由非金融界所累積，而主要是由金融業和家戶共同造成的。由此可見，美國金融業已過度負債，有必要將他們資產負債表中之債務降低，以達到對資產負債表做「瘦身」之效果，否則將會有由此引發經濟衰退（recession）之危機。

（三）心理面

1、房屋所有權風潮

在美國大部分地區，租屋所必須負擔之成本遠較購屋為低。

如本文之前所述,美國中間房租(median rent)為每月美金$868,但如購屋,其抵押貸款每月中間應繳金額(median mortgage payment)為每月 1,687 美元,幾乎是租屋之 2 倍。除此之外,房屋擁有者還必須負擔可觀之財產稅(property tax)、社區規費(community fee)、管理費(condominium fee)、維護費(maintenance fee)。雖然如此,自 1994 年至 2004 年高峰止,美國平均房屋擁有率(overall homeownership rate)還是從 64%增加到 69.2%。因此,許多人認為美國人有購買自用住宅之情結。即使是一般美國人民,也認為以美國之購屋負擔成本與租屋成本相較來看,美國之自用房屋擁有率也確實太高。如要仔細探討其背後影響因素,恐會超出本文所要討論之主題。但美國人民對購買自用住宅之情結可用美國前總統布希在 2004 年競選時,提出要創造美國成為一個「所有者之社會」(the ownership society)之口號加以印證。換句話說,美國前總統布希冀望美國成年人都能更擁有一棟自用住宅。由此不難想像,社會壓力對擁有自用住宅之影響力。[28]

2、房屋為良好投資和保值標的之觀念

在一般人觀念中,房屋除有提供住居之功能外,尚有「保值」之效用;亦即,因土地為有限之資源,房屋之價值在未來通常不會因諸如「通貨膨脹」(inflation)等因素而下跌。此外,房屋也被視為一種良好之投資標的,因其價值在考慮通貨膨脹等因素後有上漲之潛力。

以房屋之保值功能來說,美國房地產業界喜歡拿美國自 1930 年

---

[28] GRANT, *supra* note 10 at 129-154; BARTH, *supra* note 14 at 115-122.

代因金融危機所引發之「大蕭條」（the Great Depression）至現在之房價走勢來做為房屋可以保值之證據。的確，從數據上看來，自 1930 年至今，房價在長期之走勢上看來的確是在一直上升中。但此種現象絕對不能證明房屋為一種沒有風險之投資標的。如以較短之時間來觀察，房價在不同地區的確有激烈震盪之現象；觀察幾個房價高漲之地區，如美國紐約（New York）、洛杉磯（Los Angeles）、波士頓（Boston），日本東京、加拿大溫哥華（Vancouver）和中國香港都可以得到相同之結論。以美國麻州（Massachusetts）為例，其 2005 年至 2006 年間的房價即下跌了 10%。與股票相較，因房屋之價值不像股票之價值因有透明、公開之交易市場做成交之即時報價，房價變動往往要靠長時間之觀察才能察覺，因此降低了一般人察覺房價波動（volatility）之能力。以房屋之投資功能來看，與其他投資標的相較，其平均投資報酬率幾乎是敬陪末座。平均來說，購買人如將房屋當做可保有至少數十年以上之長期投資工具，在考慮通貨膨脹因素後會很驚訝，其投資報酬率只有 1%。美國耶魯大學（Yale University）經濟學家 Robert Shiller 曾經在其研究報告中指出，從美國 1890 年至 2004 年之期間，將通貨膨脹因素考慮進去之房屋投資報酬率，美國平均房價僅上漲了 0.4%；而從 1940 至 2004 年，平均房價也僅上漲了 0.7%。Robert Shiller 也針對荷蘭阿姆斯特丹（Amsterdam）一條房屋釋出量稀少、房價高昂之街道做相同之研究，也發現類似結果出現在過去 350 年之期間內。[29]

檢驗某個投資標的之價值有多種方法，其中最常為人所使用

---

[29] ROBERT J. SHILLER, THE SUBPRIME SOLUTION: HOW TODAY'S GLOBAL FINANCIAL CRISIS HAPPENED, AND WHAT TO DO ABOUT IT 69-87 (2008).

的即為所謂「本益比（price to earnings ratio, P/E ratio）。將本益比之觀念運用到衡量房價之品質時，可將房價之本益比定義為：房價÷（預期每年租金收入－稅金－保養費－保險費－社區管理費）。研究顯示，在美國不少地區，根據前述本益比公式，可以得出平均房價本益比約在 30 至 40 之間。以股票做比較，在美國 2000 年網路公司股票泡沫破滅之前，S&P 500 股票指數之本益比為 45；之後在 2005 年至 2007 年間則為 17 左右。由此可知，與網路泡沫前飆漲之股價相同，美國不少地區之房價已經太高；換句話說，如將房屋當作投資標的，因受過高之購屋成本影響，其投資報酬率必定會非常令人失望。

在一篇 2007 年之文章中，《美國時代週刊》（Times Magazine）曾指出，不動產經紀人常鼓吹美國人民藉由購屋來實現所謂「美國夢想」（American Dream），且同時節省稅金和達到投資之功能；但現在看來，購屋者確實虧大了。很明顯的，選擇租屋而非購屋，在長遠而言，才是正確的抉擇。購屋者不但每月必須比租屋者負擔更多之費用，其房屋之投資也因房價下跌而損失慘重。對購屋者而言，他們如同將現金丟入火坑一般。同年，刊登在美國《富比世》（Forbes）雜誌的一篇文章也呼籲美國人克制購屋慾望，認為放棄購屋雖少了一個「家」，但確實也找不到購屋之理由，和不租屋之理由。

3、媒體宣傳

在 2005 年至 2006 年美國出現了不少電視節目，宣傳炒短線式之不動產投資（flipping）。除此之外，美國各地書店也出現不少

宣揚不動產投資之書籍，其中以前美國房地產仲介協會（National Association of Realtors, NAR）首席經濟分析師 David Lereah 所撰之相關書籍《你錯過了房市風潮嗎？》最為著名。當 2006 年房市泡沫開始破裂時，David Lereah 只好將相同書籍之名稱換成《為何房市風潮不會破裂》，再繼續出版。但是，當美國聯邦準備理事會主席 Ben Bernanke 承認房市正在走下坡之階段，David Lereah 在之後接受美國 NBC 電視網訪問時只能坦承，過去曾有一段房市榮景，但現在房價正處於修正階段中。因此，美國投資顧問公司 Motley Fool 在其刊物中曾調侃美國房地產仲介協會和 David Lereah 反覆之立場，並批評其擅用經濟數據來討好讀者之行為。

（四）政策面

1、歷史性低利率

經過 2000 年之網路公司泡沫破裂（the dot.com crash），美國只在之後的一年經歷過短暫的暫時性經濟衰退，之後又重溫經濟活絡之榮景。事實上，時任美國聯邦準備理事會（Federal Reserve Board）主席 Alan Greenspan 在網路公司泡沫破裂後，為了怕引發經濟衰退，將聯邦資金（Federal Funds）利率從 6.5%降到歷史新低點 1%，企圖以極度寬鬆之貨幣政策來刺激經濟，而也真的達到其目的。此乃因放貸金融機構通常將房貸抵押利率與美國國庫券（Treasure Bond）利率維持連動關係，而國庫券利率又與聯邦資金利率維持連動關係之緣故。Alan Greenspan 承認，美國之房價泡沫事實上是被偏低之長期利率所「製造」出來的。一份美國

聯邦準備理事會的報告也承認低利率與高房價之間的關係；而高房價對整體經濟有正面貢獻。因此，房價就有如其他資產價值，透過升高或降低利率來操控其升降，可以作為如美國聯邦準備銀行之類的中央銀行推行其貨幣政策的管道。[30]

介於 2000 年至 2003 年間，美國 30 年期固定利率房貸抵押（30-year fixed rate mortgage）下降了 2.5%，從 8%降低為 5.5%。一年可調整型利率抵押（One Year Adjustable Rate Mortgage, 1/1 ARM）利率下降了 3%，從 7%降低為 4%。Greenspan 為此種低利率之貨幣政策遭受到不少批評，被視為為「製造」房價泡沫之原兇。甚至美國達拉斯（Dallas）聯邦準備銀行總裁於 2006 年時也認為聯邦準備理事會之低利率政策「無意間」助長房市之投機風氣，導致房價飆漲；過高之房價必定會被修正，但在此過程中數以百萬計之房屋所有人都會為此付出代價。[31]

當房貸抵押利率下降，貸款人之借貸成本（利息支出）也跟著下降；理論上來說，貸款人會傾向以維持相同利息支出之方式來增加借貸金額（亦即以相同利息支出來選擇最大之借貸金額），而較不會選擇節省利息支出。在一個如美國，大部分人都選擇以借貸之方式來購屋的環境，且假設房市為一個有效率之市場（efficient market），以房市需求面和房價之關係來看，房貸利率降低所導致

---

[30] Alan H. Meltzer, *Lessons From The Fed's Past*, in THE ROAD AHEAD FOR THE FED 13-33 (2009); PAUL KRUGMAN, THE RETURN OF DEPRESSION ECONOMICS AND THE CRISIS OF 2008 153-165 (reprint ed., 2009); HARTCHER, *supra* note 9 at 157; WESSEL, *supra* note 1 at 143-150.

[31] Donald Kohn, *Monetary Policy In The Financial Crisis*, in THE ROAD AHEAD FOR THE FED, 51-67 (2009); WESSEL, *supra* note 1 at 143-150.

之房貸成本降低將會刺激購屋需求,並導致房價升高。根據推算,以固定利率房貸(fixed rate mortgage)來說,每當房貸利率變動1%,會對房價造成10%之變動;而以純利率房貸(interest only mortgage)來說,因其對利率更為敏感,每當房貸利率變動1%,則會對房價造成16%之變動。誠如之前所述,自2000年至2003年,美國房貸市場中一年可調整型利率抵押(One Year Adjustable Rate Mortgage, 1/1 ARM)利率下降了3%,因此理論上來說會對房價造成48%(16%×3＝48%)之變動。耶魯大學經濟學家Robert Shiller在他的研究報告中統計,美國從2000年至2003年間,將通貨膨脹因素考慮進去後平均房價上漲了45%,大體上與大部分貸款人用可調整型利率房貸作融資購屋之現象一致。在美國某些房價泡沫化嚴重之區域,因大部分購屋貸款人皆用可調整型利率房貸融資購屋,房價上漲幅度甚至遠遠超過50%。由此不難看出,房貸利率(尤其是可調整型或純利率房貸)降低,對房價上漲之影響力。基於相同的道理,當利率升高時,房價也必定會向下修正。這時,大家所關注之焦點在於當房價跌破房屋抵押權之價值(也就是房屋所有人對其房屋已無任何剩餘價值),許多貸款人選擇拋棄房屋時, 對經濟的影響將有多大。[32]從2004年至2006年,美國聯邦準備理事會總共將利率升高了17次,從1%一直到5.25%之最高點。之後,當聯邦準備理事會擔心利息再升上去將會造成房市和整體經濟衰退,以及重演2000年網路公司泡沫破裂事件,於2008年9月18日將利率往下調降至4.75%。但曾準確預測2008年金融

---

[32] SHILLER, *supra* note 29 at 90.

危機之紐約大學經濟學家 Nouriel Roubini 主張，聯邦準備理事會應該早一點行動，而非等到房價泡沫惡化之後才開始以調升利率作為緊縮信用之手段。

2、政策性融資：政府贊助機構（Government-Sponsored Entities, GSE）之角色

「房利美」（全名為 Federal National Mortgage Association, FNMA；通稱為 Fannie Mae）為美國政府資助成立的機構之一（Government-Sponsored Entities, GSEs）。房利美於 1938 年成立，資金來自美國聯邦政府。房利美之主要業務為買賣和發行房貸抵押擔保證券，或為房貸擔保證券提供保證。換句話說，房利美可向原始放貸金融機構（loan originator）購買房貸債權，並將他們包裹在一起以房貸抵押擔保證券之方式出售給投資人（大多為機構投資人）；其也可以向其他金融機構，如投資銀行或與其有關之特殊目的公司（SPE）購買或買入房貸抵押擔保證券。但於 1968 年時，經美國國會特許並頒布其章程（charter）後，美國政府將房利美轉換為一個由私人股東所擁有之非政府組織。因此，房利美不再買賣為美國聯邦政府所發行之抵押擔保證券或為其提供保證；相關之業務後來移轉給新成立之「金利美」（全名為 Government National Mortgage Association，通稱為 Ginnie Mae）。此外，為了營造與房利美競爭之環境，美國國會通過「1970 年緊急家庭融資法案」（Emergency Home Finance Act of 1970），扶植成立「房地美」（Federal Home Loan Mortgage Corporation, FHLMC，通稱為 Freddie Mac），具有和房利美相同之設立章程（charter）。因房利美和房地美已沒

有來自政府之資金和保證,其所發行之任何有價證券,包括其股票和房貸抵押擔保證券也無任何美國聯邦政府之擔保;房利美和房地美之任何債務也不屬於美國聯邦政府和其各機關之債務。雖然如此,因他們不但經美國國會特許成立,所以美國社會大眾還是認為房利美和房地美有美國聯邦政府「默示之擔保」(implied guarantee)。2002 年諾貝爾經濟學獎得主 Vernon L. Smith 就直言房利美和房地美為「納稅人共同默示擔保之機構」[33](implied taxpayer-backed agencies)。美國聯邦準備理事會主席 Alan Greenspan 於 2004 年於國會和參議院之銀行委員會(House and Senate Banking Committee)作證時即承認,房利美和房地美財務結構之脆弱,與社會大眾對其享有政府默示之擔保有關。因次級貸款危機爆發後,房利美和房地美遭受重大損失,於 2008 年 9 月 7 日,美國財政部(Department of Treasury)下屬「聯邦住屋財務機構」(Federal Housing Finance Agency, FHFA)之署長(director)James B. Lockhart III 正式宣布將房利美和房地美納入其接管(conservatorship)。[34]此種結局,果真印證了之前大部分人對房利美和房地美之政府色彩的認知。[35]

房利美和房地美之政府色彩事實上也與他們必須肩負之政策性任務有關。原則上,房利美和房地美得以買賣或提供保證

---

[33] *Fannie Mae*, WIKIPEDIA, THE FREE ENCYCLOPEDIA, http://en.wikipedia.org/wiki/Fannie_Mae (last visited Oct. 7, 2010); *Freddie Mac*, WIKIPEDIA, THE FREE ENCYCLOPEDIA, http://en.wikipedia.org/wiki/Freddie_Mac (last visited Oct. 15, 2010).

[34] RAVI BATRA, GREENSPAN'S FRAUD: HOW TWO DECADES OF HIS POLICIES HAVE UNDERMINED THE GLOBAL ECONOMY 217-235 (2005).

[35] Wessel, *supra* note 1 at 127-130.

之房貸擔保證券，其房貸必須屬於合於房利美所認可之「合格貸款」（conforming loan）。據此，房利美和房地美藉由創造可增加房貸抵押債權流動性之次級市場（secondary market）為手段，間接的讓中低收入戶更能負擔房屋貸款。透過只買賣、發行和擔保合格貸款，不合格貸款自然會因為欠缺房利美和房地美所創造之流動性次級市場，降低其需求。此外，房利美和房地美有他們的「承銷標準」（underwriting standards），用以決定他們可以購買並將之以抵押擔保證券方式證券化之房貸抵押資格。原則上，不論是優質房貸、自結收入房貸（Alternative-A loan, Alt-A loan）或次級房貸，只要房貸內容符合房利美和房地美之承銷資格，都可以成為他們證券化之標的。

但事實上，直到晚近，房利美和房地美才將業務延伸到高風險之自結收入和次級房貸市場。在 1999 年，受到來自當時美國總統柯林頓當局（the Clinton Administration）之壓力，房利美開始將擴張其投資組合（portfolio）中源自所謂「不當社區」（undeserved communities）和低收入戶（low-income families）之房貸，以符合美國前總統卡特當局（the Carter Administration）在位時美國國會所通過之「1977 年社區再投資法案」（the Community Reinvestment Act of 1977）之目的，提供住在受城市凋零（urban decay）所苦區域內中低收入居民得以負擔之房貸。2000 年美國前總統布希上任後，積極推動他所謂「所有者之社會」（the Ownership Society）理念。根據紐約時報之報導，布希上任後積極的想要擴張尤其是少數民族之自用住宅擁有率，以便實現他和共和黨所謂「所有者之社會」

理念。據報導，這其中也參雜了布希當局（the Bush Administration）政治獻金捐助者的商業利益在內。因此布希當局除了對包括房利美和房地美在內之金融機構採取所謂「放任」（hands-off）式的管理政策外，默許他們對房貸採取寬鬆之標準；此外，還要求房利美和房地美等政府資助成立機構要協助推行幫助低收入戶購買可負擔住宅之責任。甚至在 2003 年，當房利美和房地美之主管機關發布一份報告，警告他們所面臨之風險時，布希當局立刻將該主管機關之首長撤換。[36]

因此，仗著政府之政策做後盾，原始放貸金融機構開始要求房利美降低他對可以購買之房貸其貸款人之信用標準，以便讓原始放貸金融機構得以較高利率承做高風險之次級房貸。在另一方面，著眼於次級房貸之高利率，房利美之股東也要求房利美購買次級房貸，以提升獲利並推升房利美之股價。因此，美國「住宅暨都市發展部門」（Department of Housing and Urban Development, HUD）在 1990 年代中期放寬房利美和房地美購買房貸之標準，至包括以往因為低收入戶而無法獲得房貸之首次購屋者的房貸在內。因此，於 1995 年房利美和房地美開始購買以低收入戶房貸為基礎之抵押擔保證券。在 1996 年時，「住宅暨都市發展部門」要求房利美和房地美以不少於其所購買之房貸抵押權總額 42% 的程度，以購買收入低於一個區域平均收入之貸款人的房貸抵押為方式，為低收入戶提供可負擔之住居；此要求占房利美和房地美所購買之房貸抵押權總額之比例，在 2000 年提升至 50%，且在 2005 年時又

---

[36] TAYLOR, *supra* note 11 at 123-125.

提升至52%。此外,「住宅暨都市發展部門」還要求房利美和房地美之投資組合中至少12%必須包括貸款人之收入低於一個區域平均收入60%之所謂「特別低負擔貸款」（special affordable loans）；此要求占房利美和房地美投資組合之比例在2008年已增加至28%。「住宅暨都市發展部門」此種要求,導致房利美和房地美購買了可觀之次級房貸抵押。例如,在2007年11月時,房利美在其帳面上總共擁有559億美元的次級房貸。但「住宅暨都市發展部門」顯然不認為房利美和房地即將面臨財務危機,即便其內部於2004年所作之研究報告已提出警告,它還是計劃要透過房利美和房地美將美國之可負擔住宅率從50%提升至56%。[37]

在自結收入房貸方面,於1990年代初期,房利美曾拒絕接觸自結收入房貸,因為那些房貸具有很高之違約率,但在2000年初期,房利美開始積極的買進自結收入房貸。至2007年11月為止,房利美在帳面上總共擁有3,247億美元自結收入房貸。至於房地美,則至2008年第2季為止,總共擁有1,900億美元自結收入房貸。

除了要背負前述政策上之壓力外,房利美和房地美也受到來自投資銀行之競爭壓力,被迫降低其標準,以接受高風險房貸抵押。從數據上來看,因市場競爭,房利美之次級房貸抵押擔保證券市場占有率已從2003年高峰時之44%下滑至2005年時之22%；之後房利美只好降低其接受高風險房貸抵押之標準,並於2007年回覆33%之市場占有率。前房利美總裁兼執行長Daniel Mudd在2007年

---

[37] TAYLOR, *supra* note 11 at 123-135.

於作證時指出，雖然房利美努力的維持其負責之承銷標準，希望此標準不但能適用於優質房貸上，也能適用於次級房貸上，以使低收入戶也能獲得安全和穩定之房貸。但房利美負責任之承銷標準並未被市場重視。正如 Daniel Mudd 所承認的，因房利美採用負責任之承銷標準，在競爭者（主要為投資銀行）都接受許多高風險之房貸產品（如可調整型利率和純利率房貸等）的情形下，反而造成其業務大量流失至競爭者處。[38]

事實上，房利美和房地美也受到政治上之壓力。正如前美國聯邦準備銀行達拉斯分行（the Federla Reserve Bank of Dallas）副總裁 Gerald P. O'Driscoll 所坦承的，房利美和房地美已成為典型「親信資本主義」（crony capitalism）之代表。因有政府當靠山，房利美和房地美得以享受相對於其競爭對手之競爭優勢；反過來說，與房利美和房地美興衰有密切利害關係之金融業界、其股東和抵押擔保證券之投資機構當然要對支持房利美和房地美之「政客」做某種程度之回饋。除了選舉政治獻金，降低其標準，接受高風險之次級和自結收入房貸抵押，更是回饋選民最直接的方式。[39]

---

[38] TAYLOR, *supra* note 11 at 172-177; *Federal Takeover of Fannie Mae and Freddie Mac*, WIKIPEDIA, THE FREE ENCYCLOPEDIA, http://en.wikipedia.org/wiki/Federal_takeover_of_Fannie_Mae_and_Freddie_Mac (last visited Oct. 17, 2010).

[39] TAYLOR, *supra* note 11 at 172-177.

參、過度證券化（Over-Securitization）之危機

一、與次級貸款危機之關聯性

附擔保債務證券（Collateralized Debt Obligations, CDOs）為一種結構性財務工程（structured finance），在本質上為一種附擔保之結構債（structured bond），利用將各種欠缺交易市場之金融資產組成資產池（asset pool）作為其擔保品（collaterals）。在通常情形下特定資產池會移轉給一個由金融機構（如投資銀行）所創設之「特殊目的法人」（special purpose entity, SPE）或所謂資產負債表外之「結構性投資設施」（Structured Investment Vehicle, SIV）。[40]如此一來，資產池內原本因欠缺交易市場而流動性不佳之資產，得以透過在公開市場發行和交易附擔保債務證券而間接獲得流動性。因此，各類金融機構（loan originator）透過出售各種債權給特殊目的法人或結構性投資設施，而得以將其資產負債表中流動性不佳之各種債權，轉換為現金，提早實現其債權；此外，因流動性不佳之各種債權多屬於風險性資產，將他們出售更可以提升金融機構之資本適足率，得以承做更多貸款。資產池內之資產除「抵押擔保證券」外，尚包括如信用卡、學生貸款、汽車貸款等債權、公司債券、不動產投資信託（real estate investment trust,

---

[40] *Collateralized Debt Obligatio*, WIKIPEDIA, THE FREE ENCYCLOPEDIA, http://en.wikipedia.org/wiki/Collateralized_debt_obligatio (last visited Sep. 25, 2010).

REIT）受益憑證、商業貸款（commercial loan）債權、專案融資（project finance loan）債權、或甚至優先股（preferred securities）等包羅萬象之金融資產。[41]但在討論美國此次此級房貸危機時，附擔保債務證券通常也被視為等同於抵押擔保證券，因擔保前者之資產池中後者所占之比例極大。但此處為方便起見，暫時將抵押擔保證券視為一種附擔保債務證券。[42]

在傳統房貸承做模式下，原始放貸金融機構對貸款人授信後雖取得對貸款人之債權和抵押權，但卻必須承擔貸款人違約之風險。但在證券化之過程後，抵押權透過附擔保債務證券取得流動之交易市場，原始放貸金融機構之性質開始變的有點類似房貸之承銷機構，可以透過出售房貸債權將房貸違約風險完全移轉給投資人。因原始放貸金融機構可能在提供房貸後即不再承擔房貸違約風險，許多人認為會產生「道德風險」，造成放貸金融機構之貸款標準日趨寬鬆。美國聯邦準備理事會主席 Alan Greenspan 也表示，因次級貸款危機所引發之全球信用危機，其罪魁禍首其實就是房貸抵押權之證券化（securitization）。在次級貸款危機發生前，房貸證券化支持者認為，雖然因放貸標準日益寬鬆，原始放貸金融機構承做了許多高風險貸款，但因許多高風險房貸（主要為次級房貸債權本

---

[41] KRUGMAN, *supra* note 30 at 155; BARTH, *supra* note 14 at 101-114.
[42] FRANK PARTNOY, INFECTIOUS GREED: HOW DECEIT AND RISK CORRUPTED THE FINANCIAL MARKETS 139-185 (PublicAffairs ed., 2009); Saule T. Omarova, *The New Crisis for the New Century: Some Observations on the "Big Picture" Lessons of the Global Financial Crisis of 2008*, 13 N.C. BANKING INST. 157, 161-164 (2009)；邵慶平，〈金融危機的形成、處理機制與法制基礎─對美國次級房貸金融危機的觀察〉，《月旦法學雜誌》，165 期，2009 年 2 月，頁 29-45。

身或其抵押擔保證券）並非集中放在一個資產池中，而是以少量比例分散放在許多資產池中，高風險房貸之風險因而得以被「稀釋」。[43] 此種「稀釋」理論之基礎，乃是建立在一個資產池中某一個債權（主要為次級房款）之違約不會造成「系統性之違約」（systematic defaults），並波及到具有「不相關風險」（uncorrelated risks）之其他債權之假設上。因此，將資產池中高風險房貸與其他債權包裹在一起，造成「分散風險」（diversification of risks）之效果後，以資產池中資產為擔保之附擔保債務證券就得以順利出售給投資人；原本因風險太高而缺乏交易市場之高風險房貸（如次級房貸抵押貸款證券），也拜分散風險之賜，得以透過附擔保債務證券間接在市面上流通。為了解決附擔保債務證券之定價問題，在2000年時，任職於「摩根大通」之中國籍精算師李祥林在學術期刊《固定收益學報》中提出一個創新之「正態關聯性」（Gaussian copula）數學公式，用以預測一個資產池中某個貸款違約之情形下，在統計學上會對其他貸款所造成之影響。[44]李祥林之公式可以讓投資銀行用相關係數計算出一個資產池中同時發生多件貸款違約之比率，進而將可以將其風險量化。因此，投資銀行得以根據此公式算出被不同資產池之資產風險值和其所擔保之附擔保債務證券的定價。因資產池之風險值得以算出，且其中高風險房貸之風險得以因分散風險之故被稀釋，信用評等公司紛紛給予其附擔保債務證券

---

[43] Wessel, *supra* note 1 at 127-130; Stephen L. Schwarcz, *Disclosure's Failure in the Subprime Mortgage Crisis*, 2008 UTAH L. REV. 1109, 1110-1116 (2008).

[44] 周歧原，〈李祥林 金融海嘯的幕後元兇〉，《今週刊》，662期，2009年8月，頁104-105；楊少強，〈華爾街將死，歐洲送入加護病房〉，《商業週刊》，1089期，2008年10月，頁58-62。

較高之投資評等。[45]

但人算不如天算,前述得以藉由包裹高風險房貸和其他債權在同一資產池,以達到「分散風險」之效果;和計算以此資產池為擔保所發行之附擔保債務證券之風險值和定價,其基本假設,即資產池中某一個高風險房貸之違約不會波及其他不相關風險之債權原則,並不能通過次貸危機之考驗。正如諾貝爾經濟學獎得主 Michael Spence 所述,原來看似不相關風險之債權,實際上卻有密切關係:因附擔保債務證券之資產池中的某些高風險次級房貸之違約,導致整個資產池發生「系統性危機」,「分散風險」模式因而瓦解。但此種系統性危機並非一朝一夕所能造成;事實上,危機早就在附擔保債務證券之資產池內慢慢累積,只是因為證券化之緣故,將此種危機隱藏起來。[46]

在 2000 年時,市場上附擔保債務證券之發行額度還只有數百億美元,但到了 2007 年,已高達 2 兆美元。因附擔保債務證券之資產池含有大量房貸抵押擔保證券,影響所及,造成房貸抵押擔保證券大量增加,至 2007 年時已達 7.3 兆美元,幾乎是 1996 年時之 3 倍;其中以房貸抵押擔保證券間接移轉給投資人之次級房貸的比率則從 2001 年時之 54%增加至 2006 年時之 75%。以總債務來看,在 2008 年時,美國人民和公司總共有 25 兆美元之債務。在其中,銀行以傳統抵押貸款借出的有 8 億美元;債券持有人和

---

[45] CHARLES R. MORRIS, THE TWO TRILLION DOLLAR MELTDOWN: EASY MONEY, HIGH ROLLERS, AND THE GREAT CREDIT CRASH 37-59 (revised ed., 2009).

[46] MICHAEL LEWIS, PANIC: THE STORY OF MODERN FINANCIAL INSANITY 54-71, (2009).

其他債權人共有 7 億美元債權;最後剩下的 10 億美元則透過證券化成為投資人之債權。但在 2007 年春季次貸危機開始爆發後,美國之資產證券化市場即開始萎縮;到了 2008 年秋季則幾乎完全凍結。影響所及,信用貸款市場大約縮減了 3 成。在 2009 年 2 月,美國聯邦準備理事會主席 Ben Bernanke 表示,資產證券化市場除了「合格貸款」外,仍舊處於關閉當中。

二、惡性循環

(一)房價下跌對金融市場之影響

在此階段,惡性循環發生於房屋購買者違反抵押貸款合約(default)和之後法定拍賣(foreclosure)對房價之影響力。與其他國家不同,美國大部分住宅抵押貸款債權為無追索權貸款(non-recourse loan),亦即如債權人在法定拍賣的過程中取得做為抵押擔保之房屋,縱然其債權尚未獲得滿足,其對債務人之收入和其他資產並無追索權。因此,房價下跌,導致抵押權所擔保之債權價值大於房屋市價,亦即房屋對其所有人已無「剩餘價值」存在時,房屋所有人即有經濟上之誘因,選擇拋棄房屋。至 2008 年 3 月為止,美國已有大約 880 萬名房貸債務人,約占總房屋所有人數之 10.8%,已對其所有擁有之房屋無任何剩餘價值;此一統計數字,據信在 2008 年 11 月時已增至大約 1,200 萬人。當這些房屋所有人選擇違反貸款合約,停止給付房貸利息,拋棄房屋,會導致法定拍賣,造成房屋供給量大幅增加和房價進一步下跌。

因進一步下跌之房價會又進一步的侵蝕其他尚未進入法定拍賣程序之房屋價值,導致更多所有人對其房屋失去剩餘價值,選擇違反房貸合約,拋棄房屋。當這些房屋進入法定拍賣程序後,房屋供給量又會大增,導至房價再進一步下跌之惡性循環。

(二)金融市場危機對房價之影響

在此階段,惡性循環發生於房市和金融市場間。當貸款人付不出房貸利息或拒絕履行房貸合約,選擇拋棄房屋時,銀行必須透過法定程序將房屋拍賣。因受限於時間壓力,拍賣價格通常並不理想,這會對銀行造成巨大損失。對投資銀行來說,這意味著其所持有為數可觀之「抵押擔保證券」(mortgage-backed securities, MBSs),因抵押權所擔保之債權遭受損失,面臨價值縮水之危機。對投資銀行來說,不但無法出售其所持有之抵押擔保證券給其他投資人,以換取資金,一方面向商業銀行和抵押貸款公司等「原始放貸金融機構」(loan originator)購買更多抵押擔保證券,另一方面履行其對債權人(如包括連動債在內之債券持有人)之義務。在原始貸款機構方面,因其無法將房貸以抵押擔保證券之方式出售給投資銀行,並獲得資金,用以承做房貸,房屋貸款市場於是進入信用緊縮之局面。由於原始貸款機構缺乏資金,導致無足夠之資本做後盾去進行其他的授信活動。信用緊縮之影響所及,經濟活動就會降溫,導致失業率增加;當許多房屋擁有者因經濟蕭條之故,收入減少或成為失業族群,導致其無法負擔房屋貸款利息時,房屋就會遭到法定拍賣。當受創於房市泡沫之金融市場將其影響力回饋給房市時,

此種惡性循環就會發生。[47]

　　截至 2008 年 8 月為止，全球金融機構在這場由美國引發之金融危機中，已認列了與據信是美國房價泡沫破裂導火線之「次級房貸」有關證券損失約 5,010 億美元。根據美國聯邦準備理事會之數據顯示，美國 8,533 家「聯邦存款保險公司」（Federal Depository Insurance Corporation, FDIC）所承保之銀行獲利，從 2006 年第 4 季之大約 350 億美元降至次年同季之大約 6.64 億美元，降幅達 98%。如果只看 2007 年之數據，美國所有為「聯邦存款保險公司」所承保之金融機構，在該年獲利為 1,000 億美元，與 2006 年時史上最高獲利 1,450 億美元相較，減少了 31%；而 2008 年第 1 季獲利則為 193 億美元，與 2007 年第 1 季時之 356 億美元相較，則減少了 46%。[48]

　　銀行獲利降低，代表原始貸款金融機構（如商業銀行）紛紛緊縮信用之效果。這也代表經濟活動減緩，且將會導致失業率增高。截至 2009 年 10 月底為止，美國失業率已突破 10%。許多經濟觀察家擔憂，高居不下之失業率會阻礙經濟復甦，或甚至再次打擊房市。[49]

---

[47] PARTNOY, *supra* note 42 at 177.
[48] MORRIS, *supra* note 45 at 68-71.
[49] *Id.*

肆、信用評等之失靈

一、原因

(一)利益衝突(Conflicts of Interest)

　　信用評等機構(credit rating agencies)在次級貸款危機中受到嚴厲之批評,認為他們低估以次級房貸為主之抵押擔保證券的風險。高風險抵押擔保證券之所以能受到投資等級(investment grade)之信用評等固然有一些實質上之理由,如前述證券化(securitization)之因素。亦即,當高風險之房貸被與其他金融債權資產包裹在同一資產池中,因理論上假設「某一高風險房貸之違約風險不致於影響其金融資產之違約風險」,其風險就得以靠「分散風險」(diversification of risks)之效果被稀釋。因此,如之前所述,與附擔保債務一資產池中同時有多數包括次級房貸在內之金融資產債權會同時違約之機率和風險就能夠依據一個數學公式在統計學上預估出來,以做為幫此資產池為擔保之「附擔保債務證券」(collateralized debt obligations, CDOs)之定價基礎。因附擔保債務證券其資產池中包括高風險房貸之風險得以靠同一資產池內其他金融債權資產分散風險以達到稀釋風險之效果,整個資產池的風險也不會顯得太高,故大部分信用評等機構皆賦予以此資產池作為擔保之附擔保債務證券投資等級之評等。縱然前述「分散風險」之理論所倚靠之假設,亦即「某一高風險房貸之

違約風險不致於影響其金融資產之違約風險」事實上有瑕疵,且最後經不起次級貸款危機之考驗,但因有信用評等機構之背書,附擔保債務證券得以有公信力之價格出售給投資人。但事實上,信用評等機構有其結構上之問題,故其評等遭受到很大質疑。首先,最重要的,批評者認為因信用評等機構因受發行附擔保債務證券之投資銀行的委託對其所發行證券做信用評等,有嚴重之利益衝突(conflicts of interests)。美國國會行使其調查權後所發布之報告顯示,部分信用評等機構員工在次級貸款危機惡化前即已懷疑,賦予諸如附擔保債務證券此種結構型證券(structured securities)投資等級之評等,會嚴重損及投資人之利益。因此,美國證管會曾建議增加新法規,建立對結構型證券由自非第三方收取報酬之非徵求性之評等(unsolicited ratings)機制。[50]

(二)評等過程透明度

信用評等機構以往曾被批評,其評等所依據之基礎,外界並無法完全取得,並受公眾檢視。因此,美國證管會曾提出增加其新法規之建議,以解決信用評等機構在對如附擔保債務此種結構型證券做評等時之利益衝突。此新法規可禁止信用評等機構對結構型證券做評等,如為其提供擔保之基礎資產(underlying assets)之資訊無法取得;要求信用評等機構公開揭露其對特定結構型證券做評等時所依據之資訊;禁止信用評等機構為其所評定之證券做結構化之服

---

[50] John Hunt, *Credit Rating Agencies and the "Worldwide Credit Crisis": The Limits of Reputation, the Insufficiency of Reform, and A Proposal for Improvement*, 2009 COLUM. BUS. L. REV. 109, 128-139 (2009).

務。此外,也有論者提議,信用評等過程必須要能被檢視（reexamination）,以改進評等過程之透明度,尤其是當評等對象是像附擔保債務等此類複雜之結構型證券。[51]

二、影響

次級貸款危機惡化後,信用評等機構除開始採取行動解決利益衝突之問題,包括建立內部督導機制、信用評等第三方審查機制還有即時資訊公布欄（board updates）之設置。此外,為亡羊補牢,信用評等機構此時也開始積極的調降包括附擔保債務證券等結構型證券之信用評等。各信用評等機構從 2007 年第 3 季至 2008 年第 2 季總對抵押擔保證券調降信用評等後,共造成了他們蒸發了 1.9 兆美元市值。至 2008 年 7 月為止,信用評等機構標準普爾（Standard & Poor）總共調降了 4,083 檔（tranches）中 902 檔（tranches）原被列為 AAA（最高信用）等級之美國住宅貸款抵押擔保證券（residential mortgage backed securities, RMBSs）和附擔保債務證券;而其中 466 檔還被調降至「投機等級」（speculative grade）。如以總調降情形來看,「標準普爾」總共調降了在 31,935 檔中 16,381 檔美國美國住宅貸款抵押擔保證券和附擔保債務證券,幾乎占了其原來評等數量之一半。

信用評等之大幅調降後,持有遭調降證券之金融機構被迫必須認列所持有證券價值下跌之損失。不少金融機構因遭受損失,影響到其法定之資本適足率,而必須補足其資本。受影響之金融機構其

---

[51] SCHWARCZ, *supra* note 43 at 1115-1116.

股價也應聲下跌。此外,因某些金融機構和機構投資人(institutional investors)如退休基金(pension fund),因依規定只得持有投資等級(如 BBB 或之上的信用評等)之證券,當他們所持有之證券的信用評等遭受調降時,會被迫必須將那些證券出售。此種「被迫出售」之效果,在金融危機之時,往往會造成受信用調降所影響之證券價格的崩盤。

伍、省思

美國於 2008 所爆發之金融危機,其影響早已不限於美國境內;拜全球化(globalization)之賜,從影響最大之冰島,至情況相對輕微之亞洲國家,全世界各地都能感受到其後果。金融上面之影響或許較為短暫,等塵埃落定後整個金融市場又可重新運作,但真正影響深遠的是經濟本身。金融危機所造成之信用緊縮會導致消費下滑;而消費下滑又會導致經濟衰退,企業獲利和個人收入減少之惡性循環。因此,除在金融危機爆發後所採行之拯救金融市場措施外,各國也一併採行振興經濟計畫,以「擴大政府支出」或「減稅」之方式,刺激產業活動和消費。但「擴大政府支出」和「減稅」基本上是兩種完全不同之經濟意識形態下的產物。「擴大政府支出」代表政府介入經濟活動;而「減稅」則代表政府在經濟上之角色縮小,給人民更大之資源去發展經濟活動。有不少

國家,如美國和我國,是兩種政策皆採取;但其成效會如何,則尚有待觀察。[52]

此外,如之前所述,此次金融危機乃根源於房價泡沫;而房價泡沫又與金融機構(商業與投資銀行)過度寬鬆之信用政策有關。因此我們可以從個人之財務和金融機構之管理兩方面來看此事件。

在個人方面,在充斥「消費文化」之現代社會,儲蓄之謹慎美德已慢慢為「享受至上」之哲學所取代。過度累積財富(守財),處心積慮的要將財富留存在有限之人世間,並企圖將個人財富之影響延續到身後世世代代,固然不是一種很正確之金錢觀念;但「今朝有酒今朝醉」式之消費觀,奉「先享受後付款」為圭臬,完全忽視、過於低估或過分自信能承受消費享受後所必須面臨之風險,也不是一種負責任的消費觀念。如何求取當中平衡實才為最重要之課題。

在金融機構方面,我們則必須去探究,為何金融機構會前仆後繼,有如飛蛾撲火般,去擁抱如此高風險的投資策略?美國華爾街投資銀行裡,上至執行長,下至交易員,皆屬精英中之精英,不可能會看不出或沒有收到來自各方面之警告,知道風險在哪裡。以美國「雷曼兄弟」前員工 Lawrence G. McDonald 在 2009 年所出版之回憶錄為例,作者認為「雷曼兄弟」之倒閉是絕對可以避免的。作者在書中敘述,當時雷曼兄弟之執行長 Richard Flud 眼中除了「成長、再成長」外,完全拒絕任何其他思想;Richard Flud 用盡一切手段只是要贏過別人。因此,造就雷曼兄弟內部不容許任何異見

---

[52] THE HONORABLE RICHARD A. POSNER, A FAILURE OF CAPITALISM: THE CRISIS OF '08 AND THE DESCENT INTO DEPRESSION 234-252 (2009).

存在之企業文化。作者認為,雷曼兄弟之董事會基本上就是問題之根源,因它對 Richard Flud 之作為完全視若無睹。[53]很自然的,在缺乏制衡的力量下,在上位者很容易將公司完全導向個人利益。很諷刺的,雷曼兄弟即使擁有 158 年之悠久歷史,當中走過 1930 年代之經濟大蕭條(the Great Depression)和 911 恐怖攻擊事件之直接影響,最後卻被自己一手所創造出來的金融武器給毀了。美國公司法制上有所謂「企業經營自主判斷原則」(the Business Judgment Rule)之重要之原則,亦即除非有違背忠實義務(通常為利益衝突)之情形,司法不會去干涉公司之經營策略,即使公司負責人之經營策略有嚴重瑕疵。此原則並沒有錯,但前提是公司內部對做成決策之人必須有確實之監督機制、意願和能力。因此,金融機構經營不善或因此引發之金融危機,追根究柢,仍在於「公司治理」(corporate governance)之問題。[54]以美國此次 2008 年由華爾街所引發之金融危機來看,可以得知,即使是「小小的」公司治理瑕疵,在未來皆有可能演變成全面性之金融危機,或甚至造成一國或世界性之金融衰退。[55]

---

[53] MCDONALD & ROBINSON, *supra* note 1 at 46-51.
[54] MORRIS, *supra* note 45 at 87.
[55] 楊少強,〈金融海嘯:雷曼兄弟破產啟示錄〉,《商業週刊》,1087 期,2008 年 9 月,頁 103-112。

參考文獻

書籍

Barth, J. (2009). *The Rise and Fall of the US Mortgage and Credit Market: A Comprehensive Analysis of the Market Meltdown*. NJ.: John Wiley & Sons Inc.

Batra, R. (2005). *Greenspan's Fraud: How Two Decades of His Policies Have Undermined the Global Economy*. Hampshire UK.: Palgrave Macmillan.

Grant, J. (2008). *Mr. Market Miscalculates: The Bubble Years and Beyond*. VA.: Axios Press.

Hartcher, P. (2006). *Bubble Man: Alan Greenspan and the Missing 7 Trillion Dollars*. New York: W. W. Norton & Company.

Krugman, P (2009). *The Return of Depression Economics and the Crisis of 2008*. New York: W. W. Norton & Company.

Lewis, M. (2009). *Panic: The Story of Modern Financial Insanity*. New York: W. W. Norton & Company.

Lowenstein, R. (2004). *Origins of the Crash: The Great Bubble and Its Undoing*. London: The Penguin Press HC.

Martin, J. (2001). *Greenspan: The Man Behind Money* (2nd ed.). Cambridge, MA.: Perseus Pub.

McDonald, L. G. & Robinson, P. (2010). *A Colossal Failure of Common Sense: The Inside Story of the Collapse of Lehman Brothers*. Cambridge, New York: Random House Inc.

Morris, C. R. (2009). *The Two Trillion Dollar Meltdown: Easy Money, High Rollers, and the Great Credit Crash*. New York: PublicAffairs.

Partnoy, F. (2009). *Infectious Greed: How Deceit and Risk Corrupted the Financial Markets*. New York: PublicAffairs.

Paulson, H. M. (2010). *On the Brink: Inside the Race to Stop the Collapse of the Global Financial System*. New York: Business Plus.

Posner, H. R. (2009). *A failure of Capitalism: The Crisis of '08 and the Descent into Depression*, Cambridge. MA.: Harvard Univ. Press.

Ritholtz, B. (2010). *Bailout Nation: How Greed and Easy Money Corrupted Wall Street and the World Economy*. NJ.: John Wiley & Sons Inc.

Shiller, R. J. (2008). *The Subprime Solution: How Today's Global Financial Crisis Happened, and What To Do About It*. NJ.: Princeton Univ. Press.

Shultz, G. P., Meltzer, A. H., Fisher P. R., & Kohn, D. L. (2009). *The Road Ahead For the Fed*. Standford, CA.: Hoover Insti. Press.

Sorkin, A. R. (2010). *Too Big to Fail: The Inside Story of How Wall Street and Washington Fought to Save the Financial System—and Themselves*. London, UK: Penguin.

Taylor, J. B. (2009). *Getting off Track: How Government Actions and Interventions Caused, Prolonged and Worsened the Financial Crisis*. Standford, CA.: Hoover Inst. Press.

Wessel, D. (2010). *In Fed We Trust: Ben Bernanke's War on the Great Panic*. New York: Random House Inc.

期刊論文

邵慶平（2009）。〈金融危機的形成、處理機制與法制基礎—對美國次級房貸金融危機的觀察〉。《月旦法學雜誌》，**165**，29-45。

陳俊仁（2009）。〈證券投資信託事業經營危機之處理與因應機制〉。《月旦法學雜誌》，**165**，79-102。

Eggum, J., Porter, K. & Twomey, T. (2008). Saving Homes in Bankruptcy: Housing Affordability and Loan Modification. *Utah L. Rev., 2008*, 1123-1168.

Hunt, J. (2009). Credit Rating Agencies and the "Worldwide Credit Crisis": The Limits of Reputation, the Insufficiency of Reform, and A Proposal for Improvement. *Colum. Bus. L. Rev., 2009*(1), 109-209.

Johnson, C. (2008). Fight Blight: Cities Sue to Hold Lenders Responsible for the Rise in Foreclosures and Abandoned properties, *Utah L. Rev., 2008*, 1169-1253.

Omarova, S. T. (2009). The New Crisis for the New Century: Some Observations on the "Big-Picture" Lessons of the Global Financial Crisis of 2008. *N.C. Banking Inst., 13*, 157-165.

Peterson, C. L. (2008). Introduction. *Utah L. Rev., 2008*, 1107-1108.

Schwarcz, S. L. (2008). Disclosure's Failure in the Subprime Mortgage Crisis. *Utah L. Rev., 2008*, 1109-1122.

Shah, A. (2009). Emergency Economic Stabilization Act of 2008. *Harv. J. on Legis, 46*(2), 569-584.

Treanor, W. M. (2008). Subprime Mortgage Meltdown and the Global Financial Crisis. *Fordham J. Corp. & Fin. L., 14*(1), 1-47.

新聞媒體

周歧原（2009 年 8 月 27 日）。〈李祥林　金融海嘯的幕後元兇〉。《今週刊》，662，104-105。

莊方（2009 年 8 月 27 日）。〈美國，站不起來的巨人〉。《今週刊》，662，80-90。

莊方（2009 年 8 月 27 日）。〈雷曼的倒閉絕對可以避免〉。《今週刊》，662，102-103。

楊少強（2008 年 10 月 6 日）。〈華爾街將死，歐洲送入加護病房〉。《商業週刊》，1089，58-62。

楊少強等（2008年9月22日）。〈金融海嘯：雷曼兄弟破產啟示錄〉。
《商業週刊》，1087，103-112。

網頁

2008 financial crisis. Retrieved September 22, 2010 from
    http://www.wikinvest.com/concept/2008_Financial_Crisis.

Adjustable-rate mortgage. Retrieved October 15, 2010 from
    http://en.wikipedia.org/wiki/Adjustable-rate_mortgage.

Alt-A. Retrieved September 25, 2010 from
    http://en.wikipedia.org/wiki/Alt-A

American recovery and reinvestment act of 2009. Retrieved October 7, 2010 from
    http://en.wikipedia.org/wiki/American_Recovery_and_Reinvestment_Act

Collateralized debt obligations. Retrieved September 25, 2010 from
    http://en.wikipedia.org/wiki/Collateralized_debt_obligatio

Credit scores (United States). Retrieved September 25, 2010 from
    http://en.wikipedia.org/wiki/Credit_score_(United_States)

Emergency Economic Stabilization Act of 2008. Retrieved October 7, 2010 from
    http://en.wikipedia.org/wiki/Emergency_Economic_Stabilization_Act_of_2008

Fannie mae. Retrieved October 7, 2010 from
http://en.wikipedia.org/wiki/Fannie_Mae

Federal takeover of fannie mae and freddie mac. Retrieved October 17, 2010 from
http://en.wikipedia.org/wiki/Federal_takeover_of_Fannie_Mae_and_Freddie_Mac

FHA insured loan. Retrieved October 7, 2010 from
http://en.wikipedia.org/wiki/FHA_loan.

Financial crisis of 2007–2009. Retrieved October 7, 2010, from
http://en.wikipedia.org/w/index.php?title=Financial_crisis_of_2007%E2%80%932009&redirect=no

Freddie mac. Retrieved October 15, 2010 from
http://en.wikipedia.org/wiki/Freddie_Mac

法律風險管理

第八章

政府作為與法律風險管理
——以國家賠償為中心

張智聖[*]

---

[*] 亞洲大學財經法律學系助理教授；本文感謝亞洲大學財經法律學系陳匡正助理教授提供校、潤稿協助，特在此表達謝意。

目　次

- 壹、緒論
- 貳、行政觀點
  - 一、「預防法學」之「典範轉移」與「學習型組織」之建立
  - 二、政策之內部行銷與外部行銷
  - 三、資訊公開與「風險溝通」
  - 四、顧客導向與人員教育訓練
  - 五、土地登記國家賠償「登記儲金」模式與賞罰平衡機制
  - 六、責任保險之「風險轉移」功效
  - 七、國家考試之影響與反饋
  - 八、監察院行政調查報告等文獻與法律風險管理作業手冊
- 參、立法觀點
- 肆、司法觀點
- 伍、結論與建議
- 附錄1　民眾認知及態度調查研究統計表（2009年）
- 附錄2　民眾認知及態度調查研究統計表（2010年）

摘要

憲政民主時代「主權在民」，政府治理當以人民為先，以法治為依歸，重視民意政治與責任政治。如何實事求是「有感」消除民怨？緣起對政府作為與法律風險管理之「預防法學」研究動機，本文選定以國家賠償議題為中心，嘗試從傳統重視司法判決的「治療法學」、「救濟法學」，轉向重視風險管理、跨領域、橫向科際整合的「預防法學」創新典範。任何法律問題本質上都是人權保障的問題，國家賠償是法律問題，也是人權問題，然事關人民自由、生命、身體、財產等權益及龐大社會成本，更是民生議題。研究方法除文獻分析法、比較研究法等外，並以民意調查法，於 2009 年以書面問卷展開實證調查，並於相隔一年後之 2010 年，進行後續追蹤調查研究，研究一般民眾對國家賠償之認知及態度。試圖從第一手實證資料分析「庶民觀點」所得，以行政、立法、司法權力分立制衡與效能觀點，達到保障人權終極目標之分析架構，結合理論與實際，從靜態到動態，跳脫傳統概念法學、純粹法學形式邏輯框架，橫向科際整合政治學、行政學、管理學、法經濟學、法社會學等觀點，宏觀與微觀解答政府機關國家賠償法律風險管理相關問題，並為建構國家賠償法律風險管理動態知識體系之多元、系統整合功能、有效策略模式，提供個人淺見。

關鍵詞：政府、法律風險管理、國家賠償、整合性風險管理、行政、立法、司法、預防法學

壹、緒論

「政府」（government）一詞多義，可指政府、政體、治理方法。從政治學上而言，政府是國家處理公共事務的機關，狹義專指行政機關，廣義則包括行政、立法、司法等各機關[1]。主權在民，政府必須依憲法或法律而組織並賦予職權，今日政府職能擴大，其相關研究範圍亦擴大[2]。從行政學觀點而言，學者羅斯（R. Rose）認為政府不是一個單一屬性概念，包括法律、公務員、組織、計畫等多元組合[3]。就憲法、地方制度法來看，政府是由總統及行政、立法、司法、考試、監察五院所屬各機關及地方行政機關與地方民意機關所構成之組織體系。如使用「公部門」（public sector），乃指相對於私部門、第三部門（非營利組織）之政府機關、機構、公營事業等[4]，較為廣義。「公共政策」（public policy），指政府機關為解決某項公共問題或滿足公眾需求，決定積極作為或消極不作為，以及如何作為的相關活動。政府機關如決定作為，即以法律、命令、方案、計畫、服

---

[1] 林嘉誠、朱浤源，《政治學辭典》，五南，1990年4月，頁140。
[2] STEVEN H. GIFIS, LAW DICTIONARY (BARRON'S LEGAL GUIDES) 221 (1996); FRANK BEALEY, THE BLACKWELL DICTIONARY OF POLITICAL SCIENCE 147-148 (1999).
[3] 孫本初、賴維堯，《行政學辭典》，一品，2008年10月（修訂1版），頁325-326。
[4] 吳定，《公共政策辭典》，五南，2005年10月（3版），頁229。

務、產品等活動表示公共政策的內涵[5]。「公共行政」(public administration)是管理理論、政治理論以及法律理論的綜合運用、科際整合,與企業組織重利潤、市場相較,公共行政重視公共利益(public interest),以服務人民為導向和公平正義之價值[6]。

依行政院 97 年 12 月 8 日函修正之「行政院所屬各機關風險管理及危機處理作業基準」之用詞定義,風險(risk)指潛在影響組織目標之事件,及其發生之可能性與嚴重程度,風險管理(risk management)指為有效管理可能發生事件並降低其不利影響,所執行之步驟與過程,風險評估(risk assessment)包括風險辨識、風險分析及風險評量之過程,而整合性風險管理(integrated risk management),則指以組織整體觀點,系統性持續進行風險評估、風險處理、風險監控及風險溝通之過程。附上述定義外,在保險學、行政學、政治學、社會學及英美法等詞典中,均可查到風險、風險管理的意義及所涉及之相關概念,更凸顯風險管理之跨領域科際整合研究的新趨勢。

氣候變遷和恐怖主義不只改變人類過去 10 年的生活,在語言上也產生重大影響,根據全球語言監督組織(Global Language Monitor)的統計,「全球暖化」(global warming)和「911」,分占過去 10 年使用次數最多字彙前兩名[7]。這凸顯出 21 世紀之氣候變遷、天災、人禍、金融風暴、病毒等威脅,人類社會已是「風險社會」(risk

---

[5] 同前註 4,頁 96-97。
[6] 同前註 3,頁 766-767。
[7] 田思怡編譯(2009 年 11 月)。〈全球暖化、911 過去 10 年最常用字〉。《聯合報》,A25 版。

society），考驗著全球各國家、各行各業及每一個人。除了有美國前副總統高爾「不願面對的真相」外，好萊塢更應景拍了科幻災難片「明天過後」、「2012」等。風險是現代社會的重要概念，也是社會科學領域重要且正在發展中之原理。處於21世紀天災人禍交錯、多元多變的社會環境中，如何認知、評估及管理風險，已成為人類社會永續發展的重要顯學[8]。

　　風險管理的國際發展趨勢可以區分成 3 個階段，第一階段為 1950 年代前之損失控制管理（loss control management）與保險的整合，該階段屬於工業安全與工程控制階段之範疇；第二段為財務風險（financial risk）與危害風險（hazard risk）的整合階段；第三階段為 1980 年後之整合性風險管理。關於行政部門導入風險管理或整合性風險管理，目前加拿大、英國、澳洲等先進國家已行之有年，並已獲得具體成效，包括改善組織運作之各項流程、運用有限資源管理主要風險、聚焦於公眾決策、建立冒險與創新平臺、辨識轉機關鍵點、提供較佳的緊急應變計畫與降低不確定性與意外損害幅度等，因此導入國外風險管理系統，將有助於行政部門之整體施政績效[9]。

　　2002 年出版的《財經法律與企業經營》一書中，提及財經法律有「科際整合」（interdisciplinary study）的特性，法律學與經濟學、

---

[8] 詹中原，〈政府機關的危機預防與風險管理〉，收錄於梁元本、魏彩鶯著，《研習論壇精選「第二輯」：公共治理之新視野》，行政院人事行政局地方行政研習中心，2008 年 12 月，頁 81。

[9] 行政院研考會，《風險管理及危機處理作業手冊》，行政院研究發展考核委員會，2009 年 6 月，頁 73。

財務學、會計學、統計學等具有整合的關係。爭端解決機制是處理企業風險不可或缺的一環，法律可以預防市場失靈，並因應政府失靈，法律諮詢是企業決策能否因應風險的重要基礎。法律判斷與商業判斷應力求融合而有利於企業永續發展，企業經營者在面臨國際與國內挑戰時，能以法律為戰略資產（strategic asset），結合企業策略與法律分析，形成一個政策分析，興利防弊，善盡企業的社會責任，達成企業永續經營之目標[10]。

2003 年出版的《學習法律規則：法學方法與法律推理學生指南》（Learning Legal Rules: A Student's Guide to Legal Method and Reasoning）第 5 版，其中「開發法律推理」之章節中，提及法律邏輯之侷限、預測與公共政策、決策分析方法的步驟及應用等[11]。

2006 年出版的《企業法律環境：全球化的觀點》（The Legal Environment of Business: A Critical Thinking Approach）點出，按照企業活動的特點，對其中所涉及的法律制度進行了全面的探討，向讀者清晰地展示了企業的法律環境與其他企業學科相互聯繫的全景圖，全書分為三個部分：法律與企業法律環境總論；私法與企業法律環境；公法與企業法律環境，並強調批判性思考與法律推理[12]。

---

[10] 陳長文等著，《財經法律與企業經營：兼述兩岸相關財經法律問題》，元照，2002 年 5 月，頁 5-69。

[11] JAMES A. HOLLAND & JULIAN WEBB, LEARNING LEGAL RULES: A STUDENT'S GUIDE TO LEGAL METHOD AND REASONING 330-339 (5th ed., 2003).

[12] Nancy K. Kubasek、Bartley A. Brennan、M. Neil Browne 原著，湯樹梅等譯，《企業法律環境：全球化的觀點》，臺灣培生教育，2008 年 6 月，譯者前言、頁 5-21。

綜合上述,法律風險管理為新興發展中領域,具專業化傾向及研究價值。可以傳統基礎法律學科(如:憲法、民法、商事法、刑法、行政法等)與民間企業、非營利組織、政府部門永續發展之相關法律議題(如:民事責任、刑事責任、行政責任、公司治理、企業經營、國際金融、保險、科技、醫療服務、稅務、休閒服務、高齡化、不動產、智財權、全球治理等),進行「整合性風險管理」之「科際整合」、「跨國比較」高階創新研究,提出適合國家建設、產業發展、社會變遷、與國際接軌所需之整合性法律風險管理策略,以使理論之研究成為實用性之政策。

國內外許多學者的論述中,提及:橫向跨領域科際整合;預防性立法重於治療性;法律環境之分析;企業經營者對企業法律風險的控管;將法律成本合理內化為企業經營的成本之一;企業經營法制危機;對法律變動進行議題管理及事前的 SWOT 分析;提前行動,積極掌握議題變動的契機,消極預防議題變成風險與危機,造成企業的損失;法務部門確認與處理相關法律責任,提交法律意見,協助與政府部門溝通;律師執業基本技能,如何診斷、預測和擬定策略;行政、立法、司法部門對環境危機的反應;環境汙染風險管理;環境法之預防原則、措施;環境風險的分析評估;公害糾紛事前預防;法律風險管理中的識別、評估與解決方案;新興金融商品法律風險與避讓;企業法律風險防範管理;法律風險執行資訊系統;企業法律風險的識別、評估和防控;企業法律責任與法律控管;公司稅務治理與規劃之法規遵循風險、策略及交易風險及營運風險之

「組合風險」；建構制度化風險管理機制的可行性等議題[13]，凸顯出重視風險管理、跨領域、橫向科際整合的「預防法學」，在公司治理、企業經營、不動產、政府作為、金融、環保、醫療等不同領域中受到重視。

所謂「防患未然」、「防微杜漸」、「未雨綢繆」，凸顯預防勝於治療（prevention is better than cure），例如塑化劑風暴之危機，日本強震、海嘯、核輻射外洩之災害，臺中夜店大火之危機，八八水災之教訓均顯示「防災重於救災」，重視健檢追蹤之「預防醫學」，H1N1新流感之預防針注射、抗病毒藥物儲備等。法律風險是可預見、管

---

[13] 楊敏華，《企業與法律——公司治理之監事制度研究》，中華公司治理協會，2004年2月，頁14；溫豐文，《土地法》，自版修訂，2007年，頁24-25；陳定國，《現代管理通論》，三民，2003年8月，頁104-105；連世昌，《房地買賣風險法律控管》，永然文化，2008年6月，自序；朱延智，《企業危機管理》，五南，2007年10月（3版），頁41-42；黃丙喜、馮志能、劉遠忠，《動態危機管理》，商周，2009年6月，頁235-242；Stefan H. Krieger、Richard K. Neumann, Jr.著，中倫金通律師事務所譯，《律師執業基本技能》，五南，2010年2月，頁37-41；宋明哲，《現代風險管理》，五南，2001年11月（5版），頁368-369；陳慈陽，《環境法總論》，自版，2000年6月，頁201-205；G. Tyler Miller, Jr.著，段國仁、蘇睿智、張子祥譯，《環境科學》，編譯館，2000年12月，頁356-367；行政院環境保護署編印，《98年版環境白皮書》，行政院環境保護署，2009年11月，頁408-409；吳江水，《完美的防範：法律風險管理中的識別、評估與解決方案》，北京大學出版社，2010年1月，序；中華法律風險管理學會編印，《2010年兩岸法律風險管理研討會論文集》，中華法律風險管理學會，2010年；吳德豐、徐麗珍主編，《公司稅務治理與規劃：管理風險，創造價值》，資誠教育基金會，2010年10月，頁81；詹中原，《危機管理：理論架構》，聯經，2008年，頁383；EDWARD O. WILSON, CONSILIENCE: THE UNITY OF KNOWLEDGE 197-228 (1998). DENNIS PATTERSON, A COMPANION TO PHILOSOPHY OF LAW AND LEGAL THEORY (BLACKWELL COMPANIONS TO PHILOSOPHY) 397-461 (1999). GEORGE J. ANNAS, STANDARD OF CARE: THE LAW OF AMERICAN BIOETHICS 246-258 (1997).

理、控制的風險，應主動積極去管理法律風險，而非被動消極地被法律風險所牽制。吾人可藉由風險之辨識認知、衡量、管理策略之選擇、策略之執行與評估等管理方法，預防、減低或排除其不利影響。雖然有時防不勝防，但可以人為方式使法律風險最小化，降低交易成本，達成永續發展之目標，「預防法學」之研究發展，有其必要性、實用性及動態性。

　　現代政府任務多樣化，與民眾生活息息相關，其角色從消極到積極，從治安維護到社會福利，政府透過其擁有的資源與公權力，在行政效能與保障人權的動態平衡中，行政專家依法行政且有效地預防、管控法律風險，以達成政府公益目標。

　　有鑑於此，行政院於民國94年函頒「行政機關風險管理推動方案」，其具體目的為「培養行政院所屬各機關風險管理意識，促使各部會清楚了解與管理施政之主要風險，以形塑風險管理文化，提升風險管理能量，有效降低風險發生之可能性，並減少或避免風險之衝擊，以助達成組織目標，提升施政績效與民眾滿意度」，並強調「整合性」風險管理，亦即要求各部會以組織整體的觀點，持續有系統地透過風險辨識確認、風險評估、風險處理監控，以及風險溝通之循環過程，俾將風險管理納入政策考量，以達成組織目標。

　　行政院於民國97年12月函修正為「行政院所屬各機關風險管理及危機處理作業基準」，以改善所屬機關治理、降低財務損失、提升運作效益、達成施政目標，及掌握創新突破機會，以防範及消減施政風險之衝擊，並促使各部會將風險管理融入日常作業及決策運作。行政院研考會於民國98年1月編有「風險管理及危機處理作業

手冊」，提供機關各層級參酌作業基準運作時，設定政策目標、規畫及建置架構、執行與操作、監督審查與矯正預防及改善等作業之實務說明[14]。惟此項風險管理及危機處理作業規範未獲致公領域部門之重視，致各種政策之推動無法發揮預期之成效，亟待從學術領域進行研究，以供政府及公部門之重視與參採。

政策法學（study of policy law），強調在適用法律時，應作出政策選擇。政府作為與法律風險管理之整合研究，除要進行系統化邏輯辯證思考外，更要從個案實務經驗中學習成長（如：國家賠償訴訟之爭點及勝敗關鍵理由之所在）。事前預防（如：風險管理與溝通之機制及法制依據、危機處理計畫及情境模擬演練追蹤成效、行政程序法法律原則之遵守、透明化、標準作業流程（SOPs）、行政一體監督機制、資訊公開、聽證程序、協議先行、陳述意見、陳情處理等），勝於事後之治療（如：訴訟之時間、金錢、人力、物力成本、國家賠償責任之全民埋單等）。

學者認為，政府運作的新觀念中，有：企業型政府、顧客導向的服務規劃、品質管理、事先的預防重於事後的補救、宣導與教育訓練、危機管理、組織再造、創新的想法和做法、承擔風險、內部共識、外部廣大民眾的了解與支持、民意政治與政策規劃、公共政策的管理與促銷、法規為重要之政策工具、政策環境之制約、政策行銷、績效導向、行政程序法、政策合理化、系統思考、司法審查

---

[14] 行政院研考會，《風險管理及危機處理作業手冊》，行政院研究發展考核委員會，2009 年 6 月，頁 7-8。

制衡、憲法權利、標準化作業程序等[15]。而在行政機關的危機預防與風險管理上,學者更強調:經驗與案例的累積、標準作業流程、遵守行政程序法等法令規章、風險技術面與社會面、風險成本利益分析、風險評估與風險溝通之整合、危機預防是危機管理的最高境界、化危機為轉機、風險管理作業手冊、主管支持與領導、人員教育訓練、預警機制、模擬演練、民眾民生需求導向、知識分享平台、開放型風險管理組織文化、保險採購、從意識理念到務實效益、標準化文件化、危機的法律社會學理解、從靜態到動態[16]。

王澤鑑教授在一般侵權行為的基本理論中提到「危害事故與社會成本」,今日危害事故主因係社會經濟發展快速、科技發達、人口集中都市、生活競爭激烈、政府施政缺少規劃、及執行法令不力等,其所造成包括財產上及非財產上的損害。要處理危害事故,必須調查、談判、仲裁、抗爭、訴訟等,因而發生各種交易成本。避免危害事故,可以節省社會資源。而對危害事故與社會成本的分析,他認為一個國家開發的程度表現在對統計的重視、運用之上。他更提出兩個重要問題:1、如何防止或減少危害事故:涉及企業管理、科

---

[15] 張潤書,《行政學》,三民,1998 年 3 月(修訂初版),頁 39、497-532;朱志宏,《公共政策》,三民,1999 年 8 月(再版),頁 173-176、222-229;David H. Rosenbloom & Robert S. Kravchuk 原著,呂育誠、陳恆鈞、許立一合譯,《行政學:管理、政治、法律的觀點》,麥格羅希爾,2002 年 6 月,頁 460-461;吳定,前揭註 4 書,頁 207、209、337。

[16] 詹中原,〈政府機關的危機預防與風險管理〉;丘昌泰,〈危機預防與風險管理〉;楊志誠,〈風險社會的危機管理〉;施宗英,〈管理風險因應變遷的施政環境〉,收錄於梁元本、魏彩鶯著,《研習論壇精選「第二輯」:公共治理之新視野》,行政院人事行政局地方行政研習中心,2008 年 12 月,頁 81-156。

學技術、行政措施、法令規章、法律制裁和其他社會制度，須考量成本等各種因素而作決策選擇；2、如何合理填補損害：完善各種社會保障制度如全民健保、無過失補償制度、強制責任保險、商業保險等。在「研究課題及研究方法」上，他強調四點：1、闡釋法條結構及解釋適用：強調價值取向的論證及思考方法，致力將抽象法律概念具體化、類型化；2、案例法（case law）的性質：強調 leading case 法律生命有機的變遷成長；3、比較法：認識法律政策（policy）及法律技術（judicial technique）的關係，借鏡比較法上的規範模式，顯現自己的特色及爭點，探尋改進及解決的方向；4、以法律的經濟分析為重要思考工具。在「預防損害」上，他更強調損害的預防勝於損害填補，除侵權行為法損害賠償制裁具有嚇阻預防功能的傳統見解外，應從法律經濟分析的論點，強調侵權行為法的預防機能[17]。上述觀點，對法律風險管理研究方法論，對國家賠償法律風險管理研究而言，誠屬的論！

國家責任之基礎理論為：對人民基本權保護義務；社會連帶義務；實現社會正義義務。國家責任的體系原則上可分為：損害賠償（違法），如：國家賠償法；損失補償（適法），如：依法徵收私人土地之補償[18]。學者認為，國家賠償責任，以社會連帶作為基礎，使吾人在社會生活中的風險，可以適度分散，由全體社會成員共同承擔特定人民所受之損害，帶有風險分攤之類似社會保險制度。尤其國家行使公權力，受益者為全體國民，個別案件中，因公務員違

---

[17] 王澤鑑，《侵權行為法》，自版，2009 年 7 月，頁 1-10。
[18] 李惠宗，《行政法要義》，元照，2007 年 2 月（3 版），頁 616-620。

法行使公權力,以致遭受損害者,亦由全體國民承擔(「利益之所在,風險之所在」或「利益歸屬與其風險歸屬相互配合」之公平原則)[19]。

　　2011年5月3日報載兩件與加油站有關之國賠案,法院判政府機關賠償約六千萬新臺幣。國賠雖寓有「我為人人,人人為我」之社會保險精神,誠如法務部推動現代化司法保護工程的積極作為中,強調從研究探求預防與控制積極進行犯罪問題研究,犯罪「預防」才是最好的刑事政策[20]。內政部警政署刑事警察局出版的《反詐騙小叮嚀》手冊,亦強調「預防」十大熱門詐騙[21]。學者亦強調,各種地方如學校、餐廳、醫院、體育場、馬路等都有可能發生國賠案例,據統計全國政府機關每年新增的國賠案件,近十年來,平均每年都有上千件,有時甚至在2,000件以上,每年賠償金額約上億臺幣,公務員應有風險管理觀念,懂得預防國賠事件發生[22]。法律風險管理,可以預防糾紛、掌握變化,有利於調整步驟、降低風險,對企業或政府部門而言,都是必須考慮的主流價值,不能輕忽。並強調安全防護措施、保險等,事前的法律規劃很重要,不致發生狀況才要做法律診斷,甚至還要上「手術檯」訴訟[23]。

---

[19] 陳清秀,〈國家賠償實務之研討〉,收錄於林康年著,《2008 國家賠償理論與實務》,臺北市政府法規委員會,2008年12月,頁3-4。

[20] 施茂林,《司法保護締新猷──多元專業創新的全面整合》,法務部,2008年2月,頁18-20。

[21] 內政部警政署刑事警察局,《反詐騙小叮嚀》,內政部警政署刑事警察局,2009年11月(再版),頁1-22。

[22] 施茂林,《法律簡單講:從法律書學不到的制勝法則》,聯經,2008年4月,頁163-165。

[23] 施茂林,《法律做後盾:從法律書學不到的制勝法則》,聯經,2007年5月,頁107-109。

而民國百年來法制的變遷，宏觀反映了國家在政治、經濟、社會、文化、教育、人權、科技等各方面的發展軌跡。國家賠償法實施近三十年來的發展，已成為臺灣人權史中的重要指標。

根據官方統計資料，民國93年度各地方法院辦理國賠事件收結情形，全國受理630件，其中經裁判損害賠償金錢賠償件數74件，人數145人，金額新臺幣127,663,524元[24]。民國94年度各地方法院全年受理國賠事件613件，其中經裁判金錢賠償件數60件，人數97人，金額新臺幣110,730,127元[25]。民國98年度各地方法院全年受理國賠事件818件，其中經裁判金錢賠償件數99件，人數185人，金額新臺幣170,446,810元，同年高等法院暨分院受理民事上訴國賠事件收結情形，終結事件中經裁判損害賠償機關別以行政機關為主，按其內容分類，件數前四名分別為：工務、交通、行政措施、地政[26]。上述資料顯示，行政機關特定單位，每年被法院判決國賠的金額常維持在新臺幣一億多元以上，從法經濟學、法社會學的角度來看，應加強國賠的法律風險管理功能。

國中小老師不當體罰甚至於性侵學生，校園安全亮起紅燈，法院判國賠[27]，金額從數十萬到數百萬新臺幣不等。蘇花公路罹難的

---

[24] 司法院資訊管理處編輯，《司法業務年報—案件分析（93年度）》，司法院，2005年9月，頁101、177。
[25] 司法院少年及家事廳編輯，《司法業務年報—案件分析（94年度）》，司法院，2006年11月，頁93、182。
[26] 司法院司法行政廳編輯，《司法業務年報—案件分析（98年度）》，司法院，2010年9月，頁79、165、168。
[27] 參照臺灣高等法院臺中分院99年度上國字第5號民事判決、苗栗地院94年國字第4號、花蓮地院99年國字第3號、臺中地院99年國字第8號民事判決，可至司法院「法學資料檢索」網站檢索。

大陸觀光客是否適用國賠,有所爭議[28]。國家賠償雖寓有「大家賠償」之連帶精神(經費由各級政府編列預算支應),但每年賠償金額動輒上億元新臺幣,又造成民怨,其社會有形、無形成本鉅大,公務員應有法律風險管理之觀念,落實預防國賠事件之發生(如:軟硬體設備之強化、重視公共工程之品質與管理維護、公務人員法制訓練及個案研習等)。

任何法律問題,本質上都是人權保障的問題!國家權力分立制衡的終極目標,是要與時俱進保障人權。特別是「公民與政治權利國際公約」、「經濟、社會與文化權利國際公約」兩公約施行法及立法院最新通過之「消除對婦女一切形式歧視公約」施行法,已具有我國內法律之效力[29],落實主權在民之憲政民主,提升人權保障更是政府的義務與責任。國賠法律風險管理之研究,要從解決問題的思考、執行、判斷、操作性程序、手段、技術等「方法」,逐步提升至多面向、跨領域科際整合研究,建立知識體系理論基礎,並引起思辯與討論的「方法論」(methodology)[30]層次。吾人認為應充實其內涵,重視相關文獻之批判性思考,深入比較研究及實證調查分析,結合產官學界,擴展理論與實務之視野,以理論為基礎,為實踐的

---

[28] 施富盛,〈看看英國 想想我們 反陸客國賠…宣告沒法治文明〉,《聯合報》,2010年11月,A27版;仇佩芬、許俊偉,〈國賠?法部:依平等互惠〉,《中國時報》,2010年11月,A6版。

[29] 徐正戎、呂炳寬,〈三代人權與司法審查〉,《東亞法學評論》,1卷1期,2010年3月,頁73-87。

[30] 林品章,《方法論:解決問題的思考方法》,基礎造形學會,2008年9月,頁14-18。

應用[31]，以便從中使用法律的邏輯與經驗，在日常生活案例的微觀中落實法治，使法律責任風險「極小化」，法律秩序、公平正義價值、安居樂業生活「極大化」。

假設 21 歲的大學生阿福，某夜打完工騎機車經過一處彎道，因路燈昏暗，他無法看清楚公路上有坑洞，導致連人帶車摔倒，阿福受傷送醫撿回一條小命，但治療休養一個月無法上課上班，他的機車受損送修花了新臺幣六千多元，請問阿福能否依法請求國家賠償醫療費、看護費用、就醫交通費用、減少勞動能力損害、精神慰撫金及機車修復費用？

憲法第二十四條規定：「凡公務員違法侵害人民之自由或權利者，除依法律受懲戒外，應負刑事及民事責任。被害人民就其所受損害，並得依法律向國家請求賠償。」此為憲法所保障國賠之基本人權「事後救濟」及立法之「憲法委託」。

然而人民所擁有的這項人權，並非毫無限制的皆可申請國家賠償。依國家賠償法第二條、第三條、第四條、第十三條之規定，國家賠償責任有下列四類型：

1、因一般公務員（最廣義）違法行為之國家賠償責任（包括積極作為與消極不作為）。
2、因公有公共設施設置或管理有欠缺之國家賠償責任（無過失責任）。

---

[31] 楊仁壽，《法學方法論》，自版，2010 年（2 版），頁 182-183。

3、因受委託行使公權力的團體或個人違法行為之國家賠償責任。

4、因有審判或追訴職務之法官或檢察官犯職務上之罪，經判決有罪確定者之國家賠償責任。

上述第1、3、4類為因「人」的行為造成國家賠償，其中第3、4類屬特殊的人的行為，而第2類為因「物」的設置管理造成國家賠償。

本事件依題述事實，主要爭點在於：1、系爭事故地點道路是否為公有公共設施？其設置或管理有無欠缺？2、系爭事故之發生與道路設置或管理之欠缺間，有無因果關係？3、阿福各項之請求是否合理？

因在肇事路段的彎道照明不良，路上又有坑洞，導致阿福車損人傷，依國賠法第三條，道路為公有公共設施，而彎道照明不良，路上又有坑洞，設置、管理有所欠缺，導致阿福身體受傷、車輛受損，阿福依國賠法第三條之規定，可向道路設置或管理機關，請求合理之國家賠償（如：精神慰撫金要斟酌身分資力、車損有折舊問題）。

但是阿福該如何行使這項權利呢？依國賠法第十條第一項之規定，請求賠償時，應先以書面向賠償義務機關請求之，此時賠償義務機關應即與請求權人協議，如協議成立，則會作成協議書，依協議書之內容賠償。然而賠償義務機關如拒絕賠償，或自提出請求之日起逾三十日不開始協議，或自開始協議之日起逾六十日協議不成立時，依國賠法第十一條之規定，阿福得向地方法院提起國家賠償

訴訟。當然，阿福也要注意國賠法第八條時效期間之規定（知有損害時起 2 年；自損害發生時起 5 年），以免權利受抗辯權影響。此外，若被害人阿福對損害之發生或擴大「與有過失」，如他未依規定速限或未戴安全帽等違規行為，依民法第兩百一十七條第一項之規定，法院得以職權斟酌減輕賠償金額。

　　憲法是國家根本大法，任何法令、判例牴觸憲法都是無效的。人民於憲法上所保障之權利，遭受不法侵害，經依法定程序提起訴訟，對確定終局裁判所適用之法律或命令發生有牴觸憲法疑義之案件，可聲請大法官釋憲，以獨立之司法違憲審查權，權力分立制衡行政、立法權，達到保障人權之終極目標（司法院網站、司法院大法官審理案件法參照）。我國憲法以基本權為第一種結構，國家組織為第二種結構，基本國策為第三種結構，以民主共和國、法治國、民生福利社會國、多元文化國為憲法基本原則。我國法治國家之自由民主憲政秩序，行政專家依法行政，公平正義維護之獨立公正司法審查，多元利益調合之立法裁量，超出黨派以外依據法律獨立行使職權之考試、監察權，除形式上水平權力分立區分、制衡外，更應發揮整合功能之機關最適，求制衡與效能之動態平衡，以保障人權為終極目的[32]。

---

[32] 亞洲大學財經法律學系編，《法治教育宣導手冊》，亞洲大學，2010 年 10 月，頁 122-127；法治斌、董保城，《憲法新論》，自版，2010 年（4 版），頁 9-92；許育典，《憲法》，元照，2010 年 8 月（4 版），頁 39-95、351-354；德國基本法第 20a 條記述：國家，同時基於對未來世代之責任，在合憲秩序之框架下，經由立法權，以及在依據法律及法之準據下，經由行政權及司法權，保護自然之生存基礎，詳見 Hasso Hofmann 著，李建良譯，〈「環境國家」：維護自然生存基礎與保護免於科學及技術危險暨風險之國家責

人類歷史永遠處於開放與封閉的辯證中[33]，緣起對上述政府作為與法律風管理之「預防法學」研究動機，本文選定以國家賠償議題為中心。除文獻分析法、比較研究法等研究方法外，並以民意調查法，書面問卷調查研究一般民眾對國家賠償之認知及態度，由筆者個人及他人協助，以臺中、嘉義、高雄地區非法律專業背景民眾為主要調查對象，於2009年10月12日至同年11月2日，取得有效樣本610人，樣本特性分析男性49%、女性51%，年齡以未滿20歲（近20歲）43%，及20-29歲32%居多數，其次是30-39歲11%，40-49歲9%，50-59歲3%，60歲以上2%，教育程度專科、大學、研究所以上共占78%居多數，高中（職）有18%，國中及以下4%（見附錄1表12）。試圖從第一手實證資料分析「庶民觀點」所得，以行政、立法、司法權力分立制衡與效能觀點，終極目標保障人權之分析架構，結合理論與實際，從靜態法條到動態平衡，跳脫傳統概念法學、純粹法學形式邏輯[34]框架，科際整合政治學、行政學、管理學、法經濟學[35]、法社會學等觀點，宏觀與微觀解答政府機關國賠法律風險管理相關問題，並為建構國賠法律風險管理動態知識體系之多元、系統整合功能、有效策略模式，提供個人淺見。

任），收錄於 Peter Badura，Horst Dreier 主編，蘇永欽等譯著，《德國聯邦憲法法院五十周年紀念論文集（下）》，聯經，2010 年 10 月，頁 914-918；STANLEY DE SMITH & RODNEY BRAZIER, CONSTITUTIONAL AND ADMINISTRATIVE LAW 119-630 (7Rev ed., 1994).

[33] J. M. ROBERTS, THE NEW PENGUIN HISTORY OF THE WORLD 1148-1184 (4Rev ed., 2004).

[34] 洪遜欣，《法理學》，自版，1994 年 9 月，頁 336-339。

[35] 謝哲勝，《法律經濟學》，五南，2007 年 5 月，頁 14-17、26-27；簡資修，《經濟推理與法律》，元照，2004 年 4 月，頁 185-198。

社會科學研究方法，大體上可以分為「量化研究方法」（quantitative research methods）與「質化研究方法」（qualitative research methods）。量的研究方法信賴的是可量化的、數字化的資料，並且依賴可計算、可測量、可操作的變項。相對質性研究方法，是運用敘述性解釋、現場記錄及人們自我的語言等方式，詮釋事件之意義[36]。本文之研究，採「綜合研究法」（triangulation），合併使用量化研究和質性研究，以增進研究的品質及嚴謹性[37]。兩種研究方法，應彼此互補而非對立競爭，質性研究之後繼續進行量化研究，更能確認質性研究的結果，使兩者可以有意義地對話，提供更多可供參考的訊息。

　　本次調查（2010 年，見附錄 2），與上次調查（2009 年，見附錄 1），相隔一年，採用同一份問卷。上次調查對象為臺中、嘉義、高雄地區非法律專業背景民眾，本次調查改為大臺中地區非法律專業背景民眾。樣本特性分析（見附錄 1 表 12 及附錄 2 表 12），上次男性 49%，女性 51%，本次男女百分比相同。年齡上次以未滿 20 歲（近 20 歲）43%，及 20-29 歲 32%居多數，其次是 30-39 歲 11%，40-49 歲 9%。本次年齡分布較上次平衡，未滿 20 歲（近 20 歲）35%，及 20-29 歲 21%，30-39 歲 21%，40-49 歲 14%。教育程度專科、大學、研究所以上，上次共占 78%居多數，本次專科、大學、研究所以上共占 71%仍居多數，惟高中（職）則從上次 18%提升至本次

---

[36] 江明修，《研究方法論》，智勝文化，2009 年 5 月，頁 117-126。
[37] 劉忠明、翟敏娟、劉柏能，《管理學精要》，匯智出版，2008 年 7 月（3 版），頁 185；Donald R. Cooper, Pamela S. Schindler 著，古永嘉、楊雪蘭編譯，《企業研究方法》，麥格羅希爾，2009 年 1 月（3 版），頁 129-130。

21%，國中及以下，則從上次 4%，提升至本次 8%。與上次相比，本次共增加非大專以上教育程度樣本數 7%，以強化樣本之多樣性。

貳、行政觀點

一、「預防法學」之「典範轉移」與「學習型組織」之建立

古代處理政務的機關稱為「衙門」、「官署」，與「官」有關的詞語中有所謂「官僚」、「官架子」、「打官腔」、「官樣文章」等，均給人負面、保守、威權、徒具形式、不易親近的印象。

然而 21 世紀是一個知識經濟的世紀，知識就是力量，「學習型組織」（learning organization）[38]更是 21 世紀管理的新典範。誠如彼得‧聖吉（Peter Senge）所言，以系統思考、自我超越、心智模式、建立共同願景、團對學習五項修練建立學習型組織。積極引進「學習型組織」概念，公務人員可終身學習，汲取新知識、新技術，強化自身學能及知識創新能力，累積經驗，促進組織之彈性、適應性及應變能力，發揮最大效益，增進組織績效。

當一學科的科學社群發展出一套具有共識的基本觀點、假設、

---

[38] 吳定，前揭註 4 書，頁 326-327；孫本初、賴維堯，前揭註 3 書，頁 449-451。

研究範圍、研究主題、研究方法、研究取向等,便稱為「典範」（paradigm）,研究者以此一共同典範為基礎而發展出明確的常態科學。當「異例」（anomaly）累積到一定程度,原有典範以無法解釋陸續發現的問題而進入危機階段,此一危機將因新的典範出現而化解,此即「典範轉移」（paradigm shift）[39]。

　　不同的時間和空間,就會產生不同的典範。民國82至83年的國防報告書,在第五篇「國民與國軍」的第三章「軍中與社會配合」,其第二節為「人民訴願與國家賠償」[40],提及國防部為落實國家賠償法之執行,成立賠償審議委員會,秉持公平合理的原則,依據國賠相關規定審慎處理,該賠則賠,俾使保障人民權益之精神得以充分發揮。並從其所附國軍78至82年五年來受理國賠案件統計表所示,成立（包括和解）比例不高,請求國賠之原因以「公務員積極之不法行為」為主,遠超過「公務員消極之不法行為」、「公有公共設施設置有欠缺」、「公有公共設施管理有欠缺」,此與一般行政機關國家賠償法第三條請求件數大於第二條請求件數之情形不同,應為國防之特性使然。民國98年的國防報告書[41],強調引進「學習型組織」概念,執行「傾聽民意列車」專案,提升並精進災害防救與整備的能力。此外在同年漫畫版的國防報告書[42],也於第3單元「國

---

[39] 吳定,前揭註4書,頁81；孫本初、賴維堯,前揭註3書,頁603-606。
[40] 國防部編纂委員會,《中華民國八十二～八十三年國防報告書》,黎明文化,1994年3月,頁195-196。
[41] 國防部「國防報告書」編纂委員會著,《中華民國九十八年國防報告書》,國防部,2009年10月,頁74、176-181。
[42] 國防部「國防報告書」編纂委員會著,《98年國防報告書（漫畫版）》,頁79,國防部,2009年10月。

防施政：親民愛民的國軍」中，提及按照「程序、步驟、要領」執行，與善用「風險管理」思維及方法，將危險因子降至最低。這些實例，當可佐證本文以國家賠償為中心的整合性法律風險管理研究，其預防勝於治療之「預防法學」新典範。

行政院研考會於民國98年1月之「風險管理及危機處理作業手冊」前言中，建議各部會與日常運作模式相互結合，風險管理機制應整合至施政計畫各階段，善用PDCA（Plan→Do→Check→Action）管理循環模式，建立學習型的機關，強調經驗分享，亦可善用資訊平台就跨單位跨部會議題進行資料交換、溝通與討論，以逐步累積風險辨識與評估的經驗與數據，亦可呼應上述典範轉移之新趨勢。

二、政策之內部行銷與外部行銷

臺灣社會經歷解嚴二十多年來的「壓縮式」快速變遷，事關民眾權益之政策，如未經「政策溝通」（policy communication）、「政策對話」（policy discourse），即要民眾「政策順服」（policy compliance），恐事倍功半，無法有效達成行政程序法第一條立法目的中「增進人民對行政之信賴」。

人民對政府所提供的服務，在質與量的要求均不斷提高，與其解讀為要求太高、太多，不如解讀為憲法主權在民、民生福利國家獲得民眾之支持，乃當務之急。擴大導入市場行銷的觀念，進行「政

策行銷」(policy marketing)[43]，政府機關及人員透過有效的行銷策略與方法，促使內部執行人員及外部服務對象之一般社會大眾，對政策產生共識或表示贊同的過程。

為因應外在環境的變化，政府運作越來越重視與外在環境的互動，遂有「政府公關」(public relations)[44]的概念，透過政府公關的管理方法，一方面使政府得以宣揚政令，讓民眾對政府的政策有所了解，有助於政策執行與提升政府形象，並得以了解民眾的意見、看法，妥善規劃政策方針，解決社會問題，實現顧客導向的目標。

「內部行銷」實例，臺北市政府於民國97年10月14日修改臺北市政府國家賠償事件處理要點第7點規定，將該府各機關擬具國家賠償案件之處理意見時限，由30日縮短為20日，以提升該府各機關處理國家賠償案件之效率，並保障請求權人程序利益。另為使各機關確實掌握處理時效，法規會於97年度對各機關進行訪問輔導，即於前述規定修正前，宣導各機關應確實遵守時效規定，以加強各機關重視請求權人時效利益之觀念。經統計民國95年、96年及97年受理之國賠案件量為289件、319件、372件，當年度之結案量分別為202件、232件、292件，結案率則為69.9%、72.7%、78.5%，故該府受理之國賠案件年年增加，結案率仍能年年提升，顯見法規會修正上述法規及辦理業務宣導，對於縮短各機關處理國

---

[43] 吳定，前揭註4書，頁337-339；孫本初、賴維堯，前揭註3書，頁665-667。
[44] 孫本初、賴維堯，同揭註3書，頁784-785。

賠案件時程,已達實施成效[45]。

「外部行銷」實例,臺北市政府打「電視廣告」之「路平專案」持續實施中,高雄市政府之電視廣告則為「高雄萬事通 1999」。臺中市政府則出版 37 萬本「宅配幸福:便民服務手冊」[46],在其中「法律權益包裹」強調再公平的法律環境下,提供民眾救濟管道,如國家賠償法制處行政救濟科服務電話,國家賠償線上申辦及進度查詢服務,為使民眾能迅速得知國家賠償等申請案件之辦理情形,於案件受理後或開會前,提供簡訊服務,發送受理通知及開會通知等,有效減省書信往返之時間。另在「公共建設包裹」中,有路燈修護、增設、遷移,道路坑洞、不平、損壞,人行道、路邊溝、橋梁、人車行地下道、人行路橋、區域排水、附掛纜線等維修與搶修,建設處養護科(馬上處理中心)的服務電話及傳真、答錄機錄音,及行道樹遷移申請、行道樹茂盛遮擋號誌及路燈之建設處景觀工程科服務電話。

根據上次實證調查顯示,有高達 78%近八成的民眾知道我國有國賠制度(見附錄 1 表 1),民眾得知國賠相關資訊的管道,以電視新聞 58%、報紙 19%為主(見附錄 1 表 2),但當問到是否知道要符合哪些條件,才能請求國賠,卻有高達 47%的民眾回答「不知道」,30%的民眾回答「很難說」(見附錄 1 表 3),聽說與了解認知間存在有相當大的落差。而民眾對國賠制度具體的建議中,有相當之比

---

[45] 葉慶元,《臺北市政府人權保障白皮書》,臺北市政府法規委員會,2009 年 9 月(2 版),頁 101-102。

[46] 臺中市政府,《宅配幸福:便民服務手冊》,臺中市政府,2009 年 8 月,頁 119-126。

例建議利用媒體廣告、報紙、電視、廣播、文宣品等生活管道多加宣導,讓民眾了解國賠制度及自身權益(見附錄1表11),可見政府的行銷宣導,仍有很大的著力空間,特別是對公有公共設施因設置或管理有欠缺,致人民生命、身體或財產受損害之國賠責任,更能防患於未然。

根據本次實證調查顯示,有高達87%的民眾知道我國有國賠制度(見附錄2表1),高於上次調查的78%(見附錄1表1)。民眾得知國賠相關資訊的管道,本次調查以電視新聞56%,報紙19%為主(見附錄2表2),與上次調查的電視新聞58%,報紙19%(見附錄1表2)相比,差距不大。但當問到是否知道要符合哪些條件,才能請求國賠,本次有高達46%的民眾回答「不知道」,23%的民眾回答「很難說」(見附錄2表3),與上次47%的民眾回答「不知道」,30%的民眾回答「很難說」(見附錄1表3)的結果,相去不遠。綜合兩次調查,知道有國賠制度的民眾占了七、八成,而知道國賠要件的民眾只膡二、三成,顯示知道與真正了解認知間,存有相當大的「落差」。與上次調查類似,本次仍有不少民眾建議政府應利用各種管道宣導,讓民眾了解國賠制度及自身權益,可見政府在行銷宣導國賠制度之「行政指導」方面,仍有相當改善進步的空間,以縮小認知差距,貼近民眾之需求。

三、資訊公開與「風險溝通」

國家決策公開,乃憲政民主之基本原則。政府資訊公開法第1條之立法目的,規定:「為建立政府資訊公開制度,便利人民共享及

公平利用政府資訊,保障人民知的權利,增進人民對公共事務之了解、信賴及監督,並促進民主參與,特制定本法」,其第六條規定:「與人民權益攸關之施政、措施及其他有關之政府資訊,以主動公開為原則,並應適時為之」第七條主動公開政府資訊之範圍,包括法律、命令、地方自治法規、裁量基準、施政計畫等,第八條公開之方式中,有「利用電信網路傳送或其他方式供公眾線上查詢」。行政程序法第一條之立法目的中,有「公正、公開與民主之程序」、「增進人民對行政之信賴」。另依行政院所屬各機關風險管理及危機處理作業基準第四點之用詞定義,風險溝通(risk communication),指與利害關係人進行風險意識之傳播與交流,包括傳達內容、溝通方式及溝通管道。

溝通和協商是每個風險管理步驟中很重要的考量,根據上次實證調查,對假設阿福於夜間騎機車經過昏暗路段,無法看清公路上的坑洞,導致阿福摔倒受傷送醫,機車受損送修,請民眾判斷他能否請求國賠之問題,有高達 78%的民眾回答「可以」(見附錄 1 表 10),當問到是否知道我國有國賠制度時,也有高達 78%的民眾回答「知道」(見附錄 1 表 1),但當問到是否知道要符合哪些要件,才能請求國賠時,只有 23%的民眾回答「知道」,顯見政府機關在宣導上仍可多加著力,以提升民眾的認知。另根據上次實證調查,民眾的開放式意見中,對國賠相關資訊公開、便民措施等,表達出相當之期待。

本次調查,有高達 82%的民眾贊成國賠是人權保障制度(見附錄 2 表 4),與上次贊成者 81%(見附錄 1 表 4)相比,民眾「法感」

並無太大改變。而對阿福車損人傷能否請求國賠的案例，本次調查有高達79%的民眾回答「可以」（見附錄2表10），與上次78%的民眾回答「可以」（見附錄1表10）相比，顯示高度穩定的「共識」與「同理心」。惟此並不能代表民眾對國賠要件、程序、相關權益已有充分的認知，此由上段的研究數據可資佐證。在本次民眾開放式意見中，對國賠資訊公開、便民措施、縮短流程時間等，亦表達出相當之期待，顯示政府仍可在這些方面多加著力。

經筆者於民國98年11月18日上網，發現中央機關法務部全球資訊網中，有「國賠法律解析及案例」，法律事務司中列有賠償項目及賠償金額參考基準、處理情形統計表、賠償請求書格式，最特別的是列有「國賠法問答手冊」，強調制定國賠法以落實憲政法治、保障國內人民及國外僑民的權益、促使公務員積極任事，共有49道題庫問答，解答國家賠償之重要法律要件，請求範圍、程序相關文件、時效期間等，為其政府資訊公開服務之資源。

而地方機關以臺中市政府全球資訊網為例，其法制處列有國家賠償事件處理須知、作業流程、應備書件、處理情形統計、國賠問題Q&A，並開放線上申辦，有進度查詢及精選案例等。

綜上所述，所查中央與地方政府機關資訊網中，針對國賠已落實政府資訊公開法之要求。惟內容多為純文字、法條式、表格化，筆者建議可仿照司法院網站「影音專區」，將國賠法治宣導拍成動畫、影片，以更活潑之方式讓民眾「接近使用」與「信賴保護」。甚至可將預防勝於遺憾、救濟的法律風險管理資訊一併「置入性行銷」，如加入「路要平、燈要亮、溝要通」24H通報服務專線等，當

可發揮柔性風險溝通的功效,以降低可能之推諉卸責、民怨、法律糾紛,節省訴訟及社會成本。

四、顧客導向與人員教育訓練

　　法治國家,主權在民(憲法第二條參照),人民要守法,政府更要守法!行政程序法第四條規定:「行政行為應受法律及一般法律原則之拘束」。「依法行政」(rule of law)[47],是憲政民主、實質法治國家的核心價值,貫穿整個行政法體系。消極面要「法律優位」,不牴觸法位階,牴觸者無效;積極面要「法律保留」,關於人民權利、義務等重要事項,應以法律定之,法律應經立法院通過,總統公布(中央法規標準法第四條、第五條參照),在符合「授權明確」(內容、範圍、目的)下,法律保留事項也可授權以命令為之(中央法規標準法第七條、行政程序法第五條與第一百五十條參照)。

　　行政組織法體系有「行政主體」(公法人),代表國家、地方自治團體或其他行政主體表示意思,從事公共事務,具有單獨法定地位之「行政機關」組織(行政程序法第二條參照),行政機關再分工成各「行政單位」,仍無法實際運作。還必須透過公務人員(與國家有公法上職務關係之自然人,依國賠法第二條為依法令從事公務之人員)「依法行政」,執行職務行使公權力或承辦國賠業務,整個行政組織才能從「體」走向「用」。「用」之後出問題,侵害人民權益

---

[47] 吳庚,《行政法之理論與實用》,自版,2007 年 9 月(增訂 10 版),頁 83-113;Frank W. Bealey, The Blackwell Dictionary of Political Science 290-291 (1999)。

者,為落實憲法保障人權、有權利即有救濟之宏旨,須有行政救濟制度,國家責任體系之賠償與補償制度之建立。

公共行政學者認為,現代行政組織法之立法原則包括法治行政、組織管理、行政效率、積極行政原則等,而行政組織與管理不能只偏靜態性之法制規章,其適用與實效非常重要,必須具有功能性與動態性[48]。

國賠法第十條規定「協議先行」,尋訴訟程序請求者,應先以書面向賠償義務機關請求。國賠法施行細則第四十二條規定「各級機關應指派法制(務)或熟諳法律之人,承辦國家賠償業務」。警察機關處理國家賠償事件注意事項第20點中規定:「各機關對請求賠償事件之處理,務必迅速妥適、公平公正,情理與法律都應兼顧;對於能達成協議者,盡可能達成協議,以疏減訟源」、「被請求賠償機關拒絕賠償時,於收到請求權人之請求起十五日內以書面詳為說明,婉言相勸,使人民與賠償義務機關能夠在和諧狀態下解決問題」。行政程序法第三十六條規定:「行政機關應依職權調查證據,不受當事人主張之拘束,對當事人有利及不利事項一律注意」。臺北市政府法規委員會辦理國家賠償審議案件注意事項第六點所規定承辦人員衡酌事項中,有:「針對案件爭點之主張與有利、不利之事證及法令依據」。

法規條文是死的,解決國賠法實務問題不能只「機械式」地操作「三段論」。「徒法不足以自行」,依法行政不能「自我感覺良好」。

---

[48] 喬育彬,《行政組織法》,中華民國公共行政學會,1994年10月,頁45-49。

除了打電視廣告、發文宣品、網路公開外,第一線執法、承辦人員的專業素質與服務態度亦很重要。

跳脫概念法學,西方學者對法律意識的研究,有所謂 KOL（Knowledge and Opinion about Law）研究領域和方法。法律意識是社會文化的構成部分,是社會意識的一種特殊形式,是人們對法和法律現象的主觀心理感受和認知狀況,它是理性、情感、意志、信念、好惡等各種心理要素的有機綜合體。

根據上次實證調查顯示,有高達49%的民眾不太相信公務人員已盡力依法行政、服務民眾,預防國賠問題之發生,另有13%「很不相信」,整體採不相信態度者合計達62%（見附錄1表5）。當被問到是否相信國賠義務機關會公平處理民眾國賠之請求時,有高達43%的民眾表示「不太相信」,10%表示「很不相信」,整體採不相信態度者合計達53%（見附錄1表7）。口碑是最好的行銷,上述統計資料顯示民眾對相關問題的「法感」並不良好,如何在國賠法律風險管理中納入庶民觀點（顧客導向）,落實強化人員素質、服務態度及同理心,改善政府形象,爭取民眾之信賴,誠為重要課題。

根據上次實證調查顯示,在民眾對國賠制度具體的建議中,不乏質疑政府及公務員之公正性,而期待更為迅速、公平、合理、客觀、人性化、同理心的國賠制度,及強化公務人員素質、教育訓練、服務心態的意見。

根據本次調查顯示,有高達41%的民眾「不太相信」公務人員已盡力依法行政、服務民眾,預防國賠問題之發生,另有19%「很不相信」,整體採不相信態度者合計達60%（見附錄2表5）,與上

次調查整體採不相信態度者合計達62%（見附錄1表5）相比，差異不大。當被問到是否相信國賠義務機關會公平處理民眾國賠之請求時，本次調查有高達40%的民眾表示「不太相信」，16%表示「很不相信」，整體採不相信態度者合計達56%（見附錄2表7），與上次調查整體採不相信態度者合計達53%（見附錄1表7）相比，差異亦不大。雖然在民主多元化社會，民怨對政府之「合理懷疑」是正常現象。惟口碑是最好的行銷，上述實證資料顯示民眾對政府機關處理國賠問題的執行力及公平性，質疑者較多。如何在國賠法律風險管理中納入顧客導向觀點，落實強化公務人員素質、服務態度及同理心，改善政府形象，爭取民眾之信賴，誠為重要課題。在本次民眾開放式意見中，不乏質疑政府及公務員之執行力與公平性者（見附錄2表11），顯示民眾期待更為迅速、公平、合理、客觀、人性化、同理心的國賠制度，以及強化公務人員專業素質、教育訓練、服務心態、溝通協商能力等訊息，值得政府施政時參考。

五、土地登記國家賠償「登記儲金」模式與賞罰平衡機制

土地登記，係地政機關依法定程序，將公、私有土地及建物之標示、所有權及他項權利，依其登記之原因，詳細記載於登記簿，製發權利書狀與權利人執管，藉以確定產權、管理地籍、課徵土地

稅及推行土地政策之行政行為[49]。我國土地登記制度之特點為：強制登記、登記生效、實質審查、有公信力、國家賠償、發給權利書狀、物的編成、規定地價[50]。土地登記之效力有：公示力（民法第七百五十八、七百五十九條參照）、公信力（土地法第四十三條參照）、推定力（民法第七百五十九條之一參照）[51]。土地法第六十八條規定：「因登記錯誤遺漏或虛偽致受損害者，由該地政機關負損害賠償責任。但該地政機關證明其原因應歸責於受害人時，不在此限。前項損害賠償，不得超過受損害時之價值」，土地法第七十條採「登記儲金」（reserve funds for registration）制，地政機關所收登記費，應提存百分之十作為登記儲金，專備第六十八條所定賠償之用。專案存儲屆滿五年而未賠償者，則解繳公庫[52]。損害賠償之請求，如經該地政機關拒絕，受損害人得向司法機關起訴（土地法第七十一條參照）。

國家賠償法第六條規定：「國家損害賠償，本法及民法以外其他法律有特別規定者，適用其他法律」，同法第條第二項規定：「前項賠償所需經費，應由各級政府編列預算支應之」。土地法第六十八條、第七十條乃國家賠償法之特別規定，應優先於國家賠償法適用。

---

[49] 中國地政研究所不動產大辭典編輯委員會編著，《不動產大辭典》，中國地政研究所，2008年1月，頁27。
[50] 許文昌，《土地法原理》，文笙，2005年8月，頁53-54；謝哲勝，《土地法》，臺灣財經協會，2006年7月，頁156-163。
[51] 楊松齡，《實用土地法精義》，五南，2006年10月（6版），頁182-184。
[52] 中國地政研究所不動產大辭典編輯委員會編著，前揭註49書，頁456；內政部地政司地政法令編輯小組，《地政法令彙編97年版第一冊》，內政部，2009年5月，頁263-270。

土地法第七十條第二項規定:「地政機關所負之損害賠償,如因登記人員之重大過失所致者,由該人員償還,撥規登記儲金」,此地政機關之求償權,若不分輕重,概可求償,將使登記人員遇事推託,不敢勇於任事;如一概不予求償,則將不足以督促登記人員善盡職守,甚或易啟登記人員違法濫權之心,均非人民之福。「重大過失」乃顯然欠缺普通人之注意,如出於故意,依「舉輕明重」法理,亦得求償[53]。土地登記涉及民眾財產權益鉅大,登記人員實質審查壓力大,離職率高,學者建議從登記儲金提撥一部分作為獎勵之用,以提振士氣、強化效率,留住人才[54]。另有學者從法律經濟之分析角度,認為土地登記訴訟案件增加,提高其交易成本,應提高登記人員落實實質審查制度之誘因,亦贊同提撥登記儲金若干比例以為獎賞登記人員之用,以符合利益與損害衡平法則[55]。至於對登記人員之求償權改採「無過失責任主義」之論[56],筆者認為如可能的賠償與獎勵金額不符合比例,亦無公務人員責任險、比例分擔、公務員個人資力考量等配套措施(如:臺北市政府國家賠償事件求償權行使基準第4點、第5點),修改及施行將有相當之困難度。

土地登記國家賠償經費來源與各級政府編列預算支應方式不同,由登記費中預先提撥10%為賠償基金之模式,於法律風險管理有其特色,是否能擴及其他政府機關,同時建立賞罰平衡機制(如:臺北市政府國家賠償事件處理要點第32點,對國賠協議成立績效卓

---

[53] 溫豐文,《土地法》,自版修訂,2007年,頁181-184。
[54] 陳銘福,《土地法導論》,五南,2005年11月(2版),頁167。
[55] 陳明燦,《土地法專題研究》,自版,2008年,頁122-123。
[56] 同前註,頁120-121。

著承辦人員之獎勵;法務部及所屬機關國家賠償事件處理要點第13點,賠償義務機關對於辦理國家賠償事件之人員,其承辦案件之協議成立比例達該機關當年度賠償件數之二分之一以上者,應給予記功以上之獎勵;法務部同上述該要點第11點,賠償義務機關辦理國家賠償事件,對於違法侵害人民自由或權利之相關公務員,應審酌一切情狀,判定有無懲戒(處)事由,依法追究相關人員之行政責任),值得研究。

六、責任保險之「風險轉移」功效

所謂「天有不測風雲,人有旦夕禍福」,保險以危險、協力、補償、同一性、有償性、獨立之法律上請求權為其成立要素[57],是分散危險、消化損失之制度。保險法第九十條規定:「責任保險於被保險人對於第三人,依法應負賠償責任,而受賠償之請求時,負賠償之責」,公寓大廈管理條例第十七條中規定:「住戶於公寓大廈內依法經營餐飲、瓦斯、電焊或其他危險營業或存放有爆炸性或易燃性物品者,應依中央主管機關所定保險金額投保公共意外責任保險」,民法第一百九十一條之一規定有商品製造人責任,消費者保護法第七條則採「無過失責任」,企業之產品責任更為加重,企業除健全品管外,更加強投保產品責任保險,以分散風險,達損害賠償社會化之目的[58]。其他如在工程監理的法律責任與風險管理[59]、旅遊危機管

---

[57] 梁宇賢,《商事法要論》,三民,2006年3月(修訂9版),頁446-447。
[58] 鄭燦堂,《風險管理》,五南,2008年8月(2版),頁260。

理[60]等領域,也通過以購買保險的方式,來進行風險轉移。

「法律責任風險」(legal liability risk)屬「可管理風險」(manageable risks),可藉由風險之辨識認知、衡量、管理策略之選擇、策略之執行與評估等管理方法,預防、減低或排除其不利影響。而「責任風險」(liability risks)屬「可保風險」(insurable risks),可用商業保險方式加以管理[61]。行政院所屬各機關風險管理及危機處理作業基準中,「風險轉移」(risk transfer)之用詞定義為:透過立法、合約、保險或其他方式將損失之責任及其成本轉移至其他團體。在「危機處理」(crisis management)的監控、管理過程中,對企業威脅和責任進行法律面與財務面的評估,調整保險範圍等,被列入評估與診斷行動之標準程序、策略中[62]。

在學關係涉及教育倫理、情緒管理,更涉及法律關係之風險管理及爭議解決(特別是釋字第 684 號公布後)。當前校園的各項設施及各式「教學」或「管教」措施,即涉及學生人權。公立中小學教師之違法行為的國賠責任要件為:1、須為公務員之行為;2、受委託行使公權力;3、須為執行職務之積極或消極怠於行使公權力;4、須為不法行為;5、須有故意過失;6、須侵害人民之自由權利;7、須不法侵害行為與損害有相當因果關係(國賠法第二條、第四條參照)。因學校公有公共設施設置或管理有欠缺之國賠責任要件為:1、

---

[59] 王家遠等著,《工程監理的法律責任與法律風險》,中國建築工業出版社,2009 年 5 月,頁 12、105-124。
[60] 谷慧敏,《旅遊危機管理研究》,南開大學出版社,2007 年 5 月,頁 189。
[61] 鄭燦堂,前揭註 58 書,頁 18-21。
[62] Ian I. Mitroff、Christine M. Pearson 著,吳宜蓁、徐詠絮譯,《危機管理診斷手冊》,五南,1996 年 12 月,頁 114-115。

須為公有公共設施；2、須公共設施設置或管理有欠缺；3、須因而致人民生命、身體或財產受有損害（國賠法第三條參照）。而國家對故意或重大過失之教師、就公有公共設施設置或管理欠缺損害原因應負責任之人、受委託行使公權力執行職務之人有故意或重大過失時，有求償權（國賠法第二條、第三條、第四條參照）。

因教師體罰管教或校園設施造成學生傷害而請求國賠，不乏案例。法務部及實務見解認為，國賠法第二條第一項公務員範圍，謂依法令從事於公務之人員，採「最廣義」以保障人民權利，國中、小教師為上開規定中之公務員，應無疑義。公立學校教師之教學活動、對學生之輔導管教，係代表國家為教育活動，屬給付行政之一種，自屬行使公權力之行為。故公立學校教師不當體罰，造成學生傷害，提出醫藥費、慰撫金等賠償請求，應有國家賠償法之適用[63]。在重視校園人權的今天，教師已成為一種風險行業，保險業者順勢推出「教師責任險」[64]新商品，甚至以國賠案例為廣告促銷，數十人加入國保有各項優惠並提供免費法律諮詢。其承保對象以政府認定核可設立之之公私立教育機構教師為主，故意或犯罪行為、非執行職務列入不保事項。被保險人在保險期間（通常一年）或追溯期間內執行教學管理輔導之教育工作，因執行職務之疏忽、過失或實

---

[63] 李建良，〈校園人權的實然與應然：從一隻鞋談起〉，收錄洪詠智編輯，《人權保障之理論與實務 2004》，北市法規會，2004 年 12 月，頁 29-46；邢泰釗編著，《教師法律手冊》，教育部，2004 年 8 月（2 版），頁 80-95；法務部法律事務司編，《國家賠償法令解釋彙編》，法務部，2010 年 12 月（3 版），頁 74-75。

[64] 教師責任險之相關新聞報導、保險公司廣告，可上網鍵入「教師責任險」關鍵字搜尋。

施管教權,因而直接造成學生受有體傷、死亡,依法應負賠償責任,而受賠償請求時,保險公司依契約之約定,對被保險人負賠償之責。政府依國賠法第二條向教師求償時,亦在承保範圍之內。面對家長與教師之衝突對立,動輒數萬甚至於上百萬元之賠償風險,教師每人每年只要花費四、五百元之保險費,就有每一事故新臺幣壹佰萬元的保障,教師可安心教學,事故學生也可及早獲得理賠,不必苦等國賠結果。因有風險管理之效益,即使政府不編預算公費支應,仍有教師個人,甚或透過教師會、家長會團體,自費投保。

至於教師以外之廣大公務人員,能否投保「公務員責任險」?以保險公司的角度來看,需滿足以下六個要求:1、大量的風險單位;2、意外造成的損失;3、可確定和衡量的損失;4、非巨災性損失;5、可計算的損失機會;6、經濟可行的保險費[65]。據 2007 年 6 月 1 日經濟日報之報導,行政院與司法院合作推動國內第一張公務人員責任險保單,初期為司法院強制執行人員約 800 人,第二階段擴大為法務部行政執行署處人員,成效良好,再擴及所有執法與國賠有關之公務人員,以降低工作風險,將疏失導致國賠求償之風險轉嫁保險公司。其基本保額約新臺幣一百萬至二百萬元,保費約四、五千元,先由相關人員自行支付,未來考慮由政府預算支應。從國賠法律風險管理角度來看,公務人員投保責任險,已是大勢所趨,如統一承保符合大數法則,更可降低成本。

保發中心董事長賴清祺建議國內可以推動以保險取代國賠,針對學校、市場、公園等公共場所設施的損害賠償責任,以投保責任

---

[65] 鄭燦堂,前揭註 58 書,頁 22-23。

險的保險制度來代替國賠⁶⁶。公共意外責任保險，係提供公共場所業者一旦面臨意外事故造成消費者或民眾傷亡後，由保險公司負賠償責任的一種保險商品，其對公共場所業主及一般消費者而言，具有事前預防及事後保障之功能。立法院於 2009 年 6 月三讀修正通過幼稚園教育法、國民教育法、高級中學法與職業學校法部分條文，這些處所將投保公共意外責任險，經費每年約需新臺幣 8,063 萬元，未來校內學生、教師與員工、辦公時間內到校洽公、活動的校外人士與假日到校運動的社區居民，都在保險範圍內。教育部於 2010 年 1 月 26 日召開「『多一層保障，少一分負擔』——教育部推動高級中等以下學校及幼稚園全面投保『公共意外責任險』」記者會，並與產險公司代表簽署約定書，以「學校場所」為投保對象，自 2010 年 2 月 1 日起上路，針對全臺總共 5,522 所學校，356 萬多名學生及校外人士，透過保險，加強風險管理，降低和預防意外事故的發生，確保校園安全⁶⁷。校園投保公共意外責任險不限於中小學（如臺南市石門國小公共意外責任險招標公告），大學亦有投保者（如國立政治大學第三人公共意外責任險要保須知）。過去中小學投保經費，有自行籌措者，有家長會或縣市政府補助者，立法院修法後，由教育部編列預算補助。

至於具營業性質之公有公共設施，得否由行政機關以編列預算投保「公共意外責任險」？公有路外公共停車場投保意外責任險，

---

[66] 2008 年 1 月 9 日經濟日報新聞報導，詳見：聯合新聞網 http://udn.com/。
[67] 2010 年 1 月 26 日醒報新聞網、2010 年 1 月 27 日今日新聞，詳見：YAHOO！奇摩新聞網。

是否與國家賠償法相關規定牴觸？法務部法律字第 0960003420 號函釋如下[68]：按國家賠償，乃係公務員執行公權力，不法侵害人民權利，或因公有公共設施設置或管理有欠缺，致人民生命、身體或財產受有損害時，國家應負賠償責任之制度（國賠法第二條第二項及第三條第一項規定參照）。而責任保險，乃係責任保險人於被保險人對於第三人，依法應負賠償責任而受賠償之請求時，負賠償之責（保險法第九十條規定參照），亦即責任保險之保險標的為被保險人「依法應負之損害賠償責任」，其目的乃在於移轉被保險人財產損失之風險，並可減免被保險人因保險事故所引起各種請求賠償程序之不便與風險。準此，公有公共設施機關如投保意外責任險，且其保險標的包括國家賠償責任，則於保險事故發生時，由保險人負賠償責任，賠償義務機關即毋須以國家賠償預算經費支付，以減免賠償義務機關因保險事故所引起各種請求賠償程序之風險。從而，賠償義務機關是否投保公共意外責任險，應依相關法律規定以及賠償義務機關賠償風險移轉之需要予以決定，與國家賠償預算之編列尚無直接關聯，亦無與國家賠償法相關規定牴觸之問題。且本件所詢公有路外公共停車場所生意外事故，未必均屬國家賠償範疇，此時自與國家賠償無涉。另賠償義務機關縱因投保意外責任險，而由保險人負賠償責任，有故意或重大過失之公務員，或就損害原因應負責之人，仍可能依具體個案情形，負民刑事或行政責任。

依上述函釋意旨，賠償義務機關是否投保公共意外責任險，應

---

[68] 預算編列之公文，詳見：行政院主計處編，《地方歲計業務 96 年及 97 年解釋案例彙編》，頁 1-3。

依相關法律規定及賠償義務機關賠償「風險轉移」之需要予以決定，並不牴觸國賠之相關規定。且依行政院所屬各機關風險管理及危機處理作業基準第16點之規定，風險處理對策包括風險轉移等，需考量成本效益、政策可行性、處理之優先順序。另依臺北市政府國家賠償事件求償權行使基準第5點規定，公務員因執行職務行使公權力，有重大過失致生國家賠償責任者，於扣除保險公司理賠全額後，就該所餘之賠償費用總額求償。而臺北市政府國家賠償事件處理要點第26點規定有主動追究檢討公務員之行政責任。且依法務部上述函釋意旨，保險公司即使理賠，公務員仍可能有民事、刑事或行政責任。綜上所述，筆者認為公有公共設施投保意外責任險，既不違法，也不會使公務員推卸法律責任，亦即不會產生「道德風險」（moral hazard）[69]。保費支出自費甚至編列預算支應，與每年數億元之國賠金額相比，具有成本效益，可有效轉移政府機關國賠法律風險，減輕公務人員被求償之負擔，既可提升保險公司收益，受損害民眾又可迅速獲得理賠，具有「多贏」之政策可行性，值得推廣。

七、國家考試之影響與反饋

依據孫中山先生五權憲法精神，考試權係與行政權分離獨立。依憲法第八十三條、第八十八條、增修條文第六條之意旨，考試院

---

[69] 被保險人一旦將風險轉移，便疏於採取合乎成本的預防措施，因為預防措施只對保險公司有利，這種因外部性而產生的無效率，在保險用語中稱為「道德風險」。關於保險經濟學中的「道德風險」考量，可參考大衛・傅利曼（David D. Friedman）作，徐源豐譯，《經濟學與法律的對話》，先覺，2002年4月，頁99-113。

為國家最高考試機關,掌握考試、銓敘等事項,考試權之行使應獨立。行政程序法第三條規範適用範圍時,將各級民意機關、司法機關、監察機關「機關除外」,不適用本法之程序規定,可見考試機關為實質行政機關,考試權為實質行政權。惟考試院有關考選命題及評分之行為,事涉命題、閱卷委員「高度屬人性」之專業判斷,「事項除外」不適用本法性質上與考試不相容之程序規定。

考試院所舉辦之國家考試,實為國家掄材之大典。考選部最新命題規則修正草案中,將「命題大綱」明文列入命題參照範圍。依考選部網站所公布之最新命題大綱,國家賠償法列入公務人員高考三級考試「中華民國憲法」、「行政法」科目,公務人員普通考試「行政法概要」科目之專業知識及核心能力。甚至考選部民國96年10月司法官及律師改進方案應試科目命題大綱初稿,亦將國賠列入「行政法」科目中。危機與衝突管理的行政運作與管理技術,則被列入公務人員高考三級考試「行政學」、公務人員普通考試「行政學概要」科目的命題大綱中。

誠如王澤鑑教授所言,由於考試領導教學,其出題方式及內容,應受重視,自有分析檢討之必要。且法律考試題目的比較研究,可提供探究不同國家的法律教育和文化。蒐集考古題,對考試機關而言,應分析檢討考試題目是否適於鑑定考生的法學程度及思維能力。考試題目在某種程度反映著一個國家法學教育的水平及對法律人的期待。對出題教授言,參閱考古題,可避免重覆古老的題目,而能推陳出新,納入最新判例、學說,使考題具有新義及創意,帶動學習的風氣及研究方法。對學生言,考古題在某種程度上可供了

解該科的基本問題,應配合進度加以研讀,實寓深意[70]。

根據學者蒐集民國 80 年至 98 年國家考試「行政法」考古題之資料,國賠相關試題共考了 66 題,其中有 20 題以「實例題」方式呈現,最常考之重點為國賠之要件及請求程序[71]。

筆者對民國 98 年國家考試相關試題,進行實證研究:

1、98 年公務人員高考三級「法制」類科「行政法」測驗題中,考了國賠法第二條公務員廣義狹義之辯證、公務員執行職務行使公權力之要件,第四條受委託行使公權力之團體、個人,第七條賠償所需經費之編列。

2、98 年司法人員特考三等「檢察事務官偵察實務組」類科「行政法」申論題中,考了依行政訴訟法第七條規定於同一程序中,合併依國家賠償法規定請求損害賠償之裁判問題。

3、98 年公務人員高考二級「法制」類科「行政法研究」申論題中,考了人民受到違法行政處分的侵害,普通法院與行政法院雙軌制爭訟制度下,國家損害賠償訴訟(國家賠償法第十一條)與行政爭訟(行政訴訟法第二、七、十二條)之關係。

4、98 年公務人員高考一級「人事行政」類科「策略規劃與問題解決」申論題第三題中,提及「風險社會」已是 21 世紀社會的代名詞,在急遽變遷的環境中,人民需要的是更具能

---

[70] 王澤鑑,《法律思維與民法實例:請求權基礎理論體系》,自版,1999 年 5 月,頁 4-7、463。
[71] 呂炳寬,《行政法》,康德文化,2009 年 9 月(修訂 5 版),頁 827-833。

力、更具回應性的公務體系以引領社會變遷。並在題目背景說明中提及行政院人事行政局辦理行政院所屬機關核心能力之選定作業,高階(第十二職等)主管管理核心能力:創意型塑願景、策略分析、變革與危機處理、團隊激勵與領導、跨域協調、績效管理,中階(第九職等)主管管理核心能力:顧客導向服務、知識管理與運用、流程與時間管理、衝突折衝與溝通、指導與經驗傳承、目標設定與執行。

5、測驗題測試考生對國家賠償法條要件、效果之熟悉度;申論題則請考生從法理、程序、實體、政策上綜合思考論述。例如:98年公務人員、關務人員薦任升官等考試「法制」類科「行政法」申論題中,考損害賠償與損失補償兩種國家責任之比較論述;而同一等別「一般行政」類科「行政法」測驗題中,則考有關國賠法第二、三、五、六、八、十二、十五條之要件。

我國司法官及律師考試開辦 60 年以來,將有破天荒的改變[72],民國 100 年將實施新制考試,第一試綜合法學改為測驗式試題。第二試申論式試題,憲法與行政法可出「綜合題」。為利新制之實施,考選部已舉行預試,並於民國 99 年公布試題範例及最新命題大綱。其中行政法命題大綱於「行政救濟」中列入「國家賠償」單元,而「憲法與行政法」申論題試題範例中,考到「罹癌鄉民,可否在訴

---

[72] 林雅鋒,〈談民國 100 年起司法官考試、律師考試之新制改革〉,《國家菁英》,6 卷 1 期,2010 年 3 月,頁 1-15。

訟上主張其權利？」及「侵害其土地財產權，請求國家賠償，有無理由？」。「國家賠償」題目於新制考試中，會有一定的「能見度」。

民國100年公務人員身心障礙人員特考三等「一般行政」等類科「行政法」申論題中，考了災害防救依國賠法第二條第二項後段之怠於行使公權力，向縣政府請求國賠是否有理之時事題。其題旨在於援引釋字第469號「保護規範理論」，公務人員怠於執行職務，係指公務員就保護特定或可得確定人民權利之法規所定職務，依該法規已明確規定應執行且無不作為之裁量餘地而不執行造成損害，以擴大對人民生命身體及財產安全之保障。

考選部命題大綱備註欄提及「表列命題大綱為考試命題範圍之例示，實際試題仍可命擬相關之綜合性試題」，由於考試領導教學，故建議善用考試制度的建立與實際執行，這種相對低成本的手段，在命題上持續改進，結合本土生活化實例，發揮影響，使更多考取後為民服務的公務人員及社會專業人士，能具有法律風險管理意識與國賠人權觀念。假以時日，使成長的正反饋（positive feedback）大於收斂的負反饋（negative feedback），進而對法治人權發展產生深遠影響。

八、監察院行政調查報告等文獻與法律風險管理作業手冊

憲法前言中宣示「依據孫中山先生創立中華民國之遺教」，將行

政、立法、司法三權分立加上考試、監察二權,變成五權憲法[73],此憲政組織之「創意」,遠比 3＋2＝5 之數學演算來得複雜。從立法權中獨立出來之監察院性質,依釋字第 76 號解釋,與立法院、國民大會共同相當於民主國家之國會,民國 81 年憲法增修條文公布後,依釋字第 325 號解釋,監院已非中央民意機構,其地位及職權已有所變更,惟五院體制並未改變,原屬於監院職權中之彈劾、糾舉、糾正權及為行使此等職權,依憲法第九十五條、第九十六條具有之「調查權」,仍應由監院行使之,學者認為監院至此已轉變為「準司法機關」[74]。而監院調查權之行使,配套法規於監察法及監察法施行細則中有所規定。另有學者認為監院除具有「準司法」機關之性質外,亦具有「準立法權」(審計權之事後監督)、「準行政權」(彈劾、糾舉對人、糾正對事之監督)[75]。行政調查(administrative investigation)係指行政機關為達行政上之目的,依法令規定對人、處所或物件所為之訪視、查詢、查案或檢驗等行為之總稱,是行政法中不可或缺之行政輔助手段,為事實行為之一種,其作用有單純蒐集資訊提供施政之參考者,有預防違法行為或狀態發生者,有屬於作成行政處分前之準備行為者,有屬於監院作成糾正、糾舉、彈劾決議前之調查行為者。

民國 96 年,監察院監察調查處選定北部 4 個人口較為密集縣市

---

[73] 胡佛等著,《中華民國憲法與立國精神》,三民,2002 年 8 月,頁 482；吳庚,《憲法的解釋與適用》,自版,2004 年 6 月（3 版）。
[74] 林騰鷂,《中華民國憲法概要》,三民,2005 年 8 月,頁 201。
[75] 李惠宗,《中華民國憲法概要：憲法生活的新思維》,元照,2007 年 10 月（7 版）,頁 299；鐘秉正、蔡懷卿,《憲法精義》,新學林,2007 年 6 月,頁 263。

都會地區之公園兒童遊樂設施進行實地訪查,按「現況缺失面」、「規劃設置面」、「管理執行面」、「法令規範面」、「風險管理面」及「價值理念面」等6個層面提出問題研析[76],其中「風險管理面」,強調倘能善用風險管理之理念,研議相關配套措施及輔助機制,當有助於強化兒童遊樂設施安全管理效能。兒童遊樂設施因設置或管理欠缺之國家賠償事件,邇來經裁判賠償成立者已有數起,殊值警惕,可供作為宣導教材。經蒐集相關文獻所載兒童遊樂設施之改善措施,如能落實執行,對於降低安全風險將有所助益:

(一)依國內實際需求修訂國家標準及管理規範。

(二)訓練兒童遊樂設施設備相關專業人員,以利推動各項專業檢查維修工作。

(三)將完成「兒童遊樂設施安全管理」訓練,列為相關主管人員任用資格的考評項目之一。

(四)寬編遊樂設施的「安全管理」相關經費,並限制專款專用。

(五)對供應商、製造商的資格作限制。

(六)建立安全標誌認證制度,以便消費者的辨識與選擇。

(七)社政及教育主管機關應嚴格要求下轄單位並落實監督考核機制,定期對遊戲設施進行安全檢查。

---

[76] 監察院監察調查處編,《公園兒童遊樂設施管理維護情形訪查研析報告:以臺北市、臺北縣、桃園縣及新竹市為範疇》,監察院,2007年11月,頁173-203。

（八）設立國家級遊戲設施專業檢查機構，協助對兒童遊樂設施的安全評估。

（九）採漸進式的處理方式，將兒童遊樂設施管理列入公園評鑑及校園評鑑的重點項目。

民國 97 年監察院針對臺灣地區省道老舊橋梁養護管理，提出專案調查研究報告[77]，強調橋梁為陸上交通系統中極為重要的部分，橋梁損壞不但將妨礙交通，亦可能造成生命財產之損失；而重大之橋梁損壞更將付出極大的社會成本，甚至會影響經濟建設的發展或造成特定區域之交通癱瘓。自民國 89 年高屏大橋至 97 年后豐大橋斷橋事件，其間接連發生之斷橋事件，造成人民財產損失，不僅重創政府形象，亦有傷民眾對政府之信賴。

其結論與建議在政策面：

（一）加速及簡化老舊橋梁整（改）建計畫審議期程；

（二）積極籌編老舊橋梁整建經費；

（三）足額編置基層工務段養護人力；

（四）加強「維護河川與保護橋梁安全聯繫會報」功能。

在法令面：

（一）檢討現行「政府公共工程計劃計畫與經費審議作業要點」；

---

[77] 監察院，《臺灣地區省道老舊橋梁養護管理專案調查研究報告》，監察院，2009 年 4 月，頁 178-192。

（二）儘速研訂「公共設施效能提升及維護法」。

在執行面：
（一）積極建立橋梁沖刷監測預警系統；
（二）訂定橋基保護工程設計規範；
（三）橋梁管理系統應有追蹤改善功能；
（四）積極修訂封橋標準作業程序，應廣泛考量各種環境與影響因素，充分授權與段長及現場封橋管制人員，針對不同危險之老舊橋梁彈性調整封橋最適時機。

臺北市政府「人權保障白皮書」，針對國家賠償的對策與具體作法[78]，強調貫徹依法行政，確保人民權利，如下：
（一）設置超然之國家賠償事件處理委員會；
（二）提升處理品質之措施：
    1、積極主動依職權調查；
    2、記載「教示條款」，使當事人有補充理由或舉證答辯之機會，拒賠也以教示條款提醒當事人救濟方法與注意時效；
    3、加強言詞審理；
    4、實施人民請求國家賠償e化作業；
（三）提升處理效率之措施：小額賠償、顯無理由案件之處理；
（四）修改本府相關法規，兼顧民眾及公務員權益。

---

[78] 葉慶元，《臺北市政府人權保障白皮書》，臺北市政府法規委員會，2009年9月（2版），頁99-102。

另有「道路瑕疵引發國家賠償問題之研究」論文,研究建議如下[79]:

1、相關單位應就道路瑕疵發生之型態、範圍與標的物進行有效分類,根據這些分類,與其他相關單位(如管線挖掘、電信、電力公司等)進行介面之調整甚至藉由立法來改善;
2、道路管理權責不清之協調與整合;
3、告示牌之通報機制改善;
4、靠監測系統或用路人之及時通報,透過資訊回饋到管理機關,管理機關能夠馬上處理,不但可減少民眾受傷;對於管理之效率也能提升。故道路主管機關應加強宣導道路瑕疵通報之機制以及增設瑕疵通報點;
5、教育宣導;
6、道路主管機關應盡可能從公路發現瑕疵的效率進行比較,而不是將「國家賠償協議成立」之件數降低或「國家賠償金額」之減少視為成效。

而後續研究應以「實際改善層面」為主,從道路瑕疵「發生」到「改善維護」整個流程中,有哪些道路養護機制程序或方式需進行檢討與改善,並持續進行更為廣泛之問卷實證調查。

民國98年1月行政院研考會所編「風險管理及危機處理作業手冊」,其「前言」強調提供行政院所屬各級機關風險管理與危機處理

---

[79] 葉俊亨,〈道路瑕疵引發國家賠償問題之研究〉,逢甲大學交通工程與管理學系研究所碩士論文,2004年,頁106-107。

法律風險管理

正確觀念、統一溝通語言及整合性架構與實務運用,有效建立風險管理與危機處理能量,順利推動並落實風險管理與危機處理,全力達成機關目標並提升施政績效與民眾滿意度。並建議各部會將風險管理納入施政計畫管考項目,可先針對重要計畫或優先辦理計畫,於研提中長程施政計畫期間即導入風險辨識評估與管理機制,執行期間適時檢討修正,並追蹤殘餘風險管控狀況。以期達成降低風險發生可能性及損害衝擊度、有效因應危機、有助降低施政成本、達成機關目標等直接效益。另行政院所屬各機關風險管理及危機處理作業基準第4點用詞定義中,整合性風險管理指以組織整體觀點,系統性持續進行風險評估、風險處理、風險監控及風險溝通之過程。

綜合上述,各級政府機關應對國賠之法律風險進行風險辨識、風險分析與評估,採取風險迴避、風險減輕、風險轉移、風險溝通之風險控管策略與具體措施,參考各類文獻資料,類型化建立風險清單並不斷更新,整合成國賠法律風險管理 SOP 作業手冊。事前可供整合性法律風險管理之預警、操作、訓練之用;事後協議、訴訟救濟時,更可以其檢討、落實、更新之事證,為有利之舉證。

行政程序法於民國 90 年 1 月 1 日施行後,國家與人民間的關係,進入了一個新的階段。面對衝擊,行政機關在觀念、組織、人事、制度、統一流程格式、教育講習、法制作業、資訊公開等方面都要有所因應[80]。筆者建議將行政程序法第一至第十條之立法目

---

[80] 郭祥瑞,《公務員行政法:行政法基礎教材》,自版,2009 年 5 月(2 版),頁 211-220;盛鈺編,《行政程序法施行後現行臺北市法規之衝擊與因應》,北市法規會,2003 年 7 月,序頁 1。

的;行政程序與行政機關之定義;適用範圍;依法行政及一般法律原則如公益、正當法律程序原則;明確性原則;實質平等禁止不合理差別待遇原則;比例原則;誠信原則及信賴保護原則;有利不利一律注意;行政裁量之界限,在保障人民權益與行政效能間尋求「動態平衡」,配合憲法第二十三條公益、比例、法律保留原則之事先預防與第二十四條公務人員民、刑事、行政三大法律責任及國賠責任之最高依據意旨,將其轉換為具體效標,列入國賠 SOP 作業手冊之檢覈表中,提供在「預防法學」違法違憲性、妥當性環節評鑑及訴訟時具體舉證「可合理期待安全性」之用。

參、立法觀點

問題(公共管理問題)→政策(處理問題對策)→立法(制定或修正法律)→執行(行政機關依法行政)→檢討評估(反饋)→釐定或調整政策→修法或制定新法→執行。如此週而復始,循環不息,此向為政府行政必經的程序,或可稱為公共行政運作的循環性[81]。「權力分立」(separation of power)、「制衡」(check and balance)、「有限政府」(limited government),為憲政民主、法治國家、政治

---

[81] 吳容明,《土地政策、土地法制與土地開發》,現象文化,2008 年 8 月,頁 1。

學、憲法及行政法的基礎 ABC[82]，不管分三權或五權，不是為分權而分權，消極地相互制約，其終極目的，在於透過一個有效能的制度化權力架構，積極地保障人權。

　　國會立法、行政執行及司法審查，各司其職，各有分際。立法為國會針對全國關切的事務所做的基本反應，為國家政策合理化的結果，在民主憲政國家，立法權必然是國家權力最主要的表現形式。立法乃是國家有意識地創造能夠規律、統制特定社會事項的一般、抽象規範之過程，其與行政處分或司法裁判之以解決個別的或具體的事件為目的者不同[83]。

　　國賠觀念之演進發展之歷史觀察，與法律思想之變遷有密切關係，可分為四個階段，即否定時期、相對肯定時期、全面肯定時期與發展時期[84]。上述發展軌跡，亦可視為人權發展「正 v.s.反→合」動態平衡之歷史辯證。根據本次實證調查顯示，當問民眾是否贊成國家賠償是保障人權制度的說法時，有高達81%的民眾表示贊成，表示不贊成者只有極少數的5%（見附錄2表4），由此國賠問題可當成國家人權發展的重要指標之一。

　　我國於民國69年制定國家賠償法共17條，民國70年7月1日正式施行，曾被法律史學者列入臺灣法律事件百選[85]。比較他山之石，美國對於政府侵權行為（government tort），傳統上奉行主權

---

[82] 林嘉誠、朱浤源，前揭註1書，頁43、335。
[83] 羅傳賢，《立法學實用辭典》，五南，2003年12月，頁3-4。
[84] 葉百修，《國家賠償法之理論與實務》，自版，2009年6月（2版），頁7-17。
[85] 王泰升、薛化元、黃世杰編，《追尋臺灣法律的足跡：事件百選與法律史研究》，五南，2006年7月，頁162-163。

豁免原則，公民對聯邦官員執行職務中的侵權行為要求賠償的請求受到嚴格限制。在1946年以前，國會已制定了一些特殊的政府侵權賠償法，有限度地放棄了主權豁免原則，但這些法律適用範圍很窄、賠償數額較低。進入20世紀後，由於政府職能不斷擴張，政府侵權行為也大量增加，迫切需要制定一個普遍適用的侵權賠償法。幾經周折後，國會終於在1946年通過這部法律。「聯邦侵權賠償法」（Federal Tort Claims Act）很大程度上放棄了聯邦政府承擔侵權責任的豁免權，規定聯邦官員執行職務的過失或不法的作為或不作為而產生損害的，都應承擔賠償責任，且賠償數額也不予限制。因而該法是美國政府侵權賠償方面的核心法律。不過，該法在放棄主權豁免原則的同時，仍作了保留，規定美國對政府官員在執行職務範圍內的故意侵權行為、對行政機關及公務員行使自由裁量權的作為或不作為等情形不負賠償責任。該法通過後曾在1966、1974、1988年等多次被修改[86]。

日本則在二次世界大戰後的昭和22年（1947年）實施國家賠償法，走「極簡主義」風格，只有公務員不法行為、營造物設置管理瑕疵賠償責任、賠償責任者求償權、民法之適用、其他法律之適用、相互保證主義等6條條文[87]。至於中國大陸，其國家賠償法則至1994年由人代會常務委員會議通過，自1995年1月1日起施行。

---

[86] 薛波主編，《元照英美法辭典》，法律出版社，2003年5月，頁541、608；ERNEST GELLHORN & RONALD M. LEVIN, ADMINISTRATIVE LAW AND PROCESS IN A NUTSHELL (NUTSHELL SERIES) 387-390 (4th ed., 1997)。
[87] 佐藤幸治等編修，《Daily 六法2005年（平成17年版）》，三省堂，2004年10月，頁227。

其內容包括行政賠償、刑事賠償、賠償方式和計算標準等共 6 章 35 條，其立法目的於第一條規定：「為保障公民、法人和其他組織享有依法取得國家賠償的權利，促進國家機關依法行使職權，根據憲法，制定此法」。其特徵為：國家責任，機關賠償，有限賠償責任，賠償方式和標準法定化，賠償數額有最高限制，賠償程序多元化，包括司法賠償，不包括公有公共設施致害賠償（由該設施的經營管理單位或通過保險渠道賠償）[88]。

憲法第二十四條：「凡公務員違法侵害人民之自由或權利者⋯被害人民就其所受損害⋯並得依法律向國家請求賠償⋯」乃國賠立法之「憲法委託」、制度保障規定，有待法律規定予以具體化，國賠法及其他有關國賠之法律均可據此而制定，以建立完整體系之國賠責任法制，人民乃依法律規定享有具體之公法上請求權。釋字第 487 號解釋文指出：「憲法第二十四條規定：『凡公務員違法侵害人民之自由或權利者，除依法律受懲戒外，應負刑事及民事責任。被害人民就其所受損害，並得依法律向國家請求賠償』，立法機關據此有制定有關國家賠償法律之義務，而此等法律對人民請求各類國家賠償要件之規定，並應符合憲法上之比例原則。」因此，建構完整的國賠責任體系成為立法義務[89]。

總結上述立法例，對於多元利益調合之立法裁量，根據上次實

---

[88] 法律出版社法規中心，《法學專業教學法規全書》，法律出版社，2009 年 3 月（2 版），頁 411-414。
[89] 林錫堯，〈建構完整的國家賠償責任體系—從立法觀點探討國家賠償責任類型〉，收錄於臺灣行政法學會主編，《國家賠償與徵收補償／公共任務與行政組織》，臺灣行政法學會，2007 年 6 月，頁 4。

證調查顯示,當被問到是否相信立法院會持續修訂出更為完善的國賠法時,民眾表示「不太相信」者有40%,「很不相信」者有9%,整體採不相信態度者合計達 49%,然而表示「還算相信」者亦有38%,「相當相信」者有4%,整體採相信態度者合計達42%,可見民眾對國賠責任體系的完善立法仍有所期待(見附錄1表9)。

　　學者認為司法解釋之功能有其上限,以立法方式繼續受外國法制,顯然比透過解釋為佳。國賠法第二條通說認為乃「代位責任」,學者質疑通說,認為應採「自己責任」,國賠責任條件的建構,應著眼於機關行為,而非機關人員的行為,結構上矛盾所衍生出來的不合理現象,根本解決之道是「修法」[90]。

　　不待實務發展,經由制定法律方式,建立符合法理且屬可行之國賠體系,有學者提出建構獨立之「違法無責形之一般國家賠償責任類型」與「行政委託型之一般國家賠償責任類型」[91],有進行國賠訴訟回歸行政訴訟程序之分析者[92]。惟國賠法施行以來,已近30年未曾修正,其間各機關之法令適用及司法實務解釋、判例(決),均累積相當豐富之經驗,法務部於民國98年7月陳報行政院審議之修正草案,從原版之17條,在「量變」上成為修正版「總則」、「賠償程序」、「求償程序」、「附則」共4章43條,在「質變」上的修正原則有:1、明定國賠法與其他法律之適用關係;2、建構完整之賠償責任類型;3、釐清現行法律要件概念;4、落實權責相符,修正

---

[90] 黃異,《行政法總論》,三民,2009年7月(修訂6版),頁78、203。
[91] 林錫堯,前揭註89書,頁1-66。
[92] 程明修,〈國家賠償訴訟回歸行政訴訟程序之分析〉,《臺灣法學雜誌》,138期,2009年10月,頁78-90。

國賠預算編列及行使求償權之規定；5、強化程序正義，並保障請求權人之權利；6、落實法律保留原則，將國賠法施行細則中涉及人民權利義務之重要規範移列母法規定；7、預留未來劃歸行政法院（庭）審理空間，取法外國法制之外，更要反映出國內相關學說發展及實務運作成果，期能以人權保障為依歸，追求公平正義實現，早日完成修法，符合社會各界之期盼[93]。

建立一項好的法律制度，應包括制定法律、適用法律及執行法律三個層次。立法研究，是就立法政策的必要性和可行性進行論證的活動，即利用歷史研究法、比較研究法、分析研究法、社會研究法、政策研究法、法條研究法等法案之研究方法，使立法行為符合客觀性、明確性與妥當性的要求[94]。在立法技術新模式中，有所謂「立法檢驗表」，內容包括立法目的、對人民之影響、對行政人員之影響、成本與效益、人力配置及組織、實務上之可行性、法位階、必要性、適當性、明確性、拘束性、可管理性、干預方式、彈性空間、充分宣導、救濟方式、潛在影響等[95]。

法律經濟學的概念源起於 1960 年左右，由寇斯（Ronald Coase）提出侵權法的社會交易成本問題。由寇斯之論點出發，靠理性與效率兩個主軸，利用經濟的方法去解析法律概念與立法原則，它是一種思考方式，瞭解人的理性、決策和因應，預先思慮其可能的結果，再去構思法律設計。完全符合經濟效率的法律不太可能，但立法者

---

[93] 林建宏，〈淺析「國家賠償法」修正草案〉，《臺灣法學雜誌》，138 期，2009 年 10 月，頁 91-128。
[94] 羅傳賢，前揭註 83 書，頁 496-506。
[95] 同前註，頁 735-750。

仍要考量可能的均衡及資源配置的效率,設想每一種不同的權利規範所可能造成的後果,評估各種規範情況下的利弊取捨,做出最適立法的選擇[96]。

根據上次實證調查顯示,在民眾對國賠制度具體的建議中,不乏對立法、修法建構完善國賠制度之寶貴意見,如:明確的賠償標準、增加賠償額度、法律扶助、放寬要件及範圍、賠償標準比例原則、弱勢族群權益、人性化流程、民間團體、專責調查機制、精神慰撫金、舉證責任之減輕、調查民意、與時俱進、參考國外制度、及時賠償、實際效益後續追蹤、受害者同理心、預防勝於治療、失職人員對應之懲處、公共設施積極維護、證據保全、重視成本效益、職權調查、人命優先等。

當被問到是否相信立法院會持續修訂出更為完善的國賠法時,本次調查顯示,民眾表示「不太相信」者有 42%,「很不相信」者有 13%,整體採不相信態度者合計達 55%過半(見附錄 2 表 9),與上次調查整體採不相信態度者合計達 49%(見附錄 1 表 9)相比,不信任感有增加趨勢。而整體採相信態度者,則從上次調查的 42%(見附錄 1 表 9),下降至本次的 38%。這樣的消長,多少也反映了民眾對國會表現的「印象分數」。實際上,民眾對國賠責任體系的完善立法仍有所期待(見附錄 2 表 11),具體建議如參考先進國家立法、被害民眾舉證責任之減輕、大陸及港澳地區民眾是否適用之釐清、公務員連帶賠償及求償責任義務之加重、配套法規之改善、公益律師或專家學者提供諮詢和協助、條文明確化、放寬國賠限制、

---

[96] 大衛・傅利曼(David D. Friedman)作,前揭註 69 書,頁 110。

成立專門公正的審查單位、政府不作為要件之強化等，值得修法時參考，以建構完善國家賠償法制。

　　民主政治乃民意政治、責任政治，政府必須有民意的支持，才具有統治的正當性與合法性基礎。而徒善不足以為政，良好的公共政策必須「合法化」為明確的法規，才能依法行政，滿足民眾需求。歷史經驗顯示，國賠立法及持續修法，參考借鏡外國法制理論與實務有其必要性[97]，然應更一步結合國賠法之「本土化經驗」，使外國立法例之邏輯能「服水土」，發揮其規範功能。如何以上述實證調查之民意為基礎，持續調查、歸納、分析，透過立法技術與立法程序，綜合使用各種立法研究方法，將法律經濟學理性與效率的思維方式，結合立法檢驗表，從抽象概念到具體法律風險管理策略，選擇可行方案，將憲法保障人權之美意轉換成符合我國國情之良法，誠為值得努力的方向。

　　憲法第二十三條規範基本人權限制之公益原則、比例原則、法律保留原則，其中有「防止妨礙他人自由」之規定。民法第七百六十七條所有人物上請求權之規定，有「有妨礙其所有權之虞者，得請求防止之」。民法第九百六十二條占有人物上請求權之規定，有「占有有被妨害之虞者，得請求防止其妨害」。民事訴訟法第五百三十八條定暫時狀態之假處分規定中，有「防止發生重大之損害」。刑法第十五條不作為犯之規定為：「對於犯罪結果之發生，法律上有防止之義務，能防止而不防止者，與因積極行為發生結果者同。因自己行

---

[97] 外國立法例有參考德國、奧國、日本、韓國、美國法制者。參見劉春堂，《國家賠償法》，三民，2007 年 5 月（修訂 2 版），頁 176-211。

為致有發生犯罪結果之危險者,負防止其發生之義務」。刑法第二十七條中止未遂之規定中,有「防止其結果之發生者,減輕或免除其刑。結果之不發生者,非防止行為所致,而行為人已盡力為防止行為者,亦同」。現行刑法之刑罰觀念,有對社會大眾形成心理強制的威嚇效果「一般預防理論」(如:死刑、自由刑併科罰金、特別刑法提高刑度等)及預防個別犯人再犯之「特別預防理論」(如:短期自由刑易科罰金、罰金易服勞役之再易服社會勞動、緩刑、假釋之非機構處遇等再社會化制度)[98]。性侵害犯罪防治法第四條規定中,有「防治政策及法規」「防治教育」。刑事訴訟法第一百零一條之一,有反覆實施同一犯罪之虞之「預防性羈押」制度。行政執行法第三十七條對人管束之即時強制規定中,有「預防他人生命、身體之危險者」。行政罰法第十條不作為犯之規定中,有「依法有防止之義務」。警察機關處理國家賠償事件注意事項第20點規定中,有「公有公共設施之設置及管理維護,必須把安全放在第一位,對舊有的公有公共設施,尤應隨時注意檢查維修,做適當之處裡,以維護人民生命、身體、財產的安全,避免國家賠償事件的發生」[99]。災害防救法第二條規定中,有「災害之預防」。傳染病防治法第五條中,有「傳染病預防」。土壤及地下水汙染整治法首條中,有「為預防」之立法目的。

由上可見,現行公、私法規中有「預防風險」制度者,比比皆

---

[98] 林鈺雄,《新刑法總則》,自版,2006 年 9 月,頁 15-19;林山田、許澤天,《刑總要論》,自版,2009 年 2 月(2 版),頁 360-631。
[99] 孫可亦編著,《小心國賠糾紛》,潘朵拉文字創意,2005 年 12 月,頁 120。

是，均可成為「預防法學」研究之材料。未來國賠法之修正，能否以「法律保留」方式，斟酌納入風險預防、人員獎懲、風險轉移之保險、風險溝通、風險管理及危機處理之標準作業程序、成本效益等規範，或退而求其次，以「授權明確」方式，授權行政機關以「法規命令」定之，此立法之「創意」，值得討論。

肆、司法觀點

西方民主國家十分重視司法制度，認為健全的司法制度是實行民主政治的重要條件之一。司法要獨立，不能受立法和行政部門的干涉，這是保障民主和人權的最好的方法，也是推動社會改革的重要力量[100]。翻閱英美法律書籍,當可認知其強調「司法審查」(judicial review) 對違法行政行為制衡之重要性[101]。我國司法從古代行政、司法不分，結果論式的包青天式正義，走向現代強調司法獨立之實質正當法律程序（憲法第八條參照），走過漫長又崎嶇的道路。司法院大法官的違憲審查解釋，拘束全國各機關及人民，甚至影響立法的進度及實質內容。最高法院及最高行政法院之判例，具有實質上

---

[100] 冉伯恭，《政治學概論》，五南，2000 年 4 月，頁 167-171。
[101] STEVEN H. GIFIS, LAW DICTIONARY 273 (4th ed., 1996); ELIZABETH A. MARTIN, A DICTIONARY OF LAW 252 (4th ed., 1997); STANLEY DE SMITH & RODNEY BRAZIER, CONSTITUTIONAL AND ADMINISTRATIVE LAW 590-675 (7Rev ed., 1994); ALEX CARROLL, CONSTITUTIONAL AND ADMINISTRATIVE LAW 269-339 (Longman, 2002); D. J. GALLIGAN, A READER ON ADMINISTRATIVE LAW 477-495 (1996).

的拘束力,是重要補充法源之一,法官造法,經由一序列的個案實務見解而創造實效性的制度,具準立法的功能[102]。而一般司法裁判在程序上、實體上,對個案也能發揮適用法律,定紛止爭的功能。綜合上述,故有稱司法為社會正義的最後防線。

我國憲法第七章及增修條文第五條,規定行使司法權之組織、地位、職權與特性,強調法官超出黨派以外,依據法律獨立審判,不受任何干涉(憲法第八十條參照)。國賠法採協議先行主義,第十一條中規定:「賠償義務機關拒絕賠償,或自提出請求之日起逾三十日不開始協議,或自開始協議之日起逾六十日協議不成立時,請求權人得提起損害賠償之訴」。

根據上次實證調查,民眾對國賠之司法審判公正性、預防國賠以節省社會成本、賠償範圍、訴訟流程、訴訟輔導、舉證責任等,表達其期待與批判之意見(見附錄2表11)。

另根據上次實證調查顯示,有高達51%的民眾「還算相信」我國法官會公平審理國賠訴訟事件,9%的民眾「相當相信」,整體採相信態度者合計達60%(見附錄1表8)。與賠償義務機關之相信度41%(見附錄1表7),立法機關之相信度42%(見附錄1表9)相比,顯示民眾對司法的獨立公正審判之事後救濟,有較高之期待可能性。與97年司法院「一般民眾對司法認知調查」結果,曾到過法院的受訪者,對法院的整體經驗感到滿意的比率為62.1%對照[103],

---

[102] 楊日然,《法理學》,三民,2005年10月,頁136-141、193-196;黃異,《法學方法》,元照,2009年3月,頁29、130-132。
[103] 97年「一般民眾對司法認知調查」有效樣本為臺灣地區23縣市年滿20歲之民眾共5,230人,其中1,890人曾赴法院洽公,詳見司法院網站。

非常相近。

　　司法是否為維護社會公平正義的最後防線？本次調查，有43%的民眾「還算相信」我國法官會公平審理國賠訴訟事件，4%的民眾「相當相信」，整體採相信態度者合計達47%（見附錄2表8），與上次調查整體相信度達60%（見附錄1表8）相比，顯示民眾對司法公信力的信任度「明顯」下降很多，是否是受到近來法官、檢察官作為不符「民意期待」、風紀操守問題、司法改革退場機制等一連串對司法負面形象的報導所影響？值得持續觀察。然而，與本次調查賠償義務機關（絕大多數為各級行政機關）之相信度34%（見附錄2表7）、立法機關之相信度38%（見附錄2表9）相比，司法機關之相信度47%（見附錄2表8）名列第一。顯示民眾對法官獨立公正審判之事後司法救濟，仍有較高之期待。何謂法律？法律是法律人之「獨占」或「專利」嗎？民眾對司法的信任感，減輕民眾舉證責任、增加陪審團、加速審理速度、法律扶助等建議（見附錄2表11），法律社群應謙卑面對。

　　行政院所屬各機關風險管理及危機處理作業基準第8點規定：「各部會應明訂各級人員之風險管理職責，並提供資源、訓練與必要措施，以落實機關之風險管理。各部會應透過教育訓練及組織學習，建立風險管理專業技術，提升風險管理能力」，第27點規定：「各部會於危機處理完竣後，應依經驗及事實，作成知識物件案例，俾供學習及檢討改進。對處理危機結果發現異常事項，應提出矯正或預防改善措施，並確認該等措施之有效性及回饋風險管理機制持續監控」。

學者認為危機管理是風險管理的一環,危機管理是一種循環的過程,有效的危機管理包括五個階段:訊號偵測期、準備及預防期、損害抑制期、復原期、經驗學習期,學習階段是從危機中汲取教訓,增進未來危機管理的能力。[104]學者亦建議加強風險管理知識分享與經驗傳承,重視風險管理教育訓練,設置知識分享平台,使成員可隨時參考運用,擷取風險管理系統失敗之教訓,提供可檢討的資訊回饋予各部門,以改善風險管理制度之運作,並參考英國政府、加拿大政府之風險管理模式,溝通學習、監督與報告、評估和調整[105]。

學者肯定國賠法之施行,是我國民主法治的里程碑。而國賠法實施後行政與司法上的新課題,認為「徒法不能以自行」,有良好的法律,尚須有健全的制度與之配合,更須有優秀的人才予以執行,始能實現立法意旨並發揮其應有的功能。建議健全法制及法務工作,延攬優秀人才,使機關之法制或法務工作制度化,於機關訂定或執行各項法令,或採取其他措施時,在事前經由法制或法務單位就法的觀點加以檢查,除善後處理之消極工作外,更能發揮其積極的事前諮詢功能,以協助各單位正確執行國家各項法令,預防各種違法或不當措失之發生,使國家損害賠償問題因而消弭於無形。國家損害賠償案件之審理,與單純民事損害賠償案件之審理尚有不同,法官除民、刑法學識以外,應具備憲法、行政法之學識,始足

---

[104] 鄭燦堂,前揭註 58 書,頁 459-460;Ian I. Mitroff、Christine M. Pearson 著,前揭註 62 書,頁 11、27、47。

[105] 施宗英,〈行政機關風險管理之推動現況與檢討〉,《研考雙月刊》,30 卷 2 期,2006 年 4 月,頁 3-11;于樹偉,〈先進國家風險管理理念與架構〉,《研考雙月刊》,30 卷 2 期,2006 年 4 月,頁 12-24;古步鋼,〈英國政府風險管理推動模式〉,《研考雙月刊》,30 卷 2 期,2006 年 4 月,頁 37-49。

以勝任，故各級法院應儲訓專才成立專庭。公有公共設施設置或管理欠缺致生損害之國賠責任，係採無過失責任主義，「有權利，必有救濟；有損害，即有賠償」。我國公有公共設施之設置、管理狀況常受批評，致生損害之情事時有所聞，各級政府對於事故之發生，似有諉之於預算不足或被害人民違規使用之傾向。公務員當審慎從事，自動自發，隨時盡心盡力維護公共設施之安全，使設置或管理不生疏失，俾防損害之發生，避免國賠責任[106]。

所謂「鑑往知來」，國賠訴訟裁判之程序與實體爭點、勝敗之關鍵理由，甚至於大法官相關解釋（如：釋字第469號之規範保護理論、第487號冤獄賠償法部分條文違憲等），對國賠法律風險管理而言，都是重要的學習反饋資料。其作用好比注射新流感不活化疫苗，使身體記憶學習，誘發抗體，產生免疫保護功能，減少感染機率及重症發生，降低醫療費用的支出等社會成本，是防疫的重要防線一般。而要達集體免疫成效，國賠法律風險之學習對象，絕對不只是機關訴訟代理人律師或法制（務）單位人員、國賠會委員而已！

依司法院、法務部之統計資料[107]顯示，各級政府機關國賠件數、金額、比例大致逐年遞增，國賠法第三條（公有公共設施）請求件數通常大於第二條（公務員執行職務行使公權力）請求件數，被告機關以行政機關占絕大多數。國賠法第十條採協議先行主義，其立法意旨在於便利人民並尊重賠償義務機關，使其有機會先行處理，以簡化賠償程序，同時避免訟累。自民國94年度迄97年度，中央

---

[106] 劉春堂，前揭註97書，頁149-157。
[107] 詳見司法院及法務部官方網站。

機關應負國賠責任之事件共139件,其中透過協議成立之國賠事件共70件,足徵協議先行程序,對於疏減訟源並使被害人及其家屬儘速獲得賠償,有其價值與必要性。國賠法主管機關法務部之立場,為解決當事人間就「賠償金額無法達成共識」之爭議,參酌近年來國賠事件有關中央機關之司法實務判決,區別被害人死亡與否及物之受損害,研訂三種類型賠償事件之賠償項目及基準,以及賠償金額之減免或扣除,供未來處理國賠事件之參考。被害人死亡之財產上損害賠償有醫藥費、殯葬費及扶養費,非財產上損害賠償有慰撫金。被害人未死亡之財產上損害賠償有喪失或減少勞動能力及增加生活上之需要,非財產上損害賠償之慰撫金,亦就社會地位、家況資力、所受痛苦程度等一切情況酌定。物之受損害要計算折舊。賠償金額之扣除或減免,有損益相抵及與有過失[108]。

其他官方資料中,亦不乏從國賠司法觀點中學習反饋者,例如:監察院97年度「臺灣地區省道老舊橋梁養護管理專案調查研究報告」中,列有高屏大橋斷橋事件高雄地院、屏東地院國賠民事判決6個案例[109];監察院「公園兒童遊樂設施管理維護情形訪查研析報告:以臺北市、臺北縣、桃園縣及新竹市為範疇」中,列有應歸責於管理機關者高等法院國賠民事判決3個案例,應歸責於父母、法定代理人或使用人者高等法院國賠民事判決3個案例,及釋字第469

---

[108] 「國家賠償事件賠償項目及賠償金額參考基準」,乃參酌近年司法實務判決見解,並將之「類型化」,為從國賠司法觀點中學習反饋之重要範例,詳見法務部網站「法律事務司」國賠資料。
[109] 監察院,前揭註77書,頁20-26。

號解釋,並在風險管理面建議以之作為宣導教材,可供警惕[110];教育部「教師法律手冊」中,列有國賠責任的 11 個案例,輔導管教、學校事故之民、刑事、行政責任案例多起[111],可供各機關將相關國賠司法裁判案例列入其法律風險管理手冊,以為教育講習、法制作業之參考。

私人企業以營利為目標,其永續經營,有法律風險管理問題、趨吉避凶之道。政府機關,以公益為目標,依法行政、服務民眾,亦有法律風險管理問題。根據上次實證調查,對於政府機關,已盡力維護管理公有公共設施,預防國賠問題之發生,有 47%的民眾表示「不太相信」,有 15%的民眾「很不相信」,整體表達不相信態度者合計達 62%,遠超過整體表達相信態度合計的 30%(見附錄 1 表 6)。依據司法院統計處針對國賠案件統計資料顯示,近幾年來平均每年達 7 億元之國賠金額,除凸顯國人日益高漲之權利意識外,相對於公共設施安全與高品質之期盼,尤為殷切。風險管理乃使管理者在風險與管理目標之間,做出適當取捨(trade off)的程序,藉此將損失控制在可接受範圍進而趨吉避凶,達成預期之目標,善用風險管理之理念,研議相關配套措施及輔助機制,強化完善公共設施安全管理效能,每年當可替國庫節省可觀之公帑[112]。

根據本次實證調查,對於政府機關,已盡力維護管理公有公共設施,預防國賠問題之發生,有 42%的民眾表示「不太相信」,有

---

[110] 監察院監察調查處編,前揭註 76 書,頁 19-29、194、202。
[111] 邢泰釗,前揭註 63 書,頁 89-95、169-175、252-278。
[112] 同前註 111,頁 28、191-194。

23%的民眾表示「很不相信」,整體表達不相信態度者合計高達 65%（見附錄 2 表 6）,遠遠超過整體表達相信態度者合計的 27%（見附錄 2 表 6）,不信任度高居本次各項調查的榜首。在開放式意見中,民眾直接表達「把路修好」、「要治本」、「認真維修道路」、「應更確實維護公共設施」、「每條生命都是寶貴的,事情先做好,就不用常常國賠」等民意。顯然民眾對公有公共設施之設置、管理、工程品質與安全有很高的疑慮,對照上述司法機關的統計資料,工務、交通單位常高居法院判國賠的排行榜前兩名,國賠法第三條中之「公有公共設施」,竟成為國賠主要法律風險的來源,更凸顯本研究傳播與落實「預防勝於治療」法律風險管理觀念的重要性。綜上所述,相隔一年的兩次實證調查分析,大致呈現「相對穩定」的統計數據。希望未來能持續調查,並對變項進行交叉分析,使本研究成果更具客觀性及參考價值。

國賠其實是全民買單,除事關人民生命、財產、家庭幸福及政府形象外,其「社會連帶」成本亦會影響政府財政。公務員面臨機關被請求國賠之事實,常需提供證據資料以為答辯,對國賠的成立要件、處理注意事項、證據法則、風險管理配套措施等,都應有所認知及做好預先準備。例如：對法務部及所屬機關國家賠償事件處理要點、檢察機關辦理國家賠償事件協助事務實施要點、法院辦理國家賠償事件應行注意事項[113]之認知。臺北市政府國家賠償事件求償權行使基準第 3 點中,道路、溝蓋及人孔有相關情形,「推定」各

---

[113] 法務部法律事務司編,《國家賠償法令解釋彙編》,法務部,2002 年 10 月,頁 255-266。

該應負責之公務員有故意或重大過失,該公務員得提出事證,證明其無故意或重大過失,以免除責任[114]。

　　打官司講求時效、證據,在邏輯三段論下,要將抽象法規適用於具體事實,得到法律效果之結論,如當事人主張之事實有爭執時,必須遵守證據裁判主義。「舉證之所在,敗訴之所在」,有舉證責任之當事人如未盡舉證責任,即可能受敗訴判決,故舉證責任如何合理而公平地分配於原被告之間,乃勝敗攻防之關鍵[115],除法律要件分類說、規範理論之一般原則（當事人主張有利於己之事實,就其事實有舉證責任）外,考量武器不對等,專業知識等公平正義,舉證責任可轉換或減輕（法律別有規定或依其情形顯失公平者,不在此限）[116],以兼顧法安定性與個案正義。

　　國賠之舉證責任,學者認為國賠責任之性質,通說是採代位責任說,故被害人對加害公務員之故意過失,原則上應為舉證。惟因行使公權力所生之危險性,隨著國家行政事務之擴張而增加,且因公權力本身恆涉及專門知識,被害人面臨此龐大之組織及專門知識,期其舉證加害公務員具有故意過失,殊屬不可能,倘如貫徹代位責任說之見解,無異拒絕為事實上之救濟,要非國賠之立法意旨。故目前之通說,對代位責任說之本質,仍不變更,但關於舉證責任,則有改採「大致推定理論」之傾向,認為被害人只需證明公務員有違法行使公權力之事實,即可推定公務員具有故意過失,而由國家

---

[114] 林康年編,前揭註 19 書,頁 592-593。
[115] 楊建華原著、鄭傑夫增訂,《民事訴訟法要論》,自版,2003 年 12 月,頁 272-281。
[116] 姜世明,《民事訴訟法基礎論》,元照,2008 年 7 月(2 版),頁 124-143。

反證其無故意過失,如無反證,即應負賠償責任,對此,學者或以為由於行使公權力需依法為之,故同時有保持適法行使公權力之責任與義務,因而在此前提之下,此說能減輕被害人舉證責任之負擔,藉以貫徹國賠法之立法精神。公有公共設施設置或管理有欠缺,致使人民之權益受有損害時,就其欠缺,原則上,人民對之負有舉證責任。惟於事故發生時,欲證明該欠缺之存在,事實上頗有困難。因之,學說乃主張於事故發生後,即推定該公有公共設施之設置或管理有欠缺,而由該設施之設置或管理機關就該設施之設置或管理並無欠缺,提出反證。此說符合衡平原則,裁判實務亦宗之[117]。

實務見解如司法院第一廳研究意見[118]:按權利之侵害,以違法為原則,以適法為例外,依舉證責任分配之原則,主張因公務員執行職務行使公權力之行為,致自己權利受侵害者,只須證明權利侵害之事實即為已足,而賠償義務機關則非證明阻卻違法事由之存在,不得免其責任。

另最高法院92年台上字第2672號民事判決[119]:按國家賠償法第三條所定公共設施設置或管理欠缺所生國家賠償責任之立法,旨在使政府對於提供人民使用之公共設施,負有維護通常安全狀態之義務,重在公共設施不具通常應有之安全狀態或功能時,其設置或管理機關是否積極並有效為足以防止危險或損害發生之具體行為,

---

[117] 葉百修,《國家賠償法之理論與實務》,自版,2009年6月(2版),頁186、241。
[118] 司法院(70)廳民一字第0649號函復高等法院,詳見:林康年編,前揭註19書,頁385-386。
[119] 同前註,頁447。

倘其設置或管理機關對於防止損害之發生,已為及時且必要之具體措施,即應認其管理並無欠缺,自不生國家賠償責任,故國家賠償法第三條公有公共設施之管理有無欠缺,須視其設置或管理機關有無及時採取足以防止危險損害發生之具體措施為斷。

  98年7月法務部報院版之國家賠償法修正草案條文,增訂舉證責任轉換之規定[120],在責任要件上,本次修法對於因不法行使公權力或怠於執行職務所生國賠責任,雖維持過失責任主義,惟查目前學說及多數實務見解,係認依公務員服務法第一條規定,公務員應忠心努力,依法律命令所定執行職務,故如有不法執行職務行使公權力或怠於執行職務者,即推定其具有過失。請求國賠之人民,只需舉證證明公務員有違背其職務義務之行為而使其受有損害,不需更證明公務員有過失,因此,本次修法乃參酌上開意見,於修正條文第三條第四項增訂:「公務員不法執行職務行使公權力或怠於執行職務者,推定為有過失。」如依民法第一條:「民事,法律所未規定者,依習慣,無習慣者,依法理」,上述修正草案條文在未完成三讀立法、總統公布生效前,「法理」上仍可具有「先發」之效力。

  而土地法第六十八條第一項乃國賠法之特別規定,雖採「無過失責任」,惟地政機關如能舉證證明其原因應歸責於受害人時,地政機關可主張免除土地登記錯誤之損害賠償責任[121]。

---

[120] 林建宏,〈淺析「國家賠償法」修正草案〉,《臺灣法學雜誌》,138期,2009年10月,頁97。
[121] 溫豐文,《土地法》,自版修訂,2007年9月,頁181-182;陳明燦,《土地法專題研究》,自版,2008年9月,頁120-121。

綜上所述，國賠訴訟事件中，被害人民舉證責任之減輕，即政府機關舉證責任之加重。消長之間，政府機關平時更應落實國賠法律風險管理工作，建構公部門風險管理體系之多元模式，才能「有備無患」，在協議或被告時，做出有利之舉證，減免國賠責任全民負擔之社會成本。

伍、結論與建議

在「預防法學」上位概念，及憲政民主法治國家權力分立制衡與效能平衡以保障人權之理念下，要建構政府機關國賠法律風險管理動態知識體系，不能只靠靜態法條要件形式邏輯之註釋分析，更要從宏觀角度，持續累積動態經驗，提出多元、系統整合功能、有效的策略模式。從封閉的法位階純粹法學，走向開放的法律風險管理「預防法學」。

（一）就行政觀點模式建議：
1、因應「預防法學」之科際整合新趨勢，在國賠法律風險管理機制中，建立「學習型組織」，跨領域交流並累積知識、經驗，強化應變能力，增進組織績效。
2、重視政策之「內部行銷」，配套修正法規，辦理業務宣導，提升處理國賠案件之效率，以保障民眾之程序、實體利益。民調顯示，民眾對國賠制度，在知道與真正了解認知間，存

有相當大的「落差」，民意也希望政府能多加宣導，可見政策之電視廣告、宣導手冊、網路資訊等「外部行銷」之「行政指導」亦非常重要。特別是針對公有公共設施因設置或管理有欠缺，致人民生命、身體或財產受損害之國賠責任，應多加著力，以防患於未然。

3、落實政府資訊公開法，政府機關應強化其國賠資訊網中之便民服務功能。除文字、法條要件敘述及制式文件表格外，可利用生動活潑的影音，方便民眾「接近使用」與「信賴保護」。更可將風險預防資訊「置入性行銷」，發揮柔性「風險溝通」之功效，以減低推諉卸責、民怨、法律糾紛，節省訴訟及社會成本。

4、在國賠法律風險管理中納入民意觀點，以提升顧客滿意度為導向，落實強化公務人員專業素質、服務態度及同理心，改善政府形象，爭取民眾信賴。

5、土地登記國賠「登記儲金」特殊法律風險管理模式之參酌，並建立賞罰平衡機制，使公務人員依法執行職務時能積極任事，不必瞻前顧後。

6、「教師責任險」、「公務員責任險」、「公有公共設施公共意外責任險」具分散風險、消化損失、事前預防、事後保障之功能。既不違法，也不會使公務人員產生推卸其他民刑事或行政責任的「道德風險」。保費支出（個人負擔或國家編列預算支應）與每年數億元的國賠金額相比，具有成本效益，可有效移轉政府機關國賠法律風險，減輕公務人員被求償之負

擔，既可增加保險公司之收益，受損害民眾又可迅速獲得理賠，具有「多贏」的政策可行性，值得推廣。宜因勢利導，以團保方式符合大數法則，降低成本，有效「風險轉移」。

7、國家考試（實質行政）制度的建立與實際執行，善加利用這種相對低成本的手段，在命題上持續加強改進，結合本土生活化實例情境，發揮影響，使更多考取後為民服務的公務人員及專業人士，能在考試領導教學與學習下，具有法律風險管理意識與國賠人權觀念，解決實務問題，逐步累積出對整個法治人權環境有利的正面反饋效果，進而對社會發展產生深遠影響。

8、參酌監察院行政調查之專案調查研究報告，在現況缺失面、政策面、規劃設置面、管理執行面、法令規範面、價值理念面、風險管理面之具體可行建議，地方行政機關對國賠的對策、具體作法、專案分析報告，及學者之實證調查研究建議，各級政府機關應對國賠之法律風險進行風險識別、風險分析與評估，採取風險迴避、風險減輕、風險轉移、風險溝通之風險控管策略與具體措施，參考各類文獻資料，類型化建立風險清單並不斷更新，整合編寫成國賠法律風險管理 SOPs 作業手冊。事前可供其整合性法律風險管理之預警、操作、訓練之用；事後協議、訴訟救濟時，更可以其檢討、落實、更新之事證，以符合專業水準、合理安全期待為有利之舉證。另建議將行政程序法第一條至第十條公正、公開與民主之實質正當法律程序、依法行政、明確性、實質平等、比例、

誠信、信賴保護、有利不利一律注意、裁量權有界限、資訊公開、公益等基本原理原則，配合憲法第二十三條事先預防及第二十四條事後救濟之最高依據意旨，在保障人民權益與行政效能間尋求「動態平衡」，將其轉換為具體效標，列入國賠 SOPs 作業手冊之檢覈表中，提供在「預防法學」違法違憲性、妥當性等環節評鑑及訴訟時具體舉證「可合理期待安全性」之用。

（二）立法觀點模式：建議回應民眾對國賠完善立法之民意，考量成本效益，理性選擇最適、可行之立法方案。從上游源頭，透過立法手段將政策合法化，通案調整修改國賠法，使憲法保障人權之美意能轉換為符合我國國情之良法。並以「授權明確」法規命令之方式，將風險預防、人員獎懲、風險轉移之保險、風險溝通等相關規範，斟酌納入，以建構健全之國賠法制，俾使政府機關能「依法行政」。

（三）司法觀點模式：司法改革非朝發夕至，建議各級政府機關參酌法務部及所屬機關國家賠償事件處理要點第 12 點，賠償義務機關對於協議成立或判決確定之國賠事件，應檢討具體個案發生之原因並研謀改進措施。對國賠有關司法裁判之程序、實體爭點、勝敗關鍵理由，及相關大法官解釋等實務見解，從國賠司法觀點中學習反饋，將之類型化，列入其法律風險管理手冊中，平時供教育講習、法制作業之參考，預防發生國賠訴訟。政府機關應以司法見解為殷鑑，針對缺失落實國賠法律風險管理工作，蒐集相關佐證資料，若遇訴訟被告時，才能在較重之舉證責任中，做出有利之舉證，減

免國賠責任全民負擔之社會成本。

　　本研究受限於時間、人力、經費，問卷樣本僅限於中南部部分地區，無法與司法院 97 年「一般民眾對司法認知調查」相比，本研究兩次調查之樣本 788 人，只有司法院調查有效樣本 5,230 人約百分之十五的規模。後續應定期多次追蹤研究，或擴大調查之分布地區及有效樣本數量，以強化其客觀性。在質性研究上，未來應訪談實際涉及國賠業務的公務人員，及實際上有申請國賠或進行訴訟經驗的民眾，了解民怨、民意之所在，以進行本土個案研究。並擴大至他國國賠法制、經驗之比較研究，以擴展視野。此外，也可針對各別國賠事件類型（如：人與物、校園、道路等），及有關國賠之特別法規範類型（如：行政訴訟法、冤獄賠償法、土地法等），從法律風險管理之「預防法學」角度，深入做「各論式」的系統化研究。

　　誠如學者所言，風險管理是經驗累積，一生都在執行，範圍可大可小，理論仍在啟蒙，實務各有作法[122]。亦如香港大學法學榮譽退休教授 Raymond Wacks 所言，今日法學典範是法律問題的解決（legal problem-solving），而明日法學典範之轉移則是法律風險管理[123]。國賠的「法律」是與人權保障有關的強制性社會生活規範，國賠的「風險」無所不在，並有鉅大的社會成本，如何「管理」國賠的法律風險？吾人以為，今後法學理論與實務的發展，應嘗試從傳統重視司法判決的「治療法學」、「救濟法學」，轉向重視風險管理、跨領域、橫向科際整合的「預防法學」，對未能妥善管理上述各項風

---

[122] 鄧家駒，《風險管理》，華泰，2005 年 6 月（2 版），頁 3-6。
[123] RAYMOND WACKS, LAW: A VERY SHORT INTRODUCTION 148 (2008).

險所造成之風險,診斷分析問題癥結之所在,不斷改進及優化解決方案。

參考文獻

（一）中文文獻

書籍

(1)一般著作

內政部警政署刑事警察局（2009）。《反詐騙小叮嚀》。臺北：內政部警政署刑事警察局。

中國地政研究所不動產大辭典編輯委員會（2008）。《不動產大辭典》。臺北：中國地政研究所。

中華法律風險管理學會（2010）。《2010年兩岸法律風險管理研討會論文集》。臺中：中華法律風險管理學會。

王泰升、薛化元、黃世杰編（2006）。《追尋臺灣法律的足跡：事件百選與法律史研究》。臺北：五南。

王澤鑑（2009）。《侵權行為法》。自版。

冉伯恭（2000）。《政治學概論》。臺北：五南。

司法院少年及家事廳編（2006）。《司法業務年報—案件分析（94年度）》。臺北：司法院。

司法院司法行政廳編（2010）。《司法業務年報—案件分析（98年度）》。臺北：司法院。

司法院資訊管理處編（2005）。《司法業務年報—案件分析（93年度）》。臺北：司法院。

朱志宏（1999）。《公共政策》。臺北：三民。

朱延智（2007）。《企業危機管理》。臺北：五南。

江明修（2009）。《研究方法論》。臺北：智勝文化。

行政院研考會（2009）。《風險管理及危機處理作業手冊》。臺北：行政院研究發展考核委員會。

行政院環境保護署編印（2009）。《98年版環境白皮書》。臺北：行政院環境保護署。

佐藤幸治等編修（2004）。《Daily 六法 2005年（平成17年版）》。日本：三省堂。

吳江水（2010）。《完美的防範：法律風險管理中的識別、評估與解決方案》。北京：北京大學出版社。

吳定（2005）。《公共政策辭典》。臺北：五南。

吳庚（2004）。《憲法的解釋與適用》。自版。

吳庚（2007）。《行政法之理論與實用》。自版。

吳容明（2008）。《土地政策、土地法制與土地開發》。臺北：現象文化。

吳德豐、徐麗珍（2010）。《公司稅務治理與規劃：管理風險，創造價值》。臺北：資誠教育基金會。

宋明哲（2001）。《現代風險管理》。臺北：五南。

李惠宗（2007）。《中華民國憲法概要：憲法生活的新思維》。臺北：元照。

李惠宗（2007）。《行政法要義》。臺北：元照。

邢泰釗編著（2004）。《教師法律手冊》。臺北：教育部。

亞洲大學財經法律學系編（2010）。《法治教育宣導手冊》，臺中：亞洲大學。

林品章（2008）。《方法論：解決問題的思考方法》。雲林：基礎造形學會。

林嘉誠、朱浤源（1990）。《政治學辭典》。臺北：五南。

林騰鷂（2005）。《中華民國憲法概要》。臺北：三民。

法治斌、董保城（2010）。《憲法新論》。自版。

法律出版社法規中心（2009）。《法學專業教學法規全書》。北京：法律出版社。

法務部法律事務司編（2002）。《國家賠償法令解釋彙編》。臺北：法務部。

姜世明（2008）。《民事訴訟法基礎論》。臺北：元照。

施茂林（2007）。《法律做後盾：從法律書學不到的制勝法則》。臺北：聯經。

施茂林（2008）。《司法保護締新猷—多元專業創新的全面整合》。臺北：法務部。

施茂林（2008）。《法律簡單講：從法律書學不到的制勝法則》。臺北：聯經。

洪遜欣（1994）。《法理學》。自版。

胡佛等（2002）。《中華民國憲法與立國精神》。臺北：三民。

孫本初、賴維堯（2008）。《行政學辭典》。臺北：一品。

國防部「國防報告書」編纂委員會（2009）。《98年國防報告書（漫畫版）》。臺北：國防部。

國防部「國防報告書」編纂委員會（2009）。《中華民國九十八年國防報告書》。臺北：國防部。

國防部編纂委員會（1994）。《中華民國八十二～八十三年國防報告書》。臺北：黎明文化。

張潤書（1998）。《行政學》。臺北：三民。

盛鈺編（2003）。《行政程序法施行後現行臺北市法規之衝擊與因應》。臺北：北市法規會。

許文昌（2005）。《土地法原理》。臺北：文笙。

許育典（2010）。《憲法》。臺北：元照。

連世昌（2008）。《房地買賣風險法律控管》。臺北：永然文化。

陳定國（2003）。《現代管理通論》。臺北：三民

陳明燦（2008）。《土地法專題研究》。自版。

陳長文等著（2002）。《財經法律與企業經營：兼述兩岸相關財經法律問題》。臺北：元照。

郭祥瑞（2009）。《公務員行政法：行政法基礎教材》。自版。

陳慈陽（2000）。《環境法總論》。自版。

喬育彬（1994）。《行政組織法》。臺北：中華民國公共行政學會。

黃丙喜、馮志能、劉遠忠（2009）。《動態危機管理》。臺北：商周。

黃異（2009）。《行政法總論》。臺北：三民。

黃異（2009）。《法學方法》。臺北：元照。

楊仁壽（2010）。《法學方法論》。自版。

楊日然(2005)。《法理學》。臺北:三民。

楊松齡(2006)。《實用土地法精義》。臺北:五南。

楊建華原著、鄭傑夫增訂(2003)。《民事訴訟法要論》。自版。

楊敏華(2004)。《企業與法律——公司治理之監事制度研究》。臺北:中華公司治理協會。

溫豐文(2007)。《土地法》。自版。

葉百修(2009)。《國家賠償法之理論與實務》。自版。

葉慶元(2009)。《臺北市政府人權保障白皮書》。臺北:臺北市政府法規委員會。

詹中原(2008)。《危機管理:理論架構》。臺北:聯經。

監察院(2009)。《臺灣地區省道老舊橋梁養護管理專案調查研究報告》。臺北:監察院。

監察院監察調查處編(2007)。《公園兒童遊樂設施管理維護情形訪查研析報告:以臺北市、臺北縣、桃園縣及新竹市為範疇》。臺北:監察院。

臺中市政府(2009)。《宅配幸福:便民服務手冊》。臺中:臺中市政府。

劉忠明、翟敏娟、劉柏能(2008)。《管理學精要》。香港:匯智。

劉春堂(2007)。《國家賠償法》。臺北:三民。

鄧家駒(2005)。《風險管理》。臺北:華泰。

鄭燦堂(2008)。《風險管理》。臺北:五南。

薛波主編(2003)。《元照英美法辭典》。北京:法律出版社。

謝哲勝(2006)。《土地法》。臺北:臺灣財經協會。

謝哲勝（2007）。《法律經濟學》。臺北：五南。
簡資修（2004）。《經濟推理與法律》。臺北：元照。
羅傳賢（2003）。《立法學實用辭典》。臺北：五南。
鐘秉正、蔡懷卿（2007）。《憲法精義》。臺北：新學林。

(2)編輯著作

林錫堯（2007）。〈建構完整的國家賠償責任體系—從立法觀點探討國家賠償責任類型〉。在臺灣行政法學會主編，《國家賠償與徵收補償／公共任務與行政組織》（頁 4）。臺北：臺灣行政法學會。
陳清秀（2008）。〈國家賠償實務之研討〉。在林康年著，《2008 國家賠償理論與實務》（頁 3-4）。臺北：臺北市政府法規委員會。
詹中原（2008）。〈政府機關的危機預防與風險管理〉。在梁元本、魏彩鶯著，《研習論壇精選「第二輯」：公共治理之新視野》（頁 81）。臺北：行政院人事行政局地方行政研習中心。

(3)翻譯著作

David H. Rosenbloom、Robert S. Kravchuk（2002）。《行政學：管理、政治、法律的觀點》（呂育誠、陳恆鈞、許立一譯）。臺北：麥格羅希爾。
Donald R. Cooper、Pamela S. Schindler（2009）。《企業研究方法》（古永嘉、楊雪蘭編譯）。臺北：麥格羅希爾。

G. Tyler Miller, Jr.（2000）。《環境科學》（段國仁、蘇睿智、張子祥譯）。臺北：編譯館。

Hasso Hofmann（2010）。〈「環境國家」：維護自然生存基礎與保護免於科學及技術危險暨風險之國家責任〉（李建良譯）。在 Peter Badura、Horst Dreier 主編，《德國聯邦憲法法院五十周年紀念論文集（下）》（蘇永欽等譯）。臺北：聯經。

Ian I. Mitroff、Christine M. Pearson（1996）。《危機管理診斷手冊》（吳宜蓁、徐詠絮譯）。臺北：五南。

Nancy K. Kubasek、Bartley A. Brennan、M. Neil Browne（2008）。《企業法律環境：全球化的觀點》（湯樹梅等譯）。臺北：臺灣培生教育。

Stefan H. Krieger、Richard K. Neumann, Jr.（2010）。《律師執業基本技能》（中倫金通律師事務所譯）。臺北：五南。

論文

(1)期刊論文

于樹偉（2006）。〈先進國家風險管理理念與架構〉。《研考雙月刊》，**30**(2)，12-24。

古步鋼（2006）。〈英國政府風險管理推動模式〉。《研考雙月刊》，**30**(2)，37-49。

林建宏（2009）。〈淺析「國家賠償法」修正草案〉。《臺灣法學雜誌》，**138**，91-128。

施宗英（2006）。〈行政機關風險管理之推動現況與檢討〉。《研考雙月刊》，**30**(2)，3-11。

徐正戎、呂炳寬（2010）。〈三代人權與司法審查〉。《東亞法學評論》，**1**(1)，73-87。

程明修（2009）。〈國家賠償訴訟回歸行政訴訟程序之分析〉。《臺灣法學雜誌》，**138**，78-90。

(2)學位論文

葉俊亨（2004）。〈道路瑕疵引發國家賠償問題之研究〉。未出版之碩士論文，逢甲大學交通工程與管理學系研究所，臺中。

法院判決

花蓮地院 99 年國字第 3 號。
苗栗地院 94 年國字第 4 號。
臺中地院 99 年國字第 8 號民事判決。
臺灣高等法院臺中分院 99 年度上國字第 5 號民事判決。

報紙

仇佩芬、許俊偉(2010 年 11 月)。〈國賠？法部：依平等互惠〉。《中國時報》，A6 版。

田思怡編譯（2009 年 11 月）。〈全球暖化、911 過去 10 年最常用字〉。《聯合報》，A25 版。

施富盛(2010 年 11 月)。〈看看英國　想想我們　反陸客國賠…宣告沒法治文明〉。《聯合報》，A27 版。

（二）外文文獻

Annas, G. J. (1997). *Standard of Care: The Law of American Bioethics*. New York: Oxford Univ. Press.

Bealey, F. (1999). *The Blackwell Dictionary of Political Science*. NJ: Wiley-Blackwell.

Gellhorn, E. & Levin, R. M. (1997). *Administrative Law and Process in a Nutshell (Nutshell Series)* (4th ed.). MN: West Group Publishing.

Gifis, S. H. (1996). *Law Dictionary* (4th ed.). New York: Barron's Educational Series, Inc.

Holland, J. A. & Webb, J. (2003). *Learning Legal Rules: A Student'S Guide to Legal Method and Reasoning* (5rev ed.). New York: Oxford Univ. Press.

Patterson, D. (1999). *A Companion to Philosophy of Law and Legal Theory (Blackwell Companions to Philosophy)*. NJ: Wiley-Blackwell.

Roberts, J. M. (2004). *The New Penguin History of the World* (4rev ed.). London: Penguin Books Ltd.

Smith, S. D. & Brazier, R. (1994). *Constitutional and Administrative Law* (7rev ed.). London: Penguin Books Ltd.

Wacks, R. (2008). *Law: A very Short Introduction*. New York: Oxford Univ. Press.

Wilson, E. O. (1998). *Consilience: The Unity of Knowledge*. New York: Random House Inc.

附錄 1：國家賠償調查研究問卷

民眾認知及態度調查研究統計表（2009 年）

調查單位：亞洲大學財經法律學系助理教授張智聖
調查對象：臺中、嘉義、高雄地區非法律專業背景民眾為主要調查對象
調查日期：2009 年 10 月 12 日至 2009 年 11 月 2 日
有效樣本：610 人
調查方式：書面問卷

表 1、請問，您是否知道我國有國家賠償制度？

選項	百分比
知道	78%
不知道	22%

表 2、請問，您是從哪些管道，得知國家賠償的相關資訊？

答項	百分比
電視新聞	58%
報紙	19%
網路	7%
書籍	5%
其他	11%

表 3、請問,您是否知道要符合哪些要件,才能請求國家賠償?

選項	百分比
知道	23%
不知道	47%
很難說	30%

表 4、請問,您是否贊成國家賠償是保障人權制度的說法?

選項	百分比
贊成	81%
不贊成	5%
沒意見	14%

表 5、請問,整體而言,您是否相信我國公務人員,已盡力依法行政、服務民眾,預防國家賠償問題之發生?

選項	百分比
相當相信	2%
還算相信	29%
不太相信	49%
很不相信	13%
沒意見	7%

表 6、請問,整體而言,您是否相信我國政府機關,已盡力維護管理公有公共設施,預防國家賠償問題之發生?

選項	百分比
相當相信	2%
還算相信	28%

選項	百分比
不太相信	47%
很不相信	15%
沒意見	8%

表 7、請問,整體而言,您是否相信國家賠償義務機關,會公平處理民眾國家賠償之請求?

選項	百分比
相當相信	3%
還算相信	38%
不太相信	43%
很不相信	10%
沒意見	6%

表 8、請問,整體而言,您是否相信法官,會公平審理國家賠償訴訟事件?

選項	百分比
相當相信	9%
還算相信	51%
不太相信	28%
很不相信	5%
沒意見	7%

表 9、請問,整體而言,您是否相信立法院,會持續修訂出更為完善的國家賠償法?

選項	百分比
相當相信	4%
還算相信	38%
不太相信	40%
很不相信	9%
沒意見	9%

表 10、假設 20 歲的大學生阿福,某夜騎機車經過昏暗路段,無法看清公路上的坑洞,導致阿福連人帶車摔倒,阿福受傷送醫,機車受損送修。請問,依您的判斷,阿福能否依法請求國家賠償?

選項	百分比
可以	78%
不可以	11%
不知道	11%

表 11、請問,站在民眾的立場,您對我國國家賠償制度,有何寶貴的建議?

_____

_____

表 12、樣本特性分析

屬性	百分比
性別	
(1)男	49%
(2)女	51%
年齡	
(1)未滿 20 歲	43%
(2) 20-29 歲	32%
(3) 30-39 歲	11%
(4) 40-49 歲	9%
(5) 50-59 歲	3%
(6) 60 歲以上	2%
教育程度	
(1)國中及以下	4%
(2)高中（職）	18%
(3)專科	9%
(4)大學	64%
(5)研究所以上	5%

法律風險管理

附錄 2：國家賠償調查研究問卷

民眾認知及態度調查研究統計表（2010 年）

調查單位：亞洲大學財經法律學系助理教授張智聖
調查對象：大臺中地區非法律專業背景民眾為主要調查對象
調查日期：2010 年 10 月 25 日至 2010 年 11 月 5 日
有效樣本：178 人
調查方式：書面問卷

表 1、請問，您是否知道我國有國家賠償制度？

選項	百分比
知道	87%
不知道	13%

表 2、請問，您是從哪些管道，得知國家賠償的相關資訊？

答項	百分比
電視新聞	56%
報紙	19%
網路	8%
書籍	7%
其他	10%

表 3、請問,您是否知道要符合哪些要件,才能請求國家賠償?

選項	百分比
知道	31%
不知道	46%
很難說	23%

表 4、請問,您是否贊成國家賠償是保障人權制度的說法?

選項	百分比
贊成	82%
不贊成	2%
沒意見	16%

表 5、請問,整體而言,您是否相信我國公務人員,已盡力依法行政、服務民眾,預防國家賠償問題之發生?

選項	百分比
相當相信	3%
還算相信	31%
不太相信	41%
很不相信	19%
沒意見	6%

表 6、請問,整體而言,您是否相信我國政府機關,已盡力維護管理公有公共設施,預防國家賠償問題之發生?

選項	百分比
相當相信	1%
還算相信	26%

選項	百分比
不太相信	42%
很不相信	23%
沒意見	8%

表 7、請問,整體而言,您是否相信國家賠償義務機關,會公平處理民眾國家賠償之請求?

選項	百分比
相當相信	1%
還算相信	33%
不太相信	40%
很不相信	16%
沒意見	10%

表 8、請問,整體而言,您是否相信法官,會公平審理國家賠償訴訟事件?

選項	百分比
相當相信	4%
還算相信	43%
不太相信	33%
很不相信	6%
沒意見	14%

表 9、請問,整體而言,您是否相信立法院,會持續修訂出更為完善的國家賠償法?

選項	百分比
相當相信	2%
還算相信	36%
不太相信	42%
很不相信	13%
沒意見	7%

表 10、假設 20 歲的大學生阿福,某夜騎機車經過昏暗路段,無法看清公路上的坑洞,導致阿福連人帶車摔倒,阿福受傷送醫,機車受損送修。請問,依您的判斷,阿福能否依法請求國家賠償?

選項	百分比
可以	79%
不可以	9%
不知道	12%

表 11、請問,站在民眾的立場,您對我國國家賠償制度,有何寶貴的建議?

_____

_____

表 12、樣本特性分析

屬性	百分比
性別	
(1)男	49%
(2)女	51%
年齡	
(1)未滿 20 歲	35%
(2) 20-29 歲	21%
(3) 30-39 歲	21%
(4) 40-49 歲	14%
(5) 50-59 歲	6%
(6) 60 歲以上	3%
教育程度	
(1)國中及以下	8%
(2)高中（職）	21%
(3)專科	10%
(4)大學	55%
(5)研究所以上	6%

第九章

風力發電的法律風險管理

陳匡正[*]

---

[*] 亞洲大學財經法律學系助理教授,E-mail: alaw6911@yahoo.com.tw

目　次

壹、法律風險管理的重要性
貳、風力發電法律風險的重要性
　　一、開發再生能源之需求
　　二、臺灣風力發電發展之現況
　　三、法律風險管理概念運用在風力發電之可能性
參、風力發電之法律風險爭議
　　一、行政法之法律風險
　　　（一）法律不溯及既往原則
　　　（二）信賴保護原則
　　　（三）平等原則
　　　（四）授權明確性原則
　　二、環境保護之法律風險——以美國法為例
　　　（一）到底破壞印第安那蝙蝠的棲息地及建造風力發電機，是否構成「瀕臨絕種動物保護法」中「拿」（take）之行為？
　　　（二）在平衡股東權益（equities）與公共利益之間，較偏重現狀之維持——保護瀕臨絕種動物
　　　（三）動物福利組織案在臺灣風力發電法律風險之適用
肆、可能的解決方案
　　一、現行風力發電相關法律應儘速與其他相關法律加以整合
　　二、再生能源（風力）躉購費率審定委員會應再擴大各界之參與
　　三、再生能源的發展應兼具多元性及公平性
　　四、風力發電之發展應與環保及相關法律風險相平衡
　　五、再生能源（風力）發電設備之申請程序應更具有彈性
伍、結論及未來展望

摘要

　　法律風險管理乃是對可能產生之法律風險不利結果的應變作為，由於強調主動管理之概念故可以提供管理階層為決策之參考，而法律風險管理勢必為法學研究中值得探討之新課題。當然從日本福島核災事變及德國新的反核能源政策，國內對再生能源之發展也更趨積極，尤其臺灣所擁有豐沛的風力資源，讓風力發電勢必在未來臺灣再生能源之發展扮演舉足輕重之角色，故風力發電之法律風險就更值得我們深入進行研究。

　　本文嘗試從行政法及環境保護法兩部分，來討論風力發電之法律風險。就行政法律風險這部分，依新修正「再生能源發電設備設置管理辦法」之規定，就已簽訂售電契約之業者或個人須適用新的躉購費率，這已違反法律不溯及既往原則。由於「再生能源發電設備設置管理辦法」之修正，可能招致已設置發電設備之業者或個人在財產上之損失，甚至修法前後不同申請文件之認定，這都與信賴保護原則相違背。至於外國人或法人在投資臺灣風力市場，所遭遇到「民營公用事業監督條例」之限制，實已違反平等原則。然而「再生能源發展條例」規範的是發電設備「完成設置前」之查核、認定事項，而非「再生能源發電設備設置管理辦法」所增訂之「完成設置後」的查核、認定事項規範，此已違背授權明確性原則。此外就環境保護法律風險這部分，風力發電所造成噪音、生態及其他之衝擊，若能納入「其他相關項目」於環境影響評估項目之中，可讓業者或個人避免相關的法律風險。

法律風險管理

　　本文針對上述風力發電之法律風險提出現行風力發電相關法律應儘速與其他相關法律加以整合、擴大再生能源（風力）躉購費率審定委員會之參與、多元化再生能源之發展、注意風力發電所帶來之環境法律風險及採取彈性、簡化之風力發電設備申請程序之管理措施。最後，本文藉由 Van Jones 之觀點指出政府應制定明確法律及規範、投資金錢、整合社會上的組織，做為未來臺灣風力發電發展的新展望。

關鍵詞：法律風險管理、再生能源、風力發電、再生能源發展條例、　　　　再生能源發電設備設置管理辦法

壹、法律風險管理的重要性[1]

風險乃是著眼於未來的不確定,而有可能造成有關人身或財物方面的非預期獲益或損失,[2]如近來因日本地震[3]所帶來的自然環境風險,及美國「次級房貸」[4]所引發的經濟環境風險,正突顯人類在各類環境的劇變下,應該著重於思考如何避免生命、財產之損失,並權衡風險對生命、財產之利弊,[5]以維持社會安定及維護投資環境,所以風險管理更是值得現今社會重視。[6]

傳統上風險管理一般較關注企業風險之問題,乃是企業管理的一環,[7]如生產、銷售、成本、財務、人事、稅捐等議題,換言之如何

---

[1] 陳匡正、張智聖、陳俊寰,〈再生能源的法律風險管理—以太陽能為中心〉,《2011公私法學學術研討會論文集》,2011年6月,頁28。
[2] 鄧家駒,《風險管理》,華泰,1998年4月,頁12-13。
[3] 〈日本 8.9 強震 臺灣需防海嘯〉,「中央社即時新聞」,http://www.cna.com.tw/SearchNews/doDetail.aspx?id=201103110146&q=%e6%97%a5%e6%9c%ac%e5%9c%b0%e9%9c%87,最後瀏覽日 2011 年 5 月 2 日。
[4] 〈美國遭遇金融海嘯 雷曼兄弟公司破產 全球金融危機〉,「CRIOnline」,http://big5.cri.cn/gate/big5/gb.cri.cn/18504/2008/09/17/Zt2625s2246715.htm,最後瀏覽日 2011 年 5 月 9 日。
[5] 鄧家駒,前揭註 2 書,頁 13。
[6] 亞洲大學,《一百零一學年度申請設立財經法律學系法律風險管理碩士班計畫書》,亞洲大學,2010年11月,頁3。
[7] 鄧家駒,前揭註 2 書,頁 32。

追求企業存在與風險之間的平衡,並進一步評估及管理各種風險。[8]然而風險管理也是人生規劃、政府規範、社會運作之必備工具。至於「法律風險管理」(legal risk management)實為「風險管理」的一種乃「發展中概念」,而其在本質上是「預防法學」(preventive law)的一種,其主要在法律風險發生之前發現可能的爭點並且採取預防的機制與措施,以避免當事人日後不必要的訴訟爭議,而這也是法律風險管理的主要理念,[9]所以法律風險管理是以結合法律與風險管理從事異業結合之理論與實務研究為目的,乃是一種跨領域、跨行業之研究。[10]

當然近來新興的「綠能產業」,正是著眼於「地球暖化」、「溫室效應」使南北冰川融化,導致全球海平面上升環境風險之解決方案。[11]根據科學家的研究預測,全球海平面因北極、格陵蘭及南極冰川溶化將上升1.4-1.6公尺,[12]而這些對抗「地球暖化」與「溫室效應」並發展再生能源之解決方案,實乃風險管理之概念。然而「地球暖

---

[8] 亞洲大學,前揭註6書,頁8。
[9] Healers of Conflicts Law & Conflict Resolution Center, *Preventive Law*, (n.d.) http://www.healersofconflicts.com/Tools/preventivelaw.htm (last visited Mar. 11, 2011).
[10] 亞洲大學,前揭註6書,頁6-7。
[11] 中國新聞網,〈最新報告:受地球暖化影響 海平面百年內將升1米〉,「中國經濟網」,
 http://big5.ce.cn/gate/big5/intl.ce.cn/qqss/201105/24/t20110524_22437658.shtml,最後瀏覽日2011年6月1日。
[12] 馬杰堯,〈暖化冰川消融 海平面將上升1.4公尺〉,「yam蕃薯藤新聞」,http://n.yam.com/tvbs/international/201105/20110512810135.html,最後瀏覽日2011年6月1日;中國廣播網,〈研究稱世紀末海面或升1.6米 沿海城市將洪水泛濫〉,「新華網」,
 http://big5.xinhuanet.com/gate/big5/news.xinhuanet.com/world/2011-05/06/c_121385370.htm,最後瀏覽日2011年6月1日。

化」與「溫室效應」之議題,通常是跨國界、跨領域之爭端,例如捷克最近打算擴建其境內的普內羅夫(Pruerov)火力發電廠,但位於西太平洋的島國密克羅尼西亞則以此舉會招致海平面上升,讓其遭受到洪水、極端天氣之影響為由,威脅將依國際法起訴與其相隔1.1萬公里的捷克。[13]

是故研發再生能源除了是人類已經開始進行之為避免氣候危機的解決方案外,熱門的「綠能產業」相關議題可謂是這類跨領域、跨行業研究之典型,這正是本文認為值得進行「法律風險管理」深入探討之緣故。

貳、風力發電法律風險的重要性

一、開發再生能源之需求

臺灣是一個人口擁擠的小島,且缺乏天然的資源,所以無從使用天然資源來滿足自身能源之需求,因此隨著人口的不斷增加及頻繁的經濟活動,臺灣總能源需求也不斷地增加,然而隨著環保意識的抬頭,推廣綠色能源(再生能源)也格外的受到普遍的重視。一項由世新大學於2009年12月28日所公布之「核能安全民意調查」

---

[13] 國際在線,〈捷克計畫擴建火電廠遭太平洋島國起訴威脅〉,「新浪香港」,http://news.sina.com.hk/news/12/1/1/2339081/1.html,最後瀏覽日2011年6月1日。

結果顯示，有超過7成3的大臺北地區民眾認同透過改變產業結構，以減少溫室氣體排放，並有近7成的民眾支持發展再生能源以取代核能。[14] 而這項民意調查的結果不僅體現臺灣民眾對環境保護、推廣再生能源的高度共識外，也適逢公布該民調的時間在「再生能源發展條例」公布施行[15]之後，顯見政府發展再生能源之方向是獲得臺灣民眾的支持的。

尤其是在311日本福島核災事變[16]之後，國內外都出現一片檢討核能發電之聲浪，[17] 且發展再生能源之議題更是「方興未艾」，例如在再生能源高度發展的德國已經改變其 2010 年延長核能電廠營運年限，及運用核電廠認捐之再生能源基金發展再生能源之能源政策，於今年3月中旬改以關閉老舊核能電廠與嚴格的核電廠安全檢查的新能源政策，[18] 特別是德國人比較能接受及現階段發展較大規模的風力發電，更是德國再生能發展之重點。

---

[14] 中央廣播電臺&國立教育廣播電臺，〈近七成臺灣民眾 支持再生能源取代核能〉，「美寶論壇」，http://mepopedia.com/forum/read.php?127,3592，最後瀏覽日2011年5月12日。

[15] 法務部全國法規資料庫工作小組，〈法規＞再生能源發展條例〉，「全國法規資料庫」，http://law.moj.gov.tw/LawClass/LawContent.aspx?pcode=J0130032，最後瀏覽日2011年5月12日。

[16] 趙元穎，〈福島核電廠疑外洩 4.5 萬人急撤離〉，「TVBS」，http://www.tvbs.com.tw/news/news_list.asp?no=yehmin20110312131851，最後瀏覽日2011年5月12日。

[17] 曾懿晴、張榮仁、王宏舜，〈萬人上街 廢核大遊行 全臺遍地開花〉，《聯合報》，2011年5月，第A4版。

[18] 中央社，〈核能怕怕 德國青睞風力發電〉，「聯合新聞網」，http://udn.com/NEWS/WORLD/WOR3/6271200.shtml，最後瀏覽日 2011 年 5 月 11 日。

二、臺灣風力發電發展之現況

　　當然臺灣雖不像其他國家天然資源那般的豐富，也不如美、德等先進國家推廣再生能源那般悠久的歷史。可是就風力資源而言，臺灣位處最大陸塊及最大海洋的交界處，所以有明顯的東北及西南季風交替,且有半年以上的東北季風期,特別是冬季風力相當強勁，在臺灣海峽、西部沿海及澎湖離島等地區年平均風速可達5-6公尺／秒以上，[19] 已經超過設立風力發電機的基本條件4公尺／秒以上，[20] 因此臺灣的風力資源不僅豐富且具有發展風力發電的潛力。

　　就臺灣風力發電的具體實踐來看，澎湖已於今年1月獲行政院核定推動「建置澎湖低碳島專案計畫」，[21] 換言之將打造澎湖成為世界級低碳島，設置大型風力發電機、裝設智慧電表等，期望在民國104年澎湖再生能源供應的比例從25%上升至56%。這個以建造風力發電廠為主的計畫，更開放澎湖縣民入股投資分享售電利潤，更重要的是於民國104前建造完成澎湖與臺灣之間的海底電纜，讓澎湖自己用剩下的電力可以輸送回臺灣。[22]

---

[19] 呂威賢，〈臺灣風力發電史〉，「再生能源電子報」，http://www.re.org.tw/re2/epaper/9304/newsletter.htm，最後瀏覽日2011年5月12日。
[20] 張燕全，〈臺灣再生能源最佳女主角—風力發電〉，「臺灣新能源產業促進協會」，http://neat-tw.org/Papers_a01.htm，最後瀏覽日2011年5月12日。
[21] 陳可文、陳宥臻,〈風力發電　澎湖低碳島計畫啟動〉,《中國時報》,2011年3月，第A6版。
[22] 同前註。

也許就技術的觀點而言,風力發電是有其可行性,然而發展再生能源是否真能完全替代化石能源及核能呢?這個答案是否定的,就臺灣整體的發電結構而論,燃煤占整體發電之 43.7%、燃天然氣占整體發電之 19.7%、核能占整體發電之 19.5%、燃油占整體發電之 7.0%、汽電共生整體發電之 6.0%、再生能源占整體發電之 2.1%、抽蓄水力占整體發電之 2.0%。[23] 另一方面,若從能源供給的角度來看,於 2009 年風力發電、太陽能及太陽熱能發電、水力發電只占整體臺灣能源供給之 0.40%,[24] 也就是再生能源的總發電供給量遠低於非再生能源的總發電供給量(99.60%)。[25]

照片一　臺鐵苗栗崎頂──竹南路段英華威公司風力發電機
資料來源:作者自行拍攝

話雖如此,政府的積極推動正是臺灣綠能產業持續向前發展之動力,並成為社會關注之焦點,就像政府已預估 2015 年臺灣綠能產

---

[23] 鄭朝陽,〈臺灣發電結構〉,《聯合報》,2007 年 12 月,第 A3 版。
[24] 〈政府資訊公開＞施政計畫、業務統計、研究報告＞綜合企劃＞九十九年能源供需概況〉,「經濟部能源局」,
http://www.moeaboe.gov.tw/opengovinfo/Plan/all/energy_year/main/EnergyYearMain.aspx?PageId=default,最後瀏覽日 2011 年 5 月 11 日。
[25] 同前註。

業之總產值將可成長至1兆元。[26]也就是在政府政策的配合之下，再生能源(如風力發電產業)之發展，在未來臺灣整體能源政策中，將扮演重要的角色。更重要的是，我國的再生能源法制雖說在「再生能源發展條例」於2009年7月公布施行後,已經有了初步的成果，然而相關的法律風險爭議大多是「現在進行式」或是「未來式」，[27]因此我們有必要以已發生之再生能源法律風險為本，對正在發生或可能發生之再生能源法律風險進行深入之研究，而以上都是本文要以臺灣風力發電產業發展為法律風險管理之研究客體的重要理由。

正如同前述，政府的政策對再生能源之發展，扮演著舉足輕重的角色，而再生能源躉購費率之高低，不僅是業者與政府間爭執的焦點，也是考驗政府是否真心發展再生能源之指標。若我們拿經濟部所公布的民國100年度再生能源電能躉購費率[28]如下表1，來比較未曾與電業簽訂購售電契約，其設備於中華民國98年7月10日以前未運轉,且被躉購20年之太陽光電與風力發電設備電能躉購費率。

---

[26] 張欽發，〈施顏祥：綠能發展 全臺太陽能發電裝置5年要成長20倍〉，「yam天空新聞」，http://n.yam.com/cnyes/fn/201007/20100711797493.html，最後瀏覽日2011年5月11日。
[27] 「現在進行式」的再生能源法律風險如再生能源躉購費率之爭議，而「未來式」的再生能源法律風險如本文第三部分探討之行政法律與環境保護風險等。然而「再生能源發展條例」之相關立法評析，請參酌蔡岳勳，〈跛腳的再生能源發展條例〉，《月旦法學雜誌》，174期，2009年11月，頁69-87。
[28] 〈中華民國一百年度再生能源電能躉購費率及其計算公式〉,「經濟部能源局」，http://www.moeaboe.gov.tw/opengovinfo/Laws/secondaryenergy/LSecondaryMain.aspx?PageId=l_secondary_31，最後瀏覽日2011年5月11日。

表 1 太陽光電與風力發電設備電能躉購費率比較表

再生能源類別	分類	裝置容量級距	上限費率（元／度）
太陽光電	屋頂型	1 瓩以上不及 10 瓩	10.3185
		10 瓩以上不及 100 瓩	9.1799
		100 瓩以上不及 500 瓩	8.8341
		500 瓩以上	7.9701
	地面型	1 瓩以上	7.3297
風力	陸域	1 瓩以上不及 10 瓩	7.3562
		10 瓩以上*	2.6138
	離岸	無區分	5.5626

*依「臺灣電力股份有限公司再生能源發電系統併聯技術要點」第 7 條第 4 項規定加裝 LVRT（低電壓持續運轉能力設備）者，躉購費率為 2.6574 元／度。

　　我們不難發現一個現象，那就是未來太陽能光電躉購費率乃是採取限額競標的方式，[29] 雖然不像過去補貼費率之優惠，但是若從上表之實際數據我們不難發現太陽光電發電設備電能躉購費率，普遍比風力發電設備電能躉購費率還高。所以臺灣的再生能源發展其實是重太陽能輕其他再生能源，不僅僅是因為臺灣太陽能光電產業之大量產能，而是政府投入大量的補助補貼太陽能光電之發展，大家都「驅之若鶩」的投入太陽能，[30] 卻排擠到其他再生能源之發展，而風力發電可以說是一個重要的例子，難道政府的行政必須為如此的「不合理的差別待遇」嗎？這樣的是「合理的差別待遇」嗎？

---

[29] 同前註。
[30] 曾懿晴、林淑慧，〈臺電再生能源　沈世宏：補助玩假的〉，《聯合報》，2011 年 1 月，第 A9 版。

而這樣的「不合理的差別待遇」，難保未來不會成為再生能源業者（特別是風力發電業者）法律風險爭議標的之一，如何把法律風險管理概念具體運用在風力發電上，更是避免未來風力發電產業之法律風險的重要課題。

三、法律風險管理概念運用在風力發電之可能性

法律風險管理之定義是一種對於可能發生法律風險不利後果的應對行為，且法律風險管理將法律風險作為一種經常性事務，並貫穿法律風險之全過程，由於法律風險管理強調「管理」之層面，持主動之態度來避免不利之後果。[31]

然而未來具有不可預測性，故本文之目的也非傳統的單純預測未來可能發生的風力發電產業之法律風險，而是藉由現在已經發生之國內外風力發電產業之法律風險，對未來可能發生之爭端嘗試提出一套對策與預警機制。換言之，本文之重點在強調「管理」風險更勝於「預測」風險之概念，以擺脫「治療法學」[32]之窠臼，並建立「預防法學」之新典範，[33]因此下面兩章將分別就風力發電產業所可能發生之行政法、環境保護法的法律風險，進行分門別類的探討，並且嘗試提出解決的方案。

---

[31] 吳江水，《完美的防範——法律風險管理中的識別、評估與解決方案》，北京大學出版社，2010 年 1 月，頁 62-63。
[32] 亞洲大學，前揭註 6 書，頁 7。
[33] 同前註。

參、風力發電之法律風險爭議

而臺灣風力發電產業所可能面臨到的法律風險,主要是集中於風力發電躉購費率之制定及風力發電所可能產生大量噪音之環保與生態、景觀破壞之爭議。當然如果我們回歸到法律風險管理是從法律面辨識、認知、衡量、評估具體個案風險之所在,並提出預防、減低或排除其不利影響之對策,以供管理階層制定正確策略與執行參考之本意,則必須就這兩方面援引國內外之理論文獻,來詳細的探討有關行政法及環境保護法部分的風力發電之法律風險爭議。

一、行政法之法律風險

(一)法律不溯及既往原則 [34]

(1)法律不溯及既往原則之原理

法律不溯及既往原則為法治國家基本原則之一,乃是指人民按照行為時所創設之法律秩序來決定其舉措,因為在法治國家,不能期待人民現在之行為需遵守未來制訂之法律。[35] 在此原則之下,法律僅能向制訂後的未來生效,不得溯及既往對已發生之事實發生規

---

[34] 陳匡正、張智聖、陳俊寰,前揭註 1 文,頁 31-32。
[35] 參見司法院大法官會議解釋第 605 號解釋,曾有田大法官之協同意見書。〈大法官解釋—釋字第 605 號〉,「司法院大法官」,http://www.judicial.gov.tw/constitutionalcourt/p03_01.asp?expno=605,最後瀏覽日 2011 年 5 月 12 日。

範效力,當然亦不允許國家透過立法對於既已發生之事實,給予新的法律評價。[36]

當然法律不溯及既往原則並非指上述形式的法律不溯及既往,按德國憲法法院之裁判與我國學術見解應區分為「真正溯及既往」及「不真正溯及既往」。[37] 所謂的「真正溯及既往」是指法令公布施行後,回溯對之前已完結之事實並回溯生效。[38] 此時法令之適用回溯至生效前已完成之事實,對人民先前所信賴之法律秩序遭受破壞,原屬合法之行為嗣後經法令制定或修正,而被評價為違法之行為,行為人因此遭受不可預期之法律制裁,此已違背法律不溯及既往原則。[39]

另一方面「不真正溯及既往」乃是基於人類活動有其連續性,假若人民在新法公布施行前,對於舊的法律秩序之信賴,已經期許將來法律事實完結後獲得一定之利益,此時新法卻招致人民之權益遭受到損害。[40] 我國大法官實已利用「信賴保護原則」來審查「不真正溯及既往」之情況。[41]

(2)法律不溯及既往原則在風力發電法律風險之適用

由於經濟學上強調在「理性」的前提下,企業或是個人皆追求最大的利潤。[42] 此外,經濟學存在之前提在於強調「地球的資源有

---

[36] 同前註。
[37] 同前註。
[38] 同前註。
[39] 同前註。
[40] 同前註。
[41] 同前註。
[42] 毛慶生、朱敬一、林全、許松根、陳昭南、陳添枝、黃朝熙,《基礎經濟學》,華泰,2007年3月,頁2。

限,而人類的欲望無窮」,故不論是企業或是個人皆欲以最少的成本,來獲取最大的利益。[43] 因此,若將此經濟學的基本原理具體應用在現今因為風力躉購費率之爭議,我們可以發現無論是大型、中型或小型風力發電發電業者或售電者,皆希望能夠在政府有限的補助額度下,取得較高的風力躉購費率,而這也是現階段風力發電發展所產生的一個重要的法律風險。[44]

然而如此的法律風險形成之原因,乃是業者或個人在 2009 年 7 月「再生能源發展條例」(以下簡稱為本條例)施行前,業已經和臺灣電力公司簽訂躉購其生產之風力發電,於再生能源發展條例施行前後之舊費率與新費率不一,因此業者或個人所適用之躉購費率,是仍維持原訂費率,或可以按新費率躉購?例如設置風力發電設備之業者或個人,發現他們於本條例施行前所簽訂之舊躉購費率低於本條例施行後之新躉購費率,這時候業者或個人當然也想適用優惠之新費率,但若為此則有違背法律不溯及既往之原則。

當然按照經濟部依據本條例第四條第三項[45]所制定的「法規命

---

[43] 毛慶生、朱敬一、林全、許松根、陳昭南、陳添枝、黃朝熙,前揭註 42 書,頁 2-3。

[44] 楊伶雯,〈新聞幕後/收購電價太低不敷成本 英華威走定了?〉,「NOWnews 今日新聞」,
http://www.nownews.com/2010/02/25/320-2573080.htm,最後瀏覽日 2011 年 5 月 12 日。

[45] 法務部全國法規資料庫工作小組,〈法規>條文內容>再生能源發展條例〉,「全國法規資料庫」,
http://law.moj.gov.tw/LawClass/LawAll.aspx?PCode=J0130032,最後瀏覽日 2011 年 5 月 12 日。

令」[46]——「再生能源發電設備設置管理辦法」（以下簡稱為本辦法）第十八條之規定：「本辦法於中華民國一百年二月二十五日修正施行前，經中央主管機關受理申請認定及已認定未簽約之再生能源發電設備申請案，中央主管機關應通知申請人於一定期限內依第六條第一項規定辦理。」[47]是故本辦法乃是要求已經認定而未簽約之風力發電發電設備申請案亦須適用新法，也就是風力發電設備申請人在本辦法公布施行前，對於舊的法律秩序（臺灣電力股份有限公司再生能源電能收購作業要點）之信賴，已經期許將來法律事實（完成與臺電公司之簽約程序）完結後獲得優惠之風力發電躉購費率，此時本辦法第十八條之規定卻可能招致人民之權益遭受到損害，此乃「不真正溯及既往」之情形，這當然與法律不溯及既往原則相違背，惟此情形須和以下信賴保護原則之法律風險共同探討之。

由於法律風險管理之目的，乃在於建立「預防法學」之新典範，換句話說免除、預防爭訟正是法律風險管理要強調的，若行政機關所制定之「法規命令」違反法律不溯及既往原則，則未來在認定之風力發電躉購費率時，會產生許多相關的行政訴訟，且在本條例通過施行後，這類的法律風險會層出不窮，相關主管機關有必要對本

---

[46] 「法規命令」之定義在於行政程序法第一百五十條：「本法所稱法規命令，係指行政機關基於法律授權，對多數不特定人民就一般事項所作抽象之對外發生法律效果之規定。法規命令之內容應明列其法律授權之依據，並不得逾越法律授權之範圍與立法精神。」請見法務部全國法規資料庫工作小組，〈法規＞條文內容＞行政程序法〉，「全國法規資料庫」，http://law.moj.gov.tw/LawClass/LawAll.aspx?PCode=A0030055，最後瀏覽日 2011 年 5 月 12 日。

[47] 〈再生能源發電設備設置管理辦法〉，「經濟部能源局」，http://www.moeaboe.gov.tw/opengovinfo/Laws/secondaryenergy/LSecondaryMain.aspx?PageId=l_secondary_30，最後瀏覽日 2011 年 5 月 12 日。

辦法第十八條違反法律不溯及既往原則之部分，進行通盤的檢討。

（二）信賴保護原則[48]

(1)信賴保護原則之原理

司法院大法官會議解釋第 525 號理由書中指出：「法治國為憲法基本原則之一，法治國原則首重人民權利之維護、法秩序之安定及誠實信用原則之遵守。人民對公權力行使結果所生之合理信賴，法律自應予以適當保障，此乃信賴保護之法理基礎，亦為行政程序法第一百十九條、第一百二十條及第一百二十六條等相關規定之所由設。行政法規（包括法規命令、解釋性或裁量性行政規則）之廢止或變更，於人民權利之影響，並不亞於前述行政程序法所規範行政處分之撤銷或廢止，故行政法規除預先定有施行期間或經有權機關認定係因情事變遷而停止適用，不生信賴保護問題外，制定或發布法規之機關固得依法定程序予以修改或廢止，惟應兼顧規範對象值得保護之信賴利益，而給予適當保障，方符憲法保障人民權利之意旨。」[49]

簡而言之，信賴保護原則乃是保護人民對於國家正當合理的信賴，人民因信賴公權力措施或行政法規之存續所形成之法秩序，而有所規劃或舉措（包括安排其生活或處置其財產），不能因為嗣後行

---

[48] 陳匡正、張智聖、陳俊寰，前揭註 1 文，頁 32-34。
[49] 參見司法院大法官會議解釋第 525 號理由書。〈大法官解釋—釋字第 525 號〉，「司法院大法官」，
http://www.judicial.gov.tw/constitutionalcourt/p03_01.asp?expno=525，最後瀏覽日 2011 年 6 月 1 日。

政行為或行政法規之變更而影響人民之既得權益,使其遭受不可預見之損害,[50]正如同行政程序法(以下簡稱為本法)第八條之規定:「行政行為,應以誠實信用之方法為之,並應保護人民正當合理之信賴」,[51]此外因信賴該處分以致於遭受財產上之損失者,則可依據本法第一百二十條第一項:「授予利益之違法行政處分經撤銷後,如受益人無前條所列信賴不值得保護之情形,其因信賴該處分致遭受財產上之損失者,為撤銷之機關應給予合理之補償」,[52]及本法第一百二十六條之規定:「原處分機關依第一百二十三條第四款、第五款規定廢止授予利益之合法行政處分者,對受益人因信賴該處分致遭受財產上之損失,應給予合理之補償。第一百二十條第二項、第三項及第一百二十一條第二項之規定,於前項補償準用之」[53]取得合理之補償。

(2)信賴保護原則在風力發電法律風險之適用

由於再生能源發電設備之認定、查驗、完工證明、撤銷、廢止等事項,都具體規範於經「再生能源發展條例」所授權制定之「再生能源發電設備設置管理辦法」(以下簡稱為本辦法),[54]換言話說,行政機關(經濟部能源局)對風力發電設備所為之認定、查驗、完工證明、撤銷、廢止等行政行為,都具體涉及業者或人民對已設置財產(風力發電設備)之處分,且無論該財產設置之時間是在本辦

---

[50] 李建良、陳愛娥、陳春生、林三欽、林合民、黃啟禎,《行政法入門》,元照,2004年5月,頁87。
[51] 法務部全國法規資料庫工作小組,〈法規>條文內容>行政程序法〉,前揭註46。
[52] 同前註。
[53] 同前註。
[54] 〈再生能源發電設備設置管理辦法〉,前揭註47。

法施行前或後,因此按照行政程序法第八條之規定,行政機關依據本辦法對業者或人民發電設備所為之行政行為,應保護其因為信賴在本辦法施行前已完成對發電設備的處分行為。申言之,行政機關對風力發電設備所為之認定、查驗、完工證明、撤銷、廢止等行政行為,必須兼顧在本辦法施行前業者或人民已投入之「總固定成本」(total fixed cost),[55] 以避免法規因為施行前後之變動,而加重業者或人民總成本(total cost)[56]之負擔,更因此造成其經濟上的不利益。

另一方面,因行政法規之變更所導致違反信賴保護原則之部分,按本辦法第十八條之規定:「本辦法於中華民國一百年二月二十五日修正施行前,經中央主管機關受理申請認定及已認定未簽約之再生能源發電設備申請案,中央主管機關應通知申請人於一定期限內依第六條第一項規定辦理。」[57] 是故已經認定且未簽約之風力發電設備的申請案亦須適用本辦法之規定,而此規定恐怕有違背信賴保護原則?尤其是舊的「再生能源發電設備認定辦法」[58] 對於申請案有不同於本辦法之申請文件時,是否必須要求申請人補件呢?若不補件時,已受理之設備申請案其效力又當如何呢?

---

[55] 毛慶生、朱敬一、林全、許松根、陳昭南、陳添枝、黃朝熙,前揭註 42 書,頁 93-94。
[56] 同前註。
[57] 〈再生能源發電設備設置管理辦法〉,前揭註 47。
[58] 經濟部於 100 年 2 月 25 日發布「經能字第 10004601110 號」令修正「再生能源發電設備認定辦法」,並將名稱修正為「再生能源發電設備設置管理辦法」。請見經濟部,〈經濟部修正「再生能源發電設備設置管理辦法」〉,「臺灣法律網」,
  http://www.lawtw.com/article.php?template=article_content&area=free_browse&parent_path=,1,2169,1484,&job_id=170044&article_category_id=2238&article_id=95460,最後瀏覽日 2011 年 6 月 1 日。

誠如前述，如此的信賴保護法律風險，肇因於行政機關制定的行政法規（命令）因為修正施行前後之不同，其可能對申請風力發電設備設置之申請人，於行政法規（命令）修正施行前已受理申請的發電設備產生影響。雖然「再生能源發展條例」及「再生能源發電設備設置管理辦法」是規範再生能源（包括風力發電）之特別法，但是司法院大法官會議解釋第 525 號與約束行政機關行政行為之普通法—行政程序法之第八條有關信賴保護原則之規範，仍應該拘束相關行政機關對風力發電發電設備所為之認定、查驗、完工證明、撤銷、廢止等行政行為。是故針對此潛在的法律風險，相關行政機關須按信賴保護原則之精神，對本辦法第十八條規範之內容，進行通盤的檢討。

（三）平等原則[59]

(1)平等原則之原理

平等原則乃是要求立法者須理智的考量維護公益的立法目的，而後斟酌各種不同本質的事務對象，在法律上賦予相同之事件應為相同之處理，而不同之事件則應為不同之處理，這就是所謂的「同同、異異」義務，[60] 換言之，除有合理正當之事由外，否則不得為差別待遇，也就是「立足點的平等」。[61] 當然立法者為如此「理智的考量」時，必須援引憲法整體的「全盤價值理念」，如正義觀念及比例原則等。也就是說判斷立法行為是否符合平等原則，必須經由上

---

[59] 陳匡正、張智聖、陳俊寰，前揭註 1 文，頁 34-35。
[60] 陳新民，《中華民國憲法釋論》，三民，2002 年 10 月，頁 196-197。
[61] 法治斌、董保城，《中華民國憲法》，國立空中大學，2001 年 3 月，頁 171。

述之「價值要素」的檢驗。[62]

而平等原則之保障與「合理的差別待遇」之具體規範,如憲法第七條規定:「中華民國人民,無分男女、宗教、種族、階級、黨派,在法律上一律平等」,[63] 憲法第十百五十三條:「國家為改良勞工及農民之生活,增進其生產技能,應制定保護勞工及農民之法律,實施保護勞工及農民之政策。婦女兒童從事勞動者,應按其年齡及身體狀態,予以特別之保護」,[64] 憲法第一百五十四條:「勞資雙方應本協調合作原則,發展生產事業。勞資糾紛之調解與仲裁,以法律定之」,[65] 憲法第一百五十五條:「國家為謀社會福利,應實施社會保險制度。人民之老弱殘廢,無力生活,及受非常災害者,國家應予以適當之扶助與救濟」,[66] 又憲法增修條文第十條第六項亦規定:「國家應維護婦女之人格尊嚴,保障婦女之人身安全,消除性別歧視,促進兩性地位之實質平等」,[67] 以及行政程序法第六條之規定:「行政行為,非有正當理由,不得為差別待遇。」[68] 因此我們可以

---

[62] 陳新民,前揭註 60 書,頁 196。
[63] 法務部全國法規資料庫工作小組,〈法規>條文內容>中華民國憲法〉,「全國法規資料庫」,
http://law.moj.gov.tw/LawClass/LawAll.aspx?PCode=A0000001,最後瀏覽日 2011 年 5 月 12 日。
[64] 同前註。
[65] 同前註。
[66] 同前註。
[67] 法務部全國法規資料庫工作小組,〈法規>條文內容>中華民國憲法增修條文〉,「全國法規資料庫」,
http://law.moj.gov.tw/LawClass/LawAll.aspx?PCode=A0000002,最後瀏覽日 2011 年 5 月 12 日。
[68] 法務部全國法規資料庫工作小組,〈法規>條文內容>行政程序法〉,前揭註 46。

看出我國憲法及法律已經對平等原則之保障及「合理的差別待遇」，建構出一套嚴僅且完善的價值體系。

(2)平等原則在風力發電法律風險之適用

另一方面，由於我國再生能源之發展尚處於起步的階段，因此勢必要引進國外先進的資金與技術來加速臺灣自身再生能源之發展，如臺灣的風力資源相當的豐沛，也吸引了德商英華威風力發電集團（InfraVest GmbH）來臺投入相當的資金及設備。[69]

然而當外國投資商在選擇投資地點時，勢必須進行投資風險評估，當然法律風險也是重要的考量之一。進一步來說，無論是外國法人或是外國人，就立法或行政行為而言，是否與本國法人或自然人接受平等的待遇，也是外國投資商在臺灣準備投入風力發電資本及設備時，所可能會遭遇的法律風險。

而條文中的「中華民國人民」應該解釋為在中華民國憲法有效施行領域範圍之人，包括本國人與外國人，因此在中華民國憲法有效施行領域範圍之外國人仍受到平等原則之保障，[70]當然就人的概念包括了「自然人」及「法人」。[71]依據民法總則施行法第十二條第一項[72]及公司法第三百七十五條[73]之規定，經認許之外國法人在法

---

[69] 〈英華威集團簡史〉，「infraVest」，
http://www.infra-vest.com/TC/company.html，最後瀏覽日 2011 年 5 月 12 日。

[70] 李震山，〈論憲改與基本權利保障〉，
http://www.rdec.gov.tw/public/Attachment/512016524071.pdf，最後瀏覽日 2011 年 5 月 12 日。

[71] 參見民法總則第二章人之第一節自然人及第二節法人之規定。法務部全國法規資料庫工作小組，〈法規＞條文內容＞民法〉，「全國法規資料庫」，http://law.moj.gov.tw/LawClass/LawAll.aspx?PCode=B0000001，最後瀏覽日 2011 年 5 月 12 日。

[72] 法務部全國法規資料庫工作小組，〈法規＞條文內容＞民法總則施行法〉，

律的限制內,與同種類之我國法人享有同樣的權利能力。但是依據「民營公用事業監督條例」(以下簡稱為本條例)第十六條之規定:「民營公用事業,不得加入外股或抵借外債。但經中央主管機關,呈准行政院特許者,不在此限。」[74] 換言之,前述民法總則與公司法之普通法規定已被本條例之特別法規定所排除,因此本條例之規定不僅違反憲法保障平等原則之精神,更可能會產生「外國法人是否可以申請再生能源設備設定?」與「在臺灣的外國學校發電設備認定案之情形?」等相關法律風險。

(四) 授權明確性原則 [75]

(1) 授權明確性原則之原理

所謂的「授權明確性原則」根據司法院大法官會議解釋第313號解釋文中指出,乃是對於人民違反行政法上義務之行為科處罰鍰,因涉及人民權利之限制,其處罰之構成要件及數額,應由法律定之。[76]

「全國法規資料庫」,
http://law.moj.gov.tw/LawClass/LawAll.aspx?PCode=B0000002,最後瀏覽日2011年5月12日。

[73] 法務部全國法規資料庫工作小組,〈法規＞條文內容＞公司法〉,「全國法規資料庫」,http://law.moj.gov.tw/LawClass/LawAll.aspx?PCode=j0080001,最後瀏覽日2011年5月12日。

[74] 法務部全國法規資料庫工作小組,〈法規＞條文內容＞民營公用事業監督條例〉,「全國法規資料庫」,
http://law.moj.gov.tw/LawClass/LawAll.aspx?PCode=J0030008,最後瀏覽日2011年5月12日。

[75] 陳匡正、張智聖、陳俊寰,前揭註1文,頁36-37。

[76] 參見司法院大法官會議解釋第313號解釋文。〈大法官解釋—釋字第313號〉,「司法院大法官」,
http://www.judicial.gov.tw/constitutionalcourt/p03_01.asp?expno=313,最後

若法律就其構成要件,授權以命令為補充規定者,授權之內容及範圍應具體明確,然後據以發布命令,始符合憲法第二十三條以法律限制人民權利之意旨。[77]

(2)授權明確性原則在風力發電法律風險之適用

至於「授權明確性原則」,為何會與風力發電之法律風險產生相關聯?由於「再生能源發電設備認定辦法」已於100年2月25日修正發布名稱為「再生能源發電設備設置管理辦法」(以下簡稱為本辦法),並修正發布全文十九條。[78]特別是本辦法也增訂有關發電設備「完成設置後」之管理、設備汰換與契約管理查核及管理配套措施,當然本辦法第一條規定:「本辦法依再生能源發展條例(以下簡稱本條例)第四條第三項規定訂定之。」,[79]而本條例第四條第三項的規定是:「前項再生能源發電設備之能源類別、裝置容量、查核方式、認定程序及其他應遵行事項之辦法,由中央主管機關定之」,[80]至於前項之規定則是「經中央主管機關認定之再生能源發電設備,應適用本條例有關併聯、躉購之規定。」[81]

進一步而論,本條例第四條第二項及第三項,主要是規範在發電設備「完成設置前」之裝置容量、查核方式、認定程序及其他應遵行事項,而至於「其他應遵行事項」是否包含發電設備「完成設置後」之管理、設備汰換與契約管理查核及管理配套措施?法條之

瀏覽日2011年5月12日。
[77] 同前註。
[78] 〈再生能源發電設備設置管理辦法〉,前揭註47。
[79] 同前註。
[80] 同前註。
[81] 同前註。

規定依然是「含糊不清」,況且經過本辦法之規定完成認定之發電設備,則進一步需適用本條例中有關併聯、躉購之規定。是故經過本條例第四條第三項授權訂定之「再生能源發電設備設置管理辦法」,是否有逾越母法「再生能源發展條例」第四條第二項及第三項授權範圍之虞呢?則不無進一步探究之必要,是故對於本條例第四條第三項之「其他應遵行事項」,未來修法的方向則應該朝向規範明確,以達到授權之內容及範圍應具體明確的「授權明確性原則」之意旨。

二、環境保護之法律風險——以美國法為例

風力發電雖然是再生(綠色)能源之一種,而且並不會排放二氧化碳(CO_2),可是相較於其他的再生能源,它是比較不環保的,因為風力發電必須付出高成本,如風車大多都設在偏僻無人煙之處,輸送電力所產生之高成本是不容小覷的。[82]

復加上興建巨大風車時所必要的廣大空地,而導致大量樹木的砍伐,甚至於會造成某些珍貴野生動物的棲息地遭到破壞,因此我們在討論風力發電之法律風險時,絕對不能忽視環境保護法律風險的重要性,是故本文將介紹 2009 年美國最新的動物福利組織訴 Beech Ridge 能源股份有限公司案(Animal Welfare Institute, et al. v.

---

[82] Kate Galbraith, *Slow, Costly and Often Dangerous Road to Wind Power*, The New York Times (2009),
http://www.nytimes.com/2009/07/23/business/energy-environment/23turbine.html (last visited May 12, 2011).

Beech Ridge Energy LLC, et al.），[83] 其望藉由本案之介紹對於因風力發電所產生之環境保護法律風險，有更清楚的說明。

動物福利組織訴 Beech Ridge 股份有限公司案，由美國聯邦地方法院馬里蘭特區分院於 2009 年 12 月作出判決，判決文中明白指出被告——Beech Ridge 能源股份有限公司及 Invenergy 風能股份有限公司在 Beech Ridge 計畫地建造與運轉風力發電機，已經違反「瀕臨絕種動物保護法」第九條之規定，[84] 並對於被告增建現有 40 部風力發電機以外的機組，及欲在任何一年的 4 月 1 日至 11 月 15 日運轉任一臺 Beech Ridge 計畫地的風力發電機，除非與直到被告提出保育印第安那蝙蝠的保育計畫，並得到美國魚類與野生動物保護局之允許否則不得為之。[85] 當然本節除了討論本案之兩大重要之爭點外，也一併對此案在臺灣風力發電法律風險之適用進行探討：

（一）到底破壞印第安那蝙蝠的棲息地及建造風力發電機，是否構成「瀕臨絕種動物保護法」中「拿」（take）之行為？

「瀕臨絕種動物保護法」第一千五百三十二條第十九項對於「拿」（take）之行為，採取較寬廣之定義，包括「搔擾、傷害、追逐、獵捕、射殺、擊傷、殺害、追補、捕捉、搜集或試著去從事上述這些活動。」[86] 此外，在森林保育委員會訴 Rosboro 木材公司案中，

---

[83] Animal Welfare Institute, et al. v. Beech Ridge Energy LLC, et al., RWT 09cv1519 (2009).
[84] Id.
[85] Id.
[86] Id.

法院指出「瀕臨絕種動物保護法」中「拿」之行為，是最廣義的可能型態並包括任何人可以想像「拿」或試著去拿任一魚類或野生動物之行為。[87]

魚類與野生動物保護局藉由行政法規進一步定義「傷害」在「拿」的定義中，指出為「實際地殺害或傷害野生動物之行為。這樣的行為包括顯著棲息地的改變或退化，並造成印第安那蝙蝠基本行為模式的削弱包含配種、餵食或遷徙。」進一步而論，聯邦中央法規第50冊第17.3條指出，魚類與野生動物保護局的行政法規廣泛的定義「搔擾」，故意或過失的行為或疏忽造成對野生動物可能性的傷害，並顯著地擾亂正常的行為模式，包含配種、餵食或遷徙之行為。[88]

也就是說，美國不論是法院或是聯邦的行政命令於解釋「瀕臨絕種動物保護法」第一千五百三十二條第十九項「拿」（take）之行為，不僅僅是採取廣義之解釋，只要是任何有害瀕臨絕種動物之正常行為模式，都是「拿」（take）之行為。[89]或許此爭點較偏重在法令的「文義解釋」，可是我們也不難發現為乾淨能源（再生能源）之一的風力發電，也有可能因為風力發電機所產生之噪音，或是建造風力發電機可能因為砍伐過多樹木而造成瀕臨絕種動物之棲息地遭到破壞，甚至於建造風力發電機的位置正巧在候鳥遷徙之路逕，故可能造成不環保的結果。正如前述，德國才因為福島核災事變提出其反核的新能源政策，將大量的增設風力發電機，可是境內就有因為風力發電破壞綠色景觀、噪音極大、風向不固定、電力不易儲存、

---

[87] Id.
[88] Id.
[89] Id.

電力輸送昂貴等幾項因素，反對風力發電之聲浪。[90] 或許臺灣的風力發電尚處於起步階段，未來類似的環保風險爭議，甚至於引發法律風險爭議，而下述第二項爭點更是當環保碰上環保，又該如何解決此等爭議呢？

（二）在平衡股東權益（equities）與公共利益之間，較偏重現狀之維持──保護瀕臨絕種動物

當然這邊所討論到的股東權益（equities）乃是指風力發電公司的股東所享有的利潤與保護瀕臨絕種動物之公共利益間的取捨。在本案中原告──動物福利組織主張由於 Beech Ridge 能源計畫中建築及運轉，造成其使用、觀察、研究印第安那蝙蝠之利益有無法彌補（irreparably）的傷害，而法院也認為若沒有發布禁止令（injunctive relief），則 Beech Ridge 繼續興建及運轉之行為會對原告使用、觀察、研究印第安那蝙蝠之利益有無法彌補的傷害。[91]

然而就被告而言，法院主張國會立「瀕臨絕種動物保護法」之本意是將保護瀕臨絕種動物列於優先的位置，即使暫時性的維持現狀（保護瀕臨絕種動物）會造成被告──Beech Ridge 能源股份有限公司及 Invenergy 風能股份有限公司在金錢上的損失，還是須維護「瀕臨絕種動物保護法」之規定，美國最高法院認為瀕臨絕種動物之價值是「無法計算的」（incalculable）。[92]

---

[90] 陳玉慧，〈噪音大景變醜 德反風力發電〉，《聯合報》，2011 年 4 月，第 A16 版。
[91] Animal Welfare Institute, et al. v. Beech Ridge Energy LLC, et al., *supra* note 83.
[92] *Id.*

最重要的是，股東權益（equities）與公共利益之間該如何平衡，法院的結論雖然是以保護瀕臨絕種動物為優先，可是其依據包括印第安那蝙蝠是夜間、農田害蟲的天敵，若印第安那蝙蝠絕種時，會使農民花更多的錢購買農藥以保護農作物，[93] 還有將樹木大量的砍伐以建造大型風力發電機，地物的改變會影響地方的觀光及地方收入減少。[94] 最後，法院也強調其不會代替行政機關來決定到底 Beech Ridge 的工業風力設備最後可否運轉及興建，被告須向魚類與野生動物保護局提出保育印第安那蝙蝠的保育計畫，並由專家來評估、決定到底該如何執行該計畫且能夠傷害印第安那蝙蝠最小。[95]

（三）動物福利組織案在臺灣風力發電法律風險之適用

風力發電如前述有破壞景觀、電力不易儲存、輸電成本過高，甚至於發生如同動物福利組織案中，建造及運轉風力發電機有危害瀕臨絕種動物棲息處的可能性。當然未來的發展實不可預測，將來從風力發電之熱門程度可以想見日後勢必會衍生大量的法律風險，若從管理的角度來看相關的法律風險，我們必須要對現行我國環境法律體系做一通盤之了解。

無疑的金字塔頂端憲法增修條文第十條第二項：「經濟及科學技術發展，應與環境及生態保護兼籌並顧」，[96] 然而風力發電性質本身

---

[93] Id.
[94] Id.
[95] Id.
[96] 法務部全國法規資料庫工作小組，〈法規＞條文內容＞中華民國憲法增修條文〉，「全國法規資料庫」，前揭註 67。

暨是科學技術發展之產物,也是為了與環境保護兼籌並顧(乾淨能源、節能減碳)。因此發展風力發電本身是為了達成環境基本法第二十一條規定之目標:「各級政府應積極採二氧化碳排放抑制措施,並訂定相關計畫,防止溫室效應。」[97]然而政府發展風力發電之政策的確會對環境造成不良的影響,所以同法第二十四條又規定:「中央政府應建立環境影響評估制度,預防及減輕政府政策或開發行為對環境造成之不良影響。」[98]換句話說,環境影響評估法(以下簡稱為本法)第五條第一項第十款,將「核能及其他能源之開發(風力發電)及放射性核廢料儲存或處理場所之興建」[99]納入對環境有不良影響的開發行為且須實施環境影響評估。又根據本法所授權制定之「開發行為應實施環境影響評估細目及範圍認定標準」第二十九條第五款及第六款,[100]對風力發電機組之開發須實施環境影響評估,是故從我國的環保法令系統中可以得知,發展風力發電之政策或行為可能會對環境造成之不良影響。

若我們把動物福利組織案與現行我國風力發電相關之法令做一

---

[97] 法務部全國法規資料庫工作小組,〈法規>條文內容>環境基本法〉,「全國法規資料庫」,
http://law.moj.gov.tw/LawClass/LawAll.aspx?PCode=O0100001,最後瀏覽日 2011 年 5 月 12 日。

[98] 同前註。

[99] 法務部全國法規資料庫工作小組,〈法規>條文內容>環境影響評估法〉,「全國法規資料庫」,
http://law.moj.gov.tw/LawClass/LawAll.aspx?PCode=O0090001,最後瀏覽日 2011 年 5 月 12 日。

[100] 法務部全國法規資料庫工作小組,〈法規>條文內容>開發行為應實施環境影響評估細目及範圍認定標準〉,「全國法規資料庫」,
http://law.moj.gov.tw/LawClass/LawAll.aspx?PCode=O0090012,最後瀏覽日 2011 年 5 月 12 日。

個比較，美國雖然為判例法但是判斷建造與運轉風力發電機對環境影響之理由，還包含設置風力發電機對景觀之破壞，且讓地方觀光受到影響並減少地方收入。此外，法院也把瀕臨絕種動物滅絕時，連帶影響生物鏈之破壞，也造成農民生計之影響考慮在內。在這一點上我國針對風力發電機設置之環境影響評估則侷限於環境之項目，但未對其他相關項目進行評估。

至於有關風力發電所造成景觀之破壞，我國的景觀法草案雖然過去兩次送立法院審議但未獲通過，當然今年內政部部務會議已通過，[101] 可是完成立法勢必還有一段路要走，在這一段期間相關的法律風險勢必會發生。另一方面，風力發電所產生對生物鏈（生態環境）之影響，就憲法增修條文第十條第二項之規定經濟及科學技術發展與生態保護兼籌並顧，[102] 可是國內並無相關保護之法規，未來相關之法律風險爭議也可能會發生。只是相關當事人會以其它法規，為權利之主張或進行訴訟行為，是故相關主管機關勢必有必要於環境項目之外，把設置風力發電機組所可能影響之「其他相關項目」也一併納入「開發行為應實施環境影響評估細目及範圍認定標準」中，讓業者與相關當事人能夠事先知情相關規範，以避免相關法律風險爭議。本節之內容著重對風力發電產業所可能發生之行政、環境法律風險進行詳細之探討，而在下一節中本文嘗試對上述之風險

---

[101] 內政部發言人室，〈內政部通過「景觀法」草案　賦予環境景觀改善的法源依據　未來可對破壞景觀者罰鍰或巨型廣告物收取「景觀影響費」〉，「中華民國內政部」，
http://www.moi.gov.tw/chi/chi_news/news_detail.aspx?type_code=02&sn=5116，最後瀏覽日 2011 年 5 月 12 日。

[102] 法務部全國法規資料庫工作小組，〈法規＞條文內容＞中華民國憲法增修條文〉，「全國法規資料庫」，前揭註 67。

提出解決方案(管理策略)。

肆、可能的解決方案

當然法律風險管理除了強調風險之外,更重要的是如何把法律風險來進行管理。然而從前面對風力發電法律風險之敘述中,我們可以得知風力發電法律風險雖可粗分成行政、環境保護之法律風險兩大類,但卻具有多元化之發展面向。是故本節將從法律整合面、廠商利潤面(躉購費率)、發展再生能源政策面、環境影響面、行政程序面等五大面向,來提出可能解決風力發電法律風險之方案(管理策略)。

一、現行風力發電相關法律應儘速與其他相關法律加以整合[103]

由於「再生能源發展條例」(以下簡稱為本條例)及「再生能源發電設備設置管理辦法」才分別於2009年7月[104]及2011年2月[105]通過、修正施行,加上這是我國第一次對再生能源之發展有初步的立法,且根據再生能源發展條例第三條第一項第一款之規定,再生

---

[103] 陳匡正、張智聖、陳俊寰,前揭註1文,頁45。
[104] 法務部全國法規資料庫工作小組,〈法規＞再生能源發展條例〉,「全國法規資料庫」,前揭註15。
[105] 〈再生能源發電設備設置管理辦法〉,前揭註47。

能源除了風力之外，還包含太陽能、生質能、地熱能、海洋能、非抽蓄式水力、國內一般廢棄物與一般事業廢棄物等直接利用或經處理所產生之能源，或其他經中央主管機關認定可永續利用之能源，[106]換句話說，在如此多種類的再生能源中，立法者就其立法之侷限性，似乎沒有辦法一次的把本條例及其子法（包括行政法規）與其他相關的法律、基礎的法律原理加以整合，並針對不同的再生能源類型制定出適合之規範。

若我們運用基礎的憲法、行政法原理、原則來檢驗兩者之間的法律關係，勢必會有所衝突，並由於再生能源相關法規於立法時未注意這些基本原理、原則之適用，可能因此會造成業者或人民權利、義務之損害，甚至於衍生許多相關的法律風險，例如限制外國人投資電業[107]之規定已違反「平等原則」，如此暨不利於外國進步之再生能源技術的引進，又不利我國長遠再生能源之發展。另一方面，再生能源法規也與既有之法規相牴觸，如憲法、行政法中有關基礎原理、原則之規範。[108]

二、再生能源（風力）躉購費率審定委員會應再擴

---

[106] 法務部全國法規資料庫工作小組，〈法規＞條文內容＞再生能源發展條例〉，「全國法規資料庫」，前揭註45。
[107] 參見「民營公用事業監督條例」第十六條之規定。法務部全國法規資料庫工作小組，〈法規＞條文內容＞民營公用事業監督條例〉，「全國法規資料庫」，前揭註74。
[108] 參見憲法第七條及行政程序法第四至十條之規定。法務部全國法規資料庫工作小組，〈法規＞條文內容＞中華民國憲法〉，「全國法規資料庫」，前揭註63；法務部全國法規資料庫工作小組，〈法規＞條文內容＞行政程序法〉，「全國法規資料庫」，前揭註46。

大各界之參與[109]

　　一年多前德商英華威公司於「再生能源發展條例」（以下簡稱為本條例）通過，且在經濟部公告風力發電躉購費率為每度 2.38 元後，英華威公司認為此費率遠低於其每度風力發電之發電成本 2.7-2.8 元，因此打算退出臺灣的風力發電市場。[110]當然這也不光只有外國風力發電投資商——英華威公司會關注此議題，任何國內外再生能源投資商勢必都會關注躉購費率的高低，以確定他們的投入的資本是否都可以回收。

　　雖然本條例第九條並沒有具體規範固定的再生能源躉購費率，但卻授權主管機關——經濟部能源局籌組一個委員會，並邀集相關各部會、學者專家、團體組成委員會，每年來審定再生能源發電設備生產電能之躉購費率及其計算公式。[111]然而本條所謂的「團體」到底是環保團體？業者團體？還是都包含在內？雖然此躉購費率委員會是結合不同面向的委員，可是這也不意味委員會所決定之再生能源躉購費率，能夠符合當前臺灣再生能源發展之實際情況。

　　正如同前述之再生能源（如風力）投資商視躉購費率的高低為爭議之焦點，若從本條例第九條第一項之規定來看：「中央主管機關應邀集相關各部會、學者專家、團體組成委員會，審定再生能源發電設備生產電能之躉購費率及其計算公式，必要時得依行政程序法

---

[109] 陳匡正、張智聖、陳俊寰，前揭註 1 文，頁 45。
[110] 楊伶雯，〈新聞幕後／收購電價太低不敷成本　英華威走定了？〉，「NOWnews 今日新聞」，前揭註 44。
[111] 法務部全國法規資料庫工作小組，〈法規＞條文內容＞再生能源發展條例〉，「全國法規資料庫」，前揭註 45。

舉辦聽證會後公告之，每年並應視各類別再生能源發電技術進步、成本變動、目標達成及相關因素，檢討或修正之」，[112] 條文中的團體並未明確指出其內涵，故至為重要之公司（業者）代表也未明確的包含在再生能源躉購費率委員會之內，因此本文以為本條例第九條第一項對再生能源躉購費率委員會組成之規定，未來應考量擴大各界之參與，特別是公司（業者）代表參與這部分。

三、再生能源的發展應兼具多元性及公平性

從前述經濟部所公布之民國 100 年度再生能源電能躉購費率中，我們可以了解太陽光電之躉購費率的確是高於風力之躉購費率，[113] 這也就為什麼大家都一窩蜂的去發展太陽能，卻忽略、錯失了其他值得投資及發展的再生能源，所以臺灣的再生能源之發展缺乏了多元性及公平性。

由於太陽能發電之成本，因為技術的進步已經不像於「再生能源發展條例」通過施行前的那般昂貴，相對而言風力發電之成本包括土地成本、設備成本、政府輔助與保證收購電價，[114] 甚至於一些不確定之社會成本（如環保、生態、景觀及其他的副作用），所以其實風力發電之成本並不低廉，是故政府是否有必要像以前一樣把太陽能之躉購費率訂得比其他再生能源還高，讓風力或其他再生能源

---

[112] 法務部全國法規資料庫工作小組，〈法規＞條文內容＞行政程序法〉，「全國法規資料庫」，前揭註 46。

[113] 參見本文貳、風力發電法律風險的重要性，（二）臺灣風力發電發展之現況之討論。

[114] 〈風力發電不可靠〉，「中華民國核能學會」，http://www.chns.org/s.php?id=47&id2=200，最後瀏覽日 2011 年 5 月 12 日。

業者發展之意願「意態欄柵」,這實在是未來政府制定相關法律、政策值得再斟酌、商確之處。

四、風力發電之發展應與環保及相關法律風險相平衡

「水能載舟,亦能覆舟」,風力發電雖相較於石化能源與核能環保及安全,但另一方面發展風力發電所要付出的成本及對環境所造成的汙染,也是決策者在制定能源政策所必須要考慮的。

特別是我國環保意識逐漸抬頭,未來對於再生能源的重視勢必更加強烈,風力發電更是我國再生能源發展的重要選項之一,藉由本文所援引的美國動物福利組織案(Animal Welfare Institute, et al. v. Beech Ridge Energy LLC, et al.[115]),我們更可以清楚的明瞭,不論是政策還是法律的制定,未來臺灣風力發電所引發的環保、生態及其他相關之法律風險是值得我們留意的部分。

五、再生能源(風力)發電設備之申請程序應更具有彈性[116]

現行風力發電所遇到的瓶頸,除了對環境所帶來之衝擊外,更重要之法律風險爭議是在於躉購費率之高低,因為這事關政府是否有心推廣、發展風力發電,及未來再生能源(包括風力)政策是否

---

[115] Animal Welfare Institute, et al. v. Beech Ridge Energy LLC, et al., *supra* note 83.
[116] 陳匡正、張智聖、陳俊寰,前揭註 1 文,頁 46-47。

能永續發展之關鍵。

然而現在「再生能源發電設備設置管理辦法」(以下簡稱為本辦法),已將再生能源(包括風力)發電設備設置申請改為實質審查,特別是按本辦法第六條第一項第三款之規定,來申請第三型再生能源(包括風力)發電設備同意備案,是指不及五百瓩並利用再生能源(包括風力)發電之自用發電設備,其申請文件不僅包含身分證明文件、設置計畫書,還須繳交臺電公司併聯意見書、地政機關意見書,[117]所以根據前面之說明,我們可以了解對於自用風力發電設備設置之申請,要取得併聯意見書及地政機關意見書,有時候會遇到複雜的程序甚至於有法律爭訟之可能,換句話說如此複雜之申請程序有可能會導致潛在的自用風力發電申請者怯步,這樣會使政府推廣、提倡再生能源(包括風力)之用心受到阻礙。

是故本文以為對於再生能源(風力)發電設備申請之行政程序應更具有彈性,且應簡化相關的申請流程,但必須採取高額限量之補貼模式,才是再生能源(包括風力)未來能永續發展,與避免相關法律風險產生之策略。

伍、結論及未來展望

從法律風險的角度來討論風力發電之議題,則勢必對風力發電

---

[117] 〈再生能源發電設備設置管理辦法〉,前揭註47。

議題進行多層次的剖析,才可以發覺風力發電所可能產生之法律風險,甚至進一步討論如何進行風力發電法律風險之管理,這也是本文論述之主要的架構與體系,同時也對未來臺灣風力發電發展與如何避免相關法律風險提出展望及方向。

Van Jones 在『綠領經濟』(The Green-Collar Economy)這本書中提及政府如何公平的加快每一種綠色能源之成長,首先它們應該規範行為,以制定清楚明白的遊戲規則,也就是明確的法律及規範,並告訴社會之成員(再生能源業者、老百姓)什麼可以做、什麼不可以做,[118]但是鑑於先前已經設備認定,卻未與臺電公司簽訂躉購契約之風力發電業者,依據新的「再生能源發電設備設置管理辦法」(以下簡稱為本辦法)第十八條[119]之規定應一律適用新法(費率),如此的規範已違反法律不溯及既往原則。又若業者已完成設備之認定卻因為按本辦法第十八條之規定須依據新的費率來躉購時,業者才發現新費率比舊費率低而無法回收其經營成本,對其已處分之財產有不可預期之損害,如此的規範又違背信賴保護原則。此外,外國法人依「民營公用事業監督條例」第十六條[120]之規定,不得加入電氣事業之股份及出借外債,如此規範已違反平等原則,甚至於政府在制定法律及政策之時,也要考量各類再生能源之間「平等」的

---

[118] VAN JONES, THE GREEN-COLLAR ECONOMY: HOW ONE SOLUTION CAN FIX OUR TWO BIGGEST PROBLEMS 152 (2009).
[119] 〈再生能源發電設備設置管理辦法〉,前揭註 47。
[120] 法務部全國法規資料庫工作小組,〈法規>條文內容>民營公用事業監督條例〉,「全國法規資料庫」,前揭註 74。

發展。另一方面,「再生能源發展條例」第四條第二項及第三項[121]規範在發電設備「完成設置前」之裝置容量、查核方式、認定程序及其他應遵行事項,而至於「其他應遵行事項」是否包含發電設備「完成設置後」之管理、設備汰換與契約管理查核及管理配套措施呢?這也違反授權明確性原則,所以除了明確的法律及規範外,法律及規範也不應該違反法律基本的原理、原則,以避免相關法律風險之發生。

當然 Van Jones 也提出政府須投資金錢,以提供發展綠能產業之誘因,更重要是分散風險(underwriting risk),[122] 也就是本文建議的讓申請再生能源(風力)發電設備之行政程序具有彈性及簡化,讓申請時所遭遇之法律風險降到最低,此外也須平衡及兼顧從事風力發電所可能對環保(噪音汙染)、生態(動物棲息地、生物鏈的破壞)、社會(景觀破壞、農民生計影響)所帶來之風險。至於 Van Jones 最後提到的政府須召集社會各領導者,也就是整合社會上的公、私、非營利組織,成為一個新的機構,一同來解決發展綠能產業所帶來的問題,[123] 這也是本文主張政府之政策須考量「風力發電應與環保及相關法律風險相平衡」及「再生能源(風力)發電設備申請之行政程序應具有彈性」之原因,因為推廣風力發電所牽涉到的法律風險或其他風險太過多元,且涉及之法律、機構繁多,政府有必要及能力降低業者或人民在申請風力發電設備時的交易成本(transaction

---

[121] 法務部全國法規資料庫工作小組,〈法規>條文內容>再生能源發展條例〉,「全國法規資料庫」,前揭註45。

[122] Jones, *supra* note 118, at 152.

[123] *Id.*

cost），[124]讓程序簡化、機構與法律整合，使得政府推廣再生能源（風力）之政策更具有效率與彈性。

---

[124] 所謂的交易成本（Transaction Cost）指的就是因交換所需之成本，是故交易成本（Transaction Cost）必須經過三大步驟完成或由三大部分構成：第一、搜尋成本（search costs）；第二、談判成本（bargaining costs）；第三、執行成本（enforcement costs）。ROBERT COOTER & THOMAS ULEN, LAW & ECONOMICS 91-92 (5th ed., 2007)。

參考文獻

(一) 中文文獻

書籍

毛慶生、朱敬一、林全、許松根、陳昭南、陳添枝、黃朝熙（2007）。《基礎經濟學》。臺北：華泰。

吳江水（2010）。《完美的防範——法律風險管理中的識別、評估與解決方案》。北京：北京大學出版社。

李建良、陳愛娥、陳春生、林三欽、林合民、黃啟禎（2004）。《行政法入門》。臺北：元照。

亞洲大學（2010）。《一百零一學年度申請設立財經法律學系法律風險管理碩士班計畫書》。臺中：亞洲大學。

法治斌、董保城（2001）。《中華民國憲法》。臺北：國立空中大學。

陳新民（2002）。《中華民國憲法釋論》。臺北：三民。

鄧家駒（1998）。《風險管理》。臺北：華泰。

論文

陳匡正、張智聖、陳俊寰（2011，6 月）。〈再生能源的法律風險管理—以太陽能為中心〉。在僑光科技大學財經法律系主辦,「2011 公私法學學術研討會」，臺中。

蔡岳勳(2009)。〈跛腳的再生能源發展條例〉。《月旦法學雜誌》,174,69-87。

網路資源

CRIOnline(2008)。〈美國遭遇金融海嘯　雷曼兄弟公司破產　全球金融危機〉。上網日期：2011 年 5 月 9 日，檢自：http://big5.cri.cn/gate/big5/gb.cri.cn/18504/2008/09/17/Zt2625s2246715.htm

infraVest（無年分）。〈英華威集團簡史〉。上網日期：2011 年 5 月 12 日，檢自：http://www.infra-vest.com/TC/company.html

中央社(2011)。〈日本8.9強震　臺灣需防海嘯〉。上網日期：2011 年 5 月 2 日，檢自：
http://www.cna.com.tw/SearchNews/doDetail.aspx?id=201103110146&q=%e6%97%a5%e6%9c%ac%e5%9c%b0%e9%9c%87

中央社(2011)。〈核能怕怕　德國青睞風力發電〉。上網日期：2011 年 5 月 11 日，檢自：
http://udn.com/NEWS/WORLD/WOR3/6271200.shtml

中央廣播電臺＆國立教育廣播電臺(2009)。〈近七成臺灣民眾　支持再生能源取代核能〉。上網日期：2011 年 5 月 12 日，檢自：
http://mepopedia.com/forum/read.php?127,3592

內政部發言人室(2011)。〈內政部通過「景觀法」草案　賦予環境景觀改善的法源依據　未來可對破壞景觀者罰鍰或巨型廣告物收取「景觀影響費」〉。上網日期：2011 年 5 月 12 日，檢自：

http://www.moi.gov.tw/chi/chi_news/news_detail.aspx?type_code=02&sn=5116

中國新聞網（2011）。〈最新報告：受地球暖化影響　海平面百年內將升 1 米〉。上網日期：2011 年 6 月 1 日，檢自：http://big5.ce.cn/gate/big5/intl.ce.cn/qqss/201105/24/t20110524_22437658.shtml

中國廣播網（2011）。〈研究稱世紀末海面或升 1.6 米　沿海城市將洪水泛濫〉。上網日期：2011 年 6 月 1 日，檢自：http://big5.xinhuanet.com/gate/big5/news.xinhuanet.com/world/2011-05/06/c_121385370.htm

中華民國核能學會(無年分)。〈核能百科＞FAQ＞風力發電不可靠〉。上網日期：2011 年 5 月 12 日，檢自：http://www.chns.org/s.php?id=47&id2=200

司法院大法官（2004）。〈大法官解釋—釋字第 313 號〉。上網日期：2011 年 5 月 12 日，檢自：

http://www.judicial.gov.tw/constitutionalcourt/p03_01.asp?expno=313

司法院大法官（2004）。〈大法官解釋—釋字第 525 號〉。上網日期：2011 年 6 月 1 日，檢自：

http://www.judicial.gov.tw/constitutionalcourt/p03_01.asp?expno=525

司法院大法官（2004）。〈大法官解釋—釋字第 605 號〉。上網日期：2011 年 5 月 12 日，檢自：

http://www.judicial.gov.tw/constitutionalcourt/p03_01.asp?expno=605

呂威賢（2004）。〈再生能源報馬仔＞臺灣風力發電史〉。上網日期：2011年5月12日，檢自：

http://www.re.org.tw/re2/epaper/9304/newsletter.htm

李震山（2004）。〈論憲改與基本權利保障〉。上網日期：2011年5月12日，檢自：

http://www.rdec.gov.tw/public/Attachment/512016524071.pdf

法務部全國法規資料庫工作小組（無年分）。〈法規＞再生能源發展條例〉。上網日期：2011年5月12日，檢自：

http://law.moj.gov.tw/LawClass/LawContent.aspx?pcode=J0130032

法務部全國法規資料庫工作小組（無年分）。〈法規＞條文內容＞公司法〉。上網日期：2011年5月12日，檢自：

http://law.moj.gov.tw/LawClass/LawAll.aspx?PCode=j0080001

法務部全國法規資料庫工作小組（無年分）。〈法規＞條文內容＞中華民國憲法〉。上網日期：2011年5月12日，檢自：

http://law.moj.gov.tw/LawClass/LawAll.aspx?PCode=A0000001

法務部全國法規資料庫工作小組（無年分）。〈法規＞條文內容＞中華民國憲法增修條文〉。上網日期：2011年5月12日，檢自：

http://law.moj.gov.tw/LawClass/LawAll.aspx?PCode=A0000002

法務部全國法規資料庫工作小組（無年分）。〈法規＞條文內容＞民法〉。上網日期：2011年5月12日，檢自：

http://law.moj.gov.tw/LawClass/LawAll.aspx?PCode=B0000001

法務部全國法規資料庫工作小組（無年分）。〈法規＞條文內容＞民法總則施行法〉。上網日期：2011 年 5 月 12 日，檢自：http://law.moj.gov.tw/LawClass/LawAll.aspx?PCode=B0000002

法務部全國法規資料庫工作小組（無年分）。〈法規＞條文內容＞民營公用事業監督條例〉。上網日期：2011 年 5 月 12 日，檢自：http://law.moj.gov.tw/LawClass/LawAll.aspx?PCode=J0030008

法務部全國法規資料庫工作小組（無年分）。〈法規＞條文內容＞再生能源發展條例〉。上網日期：2011 年 5 月 12 日，檢自：http://law.moj.gov.tw/LawClass/LawAll.aspx?PCode=J0130032

法務部全國法規資料庫工作小組（無年分）。〈法規＞條文內容＞行政程序法〉。上網日期：2011 年 5 月 12 日，檢自：http://law.moj.gov.tw/LawClass/LawAll.aspx?PCode=A0030055

法務部全國法規資料庫工作小組（無年分）。〈法規＞條文內容＞開發行為應實施環境影響評估細目及範圍認定標準〉。上網日期：2011 年 5 月 12 日，檢自：http://law.moj.gov.tw/LawClass/LawAll.aspx?PCode=O0090012

法務部全國法規資料庫工作小組（無年分）。〈法規＞條文內容＞環境基本法〉。上網日期：2011 年 5 月 12 日，檢自：http://law.moj.gov.tw/LawClass/LawAll.aspx?PCode=O0100001

法務部全國法規資料庫工作小組（無年分）。〈法規＞條文內容＞環境影響評估法〉。上網日期：2011 年 5 月 12 日，檢自：http://law.moj.gov.tw/LawClass/LawAll.aspx?PCode=O0090001

馬杰堯（2011）。〈暖化冰川消融 海平面將上升1.4公尺〉。上網日期：2011年6月1日，檢自：http://n.yam.com/tvbs/international/201105/20110512810135.html

國際在線（2011）。〈捷克計畫擴建火電廠遭太平洋島國起訴威脅〉。上網日期：2011年6月1日，檢自：http://news.sina.com.hk/news/12/1/1/2339081/1.html

張欽發（2010）。〈施顏祥：綠能發展 全臺太陽能發電裝置5年要成長20倍〉。上網日期：2011年5月11日，檢自：http://n.yam.com/cnyes/fn/201007/20100711797493.html

張燕全（2011）。〈臺灣再生能源最佳女主角—風力發電〉。上網日期：2011年5月12日，檢自：http://neat-tw.org/Papers_a01.htm

楊伶雯（2010）。〈新聞幕後／收購電價太低不敷成本 英華威走定了？〉。上網日期：2011年5月12日，檢自：http://www.nownews.com/2010/02/25/320-2573080.htm

經濟部（2011）。〈經濟部修正「再生能源發電設備設置管理辦法」〉。上網日期：2011年6月1日，檢自：http://www.lawtw.com/article.php?template=article_content&area=free_browse&parent_path=,1,2169,1484,&job_id=170044&article_category_id=2238&article_id=95460

經濟部能源局（2011）。〈中華民國一百年度再生能源電能躉購費率及其計算公式〉。上網日期：2011年5月11日，檢自：http://www.moeaboe.gov.tw/opengovinfo/Laws/secondaryenergy/LSecondaryMain.aspx?PageId=l_secondary_31

經濟部能源局(2011)。〈再生能源發電設備設置管理辦法〉。上網日期：2011年5月12日，檢自：http://www.moeaboe.gov.tw/opengovinfo/Laws/secondaryenergy/LSecondaryMain.aspx?PageId=l_secondary_30

經濟部能源局(2011)。〈政府資訊公開＞施政計畫、業務統計、研究報告＞綜合企劃＞九十九年能源供需概況〉。上網日期：2011年5月11日，檢自：

http://www.moeaboe.gov.tw/opengovinfo/Plan/all/energy_year/main/EnergyYearMain.aspx?PageId=default

趙元穎(2011)。〈福島核電廠疑外洩 4.5萬人急撤離〉。上網日期：2011年5月12日，檢自：

http://www.tvbs.com.tw/news/news_list.asp?no=yehmin20110312131851

報紙

陳可文、陳宥臻(2011年3月)。〈風力發電 澎湖低碳島計畫啟動〉。《中國時報》，A6版。

陳玉慧(2011年4月)。〈噪音大景變醜 德反風力發電〉《聯合報》，A16版。

曾懿晴、林淑慧(2011年1月)。〈臺電再生能源 沈世宏：補助玩假的〉。《聯合報》，A9版。

曾懿晴、張榮仁、王宏舜(2011年5月)。〈萬人上街 廢核大遊行 全臺遍地開花〉。《聯合報》，A4版。

鄭朝陽(2007年12月17日)。〈臺灣發電結構〉。《聯合報》，A3版。

(二)外文文獻

書籍

Cooter R. & Ulen T. (2007). *Law & Economics* (5th ed.). Boston: Pearson Education, Inc.

Jones V. (2009). *The Green-Collar Economy: How One Solution Can Fix Our Two Biggest Problems*. New York: HarperOne.

案例

Animal Welfare Institute, et al. v. Beech Ridge Energy LLC, et al., RWT 09cv1519 (2009).

網路資源

Galbraith K. (2009, July 22). *Slow, costly and often dangerous road to wind power*. Retrieved May 12, 2011, from http://www.nytimes.com/2009/07/23/business/energy-environment/23turbine.html

Healers of Conflicts Law & Conflict Resolution Center (n.d.) *Preventive law*. Retrieved May 11, 2011, from http://www.healersofconflicts.com/Tools/preventivelaw.htm

第十章
論新興生物科技之法律風險
——從「臺灣生物資料庫」建置之窘境談起

唐淑美[*]

---

[*] 亞洲大學財經法律學系副教授、英國愛丁堡大學訪問學者。本文感謝匿名審稿人提供之寶貴意見及修正建議,使本文得以更臻至善。

目　次

壹、前言
貳、新興生物科技之發展政策與法律風險
　　一、明確違反法律之規定
　　二、法律解釋不明確
　　三、現行法律尚未規範
　　四、侵害人權法益之可能
　　五、小結
參、「臺灣生物資料庫」之建置計畫
肆、「臺灣生物資料庫」之建置困境
　　一、告知後同意
　　二、基因隱私權
　　三、氏族歧視爭議
伍、「臺灣生物資料庫」之新契機
　　一、推動立法──人體生物資料庫管理條例
　　二、相關委員會之建置
　　　　（一）倫理治理委員會的成立
　　　　（二）導入社群評審委員會（Community Review Board，CRB）制度
　　　　（三）獨立隱私權委員會之建立
陸、結論

論新興生物科技之法律風險——從「臺灣生物資料庫」建置之窘境談起

摘要

自 1990 年代起世界各國政府莫不戮力規劃科技產業的創新與發展，作為國家競爭與利益象徵的科技政策，以期在全球的科學與技術之研發競爭中，取得對世界經濟的競爭與領先優勢。然而，在全球激烈的科技競爭下，新興科技雖然帶動了成長的發展，但也帶來全球性社會風險與信任的挑戰。政策機關與國內科技產業如何因應科技發展所逐漸增加的爭議，值得省思。以行政院生醫科技島計畫為例，行政院科技顧問組於民國 94 年 4 月宣布啟動臺灣生醫科技島計畫，內容包括建立國民健康資訊基礎建設（NHIP）整合建置計畫、臺灣人疾病及基因資料庫（Taiwan Biobank）先期規劃及臨床試驗研究體系三大重點。生醫科技島計畫最主要的內容，在於利用資訊科技的資料建置，以實證為基礎，探索生命現象中遺傳資訊、疾病、及環境的交互作用，並整合政府重要生醫資訊相關計畫。其中「臺灣生物資料庫」執行迄今已多年，行政院國家科學委員會與行政院衛生署總計至少投入 5 億 2 千萬於「臺灣生物資料庫」計畫，但為何國家在投入龐大資金進行先期計畫與倫理法律暨社會議題研究之後，仍然發生倫理適切性疑慮，甚至並針對「臺灣生物資料庫」計畫尋求特別立法，因此，本論文針對我國「臺灣生物資料庫」建置，探討其已存在或未來可能存在的法律風險隱憂及新契機。

關鍵詞：新興生物科技、臺灣生物資料庫、法律風險、基因隱私權、人體生物資料庫管理條例、倫理治理委員會

壹、前言

　　科技產業的創新發展,自 1990 年代起,世界各國政府莫不戮力規劃與發展作為國家競爭與利益象徵的科技政策,以期在全球的科學與技術之研發競爭中,取得對世界經濟的競爭與領先優勢。當代新興科技包含生物科技、網路科技、電子科技、奈米科技等等。這些新興科技成為推動全球科技與經濟競爭的關鍵標的,其中,生物科技產業被認為是本世紀最有潛力的新興產業。[1]我國政府 2009 年推動的六項新興科技產業:(一)臺灣生技起飛鑽石行動方案;(二)綠色能源產業旭升方案;(三)觀光拔尖領航方案;(四)健康照護升值白金方案;(五)精緻農業健康卓越方案;(六)創意臺灣—文化創意產業發展方案。其中四項科技產業與生物科技息息相關。[2]

　　自從 1953 年華森(James Watson)和克里克(Francis Crick)確立了 DNA 雙股螺旋模型,獲得了二十世紀所謂的「諾貝爾獎中

---

[1] 前總統陳水扁於 2001 年 1 月 19 日在總統府接見「國家生技醫療品質獎」得獎人時表示,生物科技將成為本世紀最有潛力的新興產業,也是臺灣經濟邁向又一高峰的原動力。詳見大紀元 1 月 23 日報導〈陳水扁:生物科技將成為本世紀最有潛力的新興產業〉,
http://www.epochtimes.com/b5/1/1/23/n38722.htm,最後瀏覽日 2011 年 07 月 07 日。

[2] 詳見行政院重大政策〈推動的六大新興產業〉內容,
http://www.ey.gov.tw/lp.asp?CtNode=2922&CtUnit=1177&BaseDSD=7,
最後瀏覽日 2009 年 11 月 21 日。

之諾貝爾獎」後,生命科學的新紀元自此而開創。DNA是自然界最特殊和最精緻之分子,生物學家對於雙股螺旋體之解碼充滿了驚奇,DNA藉由簡單的四種核苷酸分子不同的組合與序列排序,創造出宇宙生物體之多樣性變化。自此,生物科技進入了基因科技之新紀元。隨著生物醫學領域的發展,2003年人類基因體計畫(Human Genome Project)的基因體定序完成,遺傳學家提供我們更多不同的疾病訊息與更深入的致病機轉,後基因體時代儼然到來。諾貝爾獎得主Sydney Brenner表示:「接著人類基因體計畫之後,我們的下一個任務是去研究族群間甚至是個體間的遺傳差異」。亦即,從單一個體的研究轉變成對整個族群的研究。[3]

行政院於民國94年4月宣布啟動臺灣生醫科技島計畫[4],內容包括建立國民健康資訊基礎建設(NHIP)整合建置計畫、臺灣人疾病及基因資料庫(Taiwan Biobank)先期規劃及臨床試驗研究體系三大重點。生醫科技島計畫最主要的內容,在於利用資訊科技(information technology)的資料建置,以實證為基礎,探索生命現象中遺傳資訊、疾病、及環境的交互作用,並整合政府重要生物資訊相關計畫。但是要達到此目的,須有統一的資料交換標準格式,

---

[3] 詳見「建置臺灣生物資料庫先期規劃」成立宗旨,http://www.twbiobank.org.tw/DOH_Pilot1/plan02.htm,最後瀏覽日2011年7月7日。

[4] 生醫科技島目標是將(1)建立國民健康資訊基礎建設(NHIP)整合建置計畫(2)臺灣人疾病及基因資料庫(Taiwan Biobank)先期規劃及(3)臨床試驗研究體系三大計畫中有關國民健康資訊、基因資料庫、及臨床研究等三大建設加以整合,主要之執行單位為經濟部及衛生署,有關臺灣生醫科技島計畫內容及發展,請參閱行政院衛生署科技發展組,「衛生署臨床試驗與研究推動小組」,
http://www.etan.com.tw/impetus/island.htm,最後瀏覽日2011年7月7日。

以使得不同單位所產生的資料可以交流互享,以擴大研究數量和擴展研究深度。資料整合也可提升臺灣生醫科技在藥品、醫療器材及生技產品研發之可信度及公信力,帶動及加速生技醫療產業的發展以期與世界接軌。

藉由基因工程之導入,新興生物科技相較其他新興科技,具有更高程度之「高科技,高風險」的特性。生物科技在研發與應用上不僅涉及科學的不確定性、生態環境的破壞爭議,並造成倫理與社會價值的高度衝擊,這些爭議,不但挑戰傳統的法律界限,也迫使全球正視基因風險與設置風險監管機制之需要。[5]

一般而言,人們對高科技產業的風險評估,藉由控制、計算、操縱的思維模式,以求有效管控高科技所面臨的高風險。科學家大都對科學的進步抱持樂觀態度,因此風險評估往往落入科技本身的科學安全性或對環境生態的影響。但是,新興生物科技主要涉及基因工程的導入,包括基因組定序、基因剪接、細胞融合、幹細胞、奈米生物科技、複製技術、基因改造有機體等等技術,新興生物科技所產生的風險,並非是舊式的風險評估與操縱策略得以洞察與解決,此種高科技所形成的威脅和危險,往往是無法控制、計算與彌補的。[6]雖然新興生物科技本身充滿複雜性與不確定性,但科技本身的進展並不會因其科技本身的風險而停擺。1992年聯合國的里約宣言提出了「預防原則(The Precautionary Principle)」,「為了保護環境,各國應根據它們的能力廣泛地採取預防性措施。凡遇到有可

---

[5] 周桂田,〈基因科技的全球化與在地社會風險〉,《科學發展》,第354期,2002年,頁32-39。
[6] 前揭註。

能造成嚴重或不可挽回的損害地步,雖缺乏充分的科學肯定性,但不能當作延遲採取防止環境退化有成本效益措施的理由。」因此政府或企業導入新興生物科技時,若僅評估科技本身的風險或僅評估科技的建置、導入、商業風險等,錯估或低估倫理、社會或法律的風險,新科技導入的成本將可能大幅上升,甚至致無法控制與彌補的。

新興生物科技之發展政策與法律風險構面,可分為(一)明確違反現行法律之規定;(二)適用現行法律解釋時不明確;(三)現行法律尚未規範;(四)侵害人權法益之可能性。

貳、新興生物科技之發展政策與法律風險

一、明確違反法律之規定

生物技術的快速發展,假若遇到國家的立法政策緩慢怠惰,新興生物科技之適用就顯得捉襟見肘,無所適從。自從1986年英國基因學專家傑福瑞(Alec Jeffreys)[7]成功將DNA鑑識技術應用於犯罪

---

[7] 生物體細胞中帶有遺傳性狀的生化物質者為染色體,染色體主要是由DNA所組成,DNA就像是父母給的身分證號碼,除非是同卵雙胞胎,世上可能沒有兩個人具有完全相同的DNA序列,即便是兄弟姊妹,DNA序列亦不同,這使得DNA成為個人識別的主要依據。在刑案現場上所採到的血跡、

調查[8]，DNA 鑑定已成為刑事犯罪專家利用生物學樣本偵測犯罪的一種新工具。各國政府期望透過國家 DNA 資料庫的建置，主動自刑事 DNA 資料庫中篩選出嫌犯，落實刑事司法維護社會治安的需求，有效打擊犯罪、嚇阻犯罪。我國於1997年發生白曉燕命案後，調查局奉法務部命令正式成立 DNA 資料庫，針對全部暴力犯罪人犯抽取 DNA 分析建檔。

當時法務部並無任何有關受刑人或嫌疑犯 DNA 樣本建檔之規範得以遵循，但若能在既有之法律體系中尋找到因應新科技之規範，則無需另外特別制定法規。於是，法務部根據監獄行刑法第十一條及第五十一條規定，對暴力犯罪的受刑人進行「健康檢查」，但實際上卻是建立受刑人 DNA 記錄，以促進科技辦案的能力，法務部以「健康檢查」之名，卻採取暴力犯罪者 DNA 分析建檔，明確違反監獄行刑法之規定，引起人權團體之撻伐[9]。

人民之自由權利受憲法保障，僅於有特定重大公益之目的，始得以法律限制，為兼顧治安維護及保障人民身體完整不受侵犯權、資訊自我決定權之基本權，DNA 記錄建檔有特別規範之必要。因此，我國緊急於民國88年2月制定去氧核醣核酸採樣條例，內政部

體液、骨骼、肌肉、毛髮等生物組織樣本，都可以萃取出 DNA，以之判明被害人與加害人的身分。1985 年傑福瑞將上述重大發現及其具體應用首次發表於自然雜誌。請參見 A. J. Jeffreys, V. Wilson & S. L. Thein, *Individual-Specific 'Fingerprints' of Human DNA*, 316 NATURE 76, 76-79 (1985)。

[8] Craig Seton, *Life for Sex Killer Who Sent Decoy to Take Genetic Test: 'Had It Not Been for DNA Fingerprinting, You Might Still Be at Liberty'*, THE TIMES, Jan. 23, 1988; Paul Hoyland, *Evasive double killer sentenced to life in gaol: How genetic testing caught a murderer*, THE GUARDIAN, Jan. 23, 1988.

[9] 台灣人權促進會編著（1998）。《1997年台灣人權報告》。台灣人權促進會。

警政署刑事警察局再依性侵害犯罪防治法及去氧核醣核酸採樣條例之規定,建立國家級刑事 DNA 資料庫,對於性侵害加害人、性犯罪、重大暴力犯罪案件之被告或犯罪嫌疑人依法強制採樣,建檔其 DNA 記錄。[10]

二、法律解釋不明確

現代生物科技(modern biotechnology)的迅速發展與其產品商業化的積極開發,有關生物科技產品安全性的議題(biosafety)近年來獲得相當的重視與關注。例如美國之星連(StarLink)玉米乃基因改造玉米,原僅被核准供作飼料使用,後來被美國環保團體宣稱在著名速食連鎖店所提供之食物中,發現存有星連玉米之成分,引起美國社會軒然大波[11]。因此,基因改造食品安全性(food safety)在全球引起爭議,消費者並要求政府做到標示及告知之義務。以歐盟為例,歐盟為兼顧生物科技於食品之商品化的生技產業需求,基因改造生物體之標示將有助於進行有效掌控影響人民健康及環境之偵測機制,並成為保障消費者對揭露基因改造食品資訊之資訊權的合理措施,基因改造生物體之標示已成為先進國家規範有關生物科

---

[10] 有關我國 DNA 鑑定對刑事犯罪認定有效性與我國刑事 DNA 資料庫之法律疑義,請參閱唐淑美、李介民,〈我國司法實務有關 DNA 鑑定對刑事犯罪認定有效性之分析〉,《東海大學法學研究》,21 期,2004 年 12 月,頁 43-98;唐淑美、李介民,〈使用刑事 DNA 資料庫之法律疑義〉,《中央警察大學警學叢刊》,36 卷 3 期,2005 年 11 月,頁 281-299。

[11] 有關星連玉米之相關記錄整理,可參考
http://www.greenpeaceusa.org/ge/starlink_chron.htm,最後瀏覽日 2004 年 5 月 30 日。

技之法制趨勢。

　　我國近年來致力於生物科技之發展,基因改造食品無論進口或自製,種類及數量均日益增多,現行標示規範就基因改造食品而言,僅賴行政院衛生署以公告[12]方式,逐年擴張限於以基因改造黃豆及玉米為原料之強制標示範圍[13],無論規範之客體種類或標示項目細節,是否足應付新興生物科技之管理需求誠有疑問。以食品衛生管理法第十七條第一項第六款之概括規定,作為規範我國基因改造食品標示之法源基礎,是否符合法律明確性原則;該概括條款作為衛生管理機關發布基因改造食品標示相關公告之授權依據,是否符合授權明確性原則,及其立法授權於發布基因改造食品相關行政命令之範圍為何,這些問題均值得後續研究與探討。

三、現行法律尚未規範

　　新興生物科技往往操縱的目標是細胞、組織、甚或胚胎,事實上,二十世紀後期,新興生物科技的腳步已發展至必須獨立設立一門科學去維護新生命倫理學之秩序。新興生物科技議題,例如胚胎基因的選擇、胚胎幹細胞、生物科技之專利發明品、器官移植、器官組織之私有財產化、安樂死等等議題,自單一個受精卵之形成以

---

[12] 例如「公告『基因改造之黃豆及玉米』應向本署辦理查驗登記」(衛署食字第0900011745號,民國90年2月22日);「公告以基因改造黃豆及基因改造玉米為原料之食品標示事宜」(衛署食字第0900011746號,民國90年2月22日)。

[13] 「公告以基因改造黃豆及基因改造玉米為原料之食品標示事宜」(衛署食字第0900011746號,民國90年2月22日)將基因改造黃豆及玉米製品之標示事宜,依食品加工程度之高低,分為三期先後適用強制標示規定。

至身體細胞凋零之一連串過程,均有可能因為生物科技之進步,而受到極大的挑戰。人工生殖技術涉及倫理爭議不斷,諸如國內有關代理孕母該合法或禁絕,衛生署經歷十多年討論仍然沒有定論,決定尋求公民會議結論以為衛生署決策參考[14]。另外諸如單親、同性戀、變性人的人工生殖技術應用;複製人[15]、冷凍胚胎[16]、人造雌雄合體[17]、人兔細胞融合之胚胎學研究[18]爭議,現行法律及倫理皆因人

---

[14] 參閱民國 93 年 9 月 18 日國民健康局主辦,臺灣大學社會學系承辦之「代理孕母公民共識會議公民小組結論報告」,公民共識會議乃基於「衛生署為期提供超脫利益糾葛、無預設立場的公民參與公共政策討論的平台,以傾聽來自基層民眾的真實意見,期於民間形成共識,以為決策參考」理念,爾後,我國人工生殖法雖已於 96 年 3 月 5 日通過,但相關之代理孕母議題,因歧見仍多,猶未規範。

[15] 目前各國對於體細胞核轉殖技術進行之生殖性複製,一致採取否決的態度,主要乃由於人類生殖技術尚未完全成熟,並且以體細胞核轉殖技術來複製人,顛覆了人類的獨特性,嚴重違反人性尊嚴之保護。

[16] 美國 RAND-SART 研究團隊於 2003 年公布對其國內人類冷凍胚胎的清點調查,目前美國各地生育診所的冷凍櫃裡,充塞了大約 40 萬個人類冷凍胚胎。人類胚胎因為可作為幹細胞的材料,對目前一些束手無策的重症病患提供另一種新的療法,因此逐漸有邁向商業化使用之趨勢。請參閱 D. I. Hoffman, G. L. Zellman, C. C. Fair, J. F. Mayer, J. G. Zeitz, W. E. Gibbons & T. G. Turner, *Cryopreserved Embryos in the United States and Their Availability for Research*, 79 FERTILITY AND STERILITY 1063, 1063-1069 (2003);以及 Parker, R., *400,000 Human Embryos in Storage in US Fertility Clinics,* FUTUREPUNDIT: BIOTECH REPRODUCTION ARCHIVES (2003), http://www.futurepundit.com/archives/001239.html (last visited Dec. 14, 2010)。

[17] 美國生殖學家 Norbert Gleicher 於 2003 年為了探索遺傳病的新療法,創造了多個半男半女的胚胎稱為「She-male」胚胎,震驚並引起生殖學界專家及倫理學家之反彈,請參閱 Bhattacharya, S., *'She-male' Embryos Created in Lab*, NEWSCIENTIST.COM NEWS SERVICE (2003), http://www.newscientist.com/article/dn3905-shemale-embryos-created-in-lab.html (last visited Dec. 14, 2010)。

[18] 中國中山醫科大學首創人兔細胞融合方法製作複製人胚胎,依據《北京青年報》2001 年 9 月 16 日報導〈人兔細胞融合褻瀆人類尊嚴〉,中山醫科大學

工生殖技術之快速發展而受到極大的挑戰,但我國目前並未對上述生物科技進行公民審議或研擬相關法規。

四、侵害人權法益之可能

運用指紋、掌型、掌紋、虹膜、核酸、臉部辨識等生物特徵以作為對身分識別之工具,已逐漸伴隨科技及資訊之進步,而應用於政府及企業部門。2001年美國遭受911恐怖攻擊事件後,美國政府體認維護美國國土安全乃是政府保障國民基本生存自由之首要任務,美國政府為求更有效及嚴密之邊境管制,美國國土安全部（Department of Homeland Security,DHS）於2003年底公告凡持簽證入出境美國本土者,通關時都必須當場按捺指紋及照相。前法務部部長陳定南曾於任內主張身分證及護照上應有持有人的左右拇指指紋,以預防犯罪,防止身分證件遭他人冒用[19];應用指紋辨識來確認身分,不但可補充人貌辨識的不足,並可遏止身分證遭冒領、冒用等情事的發生。但前因換發身分證強制錄存指紋事件[20]引起各

陳系古教授等人使用被丟棄的人體皮膚細胞與家兔卵母細胞結合,成功複製出100多個人類胚胎,請參閱
http://sports1.people.com.cn/BIG5/kejiao/42/155/20010916/561598.html,最後瀏覽日2009年8月21日。

[19] 請參見聯合新聞網2002年8月21日發布之多項新聞稿,例如身分證與指紋脫鉤,政策不變;舊議題穿新衣,人民疑懼未消。取自http://www.udnews.com.tw/news/focusnews/focus,最後瀏覽日2002年9月30日。

[20] 據民國86年5月21日修正之戶籍法第八條規定,「人民年滿十四歲者,應請領國民身分證;未滿十四歲者,得申請發給。依前項請領國民身分證,應捺指紋並錄存。但未滿十四歲請領者,不予捺指紋,俟年滿十四歲時,

界對於生物隱私權的熱烈探討。民國 94 年 6 月 10 日司法院大法官釋字第 599 號解釋,暫停全面換發新式國民身分證作業;民國 94 年 9 月 28 日司法院釋字第 603 號解釋,對於戶籍法第八條第二項、第三項請領國民身分證須捺錄指紋並錄存之規定作出違憲解釋。認為因換發身分證強制錄存指紋,已違反人民對隱私權之合理期待。

此外,英國國家 DNA 資料庫對 DNA 樣本之無限期保留規範,亦遭歐洲人權法院裁決違反歐洲人權公約。英國為全世界第一個建立國家 DNA 資料庫,且其規模為世界最大。目前歐盟國家對於犯罪嫌疑人之相關樣本及記錄,大部分國家在排除犯罪嫌疑人或犯罪嫌疑人遭無罪釋放後,則自行將犯罪嫌疑人之相關樣本及記錄,從國家刑事 DNA 資料庫中銷毀及刪除。唯有英國,即使在犯罪嫌疑人排除嫌疑或遭無罪釋放後,英國政府依照《警察暨刑事證據法》,他們的樣本資料仍然被保留於國家 DNA 資料庫中。2008 年 12 月 4 日歐洲人權法院於 S. and Marper v. UK 裁決,英國政府不得儲存無犯罪記錄者的 DNA 與指紋樣本及記錄,並下令英國應於 2009 年 3 月前提出銷毀現有資料庫內相關樣本、記錄的計畫。[21]

五、小結

對於新興生物科技潛在風險之防範,特別是法律的規範問題,是一個相當弔詭的問題。以基因改造食品或奈米生物科技為例,截

應補捺指紋並錄存。請領國民身分證,不依前項規定捺指紋者,不予發給。」

[21] 唐淑美,〈論英國國家 DNA 資料庫擴增之爭議〉,《刑事政策與犯罪研究論文集》,12 期,2009 年 12 月,頁 285-314。

至目前為止,沒有任何的直接證據,能指出前述新興生物科技及相關應用的真正危險所在。但「沒有找到證據,並不是代表沒有證據」,另一方面,目前各國都在積極發展「新興生物科技」,而各國也都不願意在這場科技競賽中落後。因此,若訂定太嚴苛的法律規範,將會使投資者卻步,也將使「新興生物科技」研究發展工作受到限制。有鑑於此,如果能在既有法律體系中,尋求因應管理對策,則無須針對「新興生物科技」訂定相關專屬法律。但以胚胎幹細胞之研究為例,假若未對胚胎的使用進行特別規範,則胚胎的地位與「物」相同,「當法律對胚胎的製造、使用與處分沒有特別規範時,胚胎的法律地位即與一般物毫無差異,因此人民有權任意處置胚胎,也有權在市場上進行胚胎交易。」[22],此情形顯示缺乏適當規範模式以管制胚胎的使用與處置,可能導致嚴重的倫理衝擊。[23]

　　國家政府對新興科技之法律政策或推動方案,往往因政府團體代表著公共利益之執行,政府的施政行為忽略承擔不利的行為後果,裹著公共利益之糖衣,而冒險施政;政府經常做出不計成本的決策,或者是把決策的成本轉移給決策執行失敗的承受者。政府決策的法律成本,外表上看似經濟成本之分析,但事實上卻是政治法律的問題。[24]決策若是模糊不透明,就越不容易受到監督和控制,這時候的法律成本也就逐漸上升,政府有些政策甚至是不計成本,

---

[22] 請參閱何建志,〈反反胚胎商品化的一些法律論證〉,《律師雜誌》,285期,2003年6月,頁10。
[23] 唐淑美,〈「胚胎植入前組織配對篩檢」與人性尊嚴之探討──以普遍一致原則為中心〉,《東海大學法學研究》,33期,2010年12月,頁79-124。
[24] 葛洪義,〈決策也要算法律成本〉,「深圳市社會科學院論壇」,http://www.szass.com/bbs/dispbbs.asp?boardID=5&ID=1109&page=90,最後瀏覽日2011年6月1日。

此時政府之決策權也就完全失去了控制和監督；唯有清晰明確的決策，才能有效地執行監督和控制，亦才能有效地降低法律成本與風險。「臺灣生物資料庫」建置計畫，乃為執行國重大科技發展政策，由初始中央研究院院士會議通過生物組在 2000 年 7 月提案，在臺灣建立人群基因庫，但直至 2009 年 5 月始完成臺南及嘉義地區 1000 個案例的採血，在 2010 年 8 月完成階段性收案，此一仿效國外建置大型人群基因庫計畫始終面臨許多嚴峻之考驗。行政院國家科學委員會與行政院衛生署目前總計投入至少 5 億 2 千萬龐大資金於「臺灣生物資料庫」建置計畫，卻仍然無法獲得全面之共識與配合[25]。本文擬針對我國「臺灣生物資料庫」建置之法律風險，進行探討及評析。

參、「臺灣生物資料庫」之建置計畫[26]

人類某些疾病之發生或是罹患某些疾病的難易程度，往往是由基因遺傳所決定的。因此在人類基因組解碼後，科學家莫不期望基因組之解碼能解開遺傳疾病之奧祕，使人類免於遺傳性疾病的嚴重

---

[25] 許宏彬，〈全球脈絡下的生技爭議：從 Taiwan Biobank 設置談起〉，《成大研發快訊》，10 卷 4 期，2009 年 8 月，頁 2。
[26] 「建置臺灣生物資料庫」共分為三個時程，2005 年至 2007 年為「建置臺灣生物資料庫可行性計畫」；2005 年至 2010 年為「建置臺灣生物資料庫先期規劃」；2010 年至 2011 年為「延續計畫」。詳見「建置臺灣生物資料庫」官方網站 http://www.twbiobank.org.tw/，最後瀏覽日 2011 年 7 月 7 日。

威脅,以增進人類健康之福祉。根據醫學研究顯示,雖然所有人類基因組核苷酸排序有 99.9%是一樣,僅有 0.1%(千分之一)不同,但是由於這 0.1%之些微差異,除了形成人類生物外貌諸如人類的身高、體重、膚色和眼睛的顏色等等之不同外,也包含了可以令部分人罹患遺傳性疾病的基因在內[27]。我們可以說從遺傳性疾病對人類的威脅、基因的遺傳性以及你我的基因有如此高度相似性的觀點來看,人類對遺傳基因之研究,實有共同的利益,而當前科學家最關心的,莫過於希望找出基因的變異對於人類疾病的直接關聯性[28]。人類基因組之鹼基配對共有 30 億鹼基對(base pairs),若有 0.1%之差異,則亦有 300,000 個核苷酸之變異,這些變異稱為單核苷酸多型性(Single Nucleotide Polymorphisms,SNPs)[29]。科學家已找出 300 萬個 SNP 的位置,並放入公開資料庫中,其中 SNP 聯盟(SNP Consortium)以建立高密度、高品質之標註清楚的人類 SNP 輿圖為其設立宗旨,提供免費資料庫供大眾比對[30]。單核苷酸多型性之發現結合基因晶片(bio-chip)之開發,科學家發現假若能將人類之單核苷酸多型性普遍蒐集,並將蒐集而建立之基因資訊彙整成基因資

---

[27] Arlene Judith Klotzko, *SNPs of Disease: The U.K. Plans a National Genomic Database to Study Late-Onset Sickness*, 282 SCIENTIFIC AMERICAN 28, 28 (2000).

[28] Minakshi Bhardwaj, *Biobanks, Genomics and Databases: A Question of Attribution, in* CHALLENGES FOR BIOETHICS FROM ASIA 211, 211-212 (N.Z.: Eubios Ethics Institute ed., 2004).

[29] 〈重組 DNA 技術的應用〉,收錄於 Richard Twyman、Sandy Primrose、Bob Old 著,郭靜蓉等譯,《遺傳工程入門》,藝軒圖書,2004 年 10 月,頁 336-338。

[30] 有關 SNP 聯盟資訊可自 http://snp.cshl.org 免費取得。請參見秦慶瑤,《基因輿圖對生計醫藥產業發展之影響》,財團法人生物技術開發中心,2002 年 11 月,頁 19。

料庫（genetic database）（或稱生物銀行，bio-bank），[31]將可協助解開人類危險或常見疾病之致病機轉之謎。

英國為了探索國民之基因變異與環境因素對於人類特定疾病間之致病關聯，英國科學家開始於 1999 年，催生英國生物銀行計畫（UK Biobank Project），初期目標乃收集 50 萬名 40-69 歲、自願參與單核苷酸多型性與疾病相關研究之英國人人群 DNA，經過多年的籌備，先期的試驗階段（Phase I Pilot）已於 2005 年 2 月開始，整個英國生物銀行主計畫於 2006 年第一季開始[32]。

我國跟隨英國的腳步，由中央研究院院士會議通過生物組在 2000 年 7 月，通過提案在臺灣建立人群基因庫之決議，並於 2002 年開始進行「臺灣地區華人細胞株及基因資料庫」計畫（又稱「超級對照組基因資料庫」，super control genomic database），依國人的戶

---

[31] 「基因資料庫」一詞係指「Genetic Database」，此用語十分常見，但文意卻未必全然一致。通常若未特別指明，所指之基因乃人類基因，例如英國 Human Genetics Commission（HGC）對「genetic database」即定義為「基因序列資訊的蒐集或可取得該資訊之人體組織的蒐集（collections of genetic sequence information, or of human tissue from which such information might be derived）」，See Human Genetics Commission, Inside Information at para. 3.3 (2002)。誠然，「基因資料庫（genetic database）」未必限於人類基因序列資訊之蒐集，針對細菌、果蠅、稻子等生物的基因序列資訊之蒐集，都可稱為基因資料庫；縱使是指人類基因的基因資料庫，此用語可包含之下位類型如「人群基因資料庫（Population Genetic Database）」，係指為了解某族群中或在同群、不同群之個人中，其基因差異之性質與範圍為目的所為之基因序列資訊蒐集，劉宏恩，〈人群基因資料庫法制問題之研究—國際上發展與台灣現況之評析〉，《律師雜誌》，第 303 期，2004 年 12 月，頁 71-94。本文對基因資料庫之理解，係指與英國生物銀行（UK Biobank）、臺灣生物資料庫（Taiwan Biobank）相類似者，亦即以人群基礎為研究方法，研究疾病與基因之關聯性為目的之一的基因資料庫，且在此意義下之「基因資料庫」與「生物資料庫」、「生物銀行」乃同義詞。

[32] 詳見英國生物銀行官方網站（http://www.ukbiobank.ac.uk）說明。

籍登記，以電腦隨機取樣選出並徵求有代表性臺灣地區居民 3,336 人之同意，提供血液樣本納入該資料庫中以進一步進行研究，後來因民眾參與意願不高，計畫進行並不順利。中研院再度強調建置本土基因資料庫之必要，呼籲抽中民眾踴躍參與。[33]

行政院為建立臺灣成為一生醫科技島，國家科學委員會延伸自前述「臺灣地區華人細胞株及基因資料庫」計畫，委託中央研究院生醫所於 2003 年規劃建置「臺灣生物資料庫」之可行性評估計畫[34]，擬邀請一群特定年齡層分布於 40 歲至 70 歲間之健康民眾參與研究，採集自願參與者之血液、尿液與健康相關資料，探究我國三大不同族群之基因變異與環境因素對於人類特定疾病間之致病關聯，期望建立一個能夠長期追蹤的前瞻性研究世代（prospective cohort）。「臺灣生物資料庫」（Taiwan Biobank）主要為結合基因與其他醫學資訊，針對本土常見疾病進行大規模的世代研究。有意願成為追蹤世代的每個人在參加初期都是健康的，可是由於每個人帶有不同疾病發生的危險因子（例如環境暴露、飲食、生活習慣或帶有可能容易致病的基因），藉由長期追蹤這些健康民眾的過程，我們可以觀察帶有危險因子的民眾與沒有帶有危險因子的民眾，得病的比率差異。另外，透過長期追蹤的世代研究過程，也可以釐清致病因子（環境、基因）與疾病間的關係。因此，若能建置臺灣本土的生物資料庫，除了對國人常見疾病之致病因子與機轉的釐清有直接幫

---

[33] 陳垣崇，〈超級任務～疾病基因解碼計畫，全民一起來〉，《中國時報》，2003 年 7 月 27 日，B4 版。
[34] 「臺灣生物資料庫」可行性評估計畫為一般泛稱，計畫之正式名稱為「臺灣地區生物資料庫建立與多重疾病多重危險因子之世代追蹤研究計畫」。

助外,亦可避免過去研究探討基因與環境交互作用之限制,也為生物醫學研究提供了一個龐大的資源。

中研院所主導「臺灣生物資料庫」之可行性評估計畫,由於引發隱私違反基本權之疑慮,因此在媒體之報導下受到嚴重之挑戰[35],最後「臺灣生物資料庫」計畫總主持人以「枝節的評諷」和「國內社會環境特有的道德倫理與法律議題」回應反對者聲浪[36]。究竟「臺灣生物資料庫」應如何做好對受試民眾之充分告知以及對隱私權之保障,我國人權團體臺權會對此提出強烈要求[37],「臺灣生物資料庫」應先檢驗計畫的透明度和誠實度,針對「臺灣生物資料庫」計畫如

---

[35] 媒體之相關報導,詳見王超群,〈台灣基因庫抽血『偷跑』?台權會喊卡〉,《中國時報》,2006年1月23日;王超群,〈部落裡 沒人搞得清抽血作啥〉,《中國時報》,2006年1月23日;王超群、李宗祐、邱俊吉,〈找20萬人採血 中研院基因庫探隱私〉,《中國時報》,2006年1月23日;邱俊吉,〈中研院生醫所:絕無謊稱健檢 掩人耳目〉,《中國時報》,2006年1月23日;李宗祐、王超群,〈侵犯人權疑慮未消 台灣基因庫卡住〉,《中國時報》,2006年1月24日。廖盈婷,〈中研院建基因庫 遭控偷跑抽血〉,2006年1月23日,TVBS,http://www.tvbs.com.tw/news/news_list.asp?no=jean20060123123604,最後瀏覽日2011年7月7日

[36] 「臺灣生物資料庫」計畫總主持人陳垣崇教授及分項負責人沈志陽教授,2006年4月2日於中國時報A15版發表「謹慎規劃生物資料庫」一文,「我們認為這一個牽涉到國計民生未來福祉的重大計畫,實不應僅流於表面的意氣爭執,相反地,更應就實質的議題進行深入理性的溝通較為合宜。」「當我們開始推動這研究計畫時,所面臨的卻都不是科學方面議題,而是與國內社會環境特有的道德倫理與法律議題。這些特有議題肇因於普遍存在國內社會對公共事務的不信任感,導致對計劃執行動機之質疑。」「我們需要的是深入理性的計畫內涵探討,絕非流於枝節的評諷。否則,我們將坐失許多務實發展的機會,而為世界潮流所邊緣化。」

[37] 臺灣人權促進會架設「公民論壇監督台灣生物資料庫」的網站(http://biobankforum.blogspot.com/),蒐集國內、外相關論述及分析文章,試圖讓社會大眾理解「臺灣生物資料庫」執行計畫可能產生的資料庫的連結、比對、資料外洩等隱憂。

何落實「告知後同意」基本原則,如何「合憲合法」地使用和長期連結病歷資料、戶籍資料庫和全民健保資料庫,如何迴避「不當引誘」此一學術倫理忌諱,如何避免圖利外國特定藥廠,有無回饋機制和具有公信力的監督機制等重大問題,應主動澄清。[38]「可行性研究計畫時程二」受到阻礙,停止採集人體之組織檢體的行動而只做資料之建構與蒐集[39],可行性研究計畫執行草案提交中研院醫學研究倫理委員會(IRB)嚴格審查,歷經多次複審,直至 2006 年 6 月 5 日審查通過。[40]。但原預計 2005 年 8 月至 2006 年 7 月召募受試採樣民眾一千人,全部延宕無法完成。

衛生署接續「臺灣生物資料庫」可行性研究計畫,委託中央研究院生醫所繼續進行下一階段的長期的醫學研究計畫「建置臺灣生物資料庫先期規劃」,預計將在桃竹苗、雲嘉南、花東三個地區中,邀請 150,000 名 30 歲～70 歲民眾參與研究,建立屬於臺灣地區的生物資料庫,針對本土常見慢性疾病(除現今常見之如高血壓、糖尿病、癌症等慢性疾病外,亦包含將來產生之其他本土常見慢性疾病)來進行長期追蹤研究,所收集之資料包含關於參與者的健康情形、疾病史、生活形態、生活環境資訊以及檢體,並長期追蹤參與者之

---

[38] 詳見台權會會長及副會長,吳豪人、劉靜怡 2006 年 4 月 10 日於中國時報發表「科學莫違人權法治」。

[39] 請參見陳垣崇 2007 年於國科會專題研究「臺灣地區生物資料庫建立與多重疾病多重危險因子之世代追蹤研究」計畫之成果報告。

[40] 由於「臺灣生物資料庫」可行性研究計畫,備受社會各界關注,除考量整體計畫之執行層面,尚包含參與者的告知同意的過程、收案的流程與檢體及文件傳遞處理及保存等等,因此「臺灣生物資料庫」計畫於 2005 年 10 月交付中研院醫學研究倫理委員會審查,歷經五次複審(2005 年 11 月 25 日、2006 年 3 月 6 日、2006 年 3 月 31 日、2006 年 5 月 10 日、2006 年 6 月 2 日),直至 2006 年 6 月 5 日審查通過。

健康變化情形,以進行常見慢性疾病中基因與環境(包括生活習慣、飲食、行為、職業等)交互作用的相關研究,期望藉由研究結果了解國人常見疾病的致病因素,協助改善疾病的預防、診斷與治療,降低醫療成本,進而達成促進國人健康的目標。

中研院醫學研究倫理委員會體認到「臺灣生物資料庫」先期計畫乃是一個攸關公眾利益與風險的大規模全國性科技計畫,所涉及的範圍不僅止於科學社群追求真理與學術發展的理想與利益,未來的整體規劃與實施方式,更牽涉到公共資源分配與全國人民之福祉。基於這些重大考量,中研院醫學研究倫理委員會要求另設一個具有超越中研院且具社會代表性的委員會,主要針對該計畫的社會正當性,進行專業倫理與常民利益之監督。中研院研究倫理委員並要求本案須在倫理治理委員會(Ethics and Governance Committee,EGC)對計畫的社會正當性取得共識之後始能進行「建置臺灣生物資料庫先期規劃」。[41]

「建置臺灣生物資料庫先期規劃」,在其倫理治理委員會多數同意之決議的情況下[42],得以正式開始在雲嘉南地區對民眾進行收案採血[43]。但倫理治理委員會兩位委員認為決議有違程序正義,公開

---

[41] 詳見中央研究院醫學研究倫理委員會研究計畫審查同意書附註意見。
[42] 學者劉靜怡、劉宏恩批評「臺灣生物資料庫」之倫理治理委員召集人未經有效的議事程序,便逕行擅改決策模式,由第一次會議所決定的「共識決」臨時改為「多數決」。詳見劉靜怡、劉宏恩於 2009 年 5 月 7 日《蘋果日報》發表之〈台灣生物資料庫 荒腔走板〉,詳細網站請見 http://tw.nextmedia.com/applenews/article/art_id/31609127/IssueID/20090507,最後瀏覽日 2011 年 7 月 7 日。
[43] 2008 年 12 月 25 日「建置臺灣生物資料庫先期規劃」個案召募已在臺南及嘉義開始宣導,並於 2009 年 5 月 14 日完成 1000 例案例。

質疑「臺灣生物資料庫」建置之正當性[44]。「多數 EGC 委員從未取得並看過完整的計劃書，因而對該計劃的具體設計一知半解；部分委員對擁有大量民眾生物檢體與健康資訊的資料庫其未來使用方式仍有相當疑慮；多數委員認為該計劃團隊在公眾溝通上的努力不夠充分，也導致仍有 3 到 5 成的參與民眾可能誤將此計劃理解為『體檢』。在計劃團隊尚未能針對這些問題提出改善措施之前，EGC 的正、副召集人卻急切地要求委員會就是否同意該計劃繼續收案進行表決。這個草率的決定，除了顯示正副召集人實質放棄了該委員會所擔負的社會責任外，也使得決議欠缺實質正當性。」中央研究院生醫所回覆此不同意見，提出本階段「建置臺灣生物資料庫先期規劃」將以演練過程為目標，供主管機關未來是否正式成立「臺灣生物資料庫」之決策參考，在尚未獲得全面共識之前，本階段將不對所有參與民眾作特定基因檢測，亦不進行其他資料庫之聯結。[45]

肆、「臺灣生物資料庫」之建置困境

由於參與研究之專業領域之擴張及長期科技與人文之對話隔閡，亦或是「國內社會環境特有的道德倫理與法律議題」，造成「臺

---

[44] 劉靜怡、劉宏恩，前揭註 42。
[45] 詳見「建置臺灣生物資料庫先期規劃」官方網站 http://www.twbiobank.org.tw/news970630.html 說明，最後瀏覽日 2009 年 11 月 22 日。

論新興生物科技之法律風險——從「臺灣生物資料庫」建置之窘境談起

灣生物資料庫」建置計畫時常必須停擺之困窘，甚至必須針對「臺灣生物資料庫」計畫尋求特別立法，本文於此，茲以（一）告知後同意；（二）基因隱私權；（三）氏族歧視爭議為重點，釐清「臺灣生物資料庫」建置計畫之法律風險隱憂與困境。

一、告知後同意

「臺灣生物資料庫」之倫理治理委員會委員認為，該計畫團隊在公眾溝通上的努力不夠充分，招募海報說明不詳盡。例如海報大標題為「打造健康新世代 需要你我一起來」，檢測項目為「身高、體重、體脂肪、腰臀圍、血壓、脈搏、骨密、肺功能、血尿液檢測、健康資訊問卷等等」，而其中最重要之血尿液檢測，亦即建置基因資料庫之主要來源樣本，卻暗藏於一堆例行健檢之檢測項目，導致有3到5成的參與民眾可能誤將此計畫理解為「體檢」。雖然「臺灣生物資料庫」計畫團隊另有詳盡的說明手冊及參與同意書，但一般而言，社區民眾大部分受招募海報之宣傳，願意為下一代之健康而參與計畫或是接受「體檢」，海報未能突顯出臺權會對「臺灣生物資料庫」長期關切的重點，使參與者確切了解其個人基因將自被採檢之體液樣本中萃取及分析，分析結果甚至可能導致氏族基因之研究，顯示該計畫團隊在公眾溝通上的「不夠坦承」。

「告知後同意」已為各國設置生物銀行之重要議題，1947年紐倫堡大審針對人體實驗事件之審理結果，於隔年提出之「紐倫堡綱

領（The Nuremberg Code）」，[46]將受試者之同意作為人體試驗之基本原則，而首次揭示進行人體實驗時須對受試者加以說明，並且須得到受試者的自願性同意，方得進行實驗。[47]1964年之世界醫師總會所通過之赫爾辛基宣言（Declaration of Helsinki）提出人體實驗時，應對受試者加以說明，並得其同意；1975年世界醫師總會更將該宣言大幅修改，首次將「告知後同意（informed consent）」一詞明文納入宣言中。[48]

就我國而言，相關之告知後同意規範亦廣泛見於我國醫事相關法律中，然究竟何謂告知後同意之實質內涵及法理，卻無明確定義及闡釋。就醫學領域而言，同意權的意義是種模糊抽象的概念，較為廣泛被接受的概念乃指在充分的資訊揭露與深思熟慮的基礎上，由具有完全行為能力或自主能力的人，所採取的一項自願性不被強迫的決定，以接受而非拒絕一項會影響其權益之行為的提議。[49]所謂受試者或病人有免於外在干預的自主權，應具備不受外力操控之

---

[46] 紐倫堡綱領一般被認為是第一個針對研究倫理（research ethics）提出的法則（code），其目標旨在作為往後所有與人類有關之研究的指引依據。參見 Nancy E. Kass, *Human Subjects Research, Ethics, Informed Consent in Research, in* ENCYCLOPEDIA OF ETHICAL, LEGAL, AND POLICY ISSUES IN BIOTECHNOLOGY 611, 611 (US: John Wiley & Sons 2000)。

[47] 同前註，頁611-612。

[48] 關於赫爾辛基宣言，參見 *Loretta M. Kopelman, Human Subjects Research, Ethics, And Research on Children, in* ENCYCLOPEDIA OF ETHICAL, LEGAL, AND POLICY ISSUES IN BIOTECHNOLOGY 580, 580-581 (US: John Wiley & Sons 2000)。

[49] RAANAN GILLON, PHILOGOPHICAL MEDICAL ETHICS 113 (1986). 原文「It(Consent) may also be defined from the medical ethicist's point of view as a voluntary, uncoerced decision, made by a sufficiently competent, autonomous person on the basis of adequate information and deliberation, to accept rather than to reject some proposed course of action that will affect him or her.」

自由意志與決定能力兩大要件。[50]我國醫療法第七十九條規定人體試驗前應先取得當事人本人之同意,而受試人為無行為能力人、未成年人或限制行為能力人,應得其法定代理人之同意,並製成書面同意。又根據我國醫療法施行細則第五十二條規定,該書面同意應載明下列事項:(1)實驗目的及方法;(2)可能產生之副作用及危險;(3)預期試驗效果;(4)其他可能之治療方式及說明;(5)接受試驗者得隨時撤回同意。

就冰島之「全民醫療記錄資料庫」之所以引起國際間的爭議主要原因之一,乃因為授權其實施進行研究之法規並未要求冰島人民的臨床醫學記錄被放入資料庫前,需取得人民的告知後同意。相對而言,此法規只給予存活的冰島人民有選擇退出參與該資料庫建置的權利(opt out)。他們可以填寫政府所提供的表格,說明他們並不願意參與資料庫的建置;這樣的表格可以防止個人任何新增的醫療資訊到資料庫中,但是卻不能防止已存在的資料被建置於資料庫,而該法也無任何特殊之要求來向冰島人民告知他們的醫療資訊將被作為何種用途。諸如此類的告知後同意被認為是「推定之同意」,然而該資料庫仍然在冰島引起極端對立的意見,冰島衛生部門資料庫法採行的同意模式(推定之同意)引發憲法訴訟的爭議。[51]

---

[50] 蔡明誠、林育廷、麥元馨,〈基因檢測受試者同意書相關研究與討論〉,《生物科技與法律研究通訊》,17期,2003年1月,頁35。

[51] 該案憲法訴訟起因於原告要求將其亡父之個人醫療資訊自衛生部門資料庫中移除遭到 deCODE 公司及下級審法院拒絕,冰島最高法院乃針對 IHD 一法是否侵害該國國民之隱私權及資料保護之爭議,在判決中表示意見,認為鑑於其亡父個人資料所含遺傳特徵的資訊,可用於對原告個人之推測上,因此原告應有請求將其亡父個人醫療資訊撤出資料庫的權利,以保障

由此原則可知，告知後同意應分為「告知」與「同意」兩部分加以探討。就「告知」部分而言，由於參與者通常而言不具備充分之醫學知識或對計畫之全盤了解，為使參與者之同意具有實質意義，必須讓參與者充分了解其同意對象之基因建置行為，以防止紛爭。就「同意」而言，任何人在不侵害或妨害他人權利、自由之範圍內擁有自主權，在醫療研究之關係下，病患之自主地位應受重視與保障，同意之要求在倫理上之意義，並不在於同意形式上之完整，而是在於係出自同意者意思表示之真意。確保同意出自真意，主要旨在確切審查及測試同意之欠缺與否。

　　「臺灣生物資料庫」建置計畫需要研究人員盡其可能與參與者作出最正確的溝通，而使其能了解相關程序、風險，並尊重其對醫學專業知識理解能力的限制，以及其處理困難資訊的能力。因此，若以上要求皆得以實踐，真實意思表示的同意或許因而得以建立。於醫療或科學實務中，有關於從人類志願者身上擷取細胞組織，有著建立已久的認知，亦即在此情形中，都會給予其適當的告知，然而實務上通常這些告知並未要求病患、志願者或其親屬，仔細閱讀或審慎簽署告知文件，這些文件通常只為舉證時之方便，而且只是為了在告知文件上簽下他們的姓名而已，然而即使完成簽署，也不能表示上述之人已被完全地告知。為了取得真實意義的同意，這需

其隱私權；另認為該資料庫所採單向編碼系統雖為資料保護提供足夠的保護機制，但由於該資料庫所含資料的完整性與豐富性，以致於資料之個人身分仍是可識別的。Stephen G. Wieting, *Public And Private Priorities in Managing Time in Genetic Research: The Icelandic deCODE Case*, 25 SYMBOLIC INTERACTION 271, 271-287 (2002)；Renate Gertz, *An analysis of The Icelandic Supreme Court Judgement on the Health Sector Database Act*, 1 SCRIPT-ED 241, 241-258 (2004).

要身為告知義務主體的相關研究人員,盡其最大的努力盡可能地傳達給志願參與者,使其了解進行的過程與可能的風險,並且尊重他們認知能力的侷限,以及他們處理艱澀資訊的困難,如果盡到合理的注意,雖然仍稱不上完全的告知,但可以說已經取得了真實的同意了。[52]

有關「告知後同意」之踐行,本文於此以英國生物銀行為例,依據「英國生物銀行倫理暨治理架構（UK Biobank Ethics and Governance Framework,EGF）」之規定[53],英國生物銀行之參與不但強調其為自願性,而且針對潛在參與者的參與程序,訂有不同階段的規定。首先是說明程序,潛在參與者在參與登記（enrolment）之前,會收到有關英國生物銀行之說明資訊,並被邀請出席由研究人員回答疑問、提供說明及解釋同意程序之說明會。若在說明之後潛在參與者決定參與英國生物銀行研究計畫,則在參與登記之前尚須進行同意程序,以獲得潛在參與者的參與同意並加以記錄。EGF並詳列研究人員在進行同意程序前,須先向潛在參與者詳盡解說之事項,潛在參與者須充分了解後,方得進行同意程序。依 EGF 之規定,研究人員須向參與者解說的事項,包括(1)有關英國生物銀行設立宗旨及性質;(2)當事人之權利義務關係（例如,英國生物銀行蒐集參與者之資料與樣本的種類、英國生物銀行會取得連結至過去及往後完整的醫療記錄、英國生物銀行是資料庫及樣本蒐集之法

---

[52] Nuffield Council on Bioethics, HUMAN TISSUE ETHICAL AND LEGAL ISSUES 45 (1995).

[53] 有關英國生物銀行告知後同意之程序,主要摘錄自顏上詠、陳冠旭、唐淑美,〈論英國生物銀行之「告知後同意」〉,《清華科技法律與政策論叢》,2 卷 2 期,2005 年 6 月,頁 189-224。

律上所有人、參與者對樣本無任何財產上權利、參與者擁有在任何時候不具理由之撤銷權、在參與者失去心智能力或死亡後，英國生物銀行繼續擁有對重症研究至關重要之資料及近用（access）[54]權利、英國生物銀行有持續履行對參與者承諾之義務、參與者資料與樣本之匿名儲存形式等防護措施的種類）；(3)研究與利用相關事項（例如研究近用政策、僅允許同時取得英國生物銀行與 NHS MREC 批准之研究得利用英國生物銀行資源、確保參與者之資料與樣本在提供研究者使用前已匿名、將來商業團體會申請使用英國生物銀行）等。[55]

英國生物銀行並會明確向參與者解釋何種醫療記錄系統將會被搜尋、近用，但英國生物銀行不會進一步告知是何種醫療記錄中的何種資料為其計畫所需。雖然一般而言僅有部分的醫療記錄會被利用，且英國生物銀行可能會決定不搜尋或近用某類醫療記錄系統（如泌尿生殖系統類相關醫療記錄），但同意之範圍將會涵蓋指定之醫療記錄系統中的所有記錄。由於過去的醫療記錄對於日後之研究有助於了解之需要，因此過去的醫療記錄也在資料蒐集的範圍之內。另外，於驗證資料正確性之必要時，也有可能需要完整的醫療記錄。[56]

---

[54] 這裡的「access」，意指「a way by which a thing or place may be approached or reached」，其意思為接近、使用之意。

[55] DEPARTMENT OF HEALTH, MEDICAL RESEARCH COUNCIL AND THE WELLCOME TRUST, UK BIOBANK ETHICS AND GOVERNANCE FRAMEWORK VERSION 1.0 9-10 (2003).

[56] DEPARTMENT OF HEALTH, MEDICAL RESEARCH COUNCIL AND THE WELLCOME TRUST, UK BIOBANK ETHICS AND GOVERNANCE FRAMEWORK VERSION 1.0 10 (2003).

二、基因隱私權

「日新月異的資訊科技與生物科技,一方面固然帶給了我們相當的便利,對文明的進步與知識的提升,人類的生命與健康,均有絕大的助益;但另一方面,也提供了侵犯個人隱私的利器」[57]。

一般而言,隱私權是一種可以分辨個人與他人之間不同之一種狀況權利,由於每個人之不同身體特徵、生活方式及健康情形等,隱私權被視為是個人私密而無需由大眾公開分享之權利。基因隱私權又可分為空間上的隱私(spatial privacy)及資訊上的隱私(informational privacy)。[58],所謂空間上的隱私乃是指個人身體及心理應保有之私密空間,例如不受人偷窺及打擾;而資訊上的隱私乃是指個人之資訊在未取得個人同意之下,應不得擷取及公開,例如個人電話號碼、地址、信用貸款等資訊。

Graeme Laurie 於「基因之隱私」[59]一書中,開宗明義的闡釋基因年代對隱私權之隱憂,呼籲人們應審慎應用基因科技以杜絕科技對隱私權之無形傷害。一般而言,隱私權是一種可以分辨個人與他人之間不同之一種狀況權利,由於每個人之不同身體特徵、生活方式及健康情形等,隱私權被視為是個人私密而無需由大眾公開分享之權利。由於後基因體年代之到來,無論是空間上的隱私抑或是資

---

[57] 林子儀,〈資訊與生物科技時代的隱私權難題〉,收錄於《隱私的權利》中文譯本之專文推薦。《隱私的權利》一書,原文為愛倫·愛德曼及卡洛琳·甘迺迪著,吳懿婷譯。《隱私的權利》,商周出版,2001 年。

[58] 唐淑美,〈刑事 DNA 資料庫之擴增與隱私權之探討〉,《東海大學法學研究》,23 期,2005 年 12 月,頁 83-122。

[59] GRAEME LAURIE, GENETIC PRIVACY: A CHALLENGE TO MEDICO-LEGAL NORMS 1-85 (2002).

訊上的隱私,都可能遭受侵害而不自覺[60]。以臺灣生物資料庫樣本之取得方式而言,無論是採集血液或是尿液,都已是對身體完整性(body integrity)之侵犯,而採集後之檢體經分析而得到的 DNA 資訊,亦屬於個人基因資訊之隱私。

我國憲法雖無明文列舉保障隱私權,但依憲法第二十二條規定:「凡人民之其他自由及權利,不妨害社會秩序公共利益者,均受憲法之保障」。憲法第二十三條復明定「以上各條列舉之自由權利,除為防止妨礙他人自由,避免緊急危難,維持社會秩序或增進公共利益所必要者外,不得以法律限制之」。根據司法院大法官釋字第 293 號解釋的解釋意旨,大法官承認隱私權為憲法所保障的一種基本權利,隨後司法院大法官釋字第 509、535、603 號解釋更進一步解釋,如何兼顧對個人名譽、隱私及公共利益之保護。大法官釋字第 603 號解釋強調「國家基於特定重大公益之目的,而有大規模蒐集、錄存人民指紋,並有建立資料庫儲存之必要者,則應以法律明定其蒐集之目的,其蒐集之範圍與方式且與重大公益目的之達成,具有密切之必要性與關聯性,並應明文禁止法定目的外之使用。主管機關尤應配合當代科技發展,運用足以確保資訊正確及安全之方式為之,並對所蒐集之指紋檔案採取組織上與程序上必要之防護措施,以符憲法保障人民資訊隱私權之本旨。」

---

[60] George J. Annas, *Privacy Rules for DNA Databanks. Protecting Coded 'Future Diaries'*, 270 JAMA. 2346, 2346-50 (1993); George J. Annas, *Protecting Genetic Privacy*, 30 TRIAL 43, 43-46 (1994); George J. Annas, *Rules For Gene Banks: Protesting Privacy in the Genetic Age, in* JUSTICE AND THE HUMAN GENOME PROJECT 75, 76-91 (Timothy F. Murphy & Marc A. Lappé eds., 1994); GEORGE J. ANNAS, LEONARD H. GLANTZ, & PATRICIA A. ROCHE, THE GENETIC PRIVACY ACT AND COMMENTARY, 165 (1995).

德國聯邦憲法法院於 1983 年的所謂「人口普查法」判決中對於「資訊自己決定權（資訊自決權）」之宣示，該判決認為，「在現代化資料處理的狀況下，基本法第一條第一項和第二條第一項的一般人格權包括了個人保護其本人資料不受無限制地蒐集、儲存、利用以及提供，在此限度內，就有關個人自己資訊之放棄或利用，基本權原則上保障個人自我決定的權利。而只有存在更優位的公共利益考量時，才允許限制資訊自決權。且此限制必須有合乎憲法的法律基礎，而這個法律基礎必須符合所謂規範明確性之法治國家的要求。立法者立法規範時亦應遵守比例原則，且為防止人格權被侵害的危險，必須研擬組織上及程序上之安全對策」[61]。

事實上，無論是自由權、隱私權、自主權、告知後同意原則等，均不具有當然的絕對權利，民主法治社會下，盡量以不限制這些權利為原則，然而這些權利需要與其他權利相配合[62]，即便是倫理學者或是法律學者，都不可能僅憑前述如隱私權、自主權等權利，去試圖完全否定新興生物、新興科技所可能帶來的巨大潛藏利益[63]。

究竟建置本土地區國民之生物資料庫可能為臺灣帶來何種巨大潛藏利益呢？由於臺灣民眾的遺傳基因具有其獨特性，且生活型態

---

[61] 判決譯文詳見司法院編，《西德聯邦憲法法院裁判選輯（一）》，司法週刊雜誌社，1990 年 10 月，頁 288-348。又司法院大法官釋字第 603 解釋，亦採相同見解。

[62] The Nuffield Council on Bioethics, *The forensic use of bioinformation: ethical issues*, 2007
http://www.nuffieldbioethics.org/go/ourwork/bioinformationuse/introduction (last visited Feb. 23, 2009).

[63] 顏上詠，〈台灣人體生物資料庫管理條例草案評析〉，《月旦法學雜誌》，168 期，2009 年 5 月，頁 155-171。

與致病因素和其他國家也有所不同，若能建立一個屬於臺灣地區本土的臺灣基因資料庫，結合基因與其他醫學資訊，針對本土常見疾病進行大規模的世代研究，探討常見疾病基因與環境因素交互作用，將助於改善治療與預防策略，降低醫療成本，達成促進國人健康的目標。因此中研院生醫所為執行上述公共利益而受衛生署委託執行之國家重大科技發展計畫，具有特定重大公益之目的。

但政府發展此一重大公共政策時，應審慎考量如何減縮侵犯參與者隱私權之疑慮。誠如大法官釋字第 603 號解釋，國家基於特定重大公益之目的，而有大規模蒐集及錄存人民生物樣本時，並有建立資料庫儲存之必要者，應以法律明定其蒐集之目的。「臺灣生物資料庫」研究團隊了解到基因隱私之維護，在現行法律架構下無法獲得完整之維護，將來若大規模蒐集國民生物樣本時必面臨更大挑戰，於是針對生物資料庫計畫草擬「人體生物資料庫管理條例」，日前我國已於 2010 年 2 月通過「人體生物資料庫管理條例」，規範採集檢體，保障資料庫參與者權益。採集生物檢體應尊重生命倫理，並須告知參與者相關事項，載明書面，取得同意。

三、民族歧視爭議

建置臺灣地區生物資料庫是為了了解臺灣地區民眾的慢性疾病與基因、環境交互作用下發生什麼樣的影響，因此計畫首要考慮影響臺灣地區民眾的基因分布情形。依據研究顯示[64]，在不同人群

---

[64] 詳見 Michael J. Bamshad、Steve E. Olson，〈區分人種，有意義嗎？〉，「科學人雜誌知識庫」，

氏族中，短片段重複序列頻率不同的多型形質，可能顯示對健康有特定影響。例如導致鐮刀型紅血球症，以及一些囊腫性纖維病的突變基因，分別為防禦在非洲與歐洲流行的疾病而造成之基因突變，因此若從親代遺傳了一個鐮刀狀紅血球基因的人，對瘧疾產生抵抗力；具有囊腫性纖維化基因的人，感染霍亂之後，不容易死於脫水。人群基因演化為能夠抵禦特殊疾病，造成此種多型形質在特定人群中的頻率就上升了。「臺灣生物資料庫」可行性研究計畫指出，以臺灣地區來說，最重要的因素就是氏族，包括有：閩南人、客家人、外省籍以及原住民等三大氏族，因為不同氏族帶有的基因會不同；因此，若要探討基因對於疾病的影響，就要挑選不同氏族的人來觀察[65]。

若採集生物檢體首要考量因素為氏族，是否研究結果可能造成對特定族群之基因歧視呢？根據自由時報外電報導[66]，紐西蘭威靈頓環境科學與研究中心的基因流行病學家李亞指出，紐西蘭原住民毛利人體內帶有「戰士」基因（即指「單胺氧化酵素」基因）者，比歐洲人多一倍，與其他族群相較亦顯著較多，這是一種「驚人的過度表現」，因此毛利人較易出現暴力與犯罪行為，此言一出，引

---

　　http://edba.ncl.edu.tw/sa/read.asp?readtype=ch&docsn=2004011743，最後瀏覽日 2011 年 6 月 4 日。

[65] 「臺灣生物資料庫」之可行性評估計畫主要召募對象為年齡符合 40-70 歲且居住於嘉義市、苗栗縣、花蓮縣的居民。詳見「臺灣生物資料庫」計畫總主持人陳垣崇教授及分項負責人沈志陽教授 2006 年 4 月 2 日於中國時報發表「謹慎規劃生物資料庫」。

[66] 鄭寺音編譯／綜合威靈頓外電報導，〈戰士基因顯著　毛利人天生暴力？〉，「自由電子報」，
　　http://www.libertytimes.com.tw/2006/new/aug/10/today-int5.htm，最後瀏覽日 2011 年 7 月 7 日。

發毛利族群強烈反彈。

我國因族群認同問題嚴重,常自認自身族群優越而歧視其他氏族。目前我國國民與外籍、大陸人士通婚日益普遍,因而所謂「新臺灣之子」也愈來愈多。臺北市立婦幼醫院心智科主任陳質采表示,「根據該院心智科門診統計,『新臺灣之子』目前已占求診者一成以上,其中又有一半以上面臨學習障礙,確實有發展遲緩現象。」[67]臺聯立委廖本煙甚至曾於國會大堂發言,要求檢查嫁來臺灣的越南新娘,身上是否帶有「越戰生化餘毒」[68]。然而根據我國內政部兒童局調查報告[69],外籍與大陸配偶所生子女發生遲緩現象比例只有0.1%,而我國國人六歲以下子女疑似發展遲緩比例則高達4.6%,顯示後者高出前者甚多。因此,以上述發展遲緩案例顯示,社會上的一般刻板印象其實是容易造成國人對特殊族群之誤解,此種把個別的「個人」問題加以「族群化」的現象,容易對弱勢族群產生汙名化和歧視的現象。族群歧視的問題,常隱藏在日常的語言和價值觀中,由於對事實和真相了解不足,一般人不能以同理心對待別人的處境,就非常有可能出現歧視的結果[70]。

---

[67] 詳見劉開元 2004 年 4 月 8 日於《聯合晚報》發表的〈新台灣之子 遲緩易受排擠〉。
[68] 詳見 2004 年 4 月 4 日中央社報導,標題「越南新娘抗議立委『越娘有餘毒』言論」。
[69] 詳見內政部兒童局 93 年 6 月,周美珍之研究調查,「外籍與大陸配偶生活狀況調查報告統計」。
[70] 張張錦華認為族群歧視現象之主要特徵,就是把「個別」偏差或異象,擴大或推論為「族群」特質而導致汙名化。歧視不僅是一種言語認知上的輕蔑,更是一種社會暴力,被歧視的感受是很屈辱的,極有可能造成暴力反抗,詳見張錦華,〈歧視即把個人問題族群化〉,「大紀元新聞網」,

論新興生物科技之法律風險——從「臺灣生物資料庫」建置之窘境談起

　　2008年12月1日開始執行之「建置臺灣生物資料庫先期規劃」似乎不再明顯強調針對不同氏族進行基因研究，樣本採集地點亦不再侷限於苗栗、嘉義、花蓮，而是採樣地點擴大至桃竹苗、雲嘉南、花東三個地區，參與研究之民眾年齡亦擴大至30歲～70歲，但事實上客家人、閩南人及原住民主要居住地區乃為上述桃竹苗、雲嘉南、花東三個地區。

伍、「臺灣生物資料庫」之新契機

　　有關「臺灣生物資料庫」技術層面之風險控管，咸認為基因資料庫之分割式管理，亦即藉由同一資料在保管技術上切割之設計，可以阻礙資料外洩的機會。鑑於基因資訊與個人健康、保險具強度的聯結，因此有關個人之一般資訊資料庫與基因資料庫應由不同位置、分開設計的資料庫共同管制，以維護個人基因資訊之隱私。[71]

---

http://www.epochtimes.com/b5/4/8/25/n639088.htm，最後瀏覽日2011年7月7日。

[71] 所謂基因資料庫分割式管理，亦即基因資料庫儲存生物檢體或基因資訊，但是受試者的個人資料則儲存於其他不同機構之資料保存資料庫保管，此資料保存資料庫需強調嚴密監管資料保存之安全。如此特意將基因資訊與個人資訊分開，因此即使基因資訊意外地或遭人故意地外洩到未授權之使用者，亦不洩漏個人隱私。我國「人體生物資料庫管理條例」第十八條，亦要求分割式管理。設置者就生物檢體及相關資料、資訊為儲存、運用、揭露時，應以編碼、加密、匿名化、去連結或其他無法辨識參與者身分之方式為之。設置者就參與者姓名、國民身分證統一編號及出生年月日等可辨

477

如何突破「臺灣生物資料庫」法律困境,主要可分為推動立法與成立相關委員會。在立法領域,我國目前已通過人體生物資料庫管理條例以及個人資料保護法;成立相關委員會部分,本文認為除了已成立的 EGC 外,還需要導入社群評審委員會(Community Review Board,CRB)制度以及建置獨立隱私權委員會。

一、推動立法──人體生物資料庫管理條例

「臺灣生物資料庫」建置計畫之研究團隊,在飽嚐人權團體之「枝節的評諷」和「國內社會環境特有的道德倫理與法律議題」,「人體生物資料庫管理條例」之制定,無寧是提供一清晰規範供學界或是業界遵循。我國 2010 年 2 月通過「人體生物資料庫管理條例」,該條例係以人體生物資料庫所衍生之人體組織與基因資訊保護為核心,包括人體組織與基因資訊,而且以國家維護社會法益為立法目的;其意義在藉由低度而概括式之立法,於維護國民資訊隱私權及生物醫學研究、醫學科技發展之雙重目的前提下,進行相關法體系之折衝及各種法益之調和,以有效管理我國人體生物資料庫及相關生物醫學研究。相關條文對生物資料庫之設置及管理作比較嚴密之監督,旨在對設置者進行高密度管理,至於使用者部分,則阻斷其

識個人之資料,應予加密並單獨管理;於有與其生物檢體及相關資料、資訊相互連結運用之必要時,應建立審核與控管程序,並應於為必要之運用後立即回復原狀。設置者為不同來源之資料、資訊互為連結、比對時,應依第一項規定為之,並應於連結、比對後,立即回復原狀。請參閱唐淑美,〈基因資料庫之隱私權保護監督機制〉,《醫事法學》,14 卷 3、4 期合訂本,2007 年 5 月,頁 52-59。

取得足以辨識參與者之資訊之途徑即為已足。「生物資料庫」,旨為生物醫學研究為目的,以人口群或特定群體為基礎,內容包括參與者之生物檢體、自然人資料及其他有關的資料、資訊,且可自行衍生擴充資料、資訊的範圍,或可取得不同來源的資料、資訊互為連結、比對的資料庫。所謂的「生物檢體」包括自人體採集之細胞、組織、器官、體液或經實驗操作所產生足以辨識參與者生物特徵之衍生物質。

生物檢體之採集,應尊重生命倫理,並應將相關事項告知參與者,載明於同意書,取得其同意後,始得為之。告知之事項包括:設置之法令依據及其內容、實施採集者之身分及其所屬機構、被選為參與者之原因、參與者依本條例所享有之權利及其得享有之直接利益、採集目的及其使用之範圍、使用之期間、採集之方法、種類、數量及採集部位等等事項。另外參與者得要求停止提供生物檢體、退出參與或變更同意使用範圍,設置者不得拒絕。參與者退出時,機構應銷毀生物檢體及相關資料,若未依規定銷毀,將處 20 萬元以上、1,000 萬元以下罰鍰。設置生物資料庫的機構必須設立倫理委員會,就資料庫的管理與運用等事項審查及監督,委員會組成須涵蓋一定比例的法律專家與社會公正人士。

另外,由於「臺灣生物資料庫」可行性計畫及先期計畫屢遭人權團體抨擊有關計畫之透明性不足,「人體生物資料庫管理條例」立法團隊主張,經由舉辦多次說明會、公聽會及藉由公眾論壇之開放,使公眾能藉此開放平台抒發意見,並可隨時了解立法進程,此種類似英、美、加等先進諸國於立法時所採取之公共諮詢(public consultation）模式，值得鼓勵。

二、相關委員會之建置

（一）倫理治理委員會的成立

　　由於臺灣基因資料庫「可行性研究計畫時程二」執行時受到阻礙，提交中研院醫學研究倫理委員會審查。2006 年 1 月 24 日中時電子報標題「侵犯人權疑慮未消　臺灣基因庫卡住」報導「負責審查『臺灣基因資料庫』的研究倫理委員會，是由中央研究院邀集學者專家成立，執行『臺灣基因資料庫』的研究團隊又是中研院生物醫學研究所主導，也引發外界質疑中研院有球員兼裁判的嫌疑。」「臺灣基因資料庫」於其網頁回應，中研院為國內最高研究機構，委員會[72]所採取的醫學研究倫理審查，乃依據衛生署「醫療機構人體試驗委員會組織及作業基準」與「研究用人體檢體採集與使用注意事項」辦理，為目前全國最嚴謹的審查標準。一般涉及人體的生物醫學研究，只要經過該機構內之研究倫理委員會審查通過，即可開始進行。

　　中研院內的研究倫理委員，體認到「臺灣生物資料庫」先期計畫乃是一個攸關公眾利益與風險的大規模全國性科技計畫，所涉及的範圍不僅止於科學社群追求真理與學術發展的理想與利益，未來

---

[72] 中研院之醫學倫理委員會設置委員 7 至 21 名，由院長聘任之，其中含主任委員、副主任委員各 1 名。委員除有關醫事專業人員外，另有 3 分之 1 以上為法律專家、社會工作人員及其他社會公正人士。且委員中有 2 人以上非院內之人員，並不得全部為單一性別。

的整體規劃與實施方式,更牽涉到公共資源分配與全國人民之福祉。基於這些重大考量,中研院醫學研究倫理委員會要求另設一個具有超越中研院且具社會代表性的委員會,主要針對該計畫的社會正當性,進行專業倫理與常民利益之監督。中研院研究倫理委員並要求本案須在倫理治理委員會對計畫的社會正當性取得共識之後,始能進行「建置臺灣生物資料庫先期規劃」。倫理治理委員會的成立開啟了臺灣在科學發展與科技民主決策的一個新契機。

(二)導入社群評審委員會(Community Review Board,CRB)制度

生物資料庫以個人之「告知後同意」為手段,採集個別人體血液、組織等樣本,在累積足夠的人群數後,事實上經過分類整理,容易了解發病基因與特定族群之關聯性,亦即不必經由集體之告知後同意(group informed consent),卻能獲得特定族群之基因資訊。目前就人群基因之研究者而言,集體之告知後同意已是新興的法律議題。[73]在目前的國際情勢之下,關於集體之告知後同意,主要建立在兩種不同同意之基礎的論述方式上,一為原則性論述(principled argument)、另一為實務性論述(pragmatic argument)。

原則性論述認為,人群研究中,人群本身即為研究的主要對象,人群集體本身即為當事人及利害關係人,自應被視為研究的主體對

---

[73] 在人類人群基因之研究上,最為特殊之問題仍是環繞在人群同意權之行使。對於某特殊人群整體而言,是否應該有某些種類的同意權或至少向人群作整體之諮詢,是可以思考的一個方向。請參見 Henry T. Greely, *Informed Consent And Other Ethical Issues in Human Population Genetics*, 35 ANNU. REV. GENET. 785, 788 (2001).

待之,而非將之當作研究的工具,因此研究應得到群體之同意。例如,對原住民的研究可能所產生的利益及代價,無論他是否曾授與同意權,皆是每一個該族原住民所應共享且共同承擔的。因為研究上所可能產生的風險或許是相當具體的,例如某種人群研究顯示出某基因族群帶有酗酒者的高度遺傳基因變異,則該族群即有可能被汙名化,或者在工作上或保險上容易被歧視。

實務性論述則要求研究在進行時,需取得該族群的政府或自治區領袖的同意,這種實務上的集體告知後同意的要求,經常出現在某些特殊的族群研究,假若缺乏地方政府官員的合作,相關宗教團體的認同,或者教育、以及醫療專業團體的支持,這些研究將很難進行,因此實務運作上為了有利於研究之順利進行,即便在原則上不必然有利害關係,亦需取得群體之代表機構之認可同意。而若無上述相關團體的默許,許多特殊研究即可能無法進行。這種集體之告知後同意的情形,常常發生在進行高變異性的遺傳研究上,例如研究從家庭擴大到社區間之某種好發性疾病之遺傳變異,常常迫使研究者必須去處理不同形式的集體性的同意(collective consent)。而此類實務上的論述經常也有政治上的考量,例如某些美洲國家之原住民部落或組織(native American tribes and indigenous organizations),即要求在研究前須先取得集體之告知後同意,而此類的同意權之行使,也在1996年為北美洲地區委員會在進行人類基因組多樣性計畫(the North American Regional Committee of the HGDP)所完成之集體DNA採樣之模範倫理書(Model Ethical

Protocol for Collecting DNA Samples）中有所規範。[74]

　　雖然「建置臺灣生物資料庫」先期計畫研究團隊不再明顯強調針對不同氏族進行基因研究，但事實上客家人、閩南人及原住民主要居住地區乃為上述桃竹苗、雲嘉南、花東三個地區。由於「臺灣生物資料庫」採集生物檢體仍有氏族因素之考量，是否研究結果可能對特定族群造成汙名化傷害呢？為保護族群利益，社群評審委員會（Community Review Board）應運而生；藉由生命經驗相同的被研究者自我組織成社群，與研究者及研究倫理委員會展開對話。學者陳叔倬提出，如果我國能在研究倫理委員會制度推行之際，尊重相關研究族群，同時推行社群評審委員會制度，將收事半功倍之效，能確實保障族群與個人的權利[75]。學者汪明輝（鄒族民族議會的成員）呼籲「臺灣生物資料庫」研究團隊應本著尊重研究倫理的專業態度，以及遵行「原住民族基本法」的態度，主動將「臺灣生物資料庫」計畫送到行政院原住民族委員會，由原住民族委員會邀請對原住民族研究有專精、了解醫學遺傳背景、同時與「臺灣生物資料庫」的研究團隊沒有利益衝突與迴避立場的專家學者進行社群同意權的審理，並簽訂可維護原住民族權益的研究平等公約。[76]

（三）獨立隱私權委員會之建立

---

[74] 同前揭註。
[75] 陳叔倬，〈有了 IRB，是否就足夠？〉，《應用倫理研究通訊》，19 期，2001 年 7 月，頁 1-8。
[76] 黃淑英立法委員 2009 年 5 月 11 日記者會,〈科學逾越倫理，犧牲人權代價！——「台灣生物資料庫」應接受全民檢視〉，「公民論壇監督台灣生物資料庫」，http://biobankforum.blogspot.com/2009/05/blog-post_11.html，最後瀏覽日 2011 年 6 月 4 日。

若參與者個人因基因資料庫內部個人資訊安全機制出現漏洞，而致個人基因隱私外洩應如何求償？依民法第十八條第一項規定：「人格權受侵害時，得請求法院除去其侵害。」又根據民法第一九五條，在得請求非財產上之損害賠償之人格權侵害類型中，新增了侵害「隱私」類型。「不法侵害他人之身體、健康、名譽、自由、信用、隱私、貞操，或不法侵害其他人格法益而情節重大者，被害人雖非財產上之損害，亦得請求賠償相當之金額。其名譽被侵害者，並得請求回復名譽之適當處分。」另依個人資料保護法第二十八條的規定，「如被害人不易或不能證明其實際損害額時，得請求法院依侵害情節，以每人每一事件新臺幣五百元以上二萬元以下計算」，當參與者之隱私權受侵害時，受試者是否可根據上述法規獲得合理之賠償，仍屬質疑。在資訊科技與生物科技迅速發展之際，除了基因資料庫之隱私權疑義外，無論是網際網路電子交易、國家 DNA 刑事資料庫、健保 IC 卡等，對個人隱私權保護總是受到質疑。為了對人民的資訊隱私權有更周密的保護，本文建議我國政府有必要成立獨立運作之隱私權專責機關—隱私權委員會（Office of Privacy Commissioner），負責檢視我國隱私權相關立法及修法必要性，對於各個機構成立之機構內倫理審查委員會負責監督，接受人民有關隱私權侵害之申訴，獨立進行監督及調查政府與一般企業對個人資訊的蒐集及應用情形，明確的讓大眾知道科技所帶來的各種潛在隱私威脅，確保完善立法以保護國民隱私。[77]

---

[77] 唐淑美，前揭註 71，頁 52-59。

論新興生物科技之法律風險——從「臺灣生物資料庫」建置之窘境談起

陸、結論

　　生物科技在研發與應用上涉及科學的不確定性、生態環境的破壞爭議、倫理與社會價值的高度衝擊，迫使全球正視基因風險與設置風險監管機制之需要。「臺灣生物資料庫」建置計畫，由於參與研究之專業領域之擴張及長期科技與人文之對話隔閡，無法獲得全面之共識與配合，造成「臺灣生物資料庫」建置計畫時常必須停擺之困窘。事實上，政府仿造英國建置生物資料庫時，僅評估科技本身建置、導入的風險，低估此重大生物發展政策之倫理、社會衝擊，錯估我國面臨建置此一龐大基因資料庫之應有法律環境與法律風險之承受。

　　唯有制定良好的法制政策管理規範後，才足以消弭各方對我國「臺灣生物資料庫」計畫之施行的歧異，唯有在充分進行倫理、法律及社會的衝擊之探討論辯後，方可讓科學家在進行「臺灣生物資料庫」計畫時較為安心。針對基因資料庫引發之重要法律爭議，尤其是告知同意、基因隱私權及氏族歧視爭議，如何突破「臺灣生物資料庫」法律困境，本文認為除了持續關注目前已通過之「人體生物資料庫管理條例」施行以及「倫理治理委員會」之運作情形外，還需要導入社群評審委員會制度，以及建置獨立隱私權委員會。

參考文獻

（一）中文文獻

中央通訊社報導（2004年4月4日）。〈越南新娘抗議立委『越娘有餘毒』言論〉。《中央通訊社新聞》。

王超群（2006年1月23日）。〈台灣基因庫抽血『偷跑』？台權會喊卡〉。《中國時報》。

王超群（2006年1月23日）。〈部落裡 沒人搞得清抽血作啥〉。《中國時報》。

王超群、李宗祐、邱俊吉（2006年1月23日）。〈找20萬人採血 中研院基因庫探隱私〉。《中國時報》。

北京青年報報導（2001年9月16日）。〈人兔細胞融合褻瀆人類尊嚴〉。《北京青年報》。

司法院編（1990）。《西德聯邦憲法法院裁判選輯（一）》。臺北：司法週刊雜誌社。

台灣人權促進會編著（1998）。《1997年台灣人權報告》。台灣人權促進會。

何建志（2003）。〈反反胚胎商品化的一些法律論證〉。《律師雜誌》，**285**, 10。

吳豪人、劉靜怡（2006年4月10日）。〈科學莫違人權法治〉。《中國時報》。

李宗祐、王超群（2006年1月24日）。〈侵犯人權疑慮未消 台灣基因庫卡住〉。《中國時報》。

周美珍主持（2004）。〈外籍與大陸配偶生活狀況調查報告統計〉。臺北：內政部兒童局。

周桂田（2002）。〈基因科技的全球化與在地社會風險〉。《科學發展》，**354**，32-39。

林子儀（2001）。〈資訊與生物科技時代的隱私權難題〉。《隱私的權利》（愛倫・愛德曼、卡洛琳・甘迺迪原著；吳懿婷譯）。臺北：商周。

邱俊吉（2006年1月23日）。〈中研院生醫所：絕無謊稱健檢 掩人耳目〉。《中國時報》。

唐淑美（2005）。〈刑事 DNA 資料庫之擴增與隱私權之探討〉。《東海大學法學研究》，**23**，83-122。

唐淑美（2007）。〈基因資料庫之隱私權保護監督機制〉。《醫事法學》，**14**(3)、(4)合訂本，52-59。

唐淑美（2009）。〈論英國國家 DNA 資料庫擴增之爭議〉。《刑事政策與犯罪研究論文集》，**12**，285-314。

唐淑美（2010）。〈胚胎植入前組織配對篩檢」與人性尊嚴之探討——以普遍一致原則為中心〉。《東海法學研究》，**33**，79-124。

唐淑美、李介民（2004）。〈我國司法實務有關 DNA 鑑定對刑事犯罪認定有效性之分析〉。《東海大學法學研究》，**21**，43-98。

唐淑美、李介民（2005）。〈使用刑事DNA 資料庫之法律疑義〉。《中央警察大學警學叢刊》，**36**(3)，281-299。

秦慶瑤（2002）。《基因與圖對生計醫藥產業發展之影響》。臺北：財團法人生物技術開發中心。

許宏彬（2009）。〈全球脈絡下的生技爭議：從 Taiwan Biobank 設置談起〉。《成大研發快訊》，**10**(4)，2。

陳叔倬（2001）。〈有了 IRB，是否就足夠？〉。《應用倫理研究通訊》，**19**，1-8。

陳垣崇（2003 年 7 月 27 日）。〈超級任務～疾病基因解碼計畫，全民一起來〉。《中國時報》，B4 版。

陳垣崇、沈志陽（2006 年 4 月 2 日）。〈謹慎規劃生物資料庫〉。《中國時報》，A15 版。

陳垣崇主持（2007）。〈臺灣地區生物資料庫建立與多重疾病多重危險因子之世代追蹤研究〉，（國科會專題研究計畫之成果報告）。

郭靜蓉等譯（2004）。〈重組 DNA 技術的應用〉，《遺傳工程入門》（Richard Twyman、Sandy Primrose、Bob Old 著；郭靜蓉等譯）。臺北：藝軒圖書。

劉宏恩（2004）。〈人群基因資料庫法制問題之研究—國際上發展與台灣現況之評析〉。《律師雜誌》，**303**，71-94。

劉開元（2004 年 4 月 8 日）。〈新台灣之子 遲緩易受排擠〉。《聯合晚報》。

劉靜怡、劉宏恩(2009 年 5 月 7 日)。〈台灣生物資料庫 荒腔走板〉。《蘋果日報》。

蔡明誠、林育廷、麥元馨（2003）。〈基因檢測受試者同意書相關研究與討論〉。《生物科技與法律研究通訊》，**17**，35。

顏上詠（2009）。〈台灣人體生物資料庫管理條例草案評析〉。《月旦法學雜誌》，**168**，155-171。

顏上詠、陳冠旭、唐淑美（2005）。〈論英國生物銀行之「告知後同意」〉。《清華科技法律與政策論叢》，**2(2)**，189-224。

（二）外文文獻

Annas, G. J. (1993). Privacy rules for DNA databanks. protecting coded 'future diaries'. *JAMA*, *270*, 2346-2350.

Annas, G. J. (1994). Protecting genetic privacy. *Trial*, *30*, 43-46.

Annas, G. J., Glantz, L. H., & Roche, P. A. (1995) *The Genetic Privacy Act and Commentary*. Boston, MA: Health Law Dept., Boston Univ. School of Public Health.

Annas, G.J. (1994). Rules for gene banks: Protesting privacy in the genetic age. In T. F. Murphy & M. A. Lappé (Eds.), *Justice and the human genome project*. Berkeley, CA: Univ. of California Press.

Bhardwaj, M. (2004). Biobanks, genomics and databases: A question of attribution. *Challenges for bioethics from asia*. Christchurch, N.Z.: Eubios Ethics Institute.

Department of Health. (2003). Medical Research Council and the Wellcome trust, UK Biobank Ethics and Governance Framework Version 1.0.

Gertz, R. (2004). An analysis of the icelandic supreme court judgement on the health sector database act. *Script-ed*, *1*, 241-258.

Gillon, R. (1986). *Philogophical medical ethics*. Hoboken, NJ: John Wiley & Sons.

Greely, H. T. (2001). Informed consent and other ethical issues in human population genetics. *Annu Eu. Genet.*, *35*, 788.

Hoffman, D. I., Zellman, G. L., Fair, C. C., Mayer, J. F., Zeitz, J. G., Gibbons, W. E., & Turner, T. G. (2003). Cryopreserved embryos in the United States and their availability for research. *Fertility and Sterility*, *79*, 1063-1069.

Hoyland, P. (1988, January 23). Evasive double killer sentenced to life in gaol: How genetic testing caught a murderer. *The Guardian*.

Jeffreys, A. J., Wilson, V., & Thein, S. L. (1985). Individual-specific 'fingerprints' of human DNA. *Nature*, *316*, 76-79.

Kass, N. E. (2000). Human subjects research, ethics, informed consent in research. *Encyclopedia of ethical, legal, and policy issues in biotechnology*. Hoboken, NJ: John Wiley & Sons.

Klotzko, A. J. (2000). SNPs of disease: The U.K. plans a national genomic database to study late-onset sickness. *Scientific American*, *282*, 28.

Kopelman, L. M. (2000). Human subjects research, ethics, and research on children. *Encyclopedia of ethical, legal, and policy issues in biotechnology*. Hoboken, NJ: John Wiley & Sons.

Laurie, G. (2002). *Genetic privacy: A challenge to medico-legal norms*. Cambridge, England: Cambridge Univ. Press.

Nuffield Council on Bioethics. (1995). Human Tissue Ethical and Legal Issues.

Seton, C. (1988, January 23). Life for sex killer who sent decoy to take genetic test: 'had it not been for DNA fingerprinting, you might still be at liberty'. ***The Times***.

Wieting, S. G. (2002). Public and private priorities in managing time in genetic research: The icelandic deCODE case. ***Symbolic Interaction, 25***, 271-287.

（三）網路資源

〈建置臺灣生物資料庫〉網站。上網日期：2011 年 7 月 7 日，檢自：http://www.twbiobank.org.tw/

〈建置臺灣生物資料庫先期規劃〉網站。上網日期：2011 年 7 月 7 日，檢自：http://www.twbiobank.org.tw/DOH_Pilot1/

大紀元報導（2001 年 1 月 23 日）。〈陳水扁：生物科技將成為本世紀最有潛力的新興產業〉。上網日期：2011 年 7 月 7 日，檢自：http://www.epochtimes.com/b5/1/1/23/n38722.htm

行政院重大政策。〈推動的六大新興產業〉。上網日期：2009 年 11 月 21 日，檢自：http://www.ey.gov.tw/lp.asp?CtNode=2922&CtUnit=1177&BaseDSD=7

行政院衛生署科技發展組。〈衛生署臨床試驗與研究推動小組〉。上網日期：2011 年 7 月 7 日，檢自：http://www.etan.com.tw/impetus/island.htm

張錦華（2004）。〈歧視即把個人問題族群化〉。上網日期：2011 年 7 月 7 日，檢自：http://www.epochtimes.com/b5/4/8/25/n639088.htm

黃淑英記者會（2009）。〈科學逾越倫理，犧牲人權代價！—「臺灣生物資料庫」應接受全民檢視〉。上網日期：2011 年 6 月 4 日，檢自：http://biobankforum.blogspot.com/2009/05/blog-post_11.html

葛洪義（2006）。〈決策也要算法律成本〉。上網日期：2011 年 6 月 1 日，檢自：

http://www.szass.com/bbs/dispbbs.asp?boardID=5&ID=1109&page=90

廖盈婷（2006）。〈中研院建基因庫 遭控偷跑抽血〉。上網日期：2011 年 7 月 7 日，檢自：

http://www.tvbs.com.tw/news/news_list.asp?no=jean20060123123604

鄭寺音編譯（2006）。〈戰士基因顯著 毛利人天生暴力？〉。上網日期：2011 年 7 月 7 日，檢自：http://www.libertytimes.com.tw/2006/new/aug/10/today-int5.htm

Michael J. Bamshad、Steve E. Olson（2011）。〈區分人種，有意義嗎？〉。上網日期：2011 年 6 月 4 日，檢自：http://edba.ncl.edu.tw/sa/read.asp?readtype=ch&docsn=2004011743

Bhattacharya, S. (2003, July). *'She-male' embryos created in lab*, Retrieved Dec. 14, 2010, from http://www.newscientist.com/article/dn3905-shemale-embryos-created-in-lab.html

Parker, R., (2003). *400,000 human embryos in storage in US fertility clinics, FuturePundit: Biotech reproduction archives*, Retrieved Dec.14, 2010, from http://www.futurepundit.com/archives/001239.html

The Nuffield Council on Bioethics. (2007). *The forensic use of bioinformation: ethical issues*, Retrieved Feb. 23, 2009, from http://www.nuffieldbioethics.org/go/ourwork/bioinformationuse/introduction

作者簡介
（按作者姓名筆劃排序）

方國輝，中國文化大學三民主義研究所法學博士，研究領域是民法、商事法、金融業法、公司法、信託法規、消費者保護法，現職亞洲大學財經法律學系副教授，E-mail: gfang@asia.edu.tw。

吳容明，國立政治大學地政研究所法學博士，研究領域是土地政策、土地法制與土地開發，現職亞洲大學財經法律學系講座教授，E-mail: rmwu.tw@gmail.com。

施茂林，韓國又石大學名譽法學博士，研究領域是刑事法、司法保護、綜合法學、法律風險管理、法律創新意識，現職亞洲大學財經法律學系講座教授，E-mail: mlshih@asia.edu.tw。

唐淑美，英國雪菲爾大學法學博士，研究領域是生物科技法、醫療法、專利法、科技與管理，現職亞洲大學財經法律學系副教授，E-mail: tangshumei@asia.edu.tw。

張智聖，國立中山大學中山學術研究所社會科學博士，研究領域是憲法、行政法、海商法、土地法規、政府作為與法律風險管理，現職亞洲大學財經法律學系助理教授，E-mail: 560820@gmail.com。

作者簡介

陳匡正，美國伊利諾大學香檳分校法律科學博士，研究領域是智慧財產權、科技與法律、生物多樣性與法律、實證法學研究、法律經濟分析、再生能源法，現職亞洲大學財經法律學系助理教授，E-mail: alaw6911@yahoo.com.tw。

楊君毅，美國Suffolk University Law School法務博士（Juris Doctor），研究領域是資本與貨幣市場法律規範、商事法、英美比較法研究，現職亞洲大學財經法律學系助理教授，E-mail: chiunyiyang@yahoo.com.tw。

蔡佩芬，國立中正大學法律學博士，研究領域是國際刑事司法互助、國際民事司法互助、國際私法、國際刑事訴訟法、刑事訴訟法、刑法、海商法，現職亞洲大學財經法律學系助理教授，E-mail: little.fen@msa.hinet.net。

謝如蘭，德國海德堡大學（Heidelberg Universität）法學博士，研究領域是憲法、行政法、稅法、國際稅法，現職亞洲大學財經法律學系助理教授，E-mail: julan_hsieh@hotmail.com。

蘇滿麗，國立中正大學法律學研究所博士候選人，研究領域是刑事法、證據法學、性別與法律，現職亞洲大學財經法律學系講師，E-mail: pedanaaa@yahoo.com.tw。

《法律風險管理》審稿規則

一、目的

　　為維護亞洲大學財經法律系出版之亞洲大學財經法學叢書（以下稱本叢書）之學術水準，特訂定本規則。凡是來稿之文件應依本規則審查通過後，使得刊登。

二、出版日期

　　本叢書為純學術性書籍，不定期出版。

三、編輯委員會

　　本叢書設立編輯委員會，下設總編輯一人（由系主任擔任）、編輯委員六人（邀請學校法學專任教師及校外相關領域專家擔任）。

四、審查流程

　　凡來稿之審查，分為形式審查與實質審查兩階段。

五、第一階段：形式審查

　　稿件首先由總編輯商請編輯委員或相關領域專家一人進行形式審查，若有不符合本叢書「徵稿簡則」，應請作者修正後再行投稿或交由執行編輯依照本叢書規則協助作者編排完成後通知作者。

六、第二階段：實質審查

　　通過形式審查之稿件，依性質由編輯與相關領域之編輯委員討論，商請校內外教師或專家進行實質審查。實質審查人須填寫審稿意見表，並提出審稿意見後交至編輯委員會審查。

七、審查結果

　　編輯委員會議應依審查意見作成綜合意見決定刊登、修改後刊登、修改後覆審或不予刊登等決定。

八、雙向匿名原則

　　本叢書之稿件審查程序，不論形式審查或實質審查階段，皆採雙向匿名原則，以確保審查結果之客觀與公正。

九、稿件刊登順序

　　投稿文章，若通過審查程序可獲刊之篇數超過當冊篇幅容量，

編輯委員會得斟酌領域平衡以及各該稿件之時效性等因素,決定當冊刊登之稿件及其順序。

十、刊登證明

來稿作者如需開具刊登證明,總編輯應於編輯委員會議審查通過後,開具刊登證明或同意刊登證明。

十一、訂定與修訂

本規則經叢書編輯委員會議審查通過後實施,並送系務會議備查,修正時亦同。

《法律風險管理》審稿規則

國家圖書館出版品預行編目資料

法律風險管理／唐淑美主編.－二版.－
　臺中市：亞洲大學；新北市：Airiti Press, 2011, 07
　面： 公分
ISBN　978-986-6395-26-0（平裝）
ISBN　978-986-6395-27-7（軟精裝）

　1. 商事法　2. 風險管理

587.19　　　　　　　　　　　　　　100012297

法律風險管理

主編／唐淑美
執行主編／古曉凌
執行編輯／江佑中、鄭家文
封面編輯／鄭羣潔
發行單位／亞洲大學
　　　　　41354 臺中市霧峰鄉柳豐路 500 號
　　　　　Airiti Press Inc.
　　　　　新北市永和區成功路一段 80 號 18 樓
訂購方式／華藝數位股份有限公司
　　　　　戶名：華藝數位股份有限公司
　　　　　銀行：國泰世華銀行　中和分行
　　　　　帳號：045039022102
　　　　　電話：(02)2926-6006　傳真：(02)2231-7711
服務信箱：press@airiti.com
法律顧問／立暘法律事務所　歐宇倫律師
ISBN／978-986-6395-27-7
出版日期／2011 年 7 月平裝二版
　　　　　2011 年 7 月精裝初版
定價／新台幣 520 元（平裝）
　　　新台幣 800 元（精裝）

版權所有・翻印必究　　Printed in Taiwan